M

Connectez-vous sur :

@guidemichelinfr @michelinguide @guidemichelinfr

www.guide.michelin.com

@lamartiniere.cuisine

www.editionsdelamartiniere.fr

ISBN : 978-2-06-724291-3

le GRAND LIVRE DU GUIDE MICHELIN

Directeur de la rédaction
Philippe Toinard

LE GUIDE MICHELIN × Éditions de La Martinière

Les restaurants cités
sont issus de la sélection 2019
du Guide MICHELIN

DIRECTION ARTISTIQUE
ET RÉALISATION GRAPHIQUE

Justeciel

Assisté par
Emma Corbique, Agathe Martinez et Samantha Zannoni

ILLUSTRATEURS

Arnaud Boutin
Miguel Bustos
Alex Viougeas

ICONOGRAPHE

Laetitia Real-Moretto

RÉDACTEURS

Charlotte Langrand, Keda Black, Sophie Brissaud, Philippe Toinard, Jean-Sébastien Petitdemange, Stéphane Méjanès, Pierrick Jégu, Aymone Vigiere d'Anval, Annabelle Schachmes, Jean-Paul Frétillet, Valérie Bouvart, Jérôme Berger, Emmanuelle Jary et Marie Létang

CORRECTRICES

Marie-Laure Bayle
Juliette Einhorn

Préface

Battons en brèche l'image d'Épinal d'un inspecteur d'un certain âge, tiré à quatre épingles mais dont l'amour pour la bonne chère finit par se traduire, avec les années, par un petit ventre qui trahirait notre gourmandise. S'il faut bien sûr être bon vivant pour exercer ce métier qui est avant tout une passion, une grande variété de styles se dissimule pourtant derrière ce point commun : l'inspecteur peut, évidemment, être une inspectrice. Et, malgré la solennité de notre fonction, notre look, dissemblable selon nos personnalités variées, est souvent le reflet de notre curiosité insatiable, qui fait de nous des voyageurs exigeants mais aussi un peu bohèmes.

Surtout, nous venons des quatre coins de la planète. L'un à San Francisco, l'une à Shanghai et l'autre à Paris : à nous tous, nous explorons les cuisines du monde à la recherche de LA bonne adresse. Pour vous.

Si chacun est différent, nous partageons une quête commune : la recherche constante de saveurs inédites et de nouveaux talents, au service d'une inépuisable passion pour la gastronomie.

Avec 250 repas anonymes par an en toute indépendance, nos cinq sens sont en alerte permanente. C'est ainsi que nous partons à la chasse aux étoiles. Constamment sur la route (chacun d'entre nous avale en moyenne 30 000 kilomètres par an), nous nous devons de tout essayer et de nous adapter à toutes les saveurs, même celles qui paraissent au premier abord les plus incongrues. Pensez comme nos carnets de voyage regorgent d'anecdotes, de rencontres et de souvenirs !

Avec ce livre, nous vous invitons donc à notre table et nous vous faisons partager nos expériences. Au menu : plaisir, émotion, générosité et partage ! Partons à la découverte des savoir-faire et des saveurs du monde. Alors, pour une fois, c'est à nous de le dire : bon appétit !

Les inspecteurs du Guide MICHELIN

Le garde-manger du monde

Du Brésil au Japon en passant par la Corée du Sud, Singapour, la Chine, Taiwan, la Thaïlande, les États-Unis, le Danemark, l'Islande, la Norvège, l'Allemagne, l'Autriche, le Luxembourg, la Belgique, les Pays-Bas, la République tchèque, la Hongrie, la Grande-Bretagne, l'Espagne, le Portugal, l'Italie et la France, suivez les pas des inspecteurs du Guide MICHELIN et découvrez le monde qu'ils sillonnent, qu'ils découvrent, qu'ils voient et qu'ils goûtent pour mieux apprécier et comprendre le cheminement de la création d'un plat.

Au Japon par exemple, avant de vous rendre chez un maître sushi, apprenez à comprendre l'art de la découpe, la dextérité des couteliers japonais, appréciez la culture du riz, plongez-vous dans un marché aux poissons. Au Brésil, pour prendre la mesure d'un patrimoine culinaire hors normes, il est nécessaire que vous saisissiez la diversité des produits de l'Amazonie, l'importance de l'histoire des influences européennes, africaines et indiennes qui ont bercé la cuisine brésilienne pour prendre la mesure de la complexité des terroirs d'un pays aussi immense. En Irlande, avant de savourer un plat de langoustines, penchez-vous sur les techniques de pêche au casier de ce crustacé au large de l'Écosse. En Espagne, avant de vous attabler dans un bar à tapas, encore faut-il parfaitement comprendre les appellations des différents jambons produits dans ce pays pour savoir ce que le tenancier va vous proposer. En Corée, et plus précisément à Séoul, pour prendre conscience de ce qu'est la cuisine fusion, il est important de saisir l'histoire de la cuisine du pays à travers le barbecue, le *bibimbap* ou l'omniprésence du bol de riz. Enfin en France, il est primordial de savoir pourquoi le beurre est salé dans une partie du Grand-Ouest quand il est doux partout ailleurs et presque absent dans une partie du bassin méditerranéen. Sinon, comment apprécier une sauce au beurre blanc ?

De ces pays traversés, comme les inspecteurs, découvrez à votre tour une partie de leurs richesses, de leurs histoires, de leurs anecdotes, de leurs recettes, de leurs spécialités ou de leurs spécificités. Et dès votre prochain voyage à Prague, racontez à celles et ceux qui vous accompagnent ce qu'est le *trdelník*, à moins que vous ne préfériez conter l'histoire de la *Sachertorte* à Vienne et la spécificité du vignoble *intra muros* de cette capitale. Vous apprendrez également comment se tenir à table en Corée, l'origine des baguettes en Chine et l'art du bouillon en Thaïlande.

Vous saurez désormais où vous arrêter à New York pour dîner avec vue, ou à Los Angeles pour connaître les habitudes des VIP (*very important person*), à moins que vous ne soyez tentés par les spécialités culinaires de la mythique route 66. Enfin, si vous aviez en tête d'aller assister au prochain carnaval de Rio, vous saurez tout, ou presque, sur la cuisine de rue, mais aussi les différences entre *churrascaria* et *rodizio*, entre *boteco* et *botequim*. Des différences parfois ténues comme celles qu'il peut y avoir en Italie entre une *osteria*, une *trattoria*, une *pizzeria* et une *enoteca*. Vous y apprendrez également que la sauce madère n'est pas forcément un emblème de ce bel archipel posé au milieu de l'Atlantique ou que le chou de Bruxelles ne vient peut-être pas tout à fait officiellement de la capitale belge. Pour appuyer ces découvertes et comprendre la place qu'elles peuvent prendre dans la création d'un plat, de larges pages sont consacrées à des chefs à travers leur parcours, leur singularité, la genèse de certains de leurs plats emblématiques et, pour certains, leur engagement pour une planète durable.

Préparez votre valise, pour, à votre tour, vous glisser dans les pas des inspecteurs du Guide MICHELIN, et régalez-vous, car le monde est un garde-manger exceptionnel d'une diversité incommensurable. Vous aurez ensuite à cœur de le faire connaître, tout simplement parce que la cuisine n'est que partage.

Philippe Toinard
Directeur de la rédaction

Des globe-trotters du goût

Créé en 1900, le Guide MICHELIN n'a pas tardé à franchir les frontières de l'Hexagone. Dès 1904, il s'implante en Belgique avant de s'étendre progressivement à l'ensemble du continent européen.

L'internationalisation du Guide MICHELIN, fidèle compagnon et bible gastronomique des voyageurs, répond donc à un véritable besoin : accompagner au mieux les automobilistes et les touristes du monde entier lors de leurs déplacements. Très vite, son expansion connaît un véritable succès. Grâce au travail des inspecteurs, il devient une référence de l'hôtellerie et de la restauration sur tout le continent.

Si les inspecteurs sont très vite présents dans vingt et un pays d'Europe, il faut attendre 2005 pour qu'ils sortent du continent et traversent l'Atlantique jusqu'à New York. L'année d'après, c'est à San Francisco qu'une nouvelle édition est lancée. En 2007, les inspecteurs commencent à sillonner l'Asie, et en premier lieu le Japon : en novembre est publié le premier Guide MICHELIN *Tokyo*, que les voyageurs s'arrachent : pas moins de 120 000 exemplaires sont achetés en vingt-quatre heures ! L'année d'après, la République populaire de Chine devient le vingt-troisième pays à compter une édition du guide, avec le *Hong Kong-Macao*.

En 2015, il débarque sur un quatrième continent, avec la première édition du *Rio & São Paulo*. L'internationalisation s'intensifie encore en 2016, puisque quatre nouvelles villes entrent dans la collection : Singapour, Washington, Shanghai et Séoul. En 2017 et 2018, Bangkok, Taipei et Guangzhou le verront arriver. Au total, ce sont donc plus de 20 000 restaurants, toutes éditions confondues, qui trouvent leur nom inscrit dans les Guides MICHELIN.

1900
Naissance du Guide MICHELIN *France*

1904
Premier Guide MICHELIN *Belgique*

1910
Premiers Guides MICHELIN *Espagne* et *Allemagne*

1911
Premier Guide MICHELIN *Grande-Bretagne & Irlande*

1913
Premier Guide MICHELIN *Portugal*

Si cette internationalisation est montée en puissance ces dernières années, elle s'est faite dans le respect des convictions et de la méthodologie du Guide MICHELIN. En effet, riche d'une expertise plus que centenaire, il ne s'exporte pas n'importe où. La création d'une nouvelle édition suggère un travail en amont colossal de la part de ses équipes afin d'identifier le potentiel gastronomique d'un pays. Qualité des produits, constance et régularité des établissements, existence d'un vivier de chefs prometteurs ne sont que quelques exemples parmi tant d'autres des critères sur lesquels se fondent ses équipes avant de lancer une nouvelle édition.

L'expertise des inspecteurs est donc le centre de gravité des Guides MICHELIN : en plus de respecter les critères du guide dans l'attribution des étoiles, des Bib Gourmand ou des Assiettes MICHELIN, ce sont de fins connaisseurs des gastronomies locales qu'ils sont amenés à goûter : nombre d'entre eux ont vécu dans le pays dans lequel ils se déplacent. Cette internationalisation a donc fait naître de nouveaux échanges entre les inspecteurs, qui se retrouvent régulièrement pour des sessions internationales de formation. Si beaucoup d'entre eux viennent apprendre les bases du métier en France, les inspecteurs français prennent aussi plaisir à aller découvrir les gastronomies d'autres pays pour se confronter à de nouvelles techniques, voire à des saveurs inédites.

L'engouement que suscite l'internationalisation des Guides MICHELIN démontre chaque année un peu plus que la méthodologie de ses inspecteurs, qui repose sur des critères universels, assortis d'un respect et d'une valorisation des traditions et coutumes gastronomiques locales, séduit les voyageurs du monde entier. Elle démontre aussi la capacité toute particulière des inspecteurs à être en prise avec des contextes gastronomiques variés, toujours avec un œil bienveillant et humain, à la recherche des plus belles adresses mondiales.

1926
Apparition de la première « étoile de bonne table »

1931
Apparition des trois niveaux d'étoiles

1933
Création du métier d'inspecteur du Guide MICHELIN

1956
Premier Guide MICHELIN *Italie*

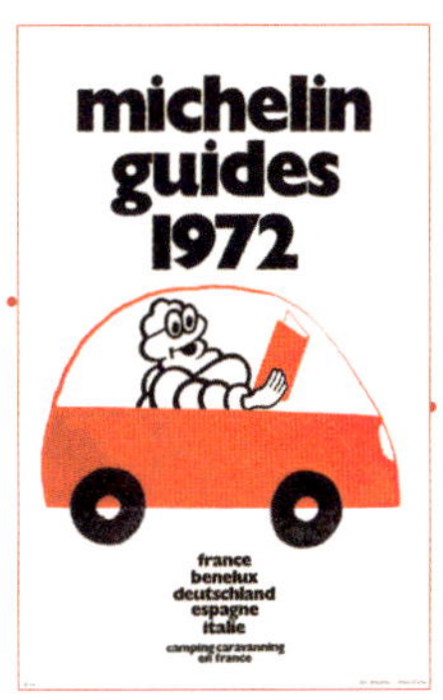

1982
Premier Guide MICHELIN *20 villes d'Europe*

Les inspecteurs, les gardiens du palais

Artisans du Guide MICHELIN depuis 1933, les inspecteurs font partie de l'ADN du guide. Cette sélection d'adresses de choix, réputée pour son authenticité et son exhaustivité, c'est à eux qu'on la doit. Garants de son professionnalisme, ils sont donc la marque de fabrique du Guide, un atout inestimable pour sa renommée.

Fantasmé, parfois critiqué, le métier d'inspecteur du Guide MICHELIN n'est pas de tout repos. Les hommes et les femmes qui composent ces équipes, anciens professionnels de l'hôtellerie-restauration, sont de véritables explorateurs qui ont la passion de la gastronomie chevillée au corps. En effet, ils effectuent en moyenne chaque année (pour les pays européens) plus de 30 000 kilomètres sur les routes à la recherche de LA bonne adresse, celle qui saura conquérir les lecteurs.

Palaces, hôtels, auberges, maisons d'hôtes, grandes tables ou petits bistrots, un inspecteur du Guide MICHELIN déguste environ 250 repas anonymes – appelés des essais de table – par an, passe 160 nuits dans des hôtels, effectue 600 visites, et rédige plus de 1 000 rapports pour alimenter une sélection chaque année inédite.

Loin de l'image de l'inspecteur sévère, griffonnant son appréciation sur un carnet, l'inspecteur, salarié du groupe MICHELIN, se comporte comme un client classique pour être sûr que les lecteurs vivront la même expérience que lui. L'anonymat et l'indépendance sont donc ses armes les plus précieuses ! Ainsi, l'inspecteur réserve, commande, déjeune ou dîne et paye l'intégralité de ses additions, comme n'importe quel client. Si nécessaire, il ne révèle son identité qu'une fois l'inspection faite et en profite pour obtenir plus de précisions.

Mais n'est pas inspecteur qui veut. Le métier nécessite une véritable expertise, jumelée à des compétences nombreuses ! En plus d'une expérience solide en hôtellerie-restauration, l'inspecteur doit disposer d'un palais extrêmement affûté, être capable de faire fi de ses goûts personnels. Il doit savoir se mettre dans la peau de monsieur Tout-le-Monde

1997
Création du Bib Gourmand

2000
Apparition des premiers textes et commentaires de restaurants dans le Guide MICHELIN

2005
Lancement du Guide MICHELIN *New York* (premier guide aux Etats-Unis)

2007
Lancement du premier guide en Asie avec le Guide MICHELIN *Tokyo*

et procéder à l'évaluation la plus objective possible. Une solide connaissance des produits, des terroirs et des cultures culinaires est également nécessaire, puisque la qualité des produits est l'un des cinq critères sur lesquels se fonde un inspecteur pendant son essai de table. Enfin, il faut savoir faire fonctionner ses cinq sens simultanément, et ce, à tout moment ! Analyse d'une cuisson, prise en compte de la texture d'un plat, détail d'un dressage, harmonie des saveurs, perception de l'émotion que le chef a voulu transmettre constituent quelques-uns des critères essentiels que l'inspecteur doit savoir évaluer et retranscrire dans ses rapports.

L'emploi du temps d'un inspecteur est particulièrement chargé : il passe trois semaines par mois sur le terrain, dans la zone géographique qui lui est attribuée, à débusquer les bonnes adresses, à confirmer la sélection d'un établissement ou au contraire à le retirer de la liste… La quatrième semaine, il rentre sur le site parisien de MICHELIN (pour la France), dresse le bilan de ses trois semaines de tournée avec le rédacteur en chef et dépose ses rapports aux rédacteurs. Ces derniers ont alors pour mission de rédiger les commentaires qui accompagneront chaque restaurant ou établissement figurant dans le Guide MICHELIN. Au total, cela représente plusieurs dizaines de milliers de commentaires, toutes éditions confondues ! Pendant sa semaine à Paris, l'inspecteur en profite pour organiser le planning de ses tournées suivantes.

L'attribution des étoiles s'effectue quant à elle à l'occasion des « séances étoiles », qui réunissent le rédacteur en chef du Guide, les inspecteurs concernés et le directeur international des Guides MICHELIN. La décision d'octroyer ou non une ou plusieurs étoiles à un restaurant est prise de manière collégiale : si les inspecteurs sont en désaccord quant au classement d'un restaurant, de nouvelles visites sont organisées.

En plus d'être de véritables professionnels, les inspecteurs sont surtout de grands curieux, des gourmands invétérés, passionnés de gastronomie, qui prennent un vrai plaisir à dénicher pour nos lecteurs les meilleurs talents : les chefs qui sont au service du plaisir et de l'émotion, de la générosité et du partage.

2009
Lancement de la première application pour smartphone

2009
Premier Guide MICHELIN *Hong Kong et Macao*

2012
Lancement de MICHELIN Restaurants France

2015
Lancement du Guide MICHELIN *Rio de Janeiro & São Paulo*

2016
Création de l'assiette MICHELIN

2016
Lancement des Guides MICHELIN *Singapour* et *Washington*

2017
Lancement des Guides MICHELIN *Séoul* et *Shanghai*

2018
Arrivée du Guide MICHELIN à Taipei, Guangzhou, Bangkok

Carnet de route d'un inspecteur : confessions d'un gourmet

Comment êtes-vous devenu inspecteur ?
Comme tous mes collègues, j'ai d'abord commencé ma carrière dans l'hôtellerie-restauration, et plus précisément dans les métiers de la salle et du service. Ayant travaillé à l'occasion de mes études dans de nombreuses maisons étoilées, j'ai eu l'occasion de rencontrer des inspecteurs du Guide MICHELIN. Ça m'a donc donné envie très tôt de passer de l'autre côté de la scène ! J'ai postulé en candidature spontanée, et après avoir passé le processus de recrutement, je suis arrivé vers 30 ans au Guide MICHELIN !

Travailler au Guide MICHELIN comme inspecteur représentait-il pour vous une ambition forte, un rêve d'enfance ?
Tout à fait ! Pendant mes premières années de formation dans un restaurant 2 étoiles, je me suis dit qu'un jour je voudrais être inspecteur : le Guide MICHELIN, c'était un mythe absolu pour moi ! Et puis, le Guide s'étant beaucoup internationalisé lorsque j'étais encore étudiant, je savais que ce métier pourrait concilier ma soif de découvertes et de voyages et ma passion dévorante pour la cuisine. Ça me semblait très excitant d'avoir pour terrain de jeu professionnel non pas seulement une région de France, mais éventuellement plusieurs pays du monde !

Est-il vrai que vous ne mangez que dans les meilleurs restaurants étoilés ?
Au risque de vous décevoir, ce n'est pas toujours le cas... Vous savez, il y a moins de 30 restaurants 3 étoiles en France, et on ne passe pas nos journées à essayer ces seules adresses. Avec ce métier, nous déjeunons ou dînons dans tous les types d'établissements, de l'auberge de village au restaurant des plus grands hôtels, à la recherche des meilleures adresses dans chacune de nos catégories de prix et de qualité. La bonne surprise peut être partout : pour dénicher une excellente adresse, il faut parfois passer par des tables de moins bonne facture. Néanmoins, je reconnais que je prends un plaisir quotidien à essayer de nouvelles adresses et à réévaluer celles qui font déjà partie de la sélection.

Quelle est la journée typique d'un inspecteur ?
En général, elle se compose de deux essais de table – le midi et le soir –, qui donnent toujours lieu à la rédaction d'un rapport. Le soir, nous dormons dans un hôtel ou une chambre d'hôtes, que nous évaluons aussi. Dans l'après-midi, nous pouvons aller visiter un restaurant ou un hôtel afin d'échanger avec les chefs et les propriétaires au cours d'une visite approfondie. Nous faisons également beaucoup de recherches sur place, car notre travail se compose également d'une veille active de la profession et d'une part importante de prospection. Enfin, lorsque nous sommes dans nos bureaux de Paris, nous échangeons avec les autres inspecteurs ainsi qu'avec les équipes de rédaction pour débriefer nos semaines de tournée, et nous préparons nos futurs déplacements. Personnellement, j'utilise beaucoup les réseaux sociaux, notamment Instagram, pour repérer de nouvelles adresses et me projeter dans ma tournée.

N'est-ce pas un métier solitaire ?

En effet, les semaines de tournée sont souvent solitaires. Quand je pars sillonner les routes de France, je suis seul dans ma voiture et, quand je descends dans un hôtel ou un restaurant, j'y séjourne la plupart du temps seul. Mais il arrive parfois que pour certaines adresses, nous nous retrouvions entre inspecteurs afin de partager un repas et de croiser nos ressentis. Et puis, si l'inspecteur est souvent seul, il n'est jamais isolé ! Toutes les sélections qui composent le guide sont le fruit de décisions collégiales, il y a donc une grande part d'échange dans notre travail. Enfin, au quotidien, nous discutons aussi avec les chefs et les directeurs d'hôtel. Pour résumer, cette force de l'individualisme – et c'est en partie grâce à cela que nous pouvons rester anonymes – est mise au service d'une production collective.

Qu'est-ce que vous préférez dans votre métier ?

Je dirais avant tout que c'est la richesse des contacts, mais aussi la diversité et les découvertes qui composent mon quotidien. Et puis, être inspecteur, c'est côtoyer au quotidien les métiers de l'hôtellerie-restauration, métiers de passion qui ont été les nôtres avant d'entrer au Guide MICHELIN. Ce que j'aime aussi, c'est que ce métier me permet, en tant qu'infatigable voyageur, de m'épanouir au quotidien sans ressentir le poids d'une routine.

J'apprécie également le côté profondément humain de notre profession : nous allons à la recherche du talent de femmes et d'hommes artisans, tous passionnés par ce qu'ils font. Vous savez, je ne pense pas qu'il y ait plus grande joie pour un inspecteur que de dénicher les bonnes tables au juste et bon moment, et c'est ce qui rend cette mission si excitante.

Enfin, et ce n'est pas la moindre des choses, je prends un furieux plaisir à aller savourer la cuisine de toutes les tables que j'évalue. J'ai conscience que j'ai la chance, en tant qu'inspecteur, de me rendre dans toutes sortes d'hôtels et de déguster les assiettes des restaurants les plus divers. Et si ce métier exige quelques sacrifices familiaux et personnels, c'est un métier de passion qui me permet de croiser mon expérience de l'hôtellerie-restauration, ma soif de découvertes et le plaisir de bien manger.

Est-ce que vous rapportez des souvenirs de vos tournées ?

Oui ! J'ai coutume de dire que le coffre de ma voiture est un second frigo ! J'aime rapporter les produits qui sont le reflet des territoires dans lesquels je me rends. Rencontrer le petit artisan, le vigneron, le confiseur ou encore le fromager passionné représente autant d'opportunités de remplir ma voiture de souvenirs gourmands ! Et puis, ça me permet de faire vivre mes tournées par procuration à ma famille.

M

France

Le match des inspecteurs

L'Atlantique face à la Méditerranée

Beurre ou huile d'olive ? Bar ou loup ? Chapon ou chapon ? Lotte ou baudroie ? Cannelé ou calisson ? Deux inspecteurs, que nous appellerons Fabrice et Antoine, confrontent les richesses des deux grandes régions qu'ils sillonnent, de Saint-Jean-de-Luz à Nantes pour le premier, de Collioure à Menton pour le second.

Fabrice : Sur l'île d'Yeu, mais aussi du côté des Sables d'Olonne, j'ai pris plaisir à déguster une assiette de patagos, un coquillage endémique à l'île d'Yeu que l'on ne trouve pas en Méditerranée. On l'appelle aussi coque de Vénus. Il ressemble à une palourde, mais sa coque est blanche et on le cuisine en cocotte avec de l'oignon émincé, de l'ail, du vin blanc et de la crème, comme les coques ou les moules.

Antoine : Effectivement, pas de patagos sur le pourtour méditerranéen. Nous avons pourtant nous aussi un coquillage rare, le violet de Méditerranée, que l'on appelle aussi figue de mer, ou biju. Il vit sur les fonds rocheux et se fixe sur les pierres. Lorsqu'on l'ouvre, on découvre une chair jaune qui fait penser à un œuf mollet. C'est très iodé. On peut le cuire au court-bouillon, mais ici, on le préfère cru avec du jus de citron, un peu comme une huître.

Fabrice : Du Pays basque à l'embouchure de la Loire, le beurre est omniprésent. Doux, demi-sel ou salé, il est servi sur toutes les tables du petit déjeuner au dîner, et les chefs l'utilisent quotidiennement dans leur cuisine. C'est d'ailleurs dans le Poitou que l'on trouve l'un des trois beurres AOC de France.

Antoine : Pas d'AOC pour le beurre en Méditerranée. Il n'est pas totalement absent des tables, mais il est vrai qu'ici, c'est l'huile d'olive qui règne en maître. En dehors de l'huile d'olive de Nyons, dans la Drôme, la Provence n'est pas peu fière d'arborer 7 huiles d'olive AOC : huile d'olive de la vallée des Baux-de-Provence, huile d'olive d'Aix-en-Provence, huile d'olive de Nice, huile d'olive de Nîmes, huile d'olive de Corse, huile d'olive de Provence et huile d'olive de Haute-Provence.

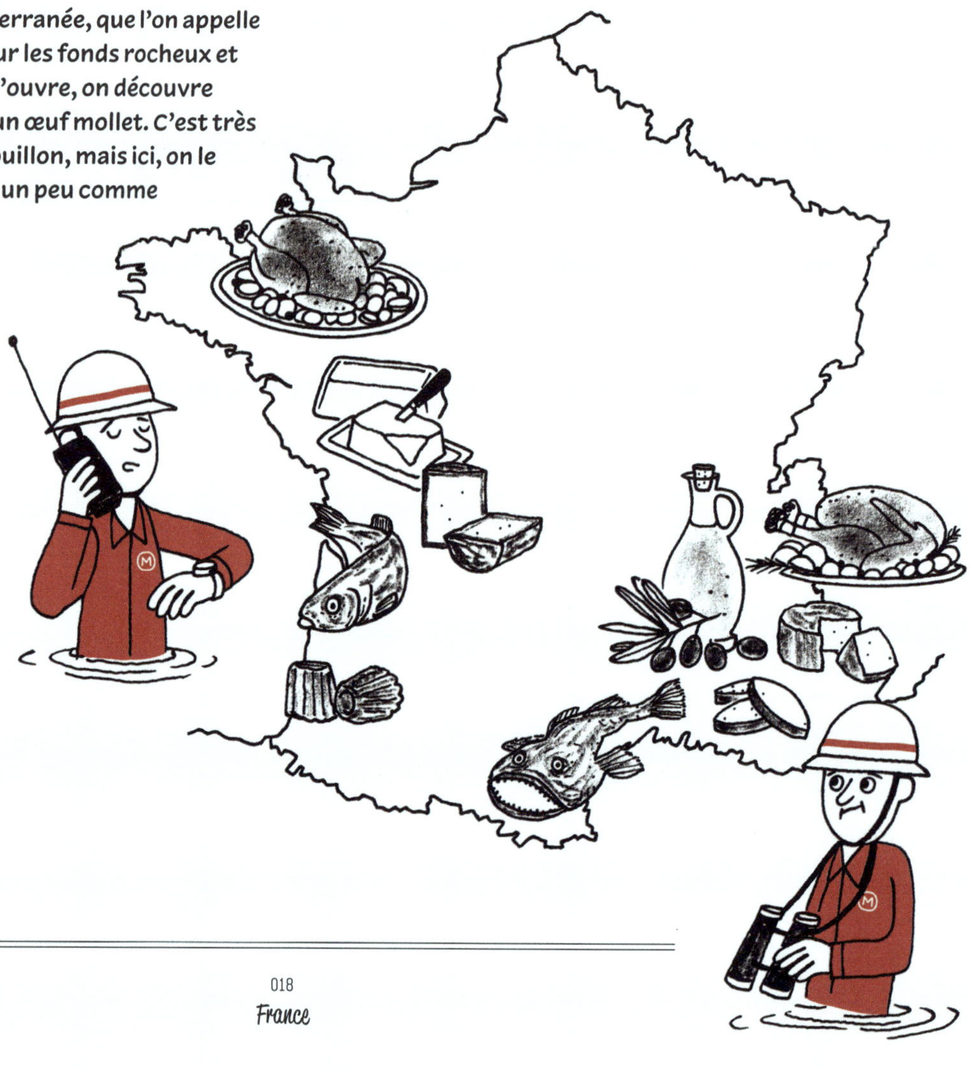

> « Pêché en Atlantique, ce poisson est appelé bar alors que, chez nous, il porte le nom de loup. Personne ne connaît les raisons de cette coquetterie de langage. »

Fabrice : Ici, sur la côte atlantique, le bar est un poisson très apprécié des chefs et des clients des restaurants, pour peu qu'il soit de ligne et pas d'élevage. Pour quelle raison, dans ta région, porte-t-il le nom de loup ?

Antoine : Pêché en Atlantique, il est appelé bar alors que, chez nous, il porte le nom de loup. Personne ne connaît les raisons de cette coquetterie de langage. En revanche, il ne faut pas confondre le loup avec le loup de mer. Ce dernier est nettement moins goûteux, et surtout, il ne se pêche pas en Méditerranée, mais dans la partie nord-est de l'Atlantique et dans les eaux islandaises.

Fabrice : À propos de coquetterie, c'est la même chose pour la lotte et la baudroie.

Antoine : Ce n'est pas tout à fait exact. Beaucoup de gens pensent que ce poisson est vendu sous le nom de baudroie en Méditerranée et de lotte partout ailleurs. En réalité, en France, on a le droit d'employer le nom de baudroie pour un usage commercial, quand le poisson est proposé entier, et celui de lotte pour parler de la baudroie sans tête. En revanche, il existe deux types de baudroie : la commune, qui peut mesurer jusqu'à 2 mètres et peser 45 kilos, et la rousse, qui dépasse rarement les 90 centimètres.

Fabrice : En revanche, ici, quand on parle de chapon, on fait référence à la volaille, surtout pour le chapon du Gers ou des Landes, fermier et élevé en plein air.

Antoine : Sur nos tables, il y a effectivement du chapon pour les fêtes de fin d'année. Mais, en Méditerranée, le chapon désigne un poisson rouge tacheté de blanc. C'est une variété de rascasse qui entre dans la composition de la bouillabaisse et dans celle de la soupe de poissons. Certains chefs le cuisent entier au four.

Fabrice : Si ma région est riche en fromages de chèvre, surtout dans le Poitou, il paraît que l'un de vos fromages a récemment obtenu une appellation d'origine contrôlée...

Antoine : Il s'agit de la Brousse du Rove. Elle a obtenu son AOC en 2018, après presque dix ans de combat pour que ce fromage de chèvre soit reconnu. Ils sont moins d'une dizaine de chevriers à le produire, principalement dans le département des Bouches-du-Rhône. Il porte le nom de la chèvre, la Rove, et de son village d'origine. C'est un fromage très saisonnier qui s'apprécie en plateau. Mais beaucoup l'aiment aussi en dessert, avec du miel et des mendiants.

Fabrice : Sans même parler des vins dont les cépages ne sont pas les mêmes entre ta région et la mienne, voici pour finir quelques spécialités qui ne sont pas produites en Méditerranée : la civelle, l'agneau de Pauillac, le bœuf de Chalosse, le porc Kintoa, le kiwi, le piment d'Espelette, les huîtres, le cannelé, le sel, et bien d'autres encore.

Antoine : Détrompe-toi, nous avons des huîtres sur l'étang de Thau, à Sète, et même en Corse, dans les étangs de Diana et d'Urbino. Du sel, nous en avons aussi, et en grande quantité, du côté d'Aigues-Mortes. Pour le reste, si nous n'avons pas, en effet, tous ces produits réputés, nous n'avons pas à rougir, en revanche, de notre poutargue, de nos anchois de Collioure, de notre agneau de Sisteron, des agrumes, du riz de Camargue, du taureau, du calisson d'Aix et de la pompe à huile.

Paroles d'inspecteur

LA bistronomie

Mon premier souvenir de bistronomie remonte au début des années 1990 au restaurant La Régalade, avenue Jean-Moulin, à Paris. Perdu dans un quartier alors considéré comme « improbable » dans le monde un brin élitiste de la gastronomie, ce bistrot niché près de la porte d'Orléans avait ouvert ses portes en 1992 sous l'impulsion d'Yves Camdeborde. Ce chef natif de Pau ayant travaillé dans de prestigieuses maisons tels Le Ritz, La Marée, La Tour d'Argent et l'hôtel de Crillon dans la capitale, a priori rien ne le prédisposait à changer radicalement d'univers, sinon l'amour de la cuisine, des beaux produits, du partage, d'un retour à une certaine simplicité et de belles ambiances conviviales. Presque trente ans plus tard, je me souviens avec délice avoir succombé au charme du lieu qui marquait le début d'un concept (mot bien trop moderne) que certains journalistes allaient nommer quelques années plus tard « bistronomie », contraction de *bistrot* et *gastronomie*. Malgré l'environnement urbain, une fois la porte franchie, je me sentais transporté dans une joyeuse ambiance d'aimable auberge de province, sans chichis, mais où l'on pressentait les bons petits plats longuement mijotés, les sauces goûteuses dans lesquelles on pouvait tremper son pain pour ne rien laisser au fond de l'assiette sans subir les regards réprobateurs de voisins endimanchés. Une fois le client assis sur une chaise de bistrot, la serveuse souriante posait, en guise de mise en bouche, la terrine du chef sur la table (sans nappe). Pas une petite portion coincée dans une fine porcelaine de Limoges, non, la terrine entière avec sa croûte appétissante et sa chair plus souple qui laissait apparaître une appétissante texture. Le couteau, genre Opinel®, planté dans la terrine... Il suffisait alors d'attraper une tranche d'un bon pain de campagne à la croûte généreuse et à la mie moelleuse pour que débute un mariage plein de saveurs et de bonheurs. Le goût du vrai ! Ensuite, on pouvait se régaler de beaux produits frais, bien moins coûteux que dans une table multiétoilée. Adieu le saint-pierre et vive la sardine, au revoir la selle d'agneau et bienvenue à la joue de bœuf, mais mitonnés avec respect et toute la technique d'un chef très expérimenté. On assitait à la réhabilitation d'ingrédients injustement délaissés par les grands cuisiniers. Et pour couronner le tout, autant les recettes jouaient la générosité, autant l'addition avait le bon goût d'afficher une séduisante légèreté.

INNOVER EN CUISINE

Pour l'historien Raymond Dumay, au fil de l'évolution de l'homme, la cuisine a été « de mieux en mieux portante, dotée du rare avantage de se perfectionner chaque fois qu'elle changeait de mains » (*Le Rat et l'Abeille*, Libretto, 1997). Au XXIe siècle, des chefs comme Alexandre Mazzia, Alexandre Gauthier ou David Toutain maintiennent ce cap.

Dans *Plats du jour – Sur l'idée de nouveauté en cuisine* (Métailié, 2013), Bénédict Beaugé aborde l'innovation sous deux aspects, « du point de vue du praticien » et « de celui qui consomme ». Dans un cas, elle est « technique », dans l'autre, elle est « socioculturelle ». Son raisonnement emprunte ensuite des tas de ramifications sur ce qui a fait que, du « cuisinier françois » de La Varenne aux remises de prix très en vogue au XXIe siècle, la cuisine a changé tout en restant la même, se rapprochant en cela de l'univers de la mode. Depuis la « nouvelle cuisine » des années 1970, une cuisine du marché, plus spontanée et plus légère a vu le jour. Elle utilise de nouveaux outils qui permettent aux chefs de réinventer leur métier, entre artisanat et art. À Marseille, Alexandre Mazzia agrège ses origines africaines, son terroir méditerranéen et sa passion pour la peinture et la musique dans des assiettes et leurs satellites qui magnifient les épices, le fumé et le torréfié. À La Madelaine-sous-Montreuil, Alexandre Gauthier a fait de La Grenouillère le laboratoire d'une personnalité hors norme pour une cuisine « radicale dans la mesure où [il] assume [ses] goûts et [ses] envies », comme il l'explique dans son livre *Alexandre Gauthier, cuisinier* (La Martinière, 2014). Et ce ne sont pas les pop-corn de poulet qui vont le contredire. À Paris, après avoir subju-

gué les mangeurs à l'Agapé Substance, David Toutain poursuit une exploration du végétal, inspiré par ses maîtres Alain Passard et Marc Veyrat, où la technique (bouillons, cuisson à la braise, dessiccation) s'efface derrière la profondeur des saveurs. Pour s'en convaincre, une entrée comme l'œuf, le maïs et le cumin, ou un dessert, le chou-fleur, la coco et le chocolat blanc.

> « Elle utilise de nouveaux outils qui permettent aux chefs de réinventer leur métier, entre artisanat et art. »

—

AM ✿✿ / LA GRENOUILLÈRE ✿✿ / DAVID TOUTAIN ✿✿

Cuisiner LOIN DE TOUT

C'est toujours un défi d'installer son restaurant hors des sentiers battus. Pour s'approvisionner, pour s'achalander. Certains chefs prouvent au quotidien que c'est possible. Et même sacrément vivifiant.

Comme nombre de leurs confrères, les chefs « loin de tout » ont des angoisses. Sauf que les leurs concernent le nombre de couverts inscrit sur le cahier de réservation. L'angoisse de la salle vide. Sur sa presqu'île de Fédrun, au cœur des marais, Éric Guérin a plusieurs fois failli fermer sa Mare aux oiseaux. Mais en près d'un quart de siècle, il a construit un univers à son image, puisant dans la nature alentour l'inspiration de ses assiettes, à l'image de ce bœuf de Brière à l'anguille, celle qui zigzague entre ses sabots. Au bout du bout de l'île de Noirmoutier, Alexandre Couillon a lui aussi été patient pour faire de sa Marine une destination de gourmets. La pêche, plus ou moins miraculeuse, arrive tous les matins de la mer en face. Le cuisinier s'adapte, improvise, et s'affranchit de la pénurie en cueillant herbes et légumes dans son propre potager. Hervé Bourdon en fait autant dans son bien nommé Petit Hôtel du Grand Large, cultivant de grandes parcelles avec sa brigade, partant en cueillette sur les rochers de sa côte sauvage de Quiberon. Du local presque à 100 %. Chez Nolwenn Corre, troisième génération de cuisiniers, au-delà de l'Hostellerie de la Pointe Saint-Mathieu, c'est l'Amérique. Dans cet autre Finistère, la jeune femme vit elle aussi cette forme d'autarcie comme la chance de proposer à ses hôtes une cuisine ancrée, singulière, entre terre et mer. Pour cuisiner heureux, cuisinons cachés.

—

LA MARE AUX OISEAUX ✿ / LA MARINE ✿✿ /
LE PETIT HÔTEL DU GRAND LARGE ✿ /
HOSTELLERIE DE LA POINTE SAINT-MATHIEU ✿

CHEFS EN ALTITUDE

Les montagnards ne se nourrissent pas que de tartiflette. C'est en 2015 que les restaurants d'altitude ont récolté la plus belle moisson d'étoiles au palmarès du Guide Michelin avec en point d'orgue une troisième pour La Bouitte à Saint-Martin de-Belleville. En tout, les stations de sports d'hiver cumulent une vingtaine d'étoiles.

Ce n'est pas un hasard si la gastronomie de montagne a atteint les sommets. Les chefs y font une cuisine qui témoigne d'une vraie identité, travaillent les produits ancrés dans leur terroir : les poissons de lac, les écrevisses, le gibier, les herbes de montagne, le reblochon issu du lait des vaches d'alpage... Bien avant que les villes ne s'emparent de la mode « locavore », ils ont mis en valeur des produits locaux et de saison pour déployer une cuisine fine, loin des clichés roboratifs.

C'est le cas de la bien nommée famille Meilleur, avec René, le père, et Maxime, le fils, à la table triplement étoilée, La Bouitte. Chez eux la popote savoyarde se transmet depuis des générations. Construit par les grands-parents sur un champ de pommes de terre en 1976, le petit chalet devenu grand revisite le patrimoine culinaire savoyard à travers des plats typiques comme la raclette, la fondue ou des crozets cuisinés façon risotto, au beaufort et champignons, ou l'omble chevalier du lac Léman au citron-bergamote. Une cuisine qui se débarrasse souvent des fioritures pour se réduire à une expression simple et brute, aux saveurs franches, comme chez Jean-Michel Bouvier, à Tignes, adepte d'une certaine rusticité. Son fils Clément a également ouvert son propre restaurant, Ursus, dans la même station, choisissant un décor-hommage à la montagne (un sous-bois avec feuillage, humus et champignons), ainsi qu'une carte clairement gastronomique, qui a valu une étoile au restaurant en 2019.

Dans la lignée de Marc Veyrat, chef de La Maison des Bois, à Manigod, les chefs de montagne cultivent un attachement quasi viscéral à leur terroir, si varié qu'il leur fournit une belle diversité de produits et une saisonnalité plus forte qu'ailleurs. Grand amoureux de la cuisine transalpine, Emmanuel Renaut, chef des Flocons de sel à Megève, exploite autant le lard italien du mont Blanc que le gibier de montagne, qu'il souligne avec d'étonnantes eaux de bois de sapin infusées ou qu'il fume avec des écorces de bois d'épicéa, de bouleau ou de tilleul. En bouche, un beignet de lait fumé au foin paraît comme sorti de la grange. Ainsi, les cuisiniers des cimes figurent parmi les plus talentueux des chefs français, comme Jean Sulpice (qui débuta à Val-Thorens), Damien Leveau (Chamonix), Benoît Vidal (Val-d'Isère) et bien d'autres. Un dîner chez eux, et l'on ressort avec l'impression d'avoir croqué la montagne.

—

LA BOUITTE ✲✲✲ / LA MAISON DES BOIS ✲✲ / FLOCONS DE SEL ✲✲✲ / URSUS ✲

PORTRAIT DE CHEFFE

ANNE-SOPHIE PIC, L'EMBLÈME

Les faits sont têtus : Anne-Sophie Pic est la seule femme triplement étoilée en France.

Les étoiles lui ont été décernées en 2007 pour son restaurant de la Maison Pic à Valence, haut lieu de la gastronomie française. Avant elle, son grand-père André, en 1934, puis son père Jacques, en 1973, avaient eux aussi connu cet honneur. Elle aurait pu passer son tour. Alors qu'elle était partie vers d'autres aventures professionnelles, l'appel des fourneaux a été le plus fort. Le décès brutal de son père, en 1992, la perte de la troisième étoile, en 1995, ont forgé le caractère et le destin de cette surdouée, récompensée du Prix du rayonnement gastronomique en 2014. Discrète, détestant par-dessus tout parler quand elle n'a rien à dire, elle s'affirme aujourd'hui comme la cheffe, deux « f » un « e », de file d'une génération de femmes qui revendiquent la juste reconnaissance de leur travail et de leur talent. Et du talent, elle n'en manque pas si l'on se réfère à la longue liste des plats signature qui ont fait ou font sa réputation: les berlingots, coulant au crémeux de chèvre de Banon légèrement fumé, consommé au cresson infusé au gingembre et à la bergamote, le concombre au caviar impérial au miel de bruyère blanche, dashi de langoustines, angélique et zestes de yuzu en surmaturité, le bar de ligne au caviar « Jacques Pic » qui précède l'incontournable mille-feuille blanc, crème légère à la vanille de Tahiti, fine gelée au jasmin et émulsion au poivre.

> **“ Il y a eu des moments où j'aurais aimé qu'un chef me tende la main ”**

En 2018, elle a été la première marraine des nouveaux étoilés au Guide Michelin, hommes et femmes confondus. « L'idée est d'essayer de leur apporter mon éclairage pour les faire avancer dans des moments de doute qu'ils peuvent avoir, avait-elle expliqué. Dans ma vie de jeune cheffe, il y a eu des moments où j'aurais aimé qu'un chef me tende la main. » Avec 7 étoiles au total pour ses établissements de Paris, Londres et Lausanne, elle est la mieux placée pour prodiguer de précieux conseils. À 50 ans, Anne-Sophie Pic est plus que jamais un exemple, un modèle, un emblème.

—

PIC (VALENCE) ✿✿✿ / LA DAME DE PIC (PARIS) ✿ /
LA DAME DE PIC (LONDRES) ✿ / ANNE-SOPHIE PIC (LAUSANNE) ✿✿

AU NATUREL

LA RICHESSE DU PATRIMOINE CHAMPIGNONS

Par la diversité de ses milieux naturels, la France recèle de nombreuses espèces de champignons. Ne serait-ce que dans la forêt des Andaines en Normandie, on en recense 1640 espèces qui font le bonheur du chef de cuisine Franck Quinton, du Manoir du Lys, à Bagnoles-de-l'Orne. Le grand Sud-Ouest est aussi réputé pour sa cuisine aux cèpes et aux bolets, à commencer par la fameuse omelette, ou encore, tout simplement la poêlée de cèpes à l'ail et au persil. Dans le Jura, les morilles sont nombreuses au printemps et on les accommode traditionnellement avec une poularde au vin jaune. À Saint-Bonnet-le-Froid, en Haute-Loire, les chefs du restaurant Régis et Jacques Marcon sont réputés dans le monde entier pour leur cuisine aux champignons. L'établissement en prépare 40 kilos par jour, des plus connus comme la girolle, la trompette-de-la-mort ou le mousseron, aux plus rares comme le clitocybe anisé, préparé en glace, ou le polypore en touffe qu'on ne ramasse qu'une semaine par an. Le restaurant cuisine une quarantaine de champignons différents. Le *Lactarius glyciosmus*, qui a un parfum de noix de coco, est servi avec des lentilles corail et des crevettes. Les champignons peuvent être travaillés secs ou frais, à l'instar de la morille qui, séchée, permet la préparation d'un caramel servi avec une poire. Lorsqu'elle est fraîche, elle donne naissance à un plat qui fait l'unanimité : une grosse morille farcie servie dans un bouillon de champignon parfumé au sarrasin grillé, auquel on ajoute de l'huile de sapin. « C'est comme si toute la forêt était contenue dans notre bouche », s'émerveille Régis Marcon, pour qui les champignons sont comme une madeleine de Proust. Le chef poursuit : « Ma mère cuisinait le tricholome prétentieux. On passait des soirées de veillée à l'éplucher pour le cuisiner ensuite comme des moules marinières, car il a un parfum iodé. » De la montagne à la mer, de la forêt aux prairies, les champignons sont une source de saveurs et de parfums inépuisables.

—

LE MANOIR DU LYS ✿ /
RÉGIS ET JACQUES MARCON ✿✿✿

MARINADE DE MOUSSERONS À LA CIBOULETTE

TEMPS DE RÉALISATION : 20 MINUTES

TEMPS DE REPOS : 1 HEURE AU RÉFRIGÉRATEUR

INGRÉDIENTS POUR 4 PERSONNES

20 à 30 mousserons (marasmes des Oréades)

1 citron

1 bonne cuillerée à café de sauce soja

5 cl d'huile de noisette

2 échalotes ciselées

Quelques brins de ciboulette ciselés

Sel, poivre du moulin

1. Préparez les mousserons : choisissez-les de préférence bien sains, ramassés par temps sec et coupez-leur les queues en laissant 2 cm. Déposez-les sur une assiette, chapeau en bas.

2. Préparez la marinade : mélangez dans l'ordre, le sel, le poivre, le jus du citron, la sauce soja, l'huile de noisette et, pour finir, les échalotes ciselées. Versez ce mélange sur les champignons en veillant à bien imprégner les lamelles.

3. Parsemez la ciboulette ciselée sur les champignons, couvrez d'un film alimentaire et réservez au frais. Laissez mariner environ 1 heure au réfrigérateur.

4. Servez bien frais, à l'apéritif par exemple en attrapant les mousserons par leur queue et en les grignotant, en amuse-bouche ou en accompagnement d'une entrée.

Recette issue de *Champignons* de Régis Marcon, Éditions de La Martinière, 2013

Bocuse

Brazier

Chapel

Robuchon

Vergé

Point

Lenôtre

Les grands noms ET LES PARCOURS DE CHEFS DE CUISINE DISPARUS

L'histoire de la gastronomie française s'écrit depuis des siècles avec de grands chefs qui ont contribué chacun à leur façon à la faire rayonner dans le monde. Hommage à quatre grands disparus : Paul Bocuse, Alain Chapel, Joël Robuchon et Roger Vergé.

La cuisine française a des racines profondes, mais c'est dans les années 1960 qu'est advenue « la révolution des chefs ». Les cuisiniers sont sortis de leur cuisine pour apparaître en pleine lumière et obtenir la reconnaissance de leur travail. La « bande à Paul Bocuse » a modifié en profondeur le PGF (paysage gastronomique français).

Paul Bocuse voit le jour en 1926 dans le restaurant familial, l'Auberge du Pont de Collonges, à Collonges-au-Mont-d'Or. Et c'est au même endroit qu'il décède le 20 janvier 2018. Inlassable défenseur de la cuisine française, lyonnaise en particulier, il n'a eu de cesse de rendre hommage à ses maîtres, Eugénie Brazier et Fernand Point. Meilleur Ouvrier de France en 1961, il décroche pour son restaurant la troisième étoile au Guide Michelin en 1965 et la conserve sans discontinuer jusqu'à son décès. De lui, on retient la soupe aux truffes noires VGE, imaginée en 1975 à l'occasion de sa remise de légion d'honneur par le président Valéry Giscard d'Estaing, ses bons mots (« la nouvelle cuisine, c'était rien dans l'assiette, tout dans l'addition ») et la création du Bocuse d'Or, plus grand concours culinaire du monde.

Parmi ses pairs, Roger Vergé n'a pas été le moins talentueux. Décédé à l'âge de 85 ans en 2015, l'enfant de Commentry, dans l'Allier restera connu comme,

> **“ Alain Chapel n'avait pas la truculence de ses camarades, mais une grâce folle. ”**

l'artisan du renouveau de la cuisine méditerranéenne, chantre de la tomate et de la courgette. Après avoir repris Le Moulin de Mougins en 1969, il connaît une ascension fulgurante, une première étoile en 1970, la deuxième en 1972, et la troisième en 1974. Il fut aussi l'un des premiers cuisiniers français à s'exporter. En 1982, il ouvre avec Paul Bocuse et Gaston Lenôtre le restaurant de l'Epcot Center dans le parc d'attraction Disney World, en Floride.

Avec Paul Bocuse et Roger Vergé, on pouvait parfois apercevoir un chef plus discret, regard bleu acier et voix grave. Décédé prématurément à l'âge de 52 ans en 1990, Alain Chapel n'avait pas la truculence de ses camarades, mais une grâce folle. À Mionnay, où il avait succédé à ses parents, il a initié une cuisine avant-gardiste dans l'esprit, proche des producteurs, des vignerons en particulier. Elle est résumée dans la préface de 70 pages de son seul livre, *La cuisine c'est beaucoup plus que des recettes* (Robert Laffont, 1980), inspirante jusqu'à aujourd'hui.

Dans le quatuor des chefs qui ont marqué l'histoire, Joël Robuchon avait presque vingt ans de moins que Paul Bocuse et quinze ans de moins que Roger Vergé. Il était né huit ans après Alain Chapel. Meilleur Ouvrier de France en 1976, il est parti le 6 août 2018. On se souviendra de son titre de « cuisinier du siècle » décerné en 1990 et partagé avec Paul Bocuse, Frédy Girardet et Eckart Witzigmann. On n'oubliera pas qu'il a cumulé jusqu'à 32 étoiles, record absolu, ambassadeur plénipotentiaire de la cuisine française, de Las Vegas à Macao, de Tokyo à Londres, de Bangkok à Montréal. Il laisse aussi une purée fameuse et une formule passée dans le langage courant, « bon appétit, bien sûr », sa signature télévisuelle. Le grand projet d'école qu'il avait lancé à Montmorillon devrait lui survivre. La transmission, c'était l'essence de son travail, de leur travail.

HISTOIRE

LES ROIS DE FRANCE ET LEURS PLATS

On doit au cuisinier Taillevent la création du saupiquet, une sauce pour les viandes, composée de pain trempé au bouillon, d'oignons, de vin rouge, de vinaigre, de cannelle et de gingembre mijotés. Le roi qui en raffolait s'appelait Philippe de Valois (1293-1350). Une sauce représentative d'une cuisine médiévale riche d'épices et sans vraie distinction entre sucré et salé. Deux cents ans plus tard, François Ier (1494-1547) avoue son penchant pour le cotignac, une gelée de coings très ferme qui correspond à une période, fin du Moyen Âge et début de la Renaissance, pendant laquelle le goût pour la pâtisserie et la confiserie (pâtes d'amande, pâtes de fruits, glaces...) va s'affiner sous influence italienne. De son côté, Charles IX (1550-1574) aurait découvert le pâté de mauviettes, une sorte de pithiviers d'alouette, au cours d'une escapade galante. Quant à Henri IV (1553-1610), difficile de ne pas évoquer la poule au pot qu'il promet de mettre sur la table de tout laboureur du royaume – même si, à titre personnel, il est amateur d'huîtres et du pâté de héron de l'hostellerie de la Tour d'Argent. Son successeur, Louis XIII (1601-1643), est capable, dit-on, de se cuisiner une omelette lui-même en cas de fringale. Avec l'arrivée de son fils, Louis XIV (1638-1715), sur le trône, l'heure est à l'extrême formalisation du cérémonial et de l'art de la table. Le « grand couvert », pris en public, est une représentation dont la variété et l'opulence des mets doit impressionner. Mais les légumes et les fruits (issus du potager cultivé par La Quintinie) sont appréciés du roi, notamment les petits pois frais. Son arrière petit-fils, Louis XV (1710-1774), est gourmand, mais moins soumis à l'étiquette. Il lui arrive de cuisiner lui-même ses « œufs en chemise » ou son chocolat chaud, à partir d'eau, de chocolat et de jaune d'œuf, en gardant d'un jour sur l'autre « un levain », base de celui du lendemain. Enfin, à la table de Louis XVI (1754-1793), qui aime inviter des savants et intellectuels, on peut déguster des bouchées à la reine, illustration d'une cuisine élaborée, raffinée... annonciatrice de la cuisine bourgeoise du XIXe siècle.

> " Louis XIII est capable, dit-on, de se cuisiner une omelette lui-même en cas de fringale. "

COCORICO

LA RÉSURGENCE DES CÉPAGES OUBLIÉS

Depuis quelques années, les amateurs de vin peuvent s'essayer à reconnaître des cépages encore méconnus, comme le fié gris, le carménère ou le tibouren, pour n'en citer que quelques-uns. Cocorico !

La France commence à s'intéresser à nouveau à ces cépages qui incarnent le véritable patrimoine viticole. En Champagne par exemple, citons le cas de Michel Drappier, qui offre dans sa cuvée Quatuor un subtil assemblage du classique chardonnay avec les cépages petit meslier, arbane et blanc vrai. Dans le Sud-Ouest, le domaine Plageoles produit du gaillac issu de cépages locaux, notamment le mauzac ou l'ondenc pour les blancs, et le prunelard ou le braucol pour les rouges. Quant au Bordelais, peu de personnes savent que le carménère est un cépage local lui aussi ! À leur décharge, il représente moins de 1 % environ des surfaces bordelaises ! Toutes les régions de l'Hexagone possèdent leurs trésors, plus ou moins oubliés au profit de cépages internationaux, ou carrément mis en avant, dans des cuvées monocépage, comme par exemple la cuvée Cour-cheverny Romo du domaine des Huards, 100 % romorantin. La plupart du temps, ces cépages vintage jouent leur rôle dans l'assemblage du vin. Par chance, l'engouement qu'ils suscitent à nouveau et la passion des vignerons qui les travaillent devraient éviter que les consommateurs les oublient. Avec de si jolis noms et une histoire si riche, ce serait fâcheux de passer à côté de dégustations de vins issus des vaccarèse, counoise, fer servadou, tibouren, melon à queue rouge ou loin de l'œil !

LES ACCORDS METS ET THÉ AU YAMT'CHA

Le thé s'est petit à petit immiscé dans la gastronomie pour prétendre à une alliance avec les mets, au même titre que le vin.

Autrefois réservés aux restaurants asiatiques, ces accords sont rendus possibles grâce aux multiples variétés de thé et à leur diversité infinie de parfums. Dès l'ouverture à Paris, en 2009, de Yam'tcha (littéralement boire le thé en chinois), récompensé par une étoile au guide Michelin l'année suivante, la cheffe Adeline Grattard a captivé sa clientèle en mariant de grands crus de thés à ses plats gastronomiques d'influence asiatique. Choisis par son mari le sommelier Chi Wah Chan, thés blancs, rouges, oolong, puer, fumés ou verts au jasmin soulignent brillamment les créations de la cheffe avec leurs variations aromatiques, à l'instar du thé *oolong* d'or du Fujian qui s'apprécie avec du bar de ligne, quelques épinards au wok, du concombre, des champignons et une sauce aux agrumes, ou le thé *da hong pao* pour accompagner du bœuf de Galice, des poivrons, du poulpe, du basilic et des épices.

—

YAM'TCHA ✿

LES CODES DES PALACES

Les premiers palaces ont été érigés au milieu du XIXe siècle, notamment sous l'impulsion d'un génie des affaires, César Ritz. Ce dernier s'est assuré les services d'Auguste Escoffier en cuisine, dont l'influence est toujours très forte.

En 1898, la compagnie des wagons-lits ouvre l'Élysée Palace Hôtel sur les Champs-Élysées, premier palace parisien. Elle est suivie de près par César Ritz, qui inaugure la même année son hôtel de la place Vendôme. Luxe, calme et volupté sont les trois principes fondateurs de ces grands établissements pour clientèle fortunée. Une population que l'on doit bien entendu nourrir. C'est là qu'entre en scène Auguste Escoffier, roi des cuisiniers et cuisinier des rois, embauché par César Ritz au Grand Hôtel, à Monte-Carlo, au Grand Hôtel National, à Lucerne, et à l'Hôtel Savoy de Londres. Mais c'est au Ritz Paris qu'il révolutionne à la fois l'agencement de l'office et l'organisation des cuisiniers en brigade, avec sa hiérarchie pyramidale. Longtemps, les restaurants des palaces, au décor somptueux et au service soigné, ont proposé une cuisine classique à base de produits nobles. Il faut attendre l'arrivée d'Alain Ducasse au Plaza Athénée, en 2000, pour passer à une nouvelle ère. Rien ne sera plus comme avant, les restaurants de palace allient désormais l'excellence de l'accueil à la perfection de la cuisine, quitte à casser encore plus les codes, en proposant comme Alain Ducasse au nouveau Plaza Athénée une carte de poissons, légumes et céréales sous le signe de la « Naturalité ».

—

PLAZA ATHÉNÉE ✿✿✿

LA PÂTISSERIE DES PALACES ET DES RESTAURANTS GASTRONOMIQUES

Depuis plus d'une décennie, les chefs pâtissiers des palaces et des restaurants gastronomiques ne sont plus dans l'ombre de leurs chefs de cuisine. Par leurs créations, ils ont rendu moderne la fin d'un repas.

LES CHEFS PÂTISSIERS n'hésitent plus aujourd'hui à prendre des risques, à diminuer les quantités de sucre, à intégrer les éléments du salé avec le sucré. Sébastien Vauxion en est le parfait exemple. Il est l'un des rares chefs pâtissiers français à qui l'on a confié les cuisines d'un restaurant gastronomique ne proposant que des plats et desserts sucrés. Dans son restaurant le Sarkara au K2 Palace, à Courchevel, ouvert uniquement l'après-midi, le chef ose des accords inédits comme sorbet artichaut et chocolat blanc ou céleri et vanille dans un dessert associant une coque de meringue à un sorbet de céleri-rave et vanille Bourbon, des éclats de caramel à l'ancienne et une eau de sureau noir. C'est également le cas de Jessica Préalpato au Plaza Athénée, à Paris, avec son dessert à la rhubarbe pochée, vinaigrée et fermentée au son de riz, à la bière et au sureau, mettant en avant avec brio la pureté de la naturalité, ou la quenelle de glace soja et pralin de cacahuètes. Les chefs pâtissiers de palace sont également à un tournant de popularité. La montée en puissance des réseaux sociaux a contribué à ce que leurs pâtisseries soient rapidement et massivement partagées dans le monde entier. Certains deviennent de fait de véritables stars pour lesquelles les gens sont prêts à attendre des heures devant une boutique afin de goûter leurs dernières créations. C'est le cas de Cédric Grolet, chef pâtissier de l'hôtel Meurice à Paris, dont les créations de fruits trompe-l'œil restent à ce jour un des desserts de palace les plus consommés de la capitale.

—

LE SARKARA ✿ / PLAZA ATHÉNÉE ✿✿✿ / LE MEURICE ✿✿

LA BRIGADE

Selon les cuisines, la brigade est plus ou moins importante et sa composition peut varier d'un établissement à l'autre.

LE CHEF DE CUISINE

Il élabore la carte et les menus. Il encadre toute la brigade, donne la cadence et surveille la qualité des assiettes. Il est positionné pendant le service derrière le passe et annonce les commandes à sa brigade. Il est chargé de la formation des commis et apprentis.

LE SECOND DE CUISINE

Il assiste le chef et prend sa place en son absence. Il doit pouvoir remplacer les chefs de partie absents et maîtriser tous les postes.

LES CHEFS DE PARTIE

• *Chef de partie entremétier* •
Il cuisine les légumes, les pâtes, le riz, les potages, les soupes, les purées et les garnitures des autres postes. Il est également responsable de la cuisson des œufs lorsqu'il s'agit d'une cuisine d'hôtel. Il prépare aussi les sauces blanches (béchamel, à la crème...).

• *Chef de partie grillardin* •
Il s'occupe de tout ce qui est frit et grillé comme les pommes soufflées, les frites, les pommes allumettes, les pommes dauphines... les grillades de viande ou de poisson en tout genre. Il a également la responsabilité des herbes.

• *Chef de partie poisson* •
Il est responsable de la cuisson de tous les poissons et crustacés. Il maîtrise les différents modes de cuisson : poêlé, poché, vapeur...

• *Chef de partie rôtisseur* •
Il est chargé de la cuisson des viandes sautées ou rôties.

• *Chef de partie saucier* •
Il prépare les fonds bruns, les roux, les sauces, les bouillons, les courts-bouillons, les marinades et tous les plats de viande et de poisson en sauce.

• *Le responsable du garde-manger* •
Il doit fournir les autres parties en produits. Il est chargé de la découpe de la viande quand elle arrive en carcasse, du désossage. Il prépare les poissons, les volailles, les gibiers.
Il stocke les marchandises en chambre froide ou dans le garde-manger et les apporte aux différentes parties quand nécessaire. Il réalise également tout ce qui est froid : les terrines, les canapés, les pâtés, les gelées, les hors-d'œuvre, les salades, les club-sandwichs dans les restaurants d'hôtel.

LE CHEF PÂTISSIER

Il s'occupe des desserts, du pain, des brioches, des viennoiseries. Il est secondé par un chocolatier et un glacier ainsi que par un chef de partie pâtissier.

LE COMMIS DE CUISINE

Il est le premier grade de la brigade. Les commis apprennent le métier de cuisine auprès des chefs de partie et tournent afin d'expérimenter les différents postes.

LE PLONGEUR

Il assure le nettoyage de toute la vaisselle ainsi que des ustensiles de cuisine, qu'il répartit ensuite sur les différents postes.

LE COMMUNARD

Il assure la préparation des repas du personnel. Le rôle peut être tournant.

LES APPRENTIS & LES STAGIAIRES

Ils sont en formation et apprennent la cuisine en passant à différents postes.

Brigade

Qu'elle soit mondaine, antigang ou blindée, une brigade réunissait un groupe d'hommes sous les ordres d'un chef.

C'est Auguste Escoffier (1846-1935), grand modernisateur de la gastronomie au XIXe siècle, au retour d'un passage dans l'armée française en 1870 et séduit par l'ordre, la rigueur et la discipline militaires, qui s'en inspira pour gagner en efficacité dans les cuisines. Celui qui fut successivement chef de grands établissements à Monte-Carlo, Lucerne, Londres, Paris et New York appliqua à l'équipe d'un restaurant ce terme emprunté à l'italien *brigata,* qui daterait de 1370, ainsi que la hiérarchie de la « brigade », en rationalisant la répartition des tâches. Le chef de cuisine est assisté, et a donc sous ses ordres, un ou plusieurs sous-chefs (ou seconds), des chefs spécialisés appelés aussi chefs de partie (garde-manger, poisson, viande, pâtisserie), puis des commis et parfois des apprentis. Le « roi des cuisiniers » recommanda également à ses pairs, que trop souvent on (mal)traitait de « cuistots », de respecter des principes stricts de propreté et de méticulosité, de ne pas boire, de ne pas fumer et de ne pas crier. Le terme de « brigade » s'emploie aujourd'hui dans toutes les cuisines du monde. Notons également qu'Auguste Escoffier, en son temps, modernisa et codifia la cuisine raffinée d'Antonin Carême. Son *Guide culinaire* contient plus de 500 recettes et décrit les bases techniques de la cuisine moderne. Tous les grands cuisiniers d'aujourd'hui les ont apprises, travaillées et retravaillées pour se les approprier et les retranscrire, chacun à leur manière.

L'ÉMERGENCE DE LA GÉNÉRATION *Top Chef*

Ils se nomment Stéphanie Le Quellec, Thibault Sombardier, Romain Tischenko, Pierre Augé, Ludovic Turac, Victor Mercier, Julien Duboué, Florent Ladeyn, Pierre Sang Boyer ou encore Denny Imbroisi. Ils ont en commun d'avoir été révélés au grand public par leur participation au programme Top Chef, diffusé sur M6, avant de connaître, pour beaucoup, un parcours constellé d'étoiles Michelin.

La télévision est un vecteur de popularité. Elle est dans presque tous les foyers et permet de créer une certaine proximité avec les candidats de concours télévisuels. C'est ce qu'il se passe avec Top Chef, diffusé chaque année sur M6 et qui a fêté son dixième anniversaire en 2019. Chaque candidat, éliminé au premier épisode, finaliste ou gagnant, ne manque pas d'expliquer, toujours avec une certaine émotion, combien cette émission a transformé sa vie. Entrer dans le quotidien des Français a permis à ces cuisiniers, parfois de façon fulgurante, de tisser un lien avec leurs clients ou futurs clients, et pas seulement dans un périmètre restreint. Moqué au départ par une partie de la profession qui ne comprenait pas l'engouement du public pour ce concours et qui estimait qu'on ne devenait pas chef en passant à la télévision, Top Chef a fini par imposer une génération de chefs, souvent de moins de 30 ans, qui s'est installée à son compte et, pour partie, dont la cuisine a été récompensée au fil des années par le Guide Michelin. Ce fut le cas notamment pour Fanny Rey, finaliste en 2011. Cheffe dans la brigade de L'Oustau de Baumanière, elle a repris avec son mari L'Auberge de Saint-Rémy à Saint-Rémy-de-Provence et a été récompensée par une première étoile Michelin en 2017. Non loin de Saint-Rémy-de-Provence, Marseille, où officie Ludovic Turac, candidat de la saison 2. Ancien sous-chef de Lionel Lévy, il a repris en 2013 le restaurant de ce dernier sur le port, Une Table au Sud, quand celui-ci est parti diriger les cuisines de l'hôtel Intercontinental de Marseille. Pour Ludovic, le challenge était de maintenir cette étoile avec sa femme, Karine, sommelière et responsable de salle. C'est ce qu'il fait au quotidien en proposant notamment dans un menu « Signatures » des plats épatants comme « Ma version de l'aïoli », le « Concentré iodé », « Ma Bouille-Abaisse » et le « citron-feuille ». Autre chef, autre parcours, celui de Thibault Sombardier, du restaurant Antoine à Paris. Quand il participe au concours Top Chef en 2014, sa table est déjà auréolée d'une étoile et ses plats, comme le pain soufflé de homard aux écailles de champignon sont considérés comme très aboutis. Il confesse bien volontiers qu'il n'a pas eu le sentiment de voir sa cuisine métamorphosée par l'émission. Il est resté dans une réflexion qui lui était déjà propre avant de passer à la télévision. En revanche, il n'hésite pas à expliquer combien l'émission lui a apporté en visibilité. Après son passage, son carnet de réservations n'a pas désempli, lui assurant un restaurant complet trois semaines à l'avance.

Enfin, comment ne pas évoquer Stéphanie Le Quellec ? Après sa victoire dans l'émission en 2011, tout est allé très vite pour elle. Cheffe au restaurant Le Faventia au sein du domaine de Terre Blanche dans le Var, elle se voit proposer, deux ans après son passage télévisé, le poste de cheffe au restaurant La Scène de l'hôtel Prince de Galles à Paris. Un an après son arrivée, elle obtient sa première étoile puis la seconde en 2019, même si, depuis, elle a annoncé son départ pour un projet personnel.

—

L'OUSTAU DE BAUMANIÈRE ✪✪ / L'AUBERGE DE SAINT-RÉMY ✪ / UNE TABLE AU SUD ✪ / ANTOINE ✪ / LA SCÈNE ✪✪

GRANDS CLASSIQUES

LE RETOUR *de la cuisine bourgeoise*

On constate depuis quelques années un retour indéniable de plats traditionnels issus du registre de la cuisine bourgeoise sur les cartes des restaurants. Ils ont contribué à construire la gastronomie française, la faisant évoluer en goût et en précision. Ce retour est opéré en partie par une jeune génération de chefs friands de magnifier les classiques.

Le pot-au-feu

Le chef américain Daniel Rose propose dans son restaurant parisien La Bourse et la Vie une cuisine française dans la plus pure tradition, mêlant poireaux vinaigrette aux noisettes du Piémont à des ris de veau à la moutarde, blettes et pommes grenailles. Il a également à sa carte un pot-au-feu de veau, tête ravigotée aux saveurs absolument incroyables.

Le lièvre à la royale

François Pasteau, du restaurant L'Épi Dupin, à Paris, est un fervent défenseur d'une cuisine raisonnée. Il réduit au maximum les déchets, est extrêmement vigilant sur la façon dont les poissons sont péchés, dont les viandes sont élevées, et il privilégie les produits locaux. Il n'en reste pas moins un chef passé par de grandes maisons comme le restaurant Jamin à l'époque du regretté Joël Robuchon. Il n'a donc pas hésité à mettre à sa carte un lièvre à la royale accompagné d'une purée de panais, qu'il proposera peut-être un jour au Championnat du monde du lièvre à la royale organisé en Sologne.

Le pâté croûte

Joseph Viola, Un des Meilleurs Ouvriers de France 2004, est un véritable porte-drapeau de la cuisine française traditionnelle puisqu'il est le chef de trois bouchons lyonnais, restaurants typiques de la ville de Lyon dans lesquels on retrouve certains plats de cuisine bourgeoise comme les quenelles. Mais Joseph Viola a surtout remporté le titre de champion du monde de pâté croûte en 2009 avec un pâté croûte d'exception au foie gras et ris de veau de lait.

Le chou farci

Virtuose de ce qu'il a nommé lui-même « les croûtes », le chef bruxellois Karen Torosyan exécute dans son restaurant Bozar, à Bruxelles, des pâtés croûte aux viandes parfaitement maturées, un pithiviers, mais aussi un bœuf Wellington à la cuisson parfaite. Il réalise également une prouesse technique avec son chou farci en croûte. Il explique qu'il ne change pas les recettes classiques, mais simplement qu'il met à leur service des techniques modernes afin de les rendre exceptionnelles.

Les quenelles

Le chef Michel Rostang, de la Maison Rostang, a totalement dédié un de ses restaurants à la cuisine bourgeoise. Le Train Bleu, situé dans la gare de Lyon, transporte dès l'entrée dans un autre temps par sa décoration d'époque mais surtout par sa carte, sur laquelle se côtoient les quenelles de brochet à la lyonnaise sauce Newburg et riz basmati grillé et le gigot d'agneau tranché en salle accompagné d'un gratin dauphinois qui peut être considéré comme une référence en la matière.

Le Baba au rhum

Le chef Cyril Lignac et son chef pâtissier Benoît Couvrand ont compris comment réjouir le cœur de leurs convives en mettant régulièrement à la carte des restaurants du groupe (Le Quinzième ou Le Chardenoux) un baba au rhum qui fait partie des meilleurs de la capitale.

Les crêpes Suzette

Elles seraient nées en 1896 au Café de Paris, à Monaco, et le chef qui en revendiqua la paternité s'appelait Henri Charpentier. C'est par accident qu'il les flamba en salle alors qu'il s'agissait à la base de servir des crêpes à l'orange simplement imbibées de cognac. Depuis, la tradition de les flamber en salle a traversé les décennies et se pratique encore dans des établissements comme Lasserre ou à La Tour d'Argent, où le chef, Philippe Labbé, a quelque peu modifié la recette et le nom puisqu'elles ont été baptisé crêpes Mademoiselle.

L'oreiller de la belle Aurore

L'histoire raconte que le cuisinier de la famille Brillat-Savarin était secrètement amoureux de la mère de Jean Anthelme, Claudine-Aurore, et qu'à travers la création de ce pâté, il tentait de lui faire passer le message qu'il aurait bien aimé partager un coin d'oreiller avec elle. Réalisée uniquement pendant les périodes de chasse, la recette a évolué au fil des siècles et peut être différente selon les restaurants. Considéré comme un pâté croûte, il peut peser jusqu'à 30 kilos. Sous la croûte : une diversité de viandes dont celles issues de gibiers à plumes et à poils. Depuis 2016, il est notamment proposé à la carte de la brasserie Gallopin, à Paris. Une confrérie du nom de cet imposant pâté croûte s'y réunit même plusieurs fois par an afin de réaliser des dîners durant lesquels sont servis un plat, un dessert ou même un vin oublié qui font partie de la tradition culinaire française. Et l'oreiller de la belle Aurore n'échappe pas à la règle.

Paroles d'inspecteur

La cuisine bourgeoise, c'est la cuisine du réconfort avec de la sauce, de la crème et l'adresse par excellence qui la représente au mieux, c'est Le Pré Catelan à Paris.

BOZAR RESTAURANT ✲ / MAISON ROSTANG ✲✲ / LASSERRE ✲ / LA TOUR D'ARGENT ✲ / LE QUINZIÈME ✲ / LE PRÉ CATELAN ✲✲✲

Recette de Joseph Viola
Restaurant Daniel et Denise - Lyon
CHAMPION DU MONDE 2009

PÂTÉ CROÛTE DE FOIE GRAS DE CANARD *et ris de veau de lait*

INGRÉDIENTS

Pour la pâte brisée

500 g de farine

270 g de beurre coupé en morceaux

2 œufs plus 1 jaune

80 g d'eau

5 g de sel fin

2 pincées de poivre blanc du moulin

Pour la farce

700 g de gorge de porc fermier du Cantal (hachée avec une grille de 0,5 cm de diamètre)

450 g de quasi de veau de lait (haché avec une grille de 0,5 cm de diamètre)

1 c. à s. de chapelure

200 g de foies de volaille (en dés de 1 cm de section)

1 c. à s. d'échalotes ciselées cuites au beurre

2 c. à s. de persil frisé haché

1 pointe d'ail haché

1 pincée de fleur de thym séchée

100 g de trompettes-de-la-mort fraîches

2 œufs plus 1 jaune

10 g de sel

5 g de poivre blanc du moulin

Pour le montage

6 escalopes de 60 g de foie gras de canard

200 g de ris de veau de lait cuit au court-bouillon

50 g de beurre pommade pour le moule

Pour la finition

50 g de poudre de gelée de volaille délayée dans 1 l d'eau

CONFECTION DE LA PÂTE BRISÉE

1. Dans un bol mélangeur, mettez la farine, le beurre en morceaux, le sel fin et le poivre blanc. Mélangez le tout pendant deux minutes à petite vitesse. Ajoutez les deux œufs et le jaune dans 80 g d'eau puis mélangez pendant une minute. Enveloppez le tout dans du papier film avant de mettre la pâte au froid pendant trois heures.

CONFECTION DE LA FARCE

2. Mélangez dans un saladier la gorge de porc, le quasi de veau, la chapelure et les foies de volaille avant d'incorporer les échalotes, le persil, l'ail, le thym, les trompettes-de-la-mort ainsi que les œufs. Assaisonnez de sel et de poivre.

CONFECTION DU PÂTÉ

3. Beurrez un moule à pâté croûte à l'aide d'un pinceau. Étalez la pâte brisée. Disposez un tiers de la farce au fond du moule et déposez six escalopes de foie gras de canard. Ajoutez un nouveau tiers de farce, recouvrez de six escalopes de ris de veau avant de terminer par le restant de la farce. Préchauffez le four à 240 °C. Après avoir clos le moule d'une bande de pâte brisée, badigeonnez d'eau les quatre bords du rectangle et refermez-les en les pinçant. Dorez le dessus avec le jaune d'œuf puis faites 4 cheminées.

4. Mettez en cuisson dans le four pendant 25 minutes à 240 °C puis 25 minutes à 200 °C.

5. La cuisson terminée, laissez le pâté une heure à température ambiante, avant de le mettre au frais pendant une nuit.

6. Le lendemain, faites couler la gelée encore liquide par les orifices du pâté et laissez celui-ci deux heures dans le réfrigérateur.

LE DRESSAGE

7. Après démoulage, découpez des tranches de pâté de 1,5 cm à l'aide d'un couteau-scie.

QUELQUES PLATS RÉGIONAUX
qui font le patrimoine français

À l'image de la tour Eiffel ou de l'Arc de Triomphe, certains plats participent au rayonnement de la France à travers le monde, car ils en sont la parfaite incarnation.

Lorsque l'on évoque par exemple la bouillabaisse, viennent à l'esprit des images de sud de la France. Celle du chef Pascal Bonamy, du restaurant La Colombe, à Hyères, est servie dans les règles de l'art, en commençant par un gargantuesque plat de différents poissons (selon la pêche) et crustacés accompagnés de leur bouillon ainsi que de croûtons et de rouille. Une véritable ode à la cuisine méditerranéenne. Si le

Sud a la bouillabaisse, une grande partie du Sud-Ouest n'est pas peu fière de son cassoulet, à commencer par celui du chef Claude Taffarello, de l'Auberge du Poids Public, à Saint-Félix-Lauragais, en Haute-Garonne. Ambassadeur du cassoulet, Claude Taffarello a surnommé le sien le « Saint Félicien », qu'il cuit et sert dans un plat en terre traditionnel. Préparé avec des haricots lingot d'oc, du confit de canard, de la saucisse, du jarret et de l'échine de porc, il fait le bonheur des amateurs qu'il fasse 5 °C ou 35 °C. Dans le Nord, c'est la patrie du *waterzoï*, notamment à Socx, au Steger, le restaurant de Martine et Pascal Persyn. Chez eux, le plat de *waterzoï* de poisson est roi. Ce plat mijoté est un grand classique de la cuisine des Hauts-de-France et, s'il peut aussi être préparé à partir de volaille, il est de tradition que la sauce soit confectionnée avec du bouillon et de la crème. Enfin, si l'on se décale vers l'Alsace, un autre plat est un incontournable, la choucroute. Le chou régional, coupé finement et fermenté en bocaux, constitue la base de cette spécialité. La choucroute accompagnée de lard, de viande de porc et de saucisse de Strasbourg peut être cuite au four en cocotte pour une cuisson plus douce, comme le fait le chef Marc Haeberlin de l'Auberge de l'Ill.

—

AUBERGE DE L'ILL ✿✿

QUAND LE PATRIMOINE CULINAIRE DONNE NAISSANCE À DES EXPRESSIONS

Nombre de délicieux idiotismes se référant aux aliments font tout le sel de notre luxuriante langue française. Mais où a-t-on été pêcher ces expressions ?

Les carottes sont cuites

La nantaise, la Touchon ou la Carentan, qui paradent de toutes leurs couleurs sur les tables étoilées, n'ont pas toujours été à la fête. Au XVIIe siècle, ne « vivre que de carottes », aliment du pauvre, illustrait l'indigence. Rien ne s'arrange au XIXe siècle où « avoir ses carottes cuites » s'employait au sujet d'un mourant. L'expression a ensuite évolué pour finalement pronostiquer que tout espoir est perdu.

Se mettre la rate au court-bouillon

Hippocrate ou Frédérique Dard ? La provenance de cette curieuse métaphore est inconnue, mais deux filiations sont proposées. Le médecin grec de l'Antiquité fut le premier, dans sa théorie des humeurs, à mettre sur le dos de notre rate l'origine de la mélancolie. Quant à l'auteur de San Antonio, il fit de « la rate au court-bouillon » le titre de l'un de ses ouvrages, paru en 1965. Que le truculent écrivain ait cuisiné les traités du père de la médecine est possible, voire réjouissant. Quoi qu'il en soit, cette expression, comme celle de « se faire de la bile » ou « du mauvais sang », signifie qu'on a de sérieux soucis.

Ne plus avoir un radis

Ce petit bout de plante crucifère, peu onéreux, s'offrait au XIXe siècle dans les estaminets du nord de la France pour stimuler la soif. L'ancêtre, en quelque sorte, de nos cacahuètes garde encore une valeur fiduciaire et s'emploie le plus souvent à la forme négative pour informer qu'on n'a plus de blé, d'oseille ou de biscuits. Bref, d'argent.

En faire tout un fromage

La France, qui s'y connaît en pâtes dures, molles, persillées, cuites, non cuites, pressées ou pas, sait combien à partir d'un simple seau de lait (et d'un sacré savoir-faire) on peut obtenir un produit magnifique. L'expression date du XXe siècle et dénonce une tendance à exagérer une situation, à se faire une montagne de quelque chose d'anodin. Mais le fromage n'a pas le monopole de la métaphore, on peut également « en faire tout un plat » et s'entendre dire « Y a pas mort d'homme ! ».

C'est la fin des haricots

Les haricots blancs, baptisés aussi fayots, sont des légumineuses à haute teneur en protéines et se conservent longtemps. Au XVIIIe siècle, quand la marine de France avait boulotté tous ses produits frais et animaux vivants, il ne restait dans la cambuse que les fayots. « Naviguer sous le cap fayot » signifiait l'amenuisement des réserves comestibles, et donc… la fin des haricots.

Tomber dans les pommes

L'expression ne découle pas d'une fréquence hors norme d'évanouissements de pomiculteurs au milieu de leur récolte. La locution a pu être attribuée à une analogie entre « pâmes » (tomber en pâmoison) et « pommes ». Mais l'origine créditée à George Sand, qui dans une lettre avouait « être dans les pommes cuites », est plus probable, d'autant qu'au XIXe siècle il n'était pas rare de bombarder les acteurs dont on était mécontent de la prestation de pommes cuites. Les comédiens avaient de bonnes raisons de se trouver mal.

Mais aussi :

se prendre une châtaigne, faire le poireau, raconter des salades, la cerise sur le gâteau, être dans les choux, mettre du beurre dans les épinards, haut comme trois pommes, faire chou blanc, en rang d'oignons, couper la poire en deux, ramener sa fraise, appuyer sur le champignon, ménager la chèvre et le chou, avoir la pêche, faire son beurre, avoir un œil au beurre noir, être une vache à lait, rouler dans la farine, mi-figue, mi-raisin, boire du petit-lait…

LES POTAGERS DES CHEFS

La tendance s'amplifie depuis quelques années, et les chefs sont désormais de plus en plus nombreux à produire leurs propres légumes. Locavorisme, agriculture de qualité et fraîcheur extrême sont les motivations des toques qui se lancent dans l'aventure.

Parmi ces chefs, Christophe Hay, de La Maison d'à Côté, à Montlivault, dans le Loir-et-Cher. « Depuis l'enfance, je suis émerveillé par le fait de cultiver des légumes. Après mon installation en 2015, rapidement les anciens sont venus me proposer leurs parcelles. » Grâce à 3000 mètres carrés de potager, le restaurant est autonome en légumes de fin mai à mi-octobre. Avec Alain Gaillard, le jardinier, le chef mène une vraie réflexion sur les variétés. « Nous avons une serre qui nous permet de produire nos plants pour le printemps. » De ce travail et de cette terre sortent chaque année d'extraordinaires légumes comme le navet marteau, la carotte raiponce, le pois gesse, qui a la particularité d'être carré et si doux en bouche, la laitue celtuce, qui monte naturellement. Très croquante, elle est préparée comme une salade César avec une tome de chèvre de 36 mois pour accompagner un brochet de Loire confit.

> « Nous avons une serre qui nous permet de produire nos plants pour le printemps. »

Le potager fournit également des baies de goji, des groseilles à maquereau ou des myrtilles blanches. Déshydratées, elles se marient à merveille avec les gibiers à l'automne. Beaucoup plus au sud, dans les Bouches-du-Rhône, Glenn Viel, chef du restaurant de L'Oustau de Baumanière, et Jean-André Charial, le propriétaire des lieux, ont planté 5 000 mètres carrés de cerisiers, d'amandiers, d'abricotiers, de pruniers, de figuiers... à côté d'un potager de 3 hectares où poussent des asperges, des artichauts, des tomates, des haricots verts, cueillis fins comme une allumette. « Lorsque nous récoltons les petits pois, ils sont tellement jeunes qu'on ne les fait même pas cuire. On les sert avec du caviar, car c'est du caviar vert. » Un jeu de mots qui a donné naissance à un accord original. Glenn Viel s'enflamme aussi pour ses asperges qu'il apprécie surcuites. Un souvenir d'enfance, car sa mère ne les servait jamais croquantes. « On utilise de très grosses asperges vertes qu'on fait rôtir au four à 240 °C afin d'obtenir une texture fondante caramélisée et on met à l'intérieur une jeune asperge crue qui apporte de la matière. » Le potager, c'est aussi une multitude d'herbes, marjolaine, thym, citronnelle... servies en fin de repas en décoction pour se rincer la bouche et repartir le palais frais. Les herbes séduisent également les clients du Clos des Sens, à Annecy, explique le chef Laurent Petit, qui cultive une cinquantaine d'aromates (sauge ananas, mélisse, agastache, menthe chocolat...) avec lesquelles il prépare des salades composées. Laurent Petit a créé son potager il y a cinq ans pour donner un sens humaniste et citoyen à sa cuisine : « Cela va dans le sens d'une réflexion générale sur l'approvisionnement et le fait de travailler 100 % local. » Le légume n'est pas un simple faire-valoir, il occupe toute l'assiette, comme ce fenouil préparé de manière à décliner les textures. « Je travaille le légume comme on le ferait d'une viande », explique le chef qui a par ailleurs fait le choix de retirer la viande de sa carte sans qu'on s'en aperçoive, tant la créativité autour des fruits et légumes est inouïe.

—

LA MAISON D'À CÔTÉ ✿✿ / L'OUSTAU DE BAUMANIÈRE ✿✿ / LE CLOS DES SENS ✿✿✿

LA POMME DE TERRE,

des cochons à la haute gastronomie

Plante vivrière de base, la *Solanum tuberosum*, cultivée il y a plus de huit mille ans en Amérique du Sud, a débarqué sur le Vieux Continent au XVIe siècle à bord d'un galion.

La *papa*, ainsi nommée en Amérique latine et en Andalousie, est un peu cœur d'artichaut, elle suit qui l'aime et de préférence de sombres brutes: le conquistador Francisco Pizarro pour la filière dite espagnole, le corsaire esclavagiste sir Francis Drake pour la filière anglaise.

La *potatoe* gagne ainsi l'Irlande dès les années 1590, mais sa culture ne se généralisera en Angleterre qu'au XVIIIe siècle. Le tubercule s'installe dans toute l'Europe en suivant les mouvements de troupes pendant la guerre de Trente ans. Mais pour la future star, rien n'est gagné. En France, elle rame. Implantée d'abord en Alsace et en Franche-Comté, cultivée par Olivier de Serres en 1600, la pomme de terre est tout juste bonne à donner aux cochons. Préjugés et superstitions lui collent à la peau : elle serait toxique, ferait les joues grumeleuses, favoriserait les bébés à grosse tête, propagerait la lèpre. Bref, on ne mange pas de cette sorcière-là. Il faudra la ténacité d'un pharmacien nourri de pommes de terre lors de sa captivité en Prusse, Antoine-Augustin Parmentier (1737-1813), pour qu'enfin ce légume entre en grâce et soit reconnu pour ce qu'il est: nutritif, l'un des rares féculents à contenir de la vitamine C et un véritable remède aux famines. Dès le début du XIXe siècle, les variétés se multiplient, le légume de jardin devient grande culture, madame pomme de terre s'invite sur les tables, des plus populaires aux plus bourgeoises et, dans son *Grand dictionnaire de cuisine*, Alexandre Dumas donne 15 recettes de cet «excellent légume». Ouf? Pas tout à fait. Dans les années 1980, une phobie des féculents la vilipende, ventes et consommation dégringolent. Le tubercule est surabondant... et plus personne n'en veut.

Médecins, journalistes, professionnels du marketing et bien sûr cuisiniers sont sollicités par la filière professionnelle pour redorer le blason de la mal-aimée. On vante ses vertus, ses qualités et sa biodiversité variétale : chair ferme, précoce, tardive... C'est la bonne idée! On n'achète plus de vulgaires patates mais des bintjes, charlottes, désirées, amandines, sirtemas, monalisas ou rattes... *So* chic! La pomme de terre reprend des couleurs (early rose, bleue d'Auvergne, vitelotte...) et de la valeur, affichant même, récoltée avant maturité, des tarifs exorbitants: la fameuse primeur des îles de Ré ou Noirmoutier au goût de noisette et à la peau fine et duveteuse. Charmante et charmeuse, facile et docile, elle séduit les chefs étoilés qui la portent au firmament. Jean Sulpice, à L'Auberge du Père Bise, à Talloires, l'accommode en tartiflette au cumin des prés; Arnaud Lallement, à L'Assiette Champenoise, à Tinqueux, la cuisine au homard, Olivier Bellin, à L'Auberge des Glazicks propose une «pomme de mer», pomme de terre soufflée au jus d'huître; Alain Passard, à l'Arpège, des spaghetti de pomme de terre al dente à l'ail frais Thermidrome et Guy Savoy, à La Monnaie de Paris, la rôtit avec lotte et champignons. Frédéric Anton, du Pré Catelan, lui consacre un ouvrage sobrement intitulé *Pommes de terre* (Le Chêne, 2012) quelques années après celui de son maître Joël Robuchon: *Le Meilleur et le plus simple de la pomme de terre* (Robert Laffont, 1994). Un Robuchon aux 32 étoiles qui fit d'une simple ratte la reine d'une purée légendaire.

" Charmante et charmeuse, facile et docile, elle séduit les chefs étoilés qui la portent au firmament. "

LA PURÉE DE JOËL ROBUCHON

PRÉPARATION : 15 MIN
CUISSON : 35 MIN

INGRÉDIENTS POUR 6 PERSONNES

1 kg de pommes de terre rattes

250 g de beurre bien froid

25 cl de lait entier

Gros sel

1. Lavez les pommes de terre, ne les pelez pas. Faites-les cuire à couvert dans une casserole de 2 l d'eau froide additionnée de 1 cuillerée à soupe de gros sel pendant 25 minutes environ. La lame d'un couteau plantée dedans doit ressortir aisément. Égouttez-les. Pelez-les encore tièdes. Passez-les au moulin à légumes (grille fine) au-dessus d'une casserole. Portez la casserole sur feu moyen et faites dessécher la purée en remuant vigoureusement avec une spatule 5 minutes environ.

2. Passez une petite casserole sous l'eau. Videz-la sans l'essuyer. Versez le lait et portez-le à ébullition.

3. Incorporez petit à petit à feu doux le beurre coupé en petits dés bien froids à la purée en remuant énergiquement la préparation afin de la rendre lisse et onctueuse.

4. Ajoutez le lait très chaud en petits filets toujours en mélangeant vigoureusement jusqu'à ce que le liquide soit entièrement absorbé. Salez, poivrez. Goûtez.

5. Pour rendre la purée encore plus fine et légère, passez-la à travers un tamis à toile très fine.

À retrouver dans *Tout Robuchon*, Perrin, 2006.

PORTRAIT DE CHEF

PIERRE HERMÉ

L'inventeur de la haute pâtisserie

Véritable artiste, Pierre Hermé, présent dans 13 pays, est aujourd'hui l'un des meilleurs ambassadeurs de la pâtisserie française à travers le monde.

Être l'héritier de quatre générations de boulangers-pâtissiers alsaciens n'est pas chose facile. Pour Pierre Hermé, ce fut une force. C'est en observant qu'il a acquis cette soif de savoir qui sera le fil rouge de sa carrière. Lorsqu'il arrive à Paris à 14 ans pour faire son apprentissage chez Gaston Lenôtre, il explore tous les arcanes du métier, profite de ses jours de congés pour travailler aux côtés de ses aînés. Il gravit un à un tous les échelons de la grande maison parisienne. Son parcours se poursuit chez d'autres grands noms, notamment Fauchon, dont il sera le chef pâtissier pendant dix ans. En 1997, il décidera de créer la Maison Pierre Hermé Paris avec son associé Charles Znaty. Au sein de son atelier de création, Pierre Hermé explore chaque jour de nouvelles saveurs et revisite ses propres recettes. Comme par exemple sa collection de pâtisserie « Infiniment » qu'il n'a de cesse de faire évoluer, passant de la vanille à la noisette, au café et au chocolat. Ses créations, il les aborde par le dessin comme un couturier. Il écrit les recettes, fixe les proportions puis, à ses côtés, les pâtissiers réalisent des essais jusqu'à obtenir le résultat souhaité. Son inspiration, il la trouve certainement dans sa passion pour les parfums ou l'art contemporain mais également auprès de ses proches, notamment de sa femme Valérie, pour qui il a créé le macaron « Les Jardins de Valérie », à base de cédrat et d'immortelle. En rendant ses créations intemporelles, comme l'Ispahan, le Mogador ou le 2000 feuilles, Pierre Hermé est devenu un des chefs emblématiques de l'histoire de la pâtisserie française.

" Ses créations, il les aborde par le dessin comme un couturier. "

L'ART DE LA CONFITURE

Bien que cette préparation de fruits cuits dans du sucre ait été un mode de conservation, la confiture, dont les teneurs en fruits et en sucre sont extrêmement réglementées, a aujourd'hui une place à part entière dans le monde du sucré, et notamment de la pâtisserie. Il existe d'ailleurs de vraies stars de la confiture qui en ont fait un produit d'exception. Parmi elles, Christine Ferber, à Niedermorschwihr, en Alsace. La confiture lui a permis d'explorer pleinement son métier de pâtissière-confiseuse. Il faut, selon elle, travailler minutieusement les fruits, en prendre soin. Elle dénoyaute par exemple les cerises à la main. Ce qu'elle aime par-dessus tout, c'est qu'il y ait des morceaux de fruits dans ses confitures – et qui se voient dans le pot. Un véritable gage de gourmandise. De son côté, Stéphan Perrotte, Meilleur Confiturier de France 2014 et Champion du monde 2015, installé à Vaudelnay, dans le Maine-et-Loire, explique qu'une bonne confiture ne doit pas être trop sucrée, sinon cela prend le dessus sur le goût du fruit, et qu'elle doit être souple, mais surtout pas trop liquide. Jean-Michel Querci, chef, fondateur de la marque corse O Mà Gourmandises et autre expert en la matière nous apprend que ce qui fait une bonne confiture, c'est surtout de ne pas faire comme nos grands-mères, qui utilisaient les fruits abîmés dont elles ne savaient pas quoi faire pour réaliser leur confiture. Selon lui, il faut prendre des fruits de pleine saison et faire de petits volumes, ce qui permettra de conserver une couleur harmonieuse et surtout le goût du fruit le plus naturel possible.

LA VIENNOISERIE *haut de gamme*

Y a-t-il plus traditionnel que des viennoiseries ? Croissants, pains au chocolat, il est bien difficile de les imaginer dans une forme autre que celle qui leur est propre, et pourtant...

Certains chefs pâtissiers se sont fait un défi de donner un coup de jeune à ces incontournables de la pâtisserie française. Maxime Frédéric, chef pâtissier de l'hôtel George V, en est le parfait ambassadeur. Lorsque l'on croque dans son pain au chocolat, on casse une première couche de feuilletage disposée sur le pain au chocolat afin de lui donner un aspect parfait aux lignes harmonieuses. Le feuilletage intérieur est à la fois moelleux et croustillant, une véritable prouesse. Ce pain au chocolat n'est pas garni de bâtonnets de chocolat mais d'une délicieuse ganache, ce qui donne à l'ensemble un équilibre proche de la perfection. Il a également créé une autre viennoiserie, dont le feuilletage cache un étonnant riz au lait recouvert de caramel. D'autres pâtissiers n'hésitent pas non plus à dépoussiérer ces classiques du petit déjeuner ou du goûter, comme Matthieu Otto, second à l'Auberge Saint Walfrid, à Sarreguemines, ou Michael Bartocetti, chef pâtissier de l'hôtel Shangri-La, à Paris, qui saupoudre son pain au chocolat de grué et garnit sa brioche feuilletée de caramel.

—

L'ABEILLE ✿✿ / LE CINQ ✿✿✿ / AUBERGE SAINT WALFRID ✿

VOYAGE SUR LA NATIONALE 7

Mille kilomètres séparent Paris de Menton par la fameuse nationale 7. Pratique, cet axe routier faisait « de Paris un petit faubourg de Valence », comme le chantait Charles Trenet. Mais c'est aussi un axe mythique pour les gourmands.

La dégustation commence à Fontainebleau, avec le fromage du même nom, délicieuse harmonie de crème et de fromage frais. Elle se poursuit à Nemours et ses fameux bonbons au coquelicot. À Montargis, les pralines Mazet, des amandes grillées et caramélisées, sont fabriquées depuis le XVIIe siècle. À l'approche de Roanne, le cœur du gastronome se met à battre un peu plus vite. Aux abords de la gare s'est dressé de 1930 et jusqu'en 2017 l'un des temples de la haute cuisine française, la Maison Troisgros – aujourd'hui installée à Ouches, à quelques kilomètres de Roanne. Le grand-père de Michel Troisgros avait quitté Chalon-sur-Saône pour s'installer à Roanne, en face de l'axe ferroviaire Paris-Lyon-Marseille, pour y servir une cuisine « de bon sens », comme aime à la qualifier Michel Troisgros, avant de devenir celle qui a contribué au renouveau de la gastronomie dans les années 1960. Roanne est donc la première étape d'une célèbre trilogie qui se poursuit par La Pyramide à Vienne et Pic à Valence. À Vienne, Patrick Henriroux a repris à la fin des années 1980 l'illustre établissement de Mado et Fernand Point, un couple de légende. Madame Point était réputée pour son sens de l'accueil et du service quand Fernand Point était aux fourneaux. Les plus grands chefs ont fait leurs classes ici : Alain Chapel, Paul Bocuse... En 1933, La Pyramide fait partie de la première génération à obtenir les trois étoiles au Guide Michelin. La nationale 7 n'est pas seulement un lieu de mémoire gourmande, elle témoigne aussi de l'histoire sociale de la France. Elle a connu les premiers congés payés en 1936, la démocratisation des loisirs et les départs en vacances pour tous. Qui dit vacances en France dit bien manger. C'est en 1936, précisément, que le grand-père d'Anne-Sophie Pic, en véritable visionnaire, a quitté son auberge du Pin située dans les hauteurs de Saint-Péray pour s'installer en bordure de nationale. On connaît la suite : trois générations à obtenir la récompense suprême, trois étoiles en 1934, 1973 et 2007. Au-delà de Valence, les noms des villes chantent la gourmandise. Plus besoin de Trenet. Cavaillon et ses melons. Montélimar et ses nougats que l'on achetait autrefois le long de la route pour patienter dans les embouteillages. Aix-en-Provence, ses calissons et ses fruits confits. Il y a comme une densification gourmande au fur et à mesure qu'on s'approche du soleil. À quelle latitude commence le Sud ? Peut-être est-ce à l'apparition du premier olivier ? Peut-être lorsqu'aux noms des villes est accolé celui de Provence ? La nationale 7 traverse Cannes, Antibes et Nice avant d'arriver à Menton et ses fameux citrons. Mais la ville recèle un autre trésor : Mirazur, établissement du chef italo-argentin Mauro Colagreco. La route se termine dans ce restaurant à la cuisine exceptionnelle qui parle de frontière, entre la France et l'Italie, mais aussi entre la terre et la mer. Ici s'achève le voyage, mais à peine rentré à Paris, pour manger à nouveau au Mirazur, on veut bien refaire 1000 bornes.

« À quelle latitude commence le Sud ? »

—

TROISGROS ✽✽✽ / LA PYRAMIDE ✽✽ / PIC ✽✽✽ / MIRAZUR ✽✽✽

LES DYNASTIES DE CHEFS

L'histoire a commencé il y a un siècle et demi pour la famille Haeberlin lorsque sur les rives de l'Ill l'arrière-grand-mère de Marc, l'actuel propriétaire des lieux, ouvrit une auberge de campagne dans le village d'Illhaeusern. On y servait une bonne cuisine alsacienne faite de matelote au riesling, de friture de poissons et de tartes aux fruits. Les femmes étaient aux fourneaux jusqu'à ce que Jean-Pierre et Paul transforment cet établissement du Haut-Rhin en l'une des plus belles maisons françaises – elle obtiendra trois étoiles en 1967. L'histoire est proche à Vonnas, dans l'Ain, où la dynastie Blanc est plus que centenaire. Les arrière-grands-parents de Georges Blanc, cafetiers limonadiers, avaient ouvert un établissement sur la place du village. L'auberge s'est distinguée avec Élisa Blanc, dont Curnonsky, le prince des gastronomes, disait qu'elle était la meilleure cuisinière du monde avec sa volaille de Bresse à la crème, ses gâteaux de foies blonds, ses quenelles de brochet… Sa belle-fille Paulette prendra la suite puis cédera les fourneaux à son fils Georges à la fin des années 1960. À la fois grand chef et homme d'affaires doué à la tête de nombreux restaurants, Georges Blanc obtient sa troisième étoile en 1981. Ses fils Frédéric et Alexandre sont tous deux cuisiniers. Dans les Landes, à Villeneuve-de-Marsan, chez les Darroze, ce sont les hommes qui ont entamé l'histoire de la bonne chère en 1895 jusqu'à ce qu'Hélène s'installe à Paris, où elle obtiendra deux étoiles. Même logique avec André Pic, l'arrière-grand-père d'Anne-Sophie, qui ouvrit en 1936 une auberge à Valence au bord de la nationale 7 alors que sa famille tenait déjà l'auberge du Pin à Saint-Péray en Ardèche, depuis 1889. Il fit partie des premiers chefs français récompensés par le Guide Michelin. Suivront Jacques, à la cuisine plus moderne avec son filet de loup au caviar et son soufflé glacé à l'orange, qui obtint les trois étoiles en 1973, puis Anne-Sophie qui les récupère en 2007.

« La Maison Troisgros a fêté en 2018 ses cinquante ans de trois étoiles. »

À 200 kilomètres plus au nord, dans le département de la Loire, Troisgros est une célèbre famille de cuisiniers aubergistes. En 1930, Jean-Baptiste et Marie s'installent à Roanne, à l'hôtel des Platanes, en face de la gare. La table est belle, la cave bien garnie et la maison, rebaptisée l'Hôtel Moderne, est prospère. Le couple a deux fils qui poursuivent l'aventure familiale. Formés dans les grandes maisons comme Maxim's ou Lucas Carton à Paris, ainsi qu'à La Pyramide à Vienne, ils sont de retour à Roanne au début des années 1950. Ils dirigent les fourneaux avec une certaine idée de la gastronomie qui deviendra ce qu'on a appelé la Nouvelle Cuisine. Ils sont notamment connus pour un plat culte : le saumon à l'oseille. Les frères Troisgros obtiennent trois étoiles en 1968. En 1983, Michel, le fils de Pierre, revient à Roanne après une décennie nomade et un « grand tour culinaire », comme il aime à le dire. Accompagné de sa femme Marie-Pierre, il va transformer le restaurant familial qui deviendra la Maison Troisgros, célèbre dans le monde entier. En 2017, le restaurant gastronomique est délocalisé au cœur de la campagne, à Ouches, situé à quelques kilomètres de Roanne. C'est donc désormais en pleine nature que César et Léo, les fils de Michel et Marie-Pierre Troisgros, officient, perpétuant une longue dynastie de grands chefs étoilés, puisque la Maison Troisgros a fêté en 2018, ses cinquante ans de trois étoiles. À ces dynasties, nous nous devons d'ajouter celle des Marcon à Saint-Bonnet-le-Froid, en Haute-Loire, celle des Bras à Laguiole, des Coutanceau à La Rochelle et des Meilleur à Saint-Martin-de-Belleville, en Savoie.

—

AUBERGE DE L'ILL ✿✿ / GEORGES BLANC ✿✿✿ / MARSAN ✿ / PIC ✿✿✿ / TROISGROS ✿✿✿

L'ÉMERGENCE DES VINS BIO, *en biodynamie & nature*

Le bio, la biodynamie, le nature… Certes encore minoritaires, ces philosophies et leurs pratiques progressent à vitesse grand V dans le vignoble hexagonal.

En dix ans, le vignoble bio – ou en conversion – en France a plus que triplé, passant d'environ 22500 hectares en 2007 à plus de 78500 hectares en 2017, soit environ 10 % de sa surface. Ce n'est plus une timide évolution, mais une tendance lourde qui touche toutes les appellations de l'Hexagone et d'autres pays. Dans la grande famille des vignerons bio, il y a donc les « bio » stricto sensu, mais aussi les biodynamistes, qui considèrent la vigne dans son environnement global, et les « nature », dont l'objectif ultime est de ne faire du vin qu'avec du raisin, jusqu'à bannir les sulfites. Pas de frontière étanche entre ces philosophies cousines. Leur point commun ? Au contraire des pratiques conventionnelles autorisant le recours à tout un arsenal chimique et œnologique, leur but est de privilégier une viticulture respectueuse de la nature et des hommes et, en cave, d'utiliser le moins d'intrants possible pour rester très fidèles à l'expression de la vendange et du terroir. Autrefois limitée à un cercle assez restreint de vignerons, cette ambition est partagée, dans toutes les régions viticoles, par de petits domaines comme désormais de grands châteaux. Impossible ou presque de recenser tous les salons des vins bio, biodynamiques ou nature, alors qu'ils se comptaient sur les doigts d'une main au début des années 2000. Difficile aussi de faire l'inventaire des caves, caves à manger et bistrots qui se revendiquent de cette obédience. Sans compter que les vins de ces courants s'invitent sur les livres de cave des tables étoilées, autrefois exclusivement consacrés à des références classiques et prestigieuses : le signe fort de l'essor spectaculaire du bio, de la biodynamie et du nature hors de leur périmètre originel.

POTÉE CHAMPENOISE

PRÉPARATION : 30 MINUTES
CUISSON : 2 H 30

INGRÉDIENTS POUR 4 PERSONNES

Potée

200 g de chou vert
200 g de poitrine de porc demi-sel
150 g de palette de porc demi-sel
50 g de saucisson fumé
50 g de pied de cochon
250 g de grosses carottes
125 g de navet daïkon
125 g de pommes de terre
4 g de moutarde de Reims

Siphon potée

200 g de légumes de la potée
50 g de bouillon de la potée
30 g de crème liquide entière

Lamelles de mini-navets et mini-carottes

POTÉE

1. Effeuiller le chou en prenant soin de réserver le cœur. Réserver les plus belles feuilles pour le dressage. Blanchir les feuilles bien vertes pendant 8 minutes. Égoutter. Les couper en bandes.

2. Rincer la poitrine et la palette. Déposer avec le pied de cochon dans l'eau de cuisson du chou. Allonger avec de l'eau froide. La viande doit être entièrement recouverte. Cuire à feu moyen pendant environ 2 heures. Couper le cœur de chou en quatre morceaux.

3. Peler les carottes, le navet et les pommes de terre. Ajouter les légumes à la viande. Poursuivre la cuisson jusqu'à ce que la viande et les légumes soient fondants (environ 30 minutes). Ils doivent rester entiers. Ajouter le saucisson fumé 30 minutes avant la fin de la cuisson pour parfumer le bouillon. Égoutter le tout. Laisser refroidir.

4. Couper la poitrine de porc en tranches de 0,5 cm d'épaisseur. Couper les carottes en lamelles de 0,5 cm d'épaisseur. Émietter les autres viandes. Hacher les quartiers de choux. Mélanger la viande, le chou et assaisonner avec la moutarde de Reims. Vérifier l'assaisonnement. Ajouter un peu de bouillon de cuisson.

5. Faire réduire le restant de bouillon. Assaisonner au besoin et seulement après réduction.

6. Procéder au montage de la potée dans un moule rectangulaire de 3 cm x 12 cm : disposer une tranche de poitrine dans le fond, puis une lamelle de carotte. Ajouter l'émietté de viandes. Terminer par une bande de chou. Laisser refroidir. Tailler en quatre le rectangle pour obtenir des carrés de 3 cm de côté. Garder le reste des légumes pour le siphon potée.

SIPHON POTÉE

7. Mélanger les légumes de la potée. Ajouter le bouillon. Mixer. Passer au chinois. Ajouter la crème liquide. Verser dans un siphon avec une cartouche de gaz.

DRESSAGE

8. Verser une cuillère à soupe de bouillon sur chaque assiette. Déposer un rectangle de potée au centre avec des lamelles de mini-navets et de mini-carottes. Servir le siphon potée à table.

Recette issue d'*Émotions en Champagne* d'Arnaud Lallement, Éditions de La Martinière, 2016.

Champagne !

Célèbre dans le monde entier, le champagne n'est pas seulement un vin de fête. Il est aussi un compagnon de table, complexe par ses différents crus, cépages, années, couleurs ou dosages.

Il est parfois utile de le rappeler, le champagne est un vin. Un blanc élaboré à partir de trois cépages principaux, le chardonnay, le pinot noir et le pinot meunier, et quatre autres minoritaires, l'arbane, le petit meslier, le pinot blanc et le pinot gris. L'aire d'appellation comprend la montagne de Reims (Marne), la vallée de la Marne (Marne, Aisne et Seine-et-Marne), la côte des Blancs (Marne) et la côte des Bar (Aube). D'abord non effervescent, on ajoute à la mise en bouteille une liqueur de tirage composée de sucre et de levures. Le sucre se transforme en alcool et en dioxyde de carbone, qui forme les bulles. Mais avant d'être dégusté, avec des mets de choix ou avec de la charcuterie et du fromage, il a patienté couché, entre 15 mois et plusieurs années. Après remuage (les bouteilles sont relevées et agitées), on congèle le dépôt de lie qui s'est formé dans le col et on l'expulse. C'est le dégorgement. Avant rebouchage, on complète avec une liqueur d'expédition qui, selon son taux de sucre, donnera un champagne brut, sec ou demi-sec. Tout cela, Arnaud Lallement le connaît par cœur. Le chef de L'Assiette Champenoise, à Tinqueux, aux portes d'Épernay, défend son terroir à travers mille références et une carte aux accords parfaits, à l'image d'une langoustine, citron caviar et nage crémée avec un Dom Pérignon 2009.

—

L'ASSIETTE CHAMPENOISE ✲✲✲

ALAIN PASSARD

" Le légume devient la source de la création. "

« La nature a tout écrit.» Dans ces mots simples, Alain Passard résume peut-être sa vision de la cuisine après cinquante ans de pratique. Qui est Alain Passard ? La réponse ne tiendra pas en cinq mots. Ce Breton de La Guerche-de-Bretagne doit à sa grand-mère ses premières émotions gustatives. Cuisiner sera donc sa vie et, à 14 ans, il entre en cuisine comme commis. Quelques maisons et quelques maîtres plus tard, il est le plus jeune chef à obtenir pour son restaurant deux étoiles dans le Guide Michelin en 1982. Il a 26 ans. En 1986, il s'installe rue de Varenne dans le 7e arrondissement de Paris. Et une décennie plus tard, son restaurant L'Arpège est auréolé par une troisième étoile. Depuis rien n'a bougé. Et pourtant tout a changé.

Alain Passard cuisine toujours rue de Varenne en face du musée Rodin et continue de former des chefs qui mènent de brillantes carrières, à l'instar de Bertrand Grébaut, au Septime, de David Toutain, de Mauro Colagreco au Mirazur, à Menton, ou de Jacques Decoret, à Vichy. Il assure chaque service comme le chef d'un orchestre unique et chacun s'accorde pour dire que le cuisinier est un restaurateur hors du commun. Ainsi il n'a jamais voulu s'installer ailleurs. Et le temps qu'il ne passe pas dans les avions pour Singapour, New York ou Tokyo lui permet de peindre, de lire, de faire de la musique. Cette vision de la vie aurait pu le mener sur le chemin d'une routine pernicieuse. Que nenni ! 1999... Crise de la vache folle... Prise de conscience... Remise en question... Révolution copernicienne ! En 2001, on ne trouve plus de viande rouge sur sa carte. Le légume devient la source de la création. Lorsqu'il y ajoute de l'agneau, une volaille ou un poisson, c'est un accessoire pour sublimer le végétal. C'est une tornade médiatique à l'époque. L'excellence française ne pouvait se contenter de céleri, de betterave, de carottes ou de poireaux. Et pourtant... Aujourd'hui, la cuisine de L'Arpège ne travaille que des légumes et des fruits de saison provenant des trois potagers créés par le chef. Dans la Sarthe, l'Eure et du côté du mont Saint-Michel, la douzaine de jardiniers joue la même partition que dans la cuisine de la rue de Varenne. Après s'être régénéré, le chef peut continuer à surprendre, éblouir et fasciner tous ceux qui viennent dans sa thébaïde goûter ses créations, comme la transparence de navets nouveaux à l'huile de menthe bergamote, le spaghetti de pommes de terre doré au parmesan et émulsion aux côtes-du-jura ou le burger brioché végétal à l'infusion de pétales d'hibiscus, betterave de pleine terre fumée au bois de hêtre.

—

L'ARPÈGE ✿✿✿

HISTOIRES *d'aulx*

Plante à bulbe comme l'oignon, l'ail serait né en Asie centrale il y a plus de six mille ans et pousse désormais sur tous les continents. Aux quatre coins de notre seul Hexagone, des centaines de variétés coexistent, l'ail blanc représentant la majorité de la production. Certaines sont même protégées par une appellation ou un label.

L'AIL ROSE DE LAUTREC

Dans le Tarn, cet ail bénéficie du Label rouge et de l'indication géographique protégée (IGP). Reconnaissable par ses délicates veines rosées et son goût sucré et subtil, cet ail entre dans la composition de nombreux plats, mais il s'accorde surtout avec les légumes, les plats en sauce et les marinades.

L'AIL VIOLET DE CADOURS

En Haute-Garonne, cet ail violet est le seul à détenir une appellation d'origine protégée (AOP) et le premier à se présenter sur les marchés autour du mois de juillet. Piquant, au nez intense, sa vente en vrac n'est pas autorisée et c'est en tresses, en bouquets ou en gerbes qu'il est le plus souvent présenté.

L'AIL BLANC DE LOMAGNE

Entre Gers et Tarn-et-Garonne, la Lomagne, une partie de la Gascogne. On produit ici, depuis la nuit des temps, cet ail blanc qui a obtenu une indication géographique protégée (IGP). Consommé cru, il est corsé, mais il s'adoucit lorsqu'il est rôti ou mieux encore, confit. Il développe alors des saveurs proches du sucré.

L'AIL DES OURS

Plante sauvage, vivace, aromatique et médicinale, l'ail des ours se récolte au printemps. Il pousse à l'état sauvage dans les sous-bois et fait le bonheur des cueilleurs et des chefs de cuisine. Si l'on veille à ne pas le confondre avec le muguet et le colchique qui sont toxiques, il est parfait en cuisine, pour des salades ou en pesto.

L'AIL FUMÉ D'ARLEUX

Dans les Hauts-de-France, il est un savoir-faire ancestral, le fumage de l'ail, pour lui assurer une meilleure conservation et accentuer son bouquet. L'ail, issu d'une variété rose de printemps, est cultivé ici depuis deux cents ans. Récoltées en juillet, les têtes sèchent naturellement dans le champ pendant une semaine avant d'être tressées et pendues dans une pièce fermée pour être fumées pendant sept à dix jours. Si autrefois les producteurs utilisaient de la tourbe des marais, la combustion est opérée aujourd'hui à partir de sciure de chêne, de hêtre ou de frêne.

L'AIL ROSE DE BILLOM

Entré au patrimoine culturel immatériel français, l'ail rose de Billom, dans le Puy-de-Dôme, n'est produit que par une trentaine de producteurs sur une cinquantaine d'hectares, contre 2 000 dans les années 1960. Avec des notes de ciboulette et d'herbes fraîches, cet ail a la particularité de se conserver au-delà de huit mois, car il n'est pas chargé en eau.

L'AIL NOIR

Pépite gastronomique que l'on trouve maintenant plus aisément, l'ail noir n'est pas une variété d'ail mais une méthode de transformation d'un ail rose ou blanc rapportée en France par des chefs japonais. L'ail noir s'élabore soit par la technique de la réaction de Maillard, où il est cuit très doucement à basse température pendant quelques semaines, avant d'être séché, soit en étant confit dans l'eau de mer. Résultat, les gousses noir brillant développent dans cette maturation une palette de goûts incroyables, de la réglisse au balsamique, en passant par les fruits confits.

TENDANCE

LES CHEFS SE METTENT AU VERT

Depuis quelques années, une révolution est en marche dans les restaurants. Certains chefs réduisent la proportion de leurs plats à base de viande pour proposer des créations au centre desquelles les légumes sont rois, quand, autrefois, ils ne faisaient que de la figuration.

Il ne s'agit pas d'une défiance, mais plutôt d'une volonté de faire évoluer la cuisine. Chaque chef à avoir fait ce choix développe une interprétation totalement singulière de la cuisine végétale. Jean François Piège, dans son restaurant, Clover Green à Paris, propose une cuisine bistronomique de l'instant, spontanée et décomplexée, avec des plats comme la blanquette de légumes, herbes et céréales ou des *gnocchi* de ricotta et bouillon de champignons. Toujours à Paris, Alan Taudon, du restaurant L'Orangerie au Four Seasons George V n'hésite pas à s'inspirer de ses différents voyages pour proposer des plats aux assaisonnements et cuissons totalement inattendus, comme le rassis d'écorce de pain et lait acidifié qui se compose de morceaux de pain séchés, mélangés à de la tomate particulièrement sucrée et taillée en gros cubes, assaisonnée de façon à rappeler l'acidité du bouillon de lait caillé dans lequel trempe l'ensemble. Chez nos voisins, même constat. Chez Humus & Hortense à Bruxelles, le chef Nicolas Decloedt (passé par des maisons comme Mugaritz, In de Wulf ou Bon Bon) offre à ses clients une cuisine pensée avec un botaniste jardinier et un chercheur scientifique afin de sublimer au mieux les propriétés des diverses plantes qu'il découvre lors de ses balades. Nicolas Decloedt travaille également des accords mets et cocktails en étroite collaboration avec le mixologiste Matthieu Chaumont, qui utilise très souvent les parties des légumes non travaillées en cuisine.

—

L'ORANGERIE

VINAIGRETTE D'HERBES

TEMPS DE RÉALISATION : 15 MINUTES

INGRÉDIENTS POUR 4 PERSONNES

Herbes selon votre goût

persil, ciboulette, cerfeuil ou autres,
1 cuillerée à café de moutarde blanche (facultatif),
5 cl de vinaigre de vin blanc ou à défaut de cidre,
1 pointe de couteau d'ail, 5 cl d'huile de colza,
5 cl d'huile d'olive, 5 cl d'eau ou de bouillon de légumes, sel

Lavez les herbes, hachez-les finement. Mettez-les dans un bol. Ajoutez la moutarde, le vinaigre, le sel, l'ail. Mixez à l'aide d'un mixeur plongeant. Ajoutez progressivement les deux huiles et l'eau tiède (ou le bouillon de légumes bien réduit).

Recette issue d'*Herbes* de Régis Marcon, Éditions de La Martinière, 2013

PRODUITS BÉNIS DES DIEUX

Selon les terroirs et les savoir-faire de chacun, de nombreuses productions alimentaires sont confectionnées par les religieux. Certaines, emblématiques d'une activité agricole historique, ont résisté à la Révolution française, aux guerres et même au progrès. Elles sont aujourd'hui une bénédiction pour tous ceux qui, à l'heure des scandales alimentaires et additifs en tout genre, sont en quête de traçabilité, d'authenticité et d'un supplément d'âme.

Ora et labora. L'oisiveté, dans un monastère, est ennemie de l'âme et le travail fait partie intégrante du quotidien qui s'articule autour de la règle de Saint-Benoît : « Prie et travaille. » Les moines ont, dès le VIe siècle, outre le devoir de participer à la subsistance de la communauté, celui d'offrir gîte et couvert aux pèlerins et aux voyageurs. Si on venait à l'entrée d'un monastère, au parloir d'une abbaye, quérir ces produits précurseurs de nos fameux « circuits-courts », on peut aujourd'hui acheter miels, bières, liqueurs et petits gâteaux dans des boutiques comme le Comptoir des abbayes, à Paris, et via Internet sur artisanat-monastique.com. Certains monastères sont dotés de leur propre site d'e-commerce. Les plus exaltés d'entre nous pourront offrir ou s'offrir tous les mois un colis de 7 produits monastiques en s'abonnant à Divine Box. Un vrai cadeau du ciel.

> **“ Si le *made in abbaye* se porte comme un charme, les contrefaçons aussi. ”**

Dans le top des ventes, héritage du labeur et de l'hospitalité des moines et moniales, on trouve du miel de leurs ruches, du vinaigre de cidre, des pâtes de fruits et confitures des fruits du verger (cuites dans des marmites de cuivre et sans gélifiants) ainsi qu'une offre sacrément généreuse de biscuits et confiseries – sablés, macarons, meringues, madeleines, pains d'épices, bonbons en forme de moines… Autre activité monastique traditionnelle, la fabrication du fromage permettait de conserver le lait et de se conformer à la règle de Saint-Benoît interdisant la consommation de viande (sauf pour les malades). Importants centres de production et de diffusion, les monastères sont à l'origine de stars comme le munster, l'époisses ou l'abondance. À l'heure actuelle, fromages de Cîteaux et de la Trappe de la Coudre, timanoix, tamié ou pierre-qui-vire… sont toujours élaborés et affinés par les religieux. Ils se dégustent volontiers avec une petite mousse, spécialité traditionnelle du savoir-faire monastique. La consommation de bières était, au Moyen Âge, recommandée, l'eau étant souvent insalubre. Les moines se firent brasseurs et les bières d'abbaye prospérèrent. Mais c'est surtout l'ordre trappiste, créé en 1892, qui va au XXe siècle entretenir cette activité. Il ne subsiste que 8 bières *Authentic trappist product*, essentiellement en Belgique. En France, celle de l'abbaye Sainte-Marie du Mont des Cats est à nouveau produite depuis 2011, mais brassée et embouteillée à Chimay en Belgique. Quant aux bières dites « d'abbaye », c'est un vaste fourre-tout qui n'authentifie en rien une fabrication monastique. Car, si le *made in abbaye* se porte comme un charme, les contrefaçons aussi. Dieu merci, un logo « Monastic » permet maintenant de certifier la sainte provenance. Pas de risque de se tromper, en revanche, avec un petit verre de chartreuse verte, l'une des fameuses liqueurs du monastère de la Grande Chartreuse (38), un must depuis des siècles.

Miel

Abbaye Notre-Dame de Fongombault (36), monastère de la Visitation (75), abbaye Notre-Dame de Ganagobie (04), monastère de la Visitation de Tarascon (13)...

Confitures

Abbayes Notre-Dame des Gardes (49), Notre-Dame du Pesquié (09), monastère Notre-Dame de Compassion (49), prieuré des cisterciennes du Jassonneix (19), carmel de la Transfiguration du Havre (76)...

Fromages

Belloc au lait de brebis de Notre-Dame de Belloc (64), Saint-Paterne et tomme des Pyrénées de Notre-Dame du Pesquié (09), saint-germier au lait cru de vache de l'abbaye Sainte-Marie de Boulaur (32), trappe d'Echourgnac de Notre-Dame de Bonne-Espérance (24), timanoix de l'abbaye Notre-Dame de Timadeuc (56), le fromage du Mont des Cats (59)...

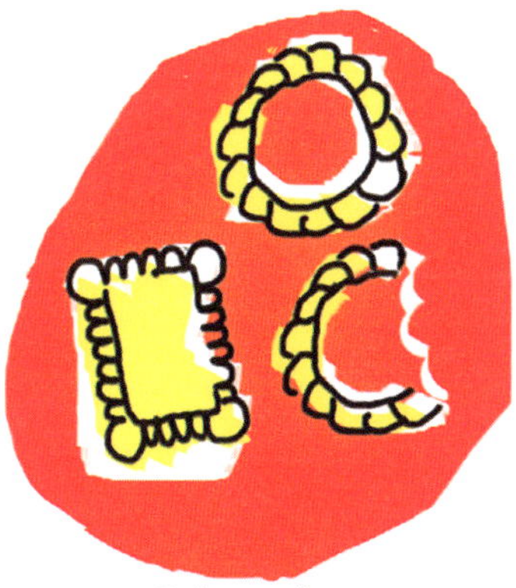

Biscuits

Monastères du carmel de Bayonne (64), des bénédictines de Rouen (76), abbaye Sainte-Marie du Rivet (33)...

Bières trappistes

La Trappe aux Pays-Bas ; Chimay, Orval, Rochefort, Achel, Westvleteren et Westmalle, en Belgique, la bière de l'abbaye d'Engelszell en Autriche.

PUR JUS D'OLIVE • Ardente, douce et soyeuse ou puissante aux saveurs de cacao ? Certaines abbayes du sud de la France, exploitant et tirant comme toujours le meilleur de leur terroir, produisent des huiles d'olives vierges de grande qualité issues de leurs oliveraies. À l'abbaye Sainte-Madeleine du Barroux (84), les moines cueillent les olives à la main et les pressent dans leur propre moulin. Impossible de choisir entre la Reïalo, un fruité vert aux notes herbacées, la Siavo, un fruité noir suave ou la Joïo, un fruité mûr « à l'ancienne ». Charitables, les moines proposent un pack de 3 flacons découverte.

Huiles d'olive

Abbayes Sainte-Madeleine du Barroux (84), Notre-Dame de Ganobie (04), Notre-Dame de Fidélité (13), Notre-Dame de Triors (26), Notre-Dame-de-la-Paix de Castagniers (06)

LA TOTALE

LES CHEFS QUI FABRIQUENT *leur propre pain*

Bien que la boulangerie soit un art infiniment précis et complexe, de nombreuses raisons poussent certains chefs de cuisine à vouloir faire leur pain eux-mêmes.

On pourrait croire que c'est du perfectionnisme, mais en réalité, il s'agit surtout de proposer un produit en adéquation avec leur personnalité. C'est le cas pour Thierry Breton qui a choisi de fabriquer lui-même un pain au levain au goût bluffant de justesse qu'il propose dans ses trois restaurants de la rue de Belzunce, à Paris, mais qu'il livre également à certains de ses confrères et ils sont de plus en plus nombreux. Au Four Seasons George V, Christian Le Squer, le chef de cuisine, et Maxime Frédéric, le chef pâtissier, expliquent à quel point faire son propre pain leur ouvre le champ des possibles. Chaque restaurant de l'hôtel possède sa sélection de pains, avec des propositions des plus étonnantes comme ce « *finger* comme un kouign amann aux planctons marins », ce « pain brioché au son » pour le restaurant L'Orangerie ou cette « foccacia » pour Le George. Un autre chef pousse l'idée encore plus loin. Il s'agit d'Éric Frechon, chef du restaurant Épicure et de la brasserie 114 Faubourg de l'hôtel Bristol. Après de nombreux échanges avec l'artisan boulanger Roland Feuillas installé à Cucugnan, Éric Frechon a eu envie de revenir à des pains beaucoup plus nature. Il a surtout décidé pour arriver à ses fins, de construire son propre moulin dans les sous-sols de l'hôtel. Il y moud des blés rouges de Bordeaux, Khorasan ou barbu du Roussillon qui donnent à ses pains une saveur beaucoup plus intense.

—

L'ORANGERIE ✿ / LE GEORGE ✿ / ÉPICURE ✿✿✿

PORTRAIT DE CHEF

ARNAUD FAYE

Meilleur Ouvrier de France, une spécificité française

C'est un concours unique au monde, la reconnaissance ultime du savoir-faire de professionnels œuvrant dans des dizaines de métiers, dont la cuisine, et des années de préparation pour devenir Un des Meilleurs Ouvriers de France.

« 22 novembre 2018… une journée inoubliable… j'ai l'honneur de faire partie de la famille des Un des Meilleurs ouvriers de France. » C'est par ce simple tweet qu'Arnaud Faye du restaurant La Chèvre d'Or, à Èze, a célébré son succès en finale au Touquet. Ce jour-là, ils étaient 28 cuisiniers et cuisinières soumis au jugement acéré de 43 jurés, pour trois recettes imposées : huit pavés de lieu jaune et huit petits « Parmentier » de homard ; trilogie d'un lièvre entier, cuisiné de « trois façons », trois garnitures fruits-légumes ; pavlova et aspic de fruits frais, crème au citron. Avec l'Auvergnat Arnaud Faye, dont c'était la première tentative, sept autres chefs seulement ont acquis en 2018 le droit de porter le col bleu blanc rouge à vie. Ceci n'est pas un championnat, on ne remet pas son titre en jeu : une fois dans la grande famille, on n'en sort plus. Créé en 1924, le concours a lieu tous les quatre ans et concerne plus de 200 spécialités (vitrailliste d'art, tourneur et torseur sur bois, peintre trompe-l'œil, souffleur de verre au chalumeau…). Les métiers de la restauration, de l'hôtellerie et de l'alimentation rassemblent à ce jour 15 % des lauréats. Pour Arnaud Faye, c'est une étape supplémentaire sur un parcours de vingt ans pavé d'étoiles. Après être passé à La Pyramide de Patrick Henriroux, au Buerehiesel à l'époque d'Antoine Westermann, à Strasbourg, à l'Arnsbourg de Jean-Georges Klein, chez Patrick Bertron au Relais Bernard Loiseau, au Ritz avec Michel Roth et au Mandarin Oriental avec Thierry Marx, l'Auvergnat a pris sa première place de chef au restaurant de l'Auberge du Jeu de Paume en 2012, obtenant rapidement 2 étoiles. Il est arrivé au château de la Chèvre d'Or en 2016. Le voilà MOF à 40 ans, avant d'autres défis.

« Avec l'Auvergnat Arnaud Faye, sept autres chefs seulement ont acquis le droit de porter le col bleu blanc rouge à vie. »

—

LA CHÈVRE D'OR ✿✿ / LA PYRAMIDE ✿✿ / RELAIS BERNARD LOISEAU ✿✿ / LA TABLE DE L'ESPADON ✿✿ / LE MANDARIN ORIENTAL ✿✿ / LA TABLE DU CONNÉTABLE ✿

CHEFS MILITANTS D'UNE PÊCHE RESPONSABLE

Si la Belgique et les Pays-Bas ont créé un groupement de chefs – North Sea Chefs –, désireux de promouvoir les poissons mal-aimés de la mer du Nord, la France possède aussi un certain nombre de chefs porte-parole, qui alertent régulièrement leurs confrères et les autorités sur la nécessité de défendre une pêche responsable.

À l'occasion de la Journée mondiale de l'océan, célébrée le 8 juin chaque année dans le monde depuis 1992, de nombreux chefs, emmenés par Olivier Roellinger, du restaurant Le Coquillage, se sont engagés à cuisiner durable. Car le constat est accablant : surpêche, mauvaises pratiques, non-respect des saisons, raclage des fonds.

Les mets et les océans sont en danger, et le public doit changer ses modes de consommation en prenant exemple sur les chefs de cuisine engagés dans un mouvement de préservation des espèces. Ils sont déjà nombreux à avoir banni de leurs cartes la raie, le bar, le thon rouge, la sole, l'araignée, au profit d'espèces moins connues comme le mulet noir, la daurade grise, le lieu jaune, le grondin perlon ou le chinchard. Parmi ces chefs, il en est un qui est particulièrement impliqué : Christopher Coutanceau du restaurant éponyme, à La Rochelle. Pêcheur à ses heures perdues, ce chef ne propose à sa carte que des poissons pêchés localement et issus de petits bateaux.

Pour lui, comme pour d'autres chefs, le poisson a aussi son terroir, à l'instar d'un vin, d'un fromage ou d'une race à viande. Engagé auprès de son confrère Roellinger, il s'est aussi fait remarquer en alertant le gouvernement sur les désastres de la pêche électrique, qui consiste à utiliser l'électricité pour arracher les poissons des fonds des mers et les faire remonter à la surface. Initialement interdite en 1998 par l'Europe, cette pêche a été remise en pratique en 2007 par les Hollandais, qui ont obtenu des dérogations. En 2018, alerté par l'association Bloom, qui milite pour la protection des océans et des espèces marines, Christopher Coutanceau a accepté de mobiliser des dizaines de chefs afin de les inciter à faire pression auprès du gouvernement pour que ce dernier interdise la pêche électrique, ratifiée au Parlement européen.

Une mobilisation qui n'a pas été vaine, puisque la pêche électrique sera définitivement interdite dans l'Union européenne en 2021. Mais le chef ne s'arrête pas là. Il s'est aussi attaqué aux dégâts causés sur certaines espèces par les chaluts pélagiques, qui, selon lui, « ramassent tout ». Les combats de Christopher Coutanceau, qui se présente comme un « cuisinier-pêcheur », se retrouvent évidemment dans ses assiettes où ne sont présentés que les poissons, coquillages et crustacés locaux et uniquement de saison, comme les langoustines de La Cotinière (île d'Oléron), achetées vivantes et travaillées en tartare, en gelée et rôties avec des girolles, le maigre – de ligne uniquement –, servi avec un *cannelloni* d'aubergine et de la poudre d'algue, le merlan escorté de tomates légèrement vanillées et de citron vert, et même les sardines, travaillées de la tête à la queue.

—

LE COQUILLAGE ✿✿ / CHRISTOPHER COUTANCEAU ✿✿

ALEXANDRA BACQUIÉ

À l'Hôtel du Castellet dans le Var, le patron est une femme. Hiérarchiquement, Alexandra Bacquié, directrice générale, est la cheffe du chef, Christophe Bacquié, dont la table affiche 3 étoiles au Guide Michelin depuis 2018.

Celle qui ne court pas après les honneurs annonce la couleur: « Je ne suis pas reconnue parce que je suis une femme ou la femme du chef, mais parce que je gère bien nos maisons. » Née à Suresnes, Alexandra a grandi en Touraine dans une famille nombreuse. Elle débute par la communication avant de débarquer dans l'hôtellerie-restauration, par envie puis par amour. En quittant la Banque du Louvre pour le prestigieux Hôtel La Villa, à Calvi, en Corse où officie son futur mari, elle scelle son destin. Coup de cœur professionnel, coup de foudre personnel, le couple se forme et se lance en 2009 dans l'aventure du Castellet. « On s'est relevé les manches, on a foncé tête baissée, il y avait tellement de choses à faire », se souvient Alexandra car l'Hôtel du Castellet, ce n'est pas seulement un hôtel-restaurant. S'il fut autrefois un établissement réservé aux pilotes du circuit Paul Ricard, il s'est mué au fil du temps en un domaine d'environ 12 hectares entre terre et mer, prolongé par un golf, un parc de 6 hectares, des sentiers pour cyclistes, des parcours de santé, un court de tennis, une piscine extérieure et un spa. Très vite, Alexandra trouve ses marques, avec une obsession: le bien-être de ses hôtes, qu'ils soient hébergés dans l'une des 42 chambres situées dans la bâtisse principale ou dans les villas ou installés à la table des deux restaurants de l'établissement. « S'il faut changer un plan de table à 19 heures, on le fait, explique-t-elle. Ça chamboule le quotidien de Christophe, qui aime quand tout est sous contrôle, mais ça fonctionne. » À l'accueil ou au passe, pour rassurer son mari, elle donne l'exemple. « Le secret, c'est d'être très présent, auprès de nos clients comme de nos équipes », souligne-t-elle. Et cette présence a permis à Christophe, Meilleur Ouvrier de France 2004, de ne se concentrer que sur sa cuisine, récompensée dans un premier temps par 2 étoiles Michelin en 2010 puis par la troisième en 2018. Mais, l'implication du couple au quotidien ne s'est jamais faite au détriment de la vie de famille. Le petit déjeuner pris à deux tous les matins a été ritualisé, et pour Alexandra, pas question de s'y soustraire.

« On s'est relevé les manches, on a foncé tête baissée, il y avait tellement de choses à faire... »

—

RESTAURANT CHRISTOPHE BACQUIÉ ✿✿✿

IL ÉTAIT UNE FOIS

HISTOIRE DES MÈRES LYONNAISES *et d'ailleurs*

Les fameuses mères lyonnaises, d'abord cuisinières en maisons bourgeoises puis reprenant à leur compte un petit établissement, sont pour certaines devenues célèbres, comme la mère Brazier, première femme à avoir obtenu 3 étoiles Michelin en 1933 pour deux établissements au col de la Luère, à Pollionnay, et rue Royale, à Lyon.

Elle a formé les plus grands tels Paul Bocuse ou Bernard Pacaud, le chef de L'Ambroisie à Paris. La mère Guy, surnommée Patronne des guinguettes, obtint également la suprême récompense en 1936, pour sa fameuse matelote d'anguille, son gratin de queues d'écrevisses, sa truite farcie… La mère Fillioux, considérée comme la mère des mères, qui forma bon nombre d'entre elles, servit le même menu pendant trois décennies sans jamais manquer de clientèle : le potage velouté aux truffes, la volaille demi-deuil, la quenelle en gratin, le fond d'artichaut au foie gras et la glace à la praline. La mère Léa, originaire du Creusot, s'installa dans un petit bistrot de la rue Turpin, à Lyon, où elle cuisinait à merveille, dit-on, le tablier de sapeur, le gratin de macaroni et le canard au sang. La mère Richard, crémière sous la Halle Paul Bocuse, était réputée pour l'affinage de son saint-marcellin. Dans la capitale des Gaules, la mère Hugon, aux yeux rieurs, se penche encore tous les jours sur son poulet au vinaigre et son gâteau de foie de volaille. Ses parents, bateliers, l'ont placée jeune en nourrice chez une femme, excellente cuisinière. Le temps et la passion ont fait le reste. Ailleurs en France, on se ruait au mont Saint-Michel pour goûter à l'omelette de la mère Poulard, tout autant qu'au poulet à la crème de la mère Blanc à Vonnas (Ain) ou encore à Paris, chez la mère Allard, cette paysanne de Bourgogne montée dans la capitale avec ses recettes de famille, dont le coq au vin ou le canard de Challans aux olives.

“ On se ruait au mont Saint-Michel pour goûter à l'omelette de la mère Poulard ”

Profession SOMMELIER !

Au déjeuner et au dîner, il ou elle entre en scène... Mais minimiser son rôle au seul geste technique du service du vin est diablement réducteur.

La sommellerie a ses manières et ses règles. Mais, de la sélection des vins à la relation avec les vignerons ou la clientèle, chaque sommelier développe sa propre philosophie selon son vécu ou ses goûts. Comment les sommeliers voient-ils leur métier ? Morceaux choisis de conversations avec trois d'entre eux. Benjamin Darreau est assistant chef-sommelier à l'Atelier Robuchon, à Paris. Entre autres idées, il insiste sur le fait que « le sommelier doit avoir une grande psychologie pour ressentir les envies du client, mais aussi une volonté de partage de son savoir pour rendre le vin accessible et compréhensible aux gens qui parfois nourrissent des complexes ». Prix Michelin du sommelier France 2019, Albert Malongo Ngimbi officie, lui, à la Table Saint-Crescent, à Narbonne. Sa carte des vins ? Très dynamique, à 90 % orchestrée autour du Languedoc et du Roussillon, composée de cuvées produites dans le respect de l'environnement.

Il explique : « Le sommelier fait le lien entre le terroir, le vigneron, le chef de cuisine et la table. Il est primordial d'aller dans les domaines pour comprendre le vin, s'imprégner de l'esprit des lieux et du vigneron... C'est ainsi qu'on peut raconter une histoire à nos clients, car nous sommes avant tout des passeurs. » Originaire de Patagonie, en Argentine, Paz Levinson a une vision extra-large de sa vocation. « Notre métier ne se limite pas à la sommellerie en salle. Il consiste à voyager, à être très curieux et à avoir l'esprit ouvert à tous les vins du monde », explique la « madame vin » de la Maison Pic, à Valence, qui visite des propriétés aux quatre coins de la planète. Comme d'autres, elle incarne une sommellerie nouvelle vague, en mouvement perpétuel, respectueuse des grandes et belles signatures, et surtout avide de découvertes.

—

L'ATELIER DE JOËL ROBUCHON ✿ / LA TABLE SAINT-CRESCENT ✿ / PIC ✿✿✿

Paroles d'inspecteur

Si Albert Malongo Ngimbi se fonde largement sur les richesses du terroir, entre Languedoc et Roussillon, les vins qu'il fait déguster ne sont pas pour autant le catalogue attendu des grandes appellations régionales (...) ; j'ai le souvenir d'un chardonnay d'une vivacité remarquable sur une petite salade de haricots verts au vinaigre et aux échalotes, ou encore d'un chenin sublimant les champignons des Pyrénées.

INTERACTION

L'ÉMERGENCE DES CHEFS D'ORIGINE JAPONAISE DANS LA CUISINE FRANÇAISE

Arrivés en France pour parfaire leur technique culinaire, de nombreux chefs de cuisine japonais ne rentrent plus au pays du Soleil levant, mais ouvrent leurs restaurants de cuisine française. Un phénomène qui s'amplifie d'année en année.

En 2013, le Guide Michelin France dénombrait 17 chefs japonais étoilés, dont 15 proposaient de la cuisine française. Dans l'édition 2016, 3 tables parisiennes sont venues enrichir le palmarès : Nakatani, Pages et Neige d'été. Au cours des années suivantes, ce furent pas moins de 12 restaurants qui ont reçu leur première étoile Michelin : Alliance, Pertinence, Montée, Étude, Ken Kawasaki, Sola, Yoshinori, L'Archeste, Abri et Automne, à Paris, Takao Takano, à Lyon, ou encore, le Château de Courban, en Côte-d'Or, dont le chef est Takashi Kinoshita.

Reste à comprendre pourquoi ces chefs ne s'émancipent que depuis 2010, alors que leurs aînés, présents en France depuis les années 1980, sont majoritairement rentrés au Japon. Pour Toshitaka Omiya, chef du restaurant Alliance, arrivé en France en 2001, c'est un problème générationnel : « Dans les années 1980, des chefs japonais sont venus apprendre les bases de la cuisine française pour parfaire leur formation nippone, mais dans un laps de temps très court. Dans les années 1990, la deuxième génération a commencé à prendre des postes clés dans les brigades pour apprendre la technique culinaire du pays, mais aussi pour mieux appréhender le management. La troisième génération, dont je fais partie, a travaillé à des postes plus élevés, mais en restant dans l'ombre des chefs français, et a donc fini par ressentir le besoin de s'émanciper, de sortir de l'anonymat, de récolter médiatiquement le fruit de son travail et d'obtenir une reconnaissance en France, mais aussi au Japon. »

Mais si les Japonais sont reconnus pour être de grands travailleurs, ils n'ont pas forcément une âme d'entrepreneur. Comme le souligne Yoshiaki Ito, du restaurant L'Archeste, « nous restons discrets et timides, mais si l'un d'entre nous se lance et qu'il réussit, il nous sert de modèle et, à notre tour, nous osons ». Leur mentor parisien, pour beaucoup d'entre eux, se nomme Kei Kobayashi, du restaurant Kei.

Après cinq, dix ou quinze ans passés en France, aucun de ces chefs n'imagine rentrer pour le moment au Japon. Pour Atsuhi Tanaka, du restaurant A.T, Paris reste la ville de la gastronomie, avec une clientèle internationale que Tokyo ne lui offrirait pas. Pour Toshitaka Omiya et Yoshiaki Ito, ce sont les produits français qui leur manqueraient. Même si leur pays possède un garde-manger palpitant, ils sont convaincus de ne pas trouver sur place la qualité française, notamment au niveau des viandes et des légumes. Mais surtout, ils ont en commun d'avoir noué des relations avec des producteurs qu'ils veulent préserver. Revenir au Japon les obligerait à recréer un réseau, à partir à la quête des produits, ce qui leur prendrait trop de temps. En attendant, les Français bénéficient de leur cuisine métissée, d'un sens de l'esthétisque naturel dans le dressage, de découpes précises des aliments, d'une cuisson exemplaire et d'assaisonnements à base d'une combinaison de condiments qui ne laissent aucun convive insensible.

—

NAKATANI ✪ / PAGES ✪ / NEIGE D'ÉTÉ ✪ / ALLIANCE ✪ / PERTINENCE ✪ / MONTÉE ✪ / ÉTUDE ✪ / KEN KAWASAKI ✪ / SOLA ✪ / YOSHINORI ✪ / L'ARCHESTE ✪ / ABRI ✪ / AUTOMNE ✪ / CHÂTEAU DE COURBAN ✪ / TAKAO TAKANO ✪✪ / KEI ✪✪

Les spécialités culinaires DES BOUILLONS, ESTAMINETS, WINSTUBS ET BOUCHONS LYONNAIS

Deux mots peuvent qualifier ces quatre lieux : simplicité et convivialité. Ces lieux sont garants de l'histoire gastronomique de leur région et la font perdurer en proposant encore aujourd'hui des plats qui ont marqué des générations entières.

Les estaminets

Lieu de partage et d'échanges, l'estaminet fait partie du patrimoine culturel des Hauts-de-France, mais surtout des Flandres. Au début du XIXe siècle, un estaminet était un débit de boissons dans lequel il était autorisé de fumer, où l'on trouvait aussi une petite épicerie et où l'on pouvait jouer à l'aérobille ou au jeu de la grenouille. Aujourd'hui, l'estaminet, souvent décoré d'objets rustiques et typiques du Nord, est un restaurant dans lequel on déguste des spécialités régionales comme la tarte au maroilles, la carbonnade, le *waterzoï* ou le *welsh*, mais on continue d'y jouer.

Les bouchons lyonnais

Ces établissements tiennent leur nom de l'habitude qu'avaient autrefois les cabaretiers de signaler leur établissement par une botte de rameaux ou de branchages accrochée à leur porte. Véritable garant de la gastronomie lyonnaise, le bouchon est un lieu simple dans lequel on peut déguster des spécialités culinaires de la ville comme la cervelle de canut (fromage blanc assaisonné de fines herbes, d'échalotes, de sel et poivre et d'huile d'olive et vinaigre), du tablier de sapeur (gras double mariné dans du vin blanc puis pané et cuit), du saucisson pistaché et brioché ou des quenelles. La région lyonnaise étant une région viticole, les vins consommés dans les bouchons viennent souvent du Beaujolais ou de la vallée du Rhône.

Les bouillons parisiens

C'est en 1854, rue de la Monnaie, à Paris, que le premier bouillon voit le jour. Créé par le boucher Duval, ce restaurant a pour vocation première de restaurer à petit prix tous les métiers des Halles parisiennes. Tombé quelque peu en désuétude pendant quelques décennies, le bouillon parisien opère un grand retour. À Paris ou dans la petite couronne, on retrouve les incontournables du genre comme le céleri rémoulade, l'os à moelle, les poireaux vinaigrette ou l'œuf mayonnaise, mais aussi le bœuf bourguignon, la blanquette de veau, la crème caramel, les profiteroles ou les incontournables œufs à la neige.

Les winstubs

Ce qui caractérise la winstub est sa décoration faite de murs et plafond en bois. On y trouve en premier lieu tous les vins alsaciens dont l'edelzwicker (assemblage de plusieurs cépages blancs) et aussi une sélection de bières. À la carte, les grands classiques alsaciens comme le foie gras, la choucroute garnie, le coq au riesling accompagné de *spätzle*, le presskopf (fromage de tête) et le kouglof. Et selon le lieu où l'on se trouve en Alsace, il n'est pas rare de trouver du baeckeoffe (potée alsacienne) ou de la carpe frite, essentiellement dans le Sundgau, la partie la plus au sud du Haut-Rhin.

LE PROGRES
OL : l'exploit !

LILLET
AU VIN BLANC DE LA GIRONDE

Bouchon

LA NOUVELLE GARDE DES FEMMES CHEFFES

Dans le sillage de la cheffe Anne-Sophie Pic, le monde de la cuisine a vu croître le nombre de femmes dans les brigades et au poste de cheffe. D'Adeline Grattard, du Yam'Tcha, à Julia Sedefdjian, du restaurant Baieta, en passant par Amandine Chaignot, revenue à Paris chez Pouliche, et Hélène Darroze, au Marsan et chez Jòia, les femmes cheffes sont de retour sur la vibrante scène gastronomique.

« Ce métier n'est pas fait pour les femmes. » Cette phrase, la cheffe, Flora Mikula, de l'Auberge Flora, à Paris, l'a entendue des dizaines de fois au cours de sa formation. Elle a passé outre pour aller au bout de son rêve, celui de cuisiner pour les autres. Flora est un exemple, parmi des centaines d'autres, de femmes qui ont dû batailler pour s'imposer dans un monde masculin. Pourtant, lorsque l'on rembobine l'histoire culinaire de notre pays, on constate que ce sont bien les femmes qui ont, longtemps, été au premier plan. En témoignent les Mères lyonnaises, dont la Mère Hugon, la Mère Fillioux, la Mère Brazier, première femme à avoir obtenu 3 étoiles au Guide Michelin en 1933 pour deux établissements au col de la Luère, à Pollionnay, et rue Royale, à Lyon, ou encore la Mère Guy, qui obtint elle aussi la suprême récompense en 1936. Toutes ces femmes ont d'ailleurs formé les chefs de la génération suivante. Après la Seconde Guerre mondiale et à de rares exceptions près, la cuisine est dominée par les hommes, et les femmes sont généralement cantonnées au service en salle.

La traversée du désert va durer plus d'un demi-siècle, jusqu'à l'avènement d'Anne-Sophie Pic, qui est, depuis 2007, la seule femme cheffe 3 étoiles Michelin en France pour son restaurant de Valence. Avant elle, quelques consœurs avaient réussi à s'imposer, comme Olympe Versini, étoilée en 1979 pour son restaurant Casa Olympe, à Paris, ou Ghislaine Arabian, au Pavillon Ledoyen, à Paris, dans le milieu des années 1990.

Nul ne sait si la médiatisation et la réussite d'Anne-Sophie Pic ont libéré les femmes. Toujours est-il que nombre d'entre elles se sont distinguées dans son sillage, comme Andrée Rosier, du restaurant Les Rosiers, à Biarritz, qui restera à jamais la première femme à avoir décroché le titre de Meilleur Ouvrier de France cuisine en 2007. Elle sera suivie par Virginie Basselot en 2015, actuelle cheffe du Chantecler, à Nice. Il ne faut pas non plus minimiser l'impact de l'émission Top Chef, diffusée sur M6. Depuis dix ans, elle a grandement participé à mettre sur le devant de la scène un certain nombre de femmes. Dans ce concours télévisuel, elles ne se sont pas contentées de faire de la figuration. Bien au contraire, elles ont fréquemment remporté le concours ou se sont hissées en finale. Ce fut le cas pour Stéphanie Le Quellec en 2011, qui a remporté la finale face à Fanny Rey, aujourd'hui installée à L'Auberge de Saint-Rémy. Deux ans plus tard, c'est Naoëlle d'Hainaut qui s'est imposée. Elle possède aujourd'hui son restaurant, L'Or Q'Idée, à Pontoise. Quant à Coline Faulquier, finaliste de la saison 2016, elle a ouvert en 2019 son restaurant, Signature, à Marseille.

—

PIC ✿✿✿ / LES ROSIERS ✿ / LE CHANTECLER ✿✿ / L'AUBERGE DE SAINT-RÉMY ✿ / L'OR Q'IDÉE ✿

L'ART DU SERVICE
à la française

Personnage discret, le directeur de salle est pourtant un rouage indispensable dans la mécanique des grands restaurants, où rien n'est laissé au hasard : il met à l'aise une clientèle parfois intimidée, veille à l'élégance de sa salle et orchestre une équipe rompue à l'art du service.

Ancienne directrice de salle au restaurant Au crocodile, à Strasbourg, Sarah Benahmed, 29 ans, a reçu en 2019 le prix de l'Accueil et du Service, décerné pour la première fois par le Guide Michelin. Une récompense qui a salué sa proximité avec les clients, son travail rigoureux, et une certaine assurance malgré son jeune âge.

Le chef de cuisine est sans aucun doute le personnage clé du restaurant, comme le sommelier pour le vin, mais c'est de la qualité du service que dépend le souvenir plus ou moins mémorable que conservera la client : il se souviendra de la créativité des assiettes, du choix judicieux des vins… mais aussi, sans conteste, de l'élégance du service. Comme le soulignait Sarah Benahmed quelques semaines après avoir reçu son prix, « un bon accueil est un accueil sincère fait avec le cœur (…). Pour faire un bon service, il faut, avant tout, réussir à comprendre en quelques secondes ce que la personne est venue chercher ».

Art ancien, le service en salle est longtemps resté figé dans des comportements très codifiés, aux coutumes jugées parfois obsolètes. Les directeurs de salle du XXIe siècle ont repensé leur métier : ils ont développé un esthétisme plus poussé dans l'art de la table, se sont appuyés sur des fleuristes de renom pour la décoration, ont travaillé avec des couturiers pour dessiner les tenues du personnel, réfléchi à une scénographie moderne et veillé à placer le convive au centre du dîner, tout en restant charmants, parfois charmeurs, physionomistes, observateurs, bienveillants et respectueux.

Les plats étant en constante évolution, le directeur de salle a aussi dû mettre de côté certaines techniques devenues rares, comme le flambage ou la découpe, au profit de nouveaux gestes comme râper, saupoudrer, assaisonner, qui incombaient auparavant au chef de cuisine. Aujourd'hui, ce dernier s'attache à ce que ses assiettes soient finalisées en salle par un personnel désormais rompu à ces gestes nouveaux qui, comme le souligne Antoine Pétrus, directeur de salle du restaurant Le Taillevent et Meilleur Ouvrier de France Maître d'hôtel en 2018, contiennent tout l'art du service aujourd'hui : « De la technicité, un savoir-faire et un savoir-être ».

—

AU CROCODILE ✿ / LE TAILLEVENT ✿

Paroles d'inspecteur

Sarah Benahmed incarne une image de la féminité et de l'élégance, qualités qu'elle déploie avec une aisance impressionnante lorsqu'elle accueille ses hôtes. Tout en assurant avec énergie son rôle de maîtresse de maison, elle met immédiatement à l'aise par un mot gentil et un sourire sincère. Une fois assis au Crocodile, vous avez l'impression d'être une personne unique dont il faut prendre soin. C'est égotiste mais tellement délectable ! Nul besoin de demander, on précède vos souhaits… « Le client est roi » : une maxime cent fois rebattue, qui prend ici tout son sens. Le service est attentionné, sans toutefois devenir écrasant ou déférent, grâce à un œil de lynx qui distille ses consignes muettes et chorégraphie le ballet à distance. Le rythme se personnalise au gré de l'état d'esprit des tables, ni trop rapide ni trop lent, et c'est avec le sentiment d'avoir vécu un moment mémorable que l'on quitte - à regret - la fameuse salle de la rue de l'Outre. Sarah Benahmed m'a confié avoir conservé tout le personnel en poste avant son arrivée, et l'avoir soumis à des sessions d'exercices intensifs ! Une discipline qui porte aujourd'hui ses fruits, mais qui n'aurait sans doute pas suffi sans sa capacité d'entraînement et son « goût des autres ».

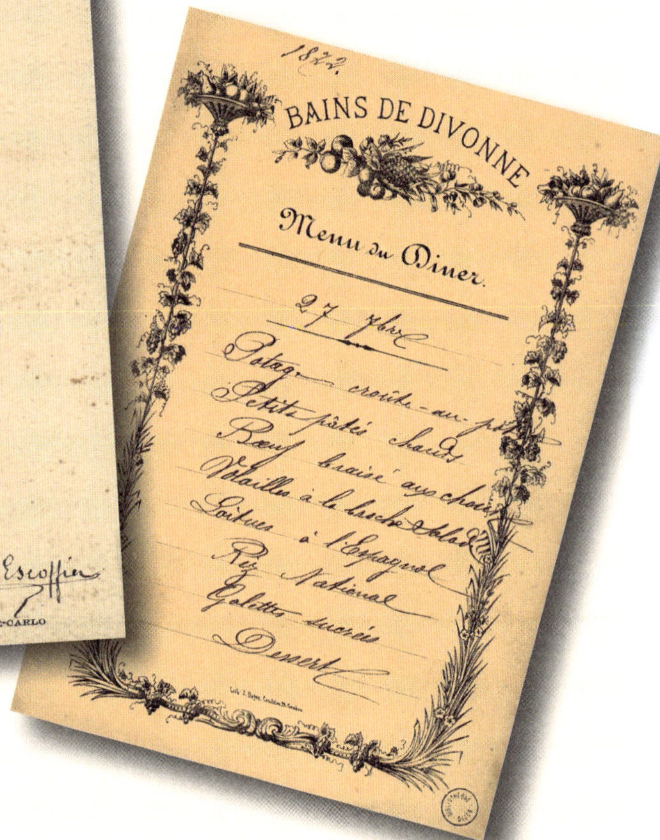

L'APPARITION DE LA *carte menu*

Si aujourd'hui, avant de réserver, on peut consulter la carte et les menus d'un restaurant sur Internet, autrefois, leur contenu n'était dévoilé qu'à la porte du restaurant ou en salle.

En France, les menus écrits apparaissent sur les tables nobles, au milieu du XVIIIe siècle sous le règne de Louis XV. La Révolution française va changer la donne. Les cuisiniers se retrouvent sans bouche à nourrir puisqu'on décapite la noblesse qui les employait. Ils ouvrent donc leurs propres tables comme, Antoine-Nicolas Doyen, qui rachète Le Dauphin, sur les Champs-Élysées, pour le rebaptiser Le Doyen. L'histoire raconte que c'est à lui que l'on doit l'invention de la carte de menu sous forme de tableau accroché au mur. Dès le début du XIXe siècle, le service sur assiette devient la norme dans les restaurants parisiens. Brillat-Savarin impose que pour se prétendre « restaurant », il faut que le client puisse faire son choix dans une carte.

Au XXe siècle, la carte et le menu cohabitent dans tous les restaurants français ou presque. Mais ils ont évolué au fil des années. Les clients entretiennent désormais une certaine méfiance face à des cartes interminables. Les dénominations emphatiques sont moquées, à l'image de la fameuse « farandole de desserts fruités ». Le « menu touristique », lui aussi, a vécu ! Après la mode des menus surprise ou confiance, l'avènement de la bistronomie a apporté le menu-carte. Le cuisinier propose un choix restreint d'entrées, de plats et de desserts qui changent pratiquement quotidiennement. On privilégie surtout l'origine et la saisonnalité des produits travaillés, comme pour les menus imposés qui sont aujourd'hui dans l'air du temps. Si le menu surprise ou confiance, d'une époque révolue, correspondait en général au grand menu dans lequel le chef intégrait ses classiques, le menu imposé du XXIe siècle, à ne pas confondre avec le menu dégustation, est essentiellement composé en fonction des produits du moment. Il colle à ce que les producteurs livrent aux chefs, qui créent parfois différemment d'un service à un autre. Il ne faut pas penser que c'est le chef qui impose ses choix, mais plutôt la nature qui dicte son contenu.

> **« Après la mode des menus surprise ou confiance, l'avènement de la bistronomie a apporté le menu-carte. »**

Chaumes
TARIT
artisanale
lait cru

LES GARDIENS du Temple

En France, il existe encore quelques produits uniques qui ne sont plus fabriqués que par un seul artisan ou une maigre poignée de producteurs ou d'agriculteurs : garants d'une tradition séculaire, ces derniers mettent la main à la pâte pour sauver un savoir-faire ou une recette rare de la disparition.

La confiture de groseilles épépinées à la plume d'oie

À Bar-le-Duc, Anne Dutriez est la dernière fabricante de cette confiture qu'il ne faut pas confondre avec la classique confiture de groseilles, et encore moins avec la gelée de groseilles. L'origine de cette confiture remonte au XIVe siècle, où il était de bon goût pour les représentants de la noblesse ou de la bourgeoisie de remercier des personnes influentes en leur offrant des confitures, présentées dans des étuis de bois couverts de cuir.
Mais, de 600 000 pots vendus en 1911 dans le monde entier, la production est aujourd'hui tombée à 6 000 selon les années. Détenir cette recette gardée secrète depuis des siècles est une chose, mais Anne Dutriez le sait, elle ne peut fabriquer ce produit de luxe que si deux conditions sont réunies : la première, que les particuliers qui possèdent des groseilliers acceptent de lui vendre le précieux fruit récolté grappe par grappe ; la seconde, que les épépineuses aient du temps à lui consacrer en juin et juillet pour ôter délicatement les 7 pépins contenus en moyenne dans chaque grain. D'où l'intérêt de la plume d'oie taillée en biseau. Trempée dans de l'eau froide pour qu'elle reste tendre, calée entre l'index et le majeur, la pointe de la plume permet d'inciser chaque grain de groseille au niveau du pédoncule. Elle s'enfonce ensuite doucement dans la chair jusqu'aux 7 pépins qu'il faut, par un coup de main d'une précision chirurgicale, retirer sans abîmer le grain qui reste entier. Livrés dans la foulée chez Anne Dutriez, les grains sont transformés en confiture. Et ô miracle, après la cuisson leur consistance, leur forme, leur couleur et leur parfum sont intacts !

La fourme de Montbrison

Inscrite au patrimoine culturel immatériel national de l'Unesco en novembre 2018, cette fourme, fabriquée à partir de lait de vache, fut longtemps associée à la fourme d'Ambert. Fabriqué depuis les époques de la féodalité, au VIIIe ou IXe siècle, ce persillé, dont le berceau est le versant ligérien des monts du Forez, est lié aux jasseries, des cabanes dans lesquelles les femmes résidaient en estive avec les troupeaux pendant que les hommes demeuraient dans les fermes plus bas. Avec l'industrialisation, deux fourmes vont apparaître : l'historique, celle de Montbrison, et sa voisine, côté auvergnat, la fourme d'Ambert. En 1972, la fourme de Montbrison devient d'appellation d'origine contrôlée (AOC), comme celle d'Ambert, mais sous un même nom alors que, déjà, les deux produits sont différents – la première est orangée, la seconde grise. On achète alors sous signe officiel de qualité une « fourme d'Ambert et de Montbrison ». Incompatibles, les fourmes finissent donc par être dissociées, et chacune obtient une AOC à son nom en 2002. Pour Ambert, c'est l'heure de gloire. Pour Montbrison, l'oubli. En 2018, ils n'étaient plus que quatre à en produire, dont Catherine Griot, qui met sur le marché des fourmes au lait cru entier bio.

Les poires tapées de Rivarennes

Spécialité d'Indre-et-Loire, les poires tapées sont issues d'un mode de conservation qui serait apparu au XIe siècle. Mais c'est essentiellement au XIXe siècle, au moment de la crise du phylloxéra dans les vignes, que les paysans vont l'appliquer pour trouver une nouvelle source de revenus. Le principe, qui perdure toujours, est d'éplucher des poires, de les déposer sur des claies queue en bas, et de les placer plusieurs jours au four. Par la chaleur, les poires vont sécher et être aplaties… ou tapées. Elles se consomment ensuite réhydratées, trempées dans du vin ou cuites dans un sirop.

La madeleine de Dax

Les madeleines, c'est comme les macarons : il en existe des dizaines de sortes partout en France. Il faut remonter à la fin du XIXe siècle pour comprendre pourquoi Dax a pour spécialité la madeleine, alors que cette dernière est originaire de Lorraine – la fameuse madeleine de Commercy. Antonin Cazelle, Dacquois d'origine, fait son service militaire à Commercy avant de devenir majordome dans une famille de notables. De retour à Dax, il sort de sa poche une recette de madeleines, qu'il s'empresse de reproduire en créant la boutique Les Madeleines de Dax. Nous sommes alors en 1906. Depuis cette époque, les Cazelle se succèdent, et la recette n'a pas changé. Artisanales, sans conservateurs, les madeleines de Dax sont toujours vendues dans de très jolies boîtes bleues ou roses.

Le persillé de Tignes

Ce haut-de-forme mi-chèvre, mi-vache, à la croûte poivre et sel, à la pâte friable et aux subtiles saveurs de lait et d'herbage, n'est produit que par une seule famille en Savoie, les Marmottan. Pendant longtemps, Paulette en fut l'unique productrice. Aujourd'hui, elle a passé le relais à sa fille, Anémone, ancienne championne de ski alpin, dont dix années passées en équipe de France, et à son fils, Francis, moniteur et directeur technique d'une école de ski. Francis s'occupe des vaches Montbéliardes sur un des versants de la vallée de la Tarentaise, et Anémone, des chèvres, qui vont parfois paître à plus de 2 000 mètres d'altitude. Les laits mélangés donnent naissance à un fromage unique. Ni pâte cuite ni pâte molle, sa technique de fabrication est celle des pâtes persillées (presque toutes des montagnardes), sauf que les Marmottan n'ajoutent pas de *Penicillium roqueforti*. Leur fromage est donc blanc, mais avec le goût léger d'un bleu.

L'andouille de Baye

Dans le monde de l'andouille, il y a deux écoles principales : l'andouille de Guémené pour la Bretagne, l'andouille de Vire pour la Normandie. La première se reconnaît, à la coupe, par ses cercles concentriques, quand la seconde révèle une marbrure et une couleur plus foncée. Dans cette guerre qui n'en porte pas le nom opposant Bretons et Normands, il est une autre andouille produite en Bretagne, mais selon la recette normande : l'andouille de Baye, dans le Finistère, de la famille Daniélou. Sa particularité ? Elle est préparée façon Vire, et, parmi les deux sortes proposées, il existe la traditionnelle et celle au lard. C'est cette dernière qui crée l'étonnement et décuple l'envie d'en manger.

Mais aussi :

Les macarons de Saint-Émilion, fabriqués selon la recette ancestrale des religieuses de la communauté des Ursulines (1620) / La truite de Banka / Le navet du Pardailhan / La rosée des Pyrénées catalanes / Le coquelicot de Nemours / La niflette de Provins

Bries

MEAUX, MELUN VS LES AUTRES

Fromage dont on dit qu'il était le préféré de Charlemagne et de Henri IV, le brie se conjugue en réalité au pluriel. De Nangis, de Meaux, de Melun ou de Provins, il n'y a pas un mais *des* Bries.

L'histoire raconte qu'il existerait en réalité une quarantaine de Bries. On dit d'ailleurs que chaque village briard possède son Brie. Parmi eux, deux stars, le brie de Meaux, couronné Roi des fromages au Congrès de Vienne en 1815, et le brie de Melun. Le premier est un géant, par sa production (autour de 6 450 tonnes par an) et par son diamètre, environ 35 centimètres, quand le brie de Melun, exclusivement au lait cru de vache, ne mesure que 27 centimètres et n'est produit qu'à hauteur de 240 tonnes par an. À ces deux pâtes molles à croûte fleurie, toutes deux en appellation d'origine contrôlée (AOC), il faut ajouter le brie de Montereau, de son vrai nom « Ville Saint-Jacques ». Plus petit que le brie de Melun, il en est, en revanche, assez proche en goût et se consomme après six semaines d'affinage. Vient ensuite le brie de Nangis, qui tend malheureusement à disparaître, car sa dénomination n'a pas été protégée. Sa pâte, jaune or, très peu coulante, est plus puissante que celle du brie de Meaux. Berceau des bries, la Seine-et-Marne compte aussi le brie de Provins, dont on dit qu'il est le plus vieux des bries (1217 selon un parchemin). D'un diamètre de 28 centimètres, plus léger, il nécessite huit à dix semaines d'affinage et est protégé par la marque Brie de Provins®. Citons aussi le cas du brie de Coulommiers, dont le maire de la ville aimerait qu'il soit protégé par une AOC. Il ne faut pas le confondre avec le coulommiers, fromage industriel que l'on peut fabriquer n'importe où en France. Enfin, il y a le brie noir. Très rare, il est le résultat d'un long affinage. Quand certains bries sont affinés pendant une durée qui peut aller de quelques semaines jusqu'à un ou deux mois, le brie noir est affiné quant à lui pendant huit à dix mois. Avec le temps, il prend une couleur marron foncé, et la pâte vire de l'ivoire au jaune paille. Rugueux et puissant, il n'est apprécié que par un nombre restreint d'amateurs.

LE BEURRE, DOUX OU DEMI-SEL ?

Pour le Grand Ouest, le beurre salé ou demi-sel. Pour le reste de l'Hexagone, le beurre doux. Une spécificité que l'on doit au roi Philippe VI de Valois, qui imposa partout la gabelle, sauf en Bretagne.

Matière grasse la plus populaire au monde, le beurre a été fabriqué pour la première fois il y a quelque chose comme dix mille ans, quand l'élevage des animaux et leur domestication se sont développés. Mais la première référence à ce produit, gravée sur une plaque calcaire, en Mésopotamie, date de la nuit des temps : 4 500 ans avant Jésus-Christ. Au fil des siècles, le beurre a été utilisé comme produit de beauté, notamment pour les cheveux, mais aussi comme cataplasme.

Dans le royaume de France, il est produit essentiellement dans le Grand Ouest, dans l'Est et à la montagne. Pour prolonger sa conservation pendant le transport vers les régions non productrices de lait ou dominées par la production d'huile d'olive, on s'est mis à le saler. Or, au XIIIe siècle, le sel vaut de l'or. Il est même surnommé « l'or blanc », et parfois utilisé comme monnaie d'échange. Conscient de cette valeur, Philippe VI de Valois, roi de France de 1328 à 1350, décide en 1343 de créer un impôt sur le sel, qu'il appelle la gabelle, pour renflouer les caisses du royaume, les montants variant selon les régions. Lourdement taxés, les paysans décident alors de ne plus utiliser de sel pour fabriquer leur beurre, dans le but de réduire l'impôt... Mais la Bretagne, qui à cette époque n'est pas rattachée au royaume de France, échappe à cette mesure. Les paysans de ce duché, grand producteur de sel, continuent donc à saler leur beurre, tandis que le reste du pays passe au beurre doux...

Le beurre en cuisine

LE BEURRE CLARIFIÉ : pour obtenir un beurre liquide qui ne brûlera pas à la cuisson, on fait fondre une plaquette de beurre (doux ou demi-sel) et on en retire le petit-lait (mousse blanche), qui remonte à la surface à l'aide d'une écumoire.

LE BEURRE NOISETTE : appelé aussi beurre roux, très apprécié des pâtissiers, le beurre noisette est obtenu en faisant fondre une plaquette de beurre en deux temps. La première partie est chauffée jusqu'à obtention d'une coloration blonde ou noisette. La seconde est ajoutée avec deux cuillerées à soupe d'eau. Pour finir, l'ensemble est versé dans une passette.

LE BEURRE POMMADE : il est utilisé pour cuisiner, notamment, des beurres aromatisés. Pour commencer, on laisse le beurre à température ambiante, avant de le couper en gros dés pour le faire ramollir. Après l'avoir déposé dans un saladier, on le travaille alors énergiquement à la spatule de manière à obtenir une texture souple comme une pommade.

LE BEURRE MAÎTRE D'HÔTEL : c'est un beurre pommade aromatisé au persil et au jus de citron qu'on laisse fondre sur une entrecôte.

LE BEURRE BLANC : il est appelé aussi beurre nantais. Il ne s'agit pas d'un type de beurre, mais d'une sauce, préparée avec des échalotes, du vin blanc, du beurre, du sel et du poivre, souvent servie pour agrémenter le poisson.

Les beurres AOC

La Bretagne a la particularité de produire du beurre salé, sans en avoir l'exclusivité : aucun de ses beurres n'a été reconnu en appellation d'origine contrôlée (AOC). Seuls 3 beurres en France possèdent ce label :

- **le beurre Charentes-Poitou, AOC depuis 1979, produit dans 4 départements : la Charente, la Charente-Maritime, les Deux-Sèvres et la Vienne ;**
- **le beurre d'Isigny, en Normandie, AOC depuis 1986, qui concerne 109 communes dans la Manche et 83 dans le Calvados ;**
- **le beurre de Bresse, AOC depuis 2012, sur une zone géographique qui comprend les départements de l'Ain, du Jura et de la Saône-et-Loire.**

LES PLATS EMBLÉMATIQUES qui traversent le temps

Le bœuf bourguignon

Comme son nom l'indique, ce plat est originaire de Bourgogne, mais, à l'origine, il était appelé estouffade de bœuf. Plat dominical des paysans, il est historiquement composé de viande charolaise (jumeau, paleron...), de vin issu du pinot noir, de carottes et d'oignons. Il serait, dit-on parfois, à l'origine des œufs en meurette, puisque ce serait dans les restes de la sauce au vin que l'on aurait poché des œufs.

La blanquette de veau

Toutes les régions françaises aiment à revendiquer la paternité de cette recette. En réalité, elle est de pure tradition française, sans être véritablement liée à une région précise. Si certains historiens ont émis l'idée qu'elle serait historiquement confectionnée avec du poulet poché, d'autres considèrent que c'était une façon d'apprêter les restes du rôti de veau. Toujours est-il que la première recette de blanquette connue date de 1735, et que le veau est bien présent dans la liste des ingrédients.

Le petit salé aux lentilles

C'est aux Auvergnats que l'on doit ce grand classique de la cuisine française, notamment grâce à la culture de la lentille du Puy. L'histoire raconte que, dès le XIVe siècle, les paysans auvergnats avaient pour habitude de marier la lentille avec des morceaux de porc conservés en saumure, par exemple de l'échine, de la palette ou des travers auxquels on ajoutait des saucisses. Les Francs-Comtois se sont d'ailleurs, semble-t-il, inspirés de ce plat pour y intégrer leurs saucisses de Morteau ou de Montbéliard.

Les œufs en meurette

Si, dans le nord de la Côte-d'Or, les œufs en meurette peuvent encore être servis comme autrefois sur un gratin de pommes de terre, ce qui en fait un plat principal, cette spécialité bourguignonne n'en reste pas moins une entrée. Historiquement, c'est avec les restes de la sauce du bœuf bourguignon que l'on préparait ces œufs. Aujourd'hui, les œufs en meurette se sont affranchis de leur glorieux aîné. Reste que, pour les réussir, il faut maîtriser le pochage et la sauce, qui se compose de lardons revenus au beurre avec des oignons et des champignons, puis mouillés au vin rouge de Bourgogne avec une feuille de laurier et du poivre. Œufs et sauce se mangent traditionnellement avec une tranche de pain dorée à l'huile, puis frottée à l'ail.

Le coq au vin

Servi dans les campagnes pour fêter la fin des moissons, le coq au vin ne semble pas avoir de région d'origine spécifique. Ce qui est certain, c'est que la fermeté de sa chair nécessitait d'être assouplie par une marinade (vin et aromates) et une longue cuisson avec oignons grelots, champignons de Paris, lardons et gousses d'ail. Si la version au vin rouge est dans tous les esprits, elle ne supplante pas pour autant la recette franc-comtoise du coq au vin jaune et aux morilles, autre grand classique du genre.

La tarte Tatin

Tout a été dit et écrit sur les sœurs Tatin, mais il semble en réalité que les légendes autour de ce dessert seraient pures balivernes. Non, la tarte n'a pas été posée à l'envers dans le plat de cuisson. Non, Stéphanie n'a pas oublié la pâte. Non, le plat n'est pas tombé à la sortie du four et n'a pas été retourné sur une assiette. En somme, ce n'est ni une étourderie, ni un dessert raté servi dans la précipitation, comme on le raconte... Stéphanie Tatin aurait reçu cette recette de la cuisinière du comte Alfred Leblanc de Chatauvillard, du domaine de Tracy, en Sologne. À l'hôtel Tatin, ouvert par les deux sœurs en 1894 à Lamotte-Beuvron, cette douceur était servie à des chasseurs, des châtelains et des bourgeois parisiens, et préparée avec des Reines des reinettes aux premiers jours de l'automne, puis des Calvilles jusqu'au cœur de l'hiver.

Sans oublier :

le cassoulet de Castelnaudary ; la carbonade flamande ; la *flammekueche* ; le *waterzoï* ; le confit de canard ; les tripes à la mode de Caen ; les cuisses de grenouille ; le homard à l'armoricaine ; les quenelles ; le clafoutis.

Les cuisiniers et auteurs de livres majeurs

Qu'ont en commun Antonin Carême, Auguste Escoffier ou Édouard Nignon ? Le génie d'avoir publié des ouvrages culinaires auxquels on se réfère encore au XXIe siècle.

Tout a commencé vers 1380 lorsque Guillaume Tirel, dit Taillevent, a entrepris de rédiger son *Viandier*. Pas un livre carnassier, le mot renvoie à sa racine latine, *vivenda*, qui signifie « vivres ». La cuisine médiévale dans tous ses états. Mais la figure de ce queux du roi de France Philippe VI de Valois s'est effacée au fil des siec les. Il faut attendre le début du XIXe siècle pour voir apparaître un premier grand traité, *L'Art de la cuisine française* (5 volumes de 1833 à 1834) de Marie-Antonin Carême (1784-1833). Formé à la pâtisserie et passionné d'architecture, il excellait dans de spectaculaires pièces montées sur socle. Dans son ouvrage, *Le Pâtissier pittoresque* (1815), il intègre des planches illustrées. Révolutionnaire pour l'époque. Son élève, Jules Gouffé (1807-1877), sera le premier à intégrer dans son *Livre de cuisine* (1867) les quantités d'ingrédients, les temps et les degrés de cuisson, ainsi que les ustensiles nécessaires. Mais le grand maître toujours révéré, c'est Auguste Escoffier (1846-1935) avec son *Guide culinaire, aide-mémoire de cuisine pratique* (1902), dont s'inspirent encore les chefs d'aujourd'hui. « Roi des cuisiniers » et « cuisinier des rois », on lui doit à la fois la création de la pêche Melba et l'allègement des sauces... Dans son ombre, Édouard Nignon (1865-1934), un cuisinier issu d'une famille modeste comme Carême, aussi doué et voyageur que lui, connaît une postérité tardive avec la réédition en 2014 des *Éloges de la cuisine française* (1933).

LE CAMEMBERT de Normandie AOP

Il ne faut pas confondre le camembert de Normandie AOP et le camembert « fabriqué en Normandie », même si, à l'horizon 2021, il n'y aura plus qu'un seul et unique camembert de Normandie AOP. Retour sur un fromage de légende, symbole de tout un pays à travers le monde entier.

On attribue la création du camembert à une certaine Marie Harel, en 1791. Cette dernière aurait abrité l'abbé Bonvoust, un prête réfractaire né à Alençon en 1747. Si certains historiens pensent qu'il lui a soufflé la technique du camembert en s'inspirant de celle des fromages fabriqués en Brie, d'autres estiment qu'il s'agissait plutôt du pays de Bray, connu pour produire un autre fromage normand, le Neufchâtel.

Mais cette jolie histoire qui se transmet de générations en générations n'est peut-être pas tout à fait exacte, car, bien avant 1791, des fromages très proches de celui qui allait devenir le camembert étaient déjà cités. Ces fromages étaient fabriqués à Camembert, mais rien ne dit qu'il s'agissait bien de camembert à proprement parler ! Toujours est-il que la création de la ligne de chemin de fer Paris-Granville, en 1864, va donner au camembert son heure de gloire, le faisant connaître dans la capitale, jusqu'à l'empereur Napoléon III, qui le fit servir aux Tuileries avant d'en faire la promotion sur l'ensemble du territoire.

En 1909 est créé le Syndicat des fabricants du véritable camembert de Normandie, une vingtaine d'années après l'invention de la célèbre boîte à camembert par un ingénieur, un certain M. Ridel. Il faudra en revanche attendre 1983 pour voir le camembert de Normandie obtenir son appellation d'origine contrôlée (AOC), qui stipule (depuis le 1er mai 2017) que le lait doit être issu d'un troupeau dont l'effectif est composé d'au moins 50 % de vaches de race normande basées dans la Manche, l'Orne, l'Eure et le Calvados. Ces dernières doivent pâturer au moins six mois de l'année. Fabriqué à partir de lait cru, le camembert de Normandie AOC et AOP, qui peut être moulé manuellement à la louche, est de forme cylindrique, de 3 centimètres d'épaisseur, d'un diamètre variant entre 10,5 et 11,5 centimètres, et doit peser au moins 250 grammes. Cette production représente environ 5 000 tonnes par an, contre 60 000 pour le camembert « fabriqué en Normandie », mais dont la production ne répond à aucun cahier des charges.

CAMEMBERT FABRIQUÉ EN NORMANDIE
DOMAINE DE LA VACHERIE
ETABL^TS ÉCONOMIQUES ROUENNAIS ET DE NORMANDIE
4042 Rue Préfontaine ROUEN (Seine Inf^re)

CAMEMBERT DE LA VALLÉE DE LA SCIE FABRIQUÉ EN NORMANDIE
MATIÈRE GRASSE 40% garantie minimum à l'extrait sec
LAITERIE COOPÉRATIVE D'AUFFAY A S^T DENIS SUR SCIE
Seine Inférieure

Camembert fabriqué en Normandie
45% M.G.
AFFINÉ DANS NOS CAVES RUE GROS HORLOGE
Robert EGLI, AFFINEUR à ROUEN

CAMEMBERT SUPÉRIEUR
MAISON PRINCIPALE 1, Rue des Boucheries St Ouen
ROUEN
PETIT-QUÉVILLY
GROS ET DÉTAIL

CAMEMBERT DE NORMANDIE
MAURICE HERGAULT
MOULINEAUX (S^ne Inf)

GRANDE FROMAGERIE DE L'ORNE
CAMEMBERT EXTRA
GRAND DIPLÔME D'HONNEUR PARIS 1897
6 MÉDAILLES OR & ARGENT
A. LESECQ
Seul Dépositaire LE HÂVRE

CAMEMBERT LE ROUENNAIS
QUALITÉ EXTRA FINE
DÉPOT RÉGIONAL
ROUEN
MARQUE DÉPOSÉE
FABRIQUÉ EN NORMANDIE

VÉRITABLE CAMEMBERT DU
GROS BONHOMME
76 E
FABRIQUÉ EN NORMANDIE
MATIÈRES 45% GRASSES

CAMEMBERT
EXTRA FIN
MAURICE HERGAULT & Cie, MOULINEAUX (S^re Inf^re)

VÉRITABLE
CAMEMBERT
FABRIQUÉ en NORMANDIE
J. CANDIEU-ROUEN

CAMEMBERT FABRIQUÉ EN NORMANDIE
LA VICTORIEUSE
MATIÈRE GRASSE 40%
MARQUE DÉPOSÉE
Dépositaire à ROUEN
41, Rue du Vieux-Palais

CAMEMBERT EXTRA-FIN
H. AVENEL - LE HAVRE (Seine Inf^re)

EN COULISSE

LES PÉCHÉS MIGNONS
de 5 chefs de cuisine étoilés

Ils cuisinent au quotidien pour leur clientèle en fonction des produits de saison, de leur histoire, de leur parcours. Mais que sait-on d'eux quand ils ont faim et qu'ils ont envie de sortir de leurs restaurants ? Petit tour de France des plaisirs préférés de 5 chefs étoilés.

Sébastien Sanjou
LE RELAIS DES MOINES
Les Arcs-sur-Argens

Une belle langouste de pays grillée, nature et très peu cuite est un plat que j'aime beaucoup. Je trouve cela vraiment sublime, soyeux, à la fois très goûteux et délicat. C'est un vieux souvenir de mes vacances dans le Sud lorsque j'étais enfant, car mon terroir d'alors était bien loin de ce genre de saveurs. Ce fut certainement un des principaux déclencheurs pour arriver dans ce terroir méditerranéen qui m'anime aujourd'hui.

Mathieu Viannay
LA MÈRE BRAZIER
Lyon

Le poulet de Bresse rôti accompagné de pommes de terre est mon plat favori. Il est pour moi une véritable réminiscence de saveurs de l'enfance. Ce que j'aime aussi dans ce plat, c'est le croustillant de la peau et les textures moelleuses et fondantes de la chair de la volaille.

Fabio Bragagnolo
CASADELMAR
Porto Vecchio

Mon plat préféré et à jamais irremplaçable est la *baccalà* (morue) et polenta. Ce plat se transmet de génération en génération par les femmes de ma famille. Il est pour moi synonyme de partage autour d'une table, d'échanges en famille et d'éclats de rire. J'y repense avec nostalgie, car le plaisir du goût était associé à une ambiance et des moments uniques.

Diego Delbecq
ROZO
Lille

J'adore manger un bon kebab. Je trouve la street food réconfortante et il n'est pas si facile de faire un vrai bon kebab, avec une viande bien marinée et un bon pain. Tous les samedis après le service, je vais en chercher pour toute mon équipe et nous en mangeons tous ensemble.

Jacky Ribault
L'OURS
Vincennes

Lorsque je faisais le marché avec mon père quand j'étais enfant, on choisissait de belles sardines, pas trop grosses, brillantes, raides et ultra-fraîches, car tout juste sorties de l'eau. Mon père les préparait. La sardine a le goût et le parfum des jours heureux du gamin que j'étais. Aujourd'hui je les prépare poêlées dans un beurre noisette, déglacées au vinaigre de cidre et assaisonnées d'une pincée de fleur de sel. C'est juste délicieux.

ROZO ❁ / LA MÈRE BRAZIER ❁❁ / L'OURS ❁ / CASADELMAR ❁❁ / LE RELAIS DES MOINES ❁

Vendanges insolites

Moment fort du calendrier viticole, les vendanges sont empreintes d'inquiétudes et de joies, concentrant toute une année de travail et les enjeux d'une récolte. Les millésimes se suivent, mais ne se ressemblant pas, ils donnent lieu à des vendanges parfois très insolites !

Les moments de vendanges font immanquablement songer aux « bans », « paulées » et autres réjouissances festives qui célèbrent la fin de la cueillette. Mais avant ces joyeux épilogues, savez-vous qu'en Auvergne, on vendange tout nu ? Depuis 2017, en effet, Pierre Deshors accueille des naturistes au sein de son domaine de la Tour de Pierre à Crest, dans le Puy-de-Dôme. Des cueilleurs nus comme des vers qui bravent parfois la pluie pour récolter les baies, en totale harmonie avec la nature. Un événement bien organisé, en partenariat avec la Fédération française de naturisme et autorisé par un arrêté municipal.

Autre région, autre ambiance : en Alsace, dans le Haut-Rhin, précisément sur les coteaux du Rangen, les vendangeurs se transforment plutôt en alpinistes ! Les pentes de 45 à 55 degrés exigent en effet d'être encordé, un seau accroché à la taille. Des vendanges sportives où l'attention ne doit pas se relâcher, tout comme ailleurs dans le monde où les vignes peuvent atteindre 15 ou 20 mètres de haut. Oui, vous avez bien lu ! De véritables lianes que sont naturellement les vignes, qui s'enroulent autour des troncs de peupliers centenaires, on en retrouve encore en Italie et au Portugal, les dernier vestiges d'une viticulture ancienne, obligeant ainsi les cueilleurs à monter en haut d'échelles spéciales, adaptées à leurs jambes. Rarissime et étonnant !

Vins et vignobles méconnus dans le monde

Aux côtés des pays largement reconnus pour leurs vins, il existe des zones viticoles insolites, voire incroyables, où pousse aussi la vigne malgré la dureté des climats extrêmes. Balade non exhaustive au fil de ces niches naturelles où l'aventure humaine aura été la plus forte.

Si l'on songe à la Norvège, on n'imagine pas forcément le vin qui va avec. Et pourtant ! Malgré les températures peu clémentes, c'est dans le comté de Telemark, à deux heures d'Oslo, que des vignes ont été plantées. Le cépage solaris, résistant au gel, aux côtés des rondo et Léon Millot, s'adapte à ces 59 degrés de latitude !

Grand écart thermique, tout en restant dans les extrêmes, avec un vignoble unique en Afrique de l'Ouest. Au Sénégal, deux Français ont relevé le défi un peu fou, malgré la sécheresse, les singes qui se régalent des raisins et des termites, de planter deux hectares de grenache et un hectare expérimental de plants différents, pour donner naissance au Clos des Baobabs, un vin rouge plein de fruit.

Dans la liste des terres peu enclines à recevoir des vignes, direction la Birmanie où les difficultés du climat tropical peuvent être quelque peu réduites en prenant de l'altitude. C'est le cas du premier domaine birman, le pionnier Aythaya, sur les pentes des montagnes Taunggyi ainsi que du domaine Red Moutain, dans le nord-est du pays, précisément dans l'État Shan. Au Japon, c'est au pied du mont Fuji, dans la région de Yamanashi, que le cépage koshu produit un vin blanc sec avec une pointe d'astringence, désormais emblématique. Les cépages locaux se sont développés ces dernières années, se différenciant des internationaux et américains.

Dans notre vieille Europe, on assiste également à la résurgence des cépages dits oubliés, ces variétés locales qui redeviennent tendance et qui sont recherchées par les amateurs. C'est le cas par exemple en Vénétie, au cœur de la lagune où le domaine L'Orto, sur la petite île de Sant'Erasmo, considérée depuis toujours comme le potager de la Sérénissime pour sa terre riche. C'est là que la famille Thoulouze a fait revivre les malvoisies istriana, fiano et le plus courant vermentino. L'Orto di Venezia renoue ainsi avec la tradition du vin blanc de la lagune en offrant des cuvées élaborées qui goûtent bien et possèdent cette finale pleine caractéristique.

Insolite encore : les vignes de Sabile, en Lettonie, qui ont eu l'insigne honneur de figurer dans le Guinness World Records, en tant que vignoble le plus septentrional au monde ! À Sabile, la tradition viticole est pourtant bien ancienne, elle date du XVIe siècle.

Grand écart avec les lianes que sont les vignes, implantées cette fois dans un site naturel de carte postale… Détour par Tahiti et son vignoble au cœur de l'archipel de Tuamotu, sur l'atoll de Rangiroa, où naissent des vins issus de cette *terra incognita*. Aujourd'hui, après de longues années de recherches et d'expérimentations, le domaine Ampélidacées de Dominique Auroy, en bio, compte 6 hectares pour une production annuelle de 30 000 bouteilles de blanc (sec et moelleux) et un peu de rosé, dont les noms de cuvée sentent bon le paradis : Blanc de Corail, Clos du Récif et Rosé Nacarat. Le monde regorge de pépites, et l'incroyable adaptabilité de la vigne fait que la liste est loin d'être close !

M

Italie

La Pasta
& les différentes formes de pâtes

À l'époque de la république de Gênes, les grandes familles patriciennes apposaient leurs armoiries sur des disques de pâtes, les *corzetti*, à l'aide de tampons en bois sculpté. Des pâtes comme porte-blason, c'est dire l'importance que la *pasta* revêt en Italie.

On y compte plus de deux cent cinquante formes classées par famille. Certains chefs se plaisent même à les décliner sur leur carte, comme Nino di Costanzo du restaurant Danì Maison, sur l'île d'Ischia, au large de Naples. Le chef propose un très grand nombre de plats avec de nombreuses sortes de pâtes comme les *fusilloni* au lapin rôti, les pâtes à la sorrentine, les *spaghettoni* aux cinq tomates, les *linguine* à l'ail, persil, piment, crevettes et buffle, les raviolis de pintade…

En Italie, le choix est démesuré, il y a les longues et les courtes, les lisses et les rugueuses, les sèches et les fraîches… Chaque famille se décline en sous-familles selon les régions. Les longues peuvent être fines (*capellini, spaghetti, vermicelli*…) ou grosses (*spaghettoni, bigoli, pici, bucatini*…), pas toujours rondes et donc carrées (*chitarra*…) ou plates en ruban (*fettuccine, lasagne, linguine, pappardelle, tagliatelle, trenette, pizzoccheri, mafaldine*…). La forme n'est pas le fruit du hasard.

> **“ En Italie, le choix est démesuré, il y a les longues et les courtes, les lisses et les rugueuses, les sèches et les fraîches... ”**

Par exemple, les *bucatini*, plus grosses que les *spaghetti*, ont un trou central qui laisse passer l'eau, permettant de mieux les cuire à cœur. À chaque forme correspond un type de sauce. Dans la famille des pâtes courtes, il y a les tubulaires (*cannelloni, macaroni, paccheri, rigatoni, tortiglioni*…) qui peuvent être striées, «rayées» en italien (*rigate*), penne rigate, manicotti… Mais les pâtes courtes peuvent aussi prendre un très grand nombre d'autres formes comme celles d'un papillon (*farfalle*), de fleurs (*fiori*), des torsades (*fusilli girandole, campanelle*…) et des coquillages (*conchiglie, lumaconi, pipe*…).

Il faut distinguer ensuite les pâtes fraîches des pâtes sèches. Les premières sont plus courantes dans le nord. On les prépare avec des œufs et souvent de la farine de blé tendre. Les pâtes fraîches dans le sud sont plus rares mais surtout elles sont réalisées sans œufs. Ainsi les orechiette dans les Pouilles, les busiate en Sicile. Plus au nord, en Ligurie, on prépare des trofie. Les Italiens ont enfin

CAVATAPPI

STELLINE

> **“ La ville de Gragnano est mondialement reconnue comme la capitale des pâtes. ”**

FARFALLE

RIGATONI

RAVIOLI

FUSILLI

PENNE

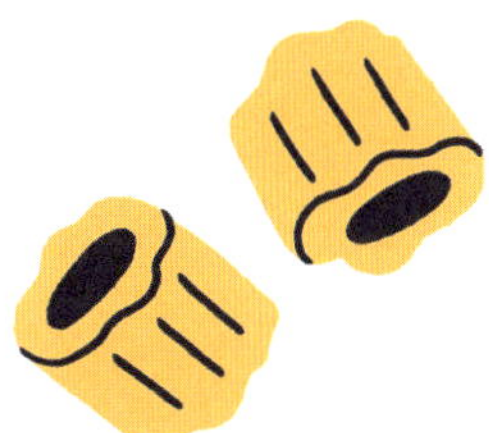

DITALINI

une importante tradition de pâtes au bouillon (*in brodo*). Elles sont souvent fraîches et farcies comme les tortellini et les agnolotti. Les pâtes se mangent également en minestrone, des soupes épaisses de légumes.

On trouve enfin des pâtes très localisées comme les fregole sardes, des boules de la taille d'un petit pois qui sont torréfiées et se cuisent comme un risotto. S'il existe un nombre très important de pâtes selon les régions italiennes, la ville de Gragnano est mondialement reconnue comme la capitale des pâtes. Elle est la première à avoir obtenu une indication géographique protégée (IGP). La qualité des matières premières, la farine de blé dur, l'eau provenant des sources alentour, peu minéralisée, ainsi que la fabrication sont à l'origine de cette réputation. L'utilisation de matrices en bronze et non en téflon, qui permettent l'obtention d'une texture plus rugueuse, le séchage très long, de 6 à 60 heures selon la forme des pâtes et un climat favorable avec des vents doux expliquent la qualité de ces pâtes dont la tradition remonte au XVIe siècle.

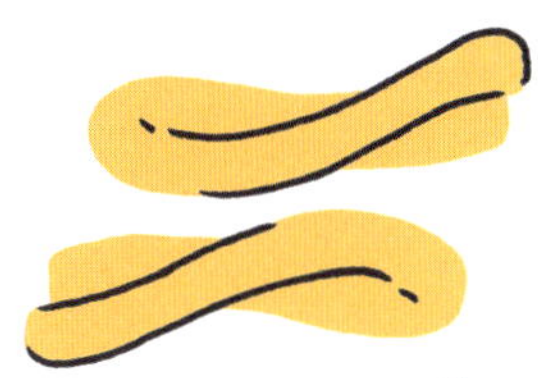

GEMELLI

CORNETTI RIGATI

GOBETTI

LA TRUFFE D'ALBA

Le diamant blanc

En Italie, on ne plaisante pas avec la truffe blanche. Chaque année, du mois d'octobre à fin janvier, le Piémont et ses collines vibrent au rythme de la « chasse » à la *Tuber Magnatum Pico*.

CETTE BOULE cabossée et veineuse, d'un blanc-beige tirant parfois sur le rose, est imprégnée des arômes de sa terre. La ville d'Alba est devenue la capitale de ce champignon de luxe de la famille des *Tuberaceae* qui se monnaie parfois autour de... 7000 euros le kilo, selon sa rareté, sa qualité et son poids. Lors de la traditionnelle vente aux enchères de la ville, mi-octobre, les riches acheteurs, parfois en liaison satellite de Dubaï ou Hong Kong, font flamber son cours déjà élevé, faisant d'elle la denrée alimentaire la plus prisée au monde.

Le *tartufo d'Alba* cultive la rareté et attise la curiosité. Cachée à vingt centimètres sous la terre, au pied des arbres avec lesquels elle vit en symbiose, cette truffe ne souffre pas d'être cultivée: les maîtres truffiers et leurs chiens, entraînés dès le plus jeune âge à pister ses arômes, la guettent avec patience pour la déterrer discrètement. L'opération se fait de nuit, à l'abri des regards indiscrets et les trous sont soigneusement rebouchés après la découverte. Capricieux, ce tubercule ascomycète ne s'épanouit que dans des sols humides et calcaires, à l'ombre des peupliers blancs, des saules pleureurs, des chênes et des tilleuls. Trop de sécheresse, et il disparaît!

Cette singularité donne naissance à une puissance aromatique unique. Loin de sa cousine française d'été, plutôt insignifiante, l'odeur de la truffe d'Alba frappe la narine et les papilles de ses notes d'ail, de cèpe, de parmesan vieilli, voire de miel et de noisette, trahissant la porosité de sa fine peau qui a laissé transpirer la terre à travers elle. Au fil des siècles, tant de caractère a inspiré des légendes contradictoires: pour ses vertus prétendument aphrodisiaques, les anciens l'ont considérée comme la nourriture des dieux (elle était, dit-on, prisée par Jupiter...), tandis qu'à l'époque médiévale, on pensait que les sorcières la dévoraient les soirs de pleine lune. Aujourd'hui, il est surtout sacrilège de la dénaturer en la cuisinant: sur les tables gastronomiques, on la déguste crue, juste râpée sur des mets de choix, noix de saint-jacques et ravioles de foie gras, ou plus simplement, sur un bon plat de *pasta*.

Le paysage de carte postale des terres viticoles de Langhe, Roero et Monferrato, classées au patrimoine mondial de l'Unesco en 2014, est le plus propice à cette récolte exceptionnelle, mais d'autres régions réclament leur dû. Le centre de l'Italie et la ville d'Acqualagna, avec son climat chaud, sa pluviométrie élevée et ses collines plantées de chênes et de hêtres, a aussi sa foire aux truffes. Et d'autres pays commercialisent ces pépites: de l'autre côté de la frontière, la Croatie exploite la truffe blanche d'Istrie. Elle a même été inscrite au livre des records pour avoir déterré le plus gros spécimen du monde, en novembre 1999. Elle pesait 1,310 kg.

" L'odeur de la truffe d'Alba frappe la narine et les papilles "

MANGER JUSTE

SLOW FOOD

La vie d'escargot, ce n'est pas de tout repos ! Le gastéropode à la coquille rouge et aux tentacules sur le qui-vive, emblème de Slow Food, mouvement pour une nouvelle approche de l'alimentation faisant rimer assiette et planète, a fait le tour du monde. C'est au départ l'histoire d'une bande de copains activistes qui, dans les années 1980, à Bra, au nord de l'Italie, refuse les valeurs bourgeoises en général et l'implantation d'une célèbre enseigne de fast-food sur la place d'Espagne de Rome en particulier. L'association naît en 1986 dans cette petite ville du Piémont emmenée par Carlo Petrini, journaliste et aujourd'hui, à 70 ans, toujours président d'un Slow Food mondial orchestrant des milliers de projets et des millions de personnes dans 160 pays. Un conseil international est relayé par des structures nationales, soutenues par plus de 1 500 antennes locales, les conviviums. Implantée en France dès 1989, Slow Food œuvre à la sauvegarde de la biodiversité grâce à trois initiatives : l'Arche du goût, un catalogue en ligne de produits alimentaires menacés de disparition, les Sentinelles, des actions aidant les producteurs à sortir de l'isolement, et l'Alliance des cuisiniers, un réseau de restaurateurs valorisant les produits locaux. De nombreuses manifestations militant pour l'éco-gastronomie voient le jour : Terra Madre Salone del Gusto les années paires à Turin, Cheese à Bra, Slow Fish à Gênes, Slow Food Nations à Denver, etc. L'université des sciences gastronomiques, inaugurée en 2004 à Pollenzo (à côté de Bra), est la première à former des étudiants à une approche globale du système alimentaire. L'escargot Slow Food, plus que jamais déterminé, continue sa croisade du manger bon, propre et juste.

Hommage à l'œuvre culinaire de GUALTIERO MARCHESI

La France avait Paul Bocuse. L'Italie avait Gualtiero Marchesi. Hasard du destin, ces deux immenses cuisiniers nous ont quittés à quelques jours d'intervalle, Gualtiero Marchesi le 26 décembre 2017, Paul Bocuse le 20 janvier 2018. Le chef italien, qui devait d'ailleurs beaucoup à la France, où il a été formé, notamment en fréquentant ses amis, les frères Pierre et Jean Troisgros. Né à Milan le 19 mars 1930 dans une famille de restaurateurs, il a ouvert son premier restaurant dans sa ville, en 1977. En 1986, il est le premier Italien à recevoir trois étoiles Michelin. Il est le maître de la grande *cucina italiana*, baptisée aussi « nouvelle cuisine italienne », inspirée aussi bien par la *cucina povera* traditionnelle que par le design, la mode, le cinéma ou la musique, mêlant saveurs et esthétisme. Salade de spaghetti, caviar et ciboulette, riz noir et argent ou riz or et safran sont quelques-uns des plats qu'il nous a légués. Il avait une phrase toute simple pour résumer sa création : « Le beau, c'est bon. » C'est ce qui a d'ailleurs présidé à la création de la Fondation Gualtiero Marchesi en 2010, qui poursuit son œuvre, notamment par la promotion de la cuisine lombarde. Mais son esprit souffle aussi dans de nombreux restaurants transalpins, là où officient ses plus brillants élèves : Enrico Crippa au restaurant Piazza Duomo à Alba, Carlo Cracco au Ristorante Cracco à Milan, Davide Oldani au restaurant D'O à San Pietro All'Olmo, Andrea Berton au Ristorante Berton à Milan, Matteo Baronetto au Del Cambio à Turin. Un grand chef ne meurt jamais.

—

PIAZZA DUOMO ✲✲✲ / RISTORANTE CRACCO ✲ / D'O ✲ / RISTORANTE BERTON ✲ / DEL CAMBIO ✲

L'ART DE LA SALAISON

Avec vingt et un produits d'appellation d'origine protégée (contre quatre seulement en France), les Italiens manient l'art de la salaison comme Dante celui de *La Divine Comédie*. Du lard de Colonnata à la *soppressata* de Calabre, en passant par le jambon de San Daniele ou la *pancetta piacentina*, le voyage charcutier transalpin est pantagruélique.

COMME TOUJOURS EN ITALIE, bombance rime avec élégance. Sur le chemin de Parme, pour aller visiter les caves de jambons, on doit faire escale à la ravissante Antica Corte Pallavicina, un ancien château du XVe siècle et une table étoilée Michelin, pour goûter le *culatello di Zibello*, fabriqué par les hôtes la maison, les frères Spigaroli. Fabriquée à partir de cochons noirs, une race locale, cette salaison parmesane est un jambon désossé dont on ne garde que le cœur, salé et embossé dans une vessie de porc, ficelé puis mis à sécher dans une atmosphère humide pour favoriser les moisissures superficielles, marqueur du goût particulier du *culatello di Zibello*. En cela, il se distingue du jambon de Parme dont l'affinage est gouverné par le vent sec des Apennins. Celui de San Daniele sèche dans les caves du Frioul, dans le nord du pays. Dans l'assiette, bonifiés par un affinage de plusieurs mois, ils se ressemblent à s'y méprendre. Le sabot toujours rivé au jambon démarque le San Daniele du Parme. L'inventaire des jambons crus italiens ne s'arrête pas à ces deux stars: il faut goûter celui de Modène, de Toscane, de Carpegna, le Veneto Berico-Euganeo, le jambon de Bosses dans la vallée d'Aoste, aromatisé aux herbes de montagne (tous AOP), celui de Norcia ou de Sauris (connu pour son speck) et l'*amatriciano*. Il n'y a donc aucune fatalité à se résoudre au «jambon italien», une appellation trop générique, habillant des fabrications souvent de piètre qualité industrielle.

Il faut savoir aussi faire le tri dans les différents types de *pancetta*, la poitrine de porc salée, poivrée (ou épicée) et séchée, présentée souvent *arrotolata*, c'est-à-dire enroulée. Celles de Piacentina (en Émilie-Romagne, connue autant pour sa coppa, salaison fabriquée avec le cou du cochon) ou de Calabre, toutes les deux AOP, se dégustent en fines tranches comme du voile de mariée. C'est aussi le cas du lard de Colonnata, du gras de porc affiné dans les caves en marbre de Carrare en Toscane, ou celui AOP d'Arnad dans la vallée d'Aoste, aromatisé et affiné dans des doïls, des moules en bois parallélépipédiques.

" Le sabot toujours rivé au jambon démarque le San Daniele du Parme. "

TOUR D'ITALIE DES CHARCUTERIES

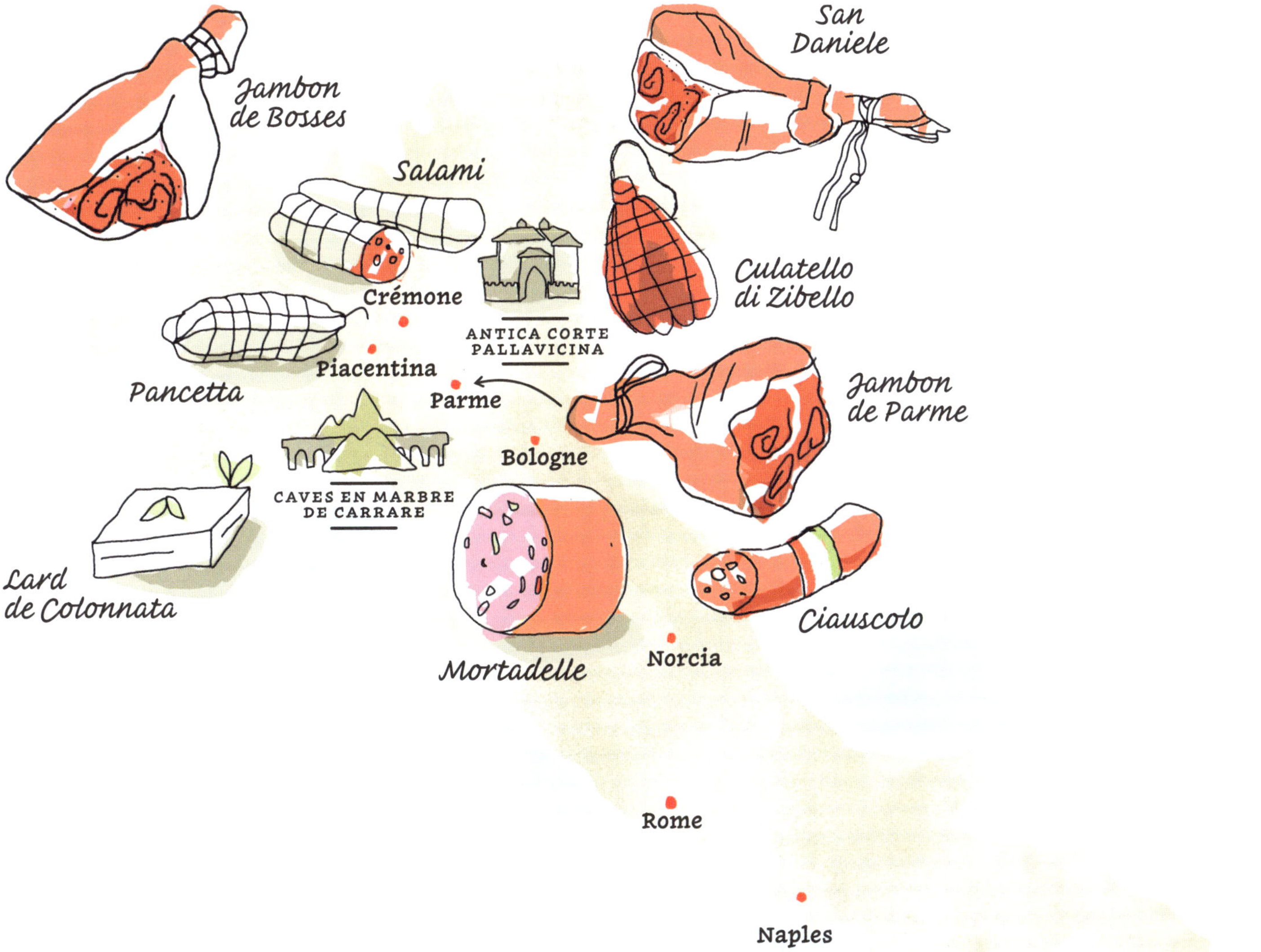

Revenons en Calabre, dans le sud de l'Italie, une région à la solide tradition charcutière avec son *capocollo* (AOP), la variante méridionale de la coppa du Nord, sa *soppressata* (AOP), un salami piquant, ou sa *salsiccia* (AOP), une cousine du chorizo espagnol. À Nebrodi, en Sicile, le *capocollo* se distingue, car il est fabriqué avec le cou de porcs noirs rustiques. Il y a encore la ribambelle des salamis dont celui de Crémone, moelleux à souhait, ou le *ciauscolo* de la région des Marches (tartinable !)

Pour terminer, quelques mots sur la mortadelle, une exception monstrueuse (par son diamètre) dans ce tableau charcutier accaparé par la salaison sèche. Elle est la fierté de Bologne et mêle, parfois, des viandes d'origines diverses (porc, bœuf, veau et même cheval). Étuvée dans une vessie de vache, la mortadelle peut être truffée de pistaches ou d'olives.

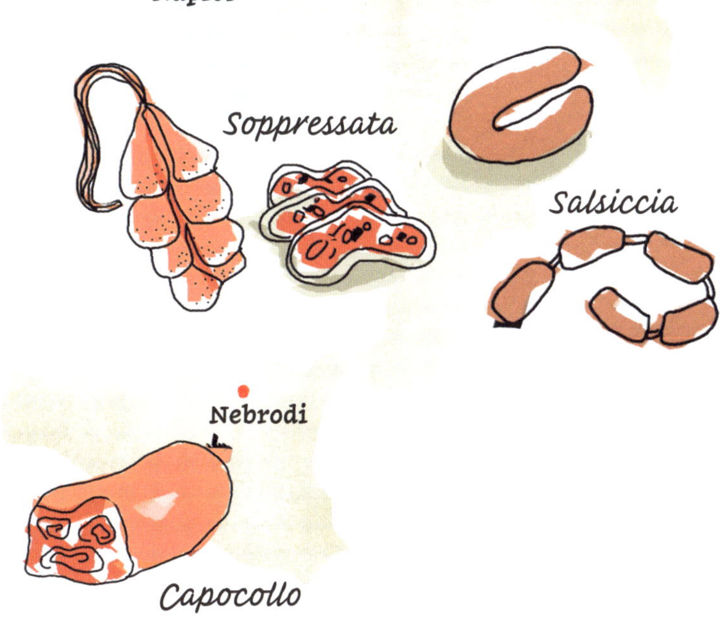

VIN

BAROLO ET BARBARESCO

Deux grands crus italiens

La vigne est présente partout en Italie, des portes des Alpes au sud de la Botte, où les terres sont brûlantes durant l'été. La renommée des vins italiens est due à la production de rouge, à l'image du chianti toscan. La bouteille ventrue avec son habillage en osier se retrouve dans le monde entier. Mais pour goûter au meilleur du vignoble italien, faisons un détour dans le Piémont. On y découvre un vieux cépage typique de la région, le *nebbiolo*. Il est le seul à s'exprimer dans le *barolo* comme dans le *barbaresco*, deux appellations qui bénéficient d'une DOCG (*denominazione di origine controllata e garantita*). Elles sont accordées par le président de la République sur avis du ministère de l'Agriculture et des Forêts. La réglementation, extrêmement contraignante, oblige les vignerons à l'excellence. Le *barolo* s'épanouit sur des pentes calcaires, gréseuses, qui plafonnent à 450 m d'altitude. Le *barbaresco* est un peu plus au sud. Il bénéficie de conditions climatiques un peu plus clémentes qui donnent des vins plus souples, un peu moins puissants que dans le *barolo*. Mais la magie des grands vins naît dans les détails. À l'image des climats de Bourgogne, les deux appellations peuvent devenir mythiques sur certaines parcelles. Elles acquièrent une complexité fabuleuse, apanage des vins d'exception. Le *nebbiolo* se révèle magique à travers une intensité qui sait rester soyeuse, des notes torréfiées qui s'épanouissent en barriques. Le *barbaresco* y gagne son identité en deux ans et le *barolo* y séjourne un an de plus. Le *brunello di Montalcino* ou l'*amarone della Valpolicella* expriment également, entre autres, l'excellence du savoir-faire italien en matière de vin.

« ...Pour goûter au meilleur du vignoble italien, faisons un détour dans le Piémont. »

MILAN

Joia

Restaurant végétarien étoilé

PIETRO LEEMANN, le chef de Joia est un précurseur. Dès 1990, il ouvre un restaurant végétarien à Milan qui se verra attribuer une étoile au guide Michelin six ans plus tard. Une première mondiale. De prime abord, on peut penser que le chef a été visionnaire, qu'il a senti la tendance ou qu'il a fait le pari du « veggie ». La lecture de sa biographie montre que la réalité est tout autre. Une quête philosophique et spirituelle lente, longue, réfléchie, et la recherche d'un équilibre personnel et professionnel l'ont d'abord entraîné vers un voyage initiatique à la découverte des cultures orientales et asiatiques. Cette immersion lui a permis d'approfondir sa perception de la gastronomie japonaise, de la diététique chinoise et de la cuisine ayurvédique. L'hindouisme est naturellement devenu sa religion. Sa philosophie de la cuisine ne pouvait donc que suivre sa spiritualité. Le principe de la réincarnation prône le respect fondamental du vivant. La voie végétarienne devenait inévitable. Pietro Leemann a fait ses classes auprès de Frédy Girardet à Crissier, en Suisse, et de Gualtiero Marchesi, le chef italien le plus connu dans le monde. La création d'une carte autour des légumes, des herbes, des fruits et des épices en Italie a forcé le chef à l'excellence, à une créativité débordante. Ce fut une réussite absolue, une performance qui fit des émules. Les scandales alimentaires, la prise de conscience de notre surconsommation de viande liée au souci du bien-être animal ont donné raison à Pietro Leemann. Dans le même temps, il démontrait aux gourmets les plus exigeants qu'une cuisine végétarienne pouvait être excellente à l'instar de sa tarte Tatin aux oignons verts cuits lentement, ciboulette et fraises au vinaigre ou son risotto aux asperges et à la truffe, carottes, safran et beurre de légumes aromatisé aux câpres. Mieux, Joia donne une dimension spirituelle à chaque coup de fourchette.

> « La création d'une carte autour des légumes, des herbes, des fruits et des épices en Italie a forcé le chef à l'excellence... »

—

JOIA

BONS MOTS

MA VILLE *en fait tout un plat*

Le pain de Gênes est-il originaire de Gênes ? Le foie à la vénitienne est-il vraiment de Venise ? Et les spaghetti à la bolognaise ? De Bologne ou pas ? L'histoire ne nous dit pas tout.

Bologne

Incontournables des restaurants italiens en France ou tout simplement de nos plats familiaux, les spaghetti à la bolognaise ont-ils un rapport avec la capitale de l'Émilie-Romagne ? Vaste dossier, en réalité ! Pour résumer, déjà à Bologne, on ne mange pas de spaghetti *alla bolognese*, puisque cette sauce glisserait sur ces pâtes trop fines et que tout Italien digne de ce nom adapte le type de *pasta* à la préparation qui l'accompagne. Ensuite, aucun Italien ne pourrait même entrapercevoir le lien entre nos « bolo » et le véritable *ragù alla bolognese* ! Ce dernier est donc la sauce, à base de tomates, viande (de bœuf, de porc), oignon, céleri, parmesan, huile d'olive, sel, poivre, laurier, et chaque famille a son secret. Chez les Italiens, on ne plaisante pas avec le *sugo* (la sauce).

Milan

Si l'on s'intéresse au risotto à la milanaise, là, il semblerait que l'on tombe juste ! Ce type de risotto au safran vient de Milan, apparaissant pour la première fois dans l'ouvrage *Nuovo cuoco milanese* de Felice Luraschi en 1853 comme « riz jaune à la milanaise ».

Venise

En remontant vers la Sérénissime, le foie à la vénitienne est une ancienne recette de la Rome impériale, transcrite par Francesco Leonardi dans *L'Apicio moderno* (*L'Apicius moderne*), à Venise en 1790, et à l'époque, à base de foies de porc. Aujourd'hui, on le cuisine le plus souvent avec des foies de veau auxquels on ajoute oignons blancs de Chioggia, beurre, huile d'olive, sel, poivre et cette recette est servie avec de la polenta.

Rome

Petit détour à Rome pour déguster le *saltimbocca* à la romaine, littéralement « qui saute en bouche » ! Alliant une délicate viande de veau à la sauge et au jambon cru, cette recette typiquement romaine trouve cependant dans certains écrits son origine à Brescia.

Parme

Et l'aubergine à la *parmigiana* ? Là encore, les régions s'en disputent la paternité ! Il semblerait que l'aubergine, issue du sud de l'Italie, Naples, la Calabre et la Sicile, ait été introduite dans le nord et à Parme au XVIe siècle. Mais à l'époque, il n'y avait pas de parmesan dans le sud ! Le nom n'aurait donc pas de rapport avec le parmesan ni même Parme, mais serait une déformation de *parmiciana*, mot d'un dialecte sicilien qui désigne les lattes de bois qui composent la persienne, un agencement qui rappelle celui des tranches d'aubergine.

Gênes

Enfin, côté douceurs, le pain de Gênes serait né au XIXe siècle. Certains historiens l'attribuent à un pâtissier de la ville de Gênes annexée par Napoléon, quand d'autres estiment que sa version actuelle aurait été fabriquée par un pâtissier de la maison Chiboust à Paris, un certain Fauvel, toujours au XIXe siècle.

L'INFLUENCE DES MÉDICIS
DANS LA CUISINE

Aux XVIe et XVIIe siècles, deux reines de France successives ont appartenu à la puissante famille des Médicis. En 1533, Catherine de Médicis épouse le futur roi de France Henri II. La Florentine arrive dans le royaume avec ses cuisiniers, mais aussi les habitudes de la noblesse italienne. On a parlé de révolution gastronomique française pour qualifier les changements apportés durant cette période. L'Italienne imprime la cuisine de cour, impose son goût pour les légumes tels que les épinards, les artichauts, les brocolis... Les quenelles de volaille font leur apparition tout comme les crépines de veau ainsi que de nombreuses recettes de pâtisseries. La pâte feuilletée, la pâte à chou, les macarons, le massepain font partie du voyage tout autant que les confitures dites liquides ou sèches – ces dernières désignent les pâtes de fruits. Apparaissent encore à la cour de France les gelées, le pain d'épices, la frangipane, qui doit son nom au comte Cesare Frangipani. On déguste désormais les glaces italiennes rapportées de Chine deux siècles plus tôt par Marco Polo.

“ Mais plus encore que les produits et les recettes, ce sont les arts de la table qui sont marqués durablement. ”

Mais plus encore que les produits et les recettes, ce sont les arts de la table qui sont marqués durablement. Catherine de Médicis apporte dans ses bagages la fourchette à deux dents, les assiettes individuelles en faïence et les verres en verre de Murano, alors qu'on buvait traditionnellement à l'époque en France, dans des contenants en étain, argent ou vermeil. Par la suite, Marie de Médicis, épouse de Henri IV, amoureux de l'Italie, continuera de marquer la cour de France par le raffinement culinaire italien dont la cuisine porte l'empreinte jusqu'à nos jours.

Trattoria

Enoteca

Osteria

LES DIFFÉRENCES ENTRE LES RESTAURANTS ITALIENS

Pizzeria

Ristorante

UN BEAU BRUN DU GENRE LATIN fait tournoyer dans les airs une auréole de pâte : ce saint-là manie l'art du *pizzaiolo* napolitain, entré en 2017 au patrimoine immatériel de l'humanité. Ce n'est pas que du folklore, mais un savoir-faire unique qui se termine dans un four à bois. Une pizza – originellement au saindoux et aux herbes, à Naples, au XVIe siècle – se déguste dans une pizzeria, au sud comme maintenant au nord du Pô. Une vraie pizzeria décline toute une variété de galettes, de l'authentique margherita (tomates, mozza, basilic) à sa propre recette, la forcément *speciale*. Toutes ne sont pas rondes, d'immenses rectangles de pizza se vendent aussi au mètre et se dégustent avec les doigts roulés dans un papier.

Pour goûter aux plats régionaux de chaque coin de la Botte, on s'attable dans une *trattoria* ou une *osteria*. La différence entre ces deux lieux de restauration s'est amenuisée avec le temps, mais l'une et l'autre servent une cuisine maison dans un cadre simple et convivial. La *trattoria*, d'origine et toujours généralement familiale, propose des recettes, souvent transmises de génération en génération, valorisant les spécialités locales – *pasta alla carbonara* (sans crème, malheureux !) à Rome, pesto ou *polpettone alla genovese* à Gênes, *orecchiette alle cime di rapa* (pâtes en forme d'oreille avec ail et brocoli-rave) dans les Pouilles, *osso bucco alla milanese* à Milan, etc. Une ardoise y fait la plupart du temps office de carte, les vins des environs sont servis en carafe et les tarifs restent raisonnables. L'*osteria* était, elle, historiquement un lieu de rassemblement des hommes qui venaient y boire du vin puisé dans les tonneaux de l'aubergiste. Ils en profitaient pour tailler le bout de gras et taper le carton. Un genre de « café du commerce ». La tradition s'est perdue, mais l'*osteria* reste un « bistrot » avec ambiance chaleureuse, vin du coin et menu du jour. Certaines offrent encore un hébergement de quelques chambres type pension de famille.

Si l'Enoteca Pinchiorri d'Annie Féolde et Giorgo Pinchiorri, à Florence, est un restaurant doté d'une superbe cave, il n'est pas représentatif de l'*enoteca* italienne classique. Équivalent de notre bar à vins, l'*enoteca* accueille en soirée les amateurs de bonnes bouteilles. Un large choix de vins est proposé au verre et peut être, à l'heure de l'*aperitivo*, accompagné de petites choses à grignoter. Une *birreria*, très tendance, offre sur le même principe un grand éventail de bières. Il se peut qu'il y ait foule et file d'attente… on patiente, c'est bon signe.

> « Mangia bene, ridi spesso, ama molto. »

Un *ristorante* est un endroit plus chic, élégant, pouvant réserver de bonnes… et de mauvaises surprises. On ne saura trop conseiller d'éviter ceux avec rabatteurs ou installés à proximité immédiate de hauts lieux touristiques. Les prix sont plus élevés que dans une *osteria* ou *trattoria*, mais le service y est plus soigné, les plats plus recherchés et raffinés, bref plus gastronomiques.

Enfin, les lève-tôt avaleront un cappuccino et un *cornetto*, croissant souvent fourré de crème, confiture ou chocolat, debout, au comptoir d'un *caffè* ou d'une *paninoteca* en savourant l'une des expressions du mode de vie italien : « *Mangia bene, ridi spesso, ama molto* » (Bien manger, rire souvent, aimer beaucoup).

—

ENOTECA PINCHIORRI ✿✿✿

TRATTORIA

OSTERIA AI SCHIAVONI
OSTERIA AI SCHIAVONI

osteria pizzeria
cucina romana
bar caffetteria

ENOTECA

Bulles

TRENTO Vs FRANCIACORTA

L'Italie n'est pas seulement la patrie du *prosecco*, ce vin blanc à fines bulles issu d'un cépage autochtone, le *glera*, souvent complété par les cépages *bianchetta*, *perera* et *verdiso*. L'Italie, c'est aussi le *trento* et le *franciacorta*, deux vins à bulles. Le premier est originaire du Trentin-Haut-Adige, dans le nord de l'Italie, avec l'Autriche et la Suisse comme pays limitrophes, le second de la région voisine, la Lombardie, au sud du lac d'Iseo et sur 19 communes entre Bergame et Brescia. Le *trento* est essentiellement l'affaire de la maison Ferrari de la famille Lunelli, leader en Italie des vins pétillants. Dans cette région viticole du Trentin, on doit au fondateur, Giulio Ferrari, l'introduction de la méthode champenoise et l'implantation d'un cépage qui n'existait pas ici, le chardonnay. Trento a obtenu sa DOC (*denominazione di origine controllata*) en 1993 mais il est en réalité plus connu sous le nom de Ferrari, dont la typographie sur les étiquettes est bien plus conséquente que Trento DOC. Quant au *franciacorta*, il arbore une dénomination encore plus prestigieuse depuis 1995, la DOCG (*denominazione di origine controllata et garantita*), dont le cahier des charges est plus stricte que pour une DOC. Si la méthode champenoise de Giulio Ferrari remonte à un siècle, l'origine du *franciacorta* remonterait à 1570. Il fut qualifié à l'époque de vin mordant. Traduisez pétillant. Ils ne sont aujourd'hui qu'une centaine de producteurs à mettre ce vin sur le marché. Parmi eux, Ca' del Bosco, dont la signature est « la recherche de l'excellence ». Comme en Champagne, les cépages principaux du *franciacorta* sont le chardonnay, le pinot noir et le pinot blanc (pinot meunier en France) ce qui laisse aux producteurs la possibilité de proposer une gamme assez proche de celle des champagnes avec des bruts, des « satèn » (blanc de blancs), des non dosés, des extra-bruts, des millésimés, des demi-secs et des rosés. En somme, s'ils pétillent tous les deux, le *trento* est définitivement un vin mousseux quand le second est surnommé le « champagne d'Italie. »

L'ITALIE ET SON CAVIAR

La République populaire de Chine vient de prendre la première place des pays producteurs de caviar. Longtemps, l'Italie est restée sur la plus haute marche du podium des producteurs de cet or noir déjà présent dans le premier livre de cuisine imprimé, *De honesta voluptate et valetudine* (1471) de Bartolomeo Sacchi, tandis que le Tintoret peignait l'esturgeon sur sa toile, *Création des animaux* (1550). Du Tibre au Pô en passant par l'Arno, ce dernier s'est toujours épanoui dans les eaux pures de la Botte. L'élevage était la règle, lorsque le caviar sauvage a été interdit à la vente, en 1998. Les Transalpins avaient alors une longueur d'avance sur bien d'autres pays comme la France, l'Uruguay ou la Bulgarie, à l'image de la maison Calvisius, qui élève 350 000 esturgeons dans la région de Brescia depuis plus de quarante ans pour satisfaire les plus grandes tables gastronomiques du monde comme Caino, à Montemerano.

—

CAINO ✿✿

PÂTISSERIE

Les cannoli
PÂTISSERIES EMBLÉMATIQUES DE LA SICILE

Gourmands et généreux, les gâteaux siciliens ont très souvent des recettes de facture assez simple qui se transmettent de génération en génération.

La composition de ces gâteaux peut sembler basique, mais ils n'en restent pas moins infiniment savoureux. La brioche fourrée de glace, que l'on trouve dans toutes les *gelaterie* siciliennes, en est le parfait exemple. Autre incontournable de la pâtisserie sicilienne, le *cannolo*, qui doit son nom à sa forme de tube, est constitué d'une pâte à base de farine, de vin, de sucre et de saindoux. Cette pâte est ensuite détaillée en petits disques qui sont enroulés individuellement autour d'un bâton de bois et frits dans du saindoux. C'est ce qui lui donne ce craquant si singulier. Chaque tube est alors garni de *ricotta* battue à laquelle on ajoute des morceaux d'orange confite et du sucre glace. C'est là une des caractéristiques principales de la pâtisserie sicilienne, elle est souvent particulièrement sucrée. La crème de *ricotta* que l'on retrouve dans les *cannoli* est sensiblement la même que celle qui constitue un autre gâteau emblématique sicilien, la *cassata*. Ce gâteau est fait d'une superposition de génoise et de cette même crème sucrée de *ricotta* battue, mais sans orange confite. La circonférence du moule est quant à elle tapissée de pâte d'amande. Le tout est placé quelque temps au froid afin de figer, puis démoulé et recouvert de glaçage royal puis généreusement décoré de fruits confits. Cette pâtisserie est sur toutes les tables de fêtes familiales siciliennes et il est bien difficile de ne pas céder à la tentation.

> **« C'est là une des caractéristiques principales de la pâtisserie sicilienne, elle est souvent particulièrement sucrée. »**

L'ITALIE,
l'autre pays des fromages

Si l'on estime que la France produit environ 1 200 variétés fromagères, l'Italie n'a pas à rougir, avec ses 400 fromages recensés du nord au sud et dans les îles, dont beaucoup de pâtes filées, une spécialité transalpine.

Commençons par le plus jeune du plateau et le plus emblématique de l'Italie: la mozzarella. « Di giornata! », intiment les amateurs. C'est à dire « du jour! ». À la sortie de la laiterie, elle est à son acmé: gorgée de petit-lait et spongieuse. Au fil des jours, elle devient crémeuse et caoutchouteuse, ce qui est rédhibitoire pour les spécialistes. Son épicentre est la Campanie (Naples) où des bufflonnes donnent leur lait pour fabriquer la *mozzarella di bufala campana* AOP, la traditionnelle. La plus courante, imitée dans le monde entier, et fabriquée au cœur de grandes villes comme Tokyo ou Paris, est élaborée avec du lait de vache. Cette *fior di latte* ou fleur de lait serait plus timorée en saveur selon les pizzaiolos de Naples. Quand la mozzarella est farcie de crème fraîche, elle devient la burrata des Pouilles. Tantôt en boule (de différents diamètres), tantôt tressée, elle peut être aussi *affumicata*, c'est-à-dire fumée. La *scamorza* (assez proche en texture du *caciocavallo*) est une autre variante, de la forme d'une grosse poire, affinée pendant une quinzaine de jours. Le *provolone del monaco* est le cousin éloigné de cette famille des pâtes filées. Piriforme lui aussi mais d'un poids de 2 à 3 kilos, il est affiné pendant plusieurs mois et impressionne dans les épiceries italiennes où, pendu au plafond, il joue des coudes avec les jambons de Parme ou San Daniele.

> **« Quand la mozzarella est farcie de crème fraîche, elle devient la burrata des Pouilles. »**

Dans un autre style, tout aussi exclusif à l'Italie, le parmesan ou *parmigiano reggiano* dont la pâte cassante et granuleuse, réduite en poudre, assaisonne les plats de pâtes de la Péninsule. Il est originaire de la région de Parme, et l'on raconte que si le jambon a ce goût si spécifique c'est parce que les cochons boivent le petit-lait du parmesan. Au lait cru, d'un poids d'au moins 30 kilos, la meule doit vieillir en cave au minimum 12 mois. Encore trop tendre à cet âge pour casser sous la dent, le parmesan excelle à partir de 24, voire 36 mois. Quand il a été fabriqué avec le lait des vaches rouges (une race locale), il se surpasse! On ne doit pas le confondre avec le *grana padano*, un fromage de la même famille, fabriqué dans presque tout le nord de l'Italie, avec un cahier des charges moins exigeant. Toujours au lait de vache, le *taleggio*, originaire de la région de Bergame, est l'un des rares fromages italiens à croûte lavée comme notre maroilles ou notre livarot. Le *gorgonzola* (de Lombardie) est aussi singulier, car il est la seule pâte persillée d'Italie avec le bleu d'Aoste.

En descendant vers le sud, l'herbe se faisant plus rare, les vaches abandonnent leur territoire aux plus petits ruminants comme la brebis. Apparaissent alors sur le plateau une ribambelle de *pecorinni*. On en compte déjà cinq bardés d'une AOP (*sardo, romano, toscano, di Filiano, siciliano*). Ils ont en commun une pâte très dure d'une grande complexité aromatique avec une saveur piquante.

Dans la tradition des fromages de recuite, les Italiens ont presque conquis le monde avec la *ricotta*, au lait de vache dans le nord, de brebis dans le sud. Aucune cuisine populaire, en Italie, ne peut se réaliser sans ce fromage frais à la douceur acidulée. Pour conclure, sans l'achever, cet inventaire des fromages italiens, citons le *bra*, dans le Piémont, qui tient son nom de la ville qui accueille chaque année un festival de fromages de terroir au lait cru (Slow Cheese). C'est une pâte pressée non cuite très savoureuse, dure ou tendre, qui a obtenu l'AOC en 1983 et l'AOP en 1986.

Le Pizzollo

À NE PAS CONFONDRE AVEC LA PIZZA

De passage à Syracuse, et plus précisément à Sortino, au pied de l'Etna, le voyageur gourmand peut découvrir une pizza qui n'en est pas une, le *pizzolo*.

Le *pizzolo*, ou *pizzòlu* en sicilien, est l'un des piliers de la cuisine de rue dans la partie orientale de l'île. S'il est rond, le *pizzolo* s'éloigne de la pizza par sa conception et la nature de sa pâte. Celle-ci, à base de semoule de blé dur est plus rustique. Deux disques de pâte sont posés l'un sur l'autre et renferment une farce composée des ingrédients du moment et de la fortune de celui qui prépare le *pizzolo*. Il y a des légumes, de la viande et du fromage. À la sortie du four, on l'arrose d'huile d'olive et on le parsème d'origan. En cela, par sa structure et une pâte plutôt levée, le *pizzolo* se rapproche de la *focaccia*. La pizza s'en éloigne par une plus grande simplicité de la recette : de la pâte au levain pétrie et étalée avec délicatesse qu'on nappe de sauce tomate, et sur laquelle on pose de la mozzarella et quelques feuilles de basilic. Le tout cuit sur la sole d'un four chauffée au feu de bois. C'est la napolitaine, inscrite au patrimoine de l'Unesco en 2017. Précisons que les premières pizzas étaient blanches (au saindoux), car les tomates n'ont été cultivées en Italie qu'après la découverte de l'Amérique, dont elles sont originaires. À Naples, d'aucuns considèrent que la véritable pizza est frite. De la forme d'un gros chausson garni, elle est cuite dans un bain d'huile. Quand le geste du pizzaiolo est précis, elle en ressort douée d'une légèreté inattendue.

> **“... par sa structure et une pâte plutôt levée, le *pizzolo* se rapproche de la *focaccia*.”**

Pizza

NAPOLITAINE VS ROMAINE

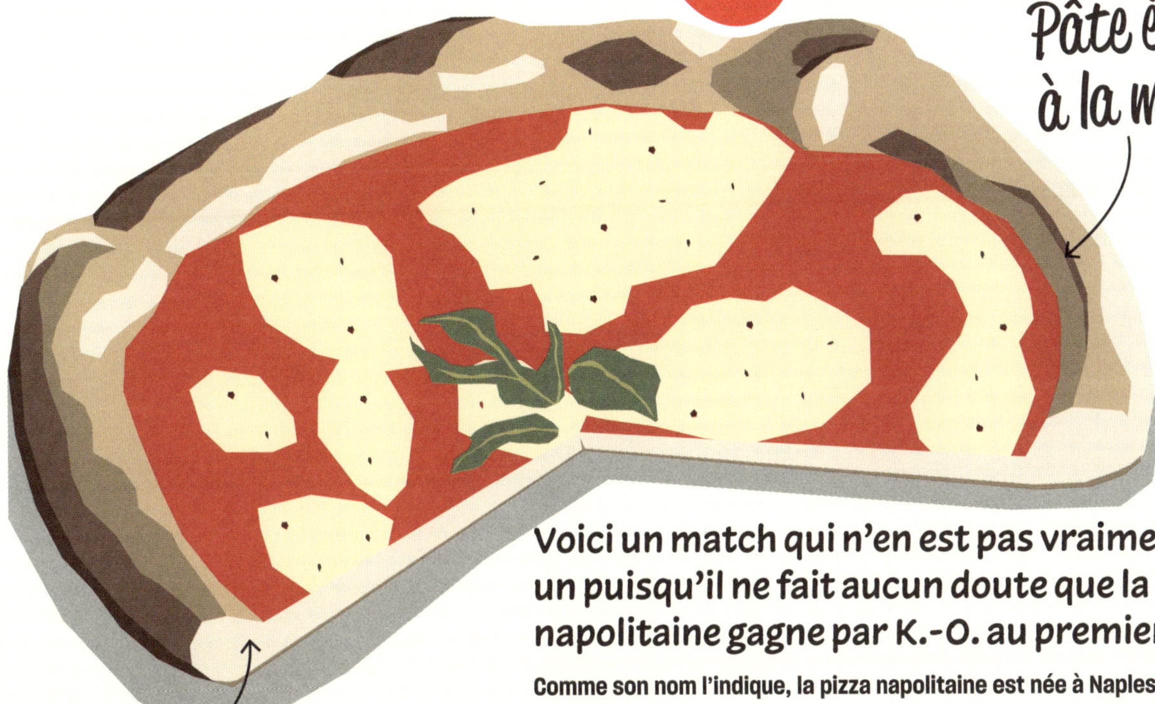

Voici un match qui n'en est pas vraiment un puisqu'il ne fait aucun doute que la pizza napolitaine gagne par K.-O. au premier round.

Comme son nom l'indique, la pizza napolitaine est née à Naples. Il existe d'ailleurs une rue, non loin du quartier universitaire, la via dei Tribunali, qui regorge de pizzerias. Cette pizza est inscrite au patrimoine culturel immatériel de l'humanité de l'Unesco car elle représente à elle seule ce que doit être une vraie pizza. Elle est d'ailleurs savamment protégée par l'Associazione Verace Pizza Napoletana parrainée par la chambre de commerce, d'artisanat et d'industrie napolitaine, qui veille à ce que la pizza napolitaine continue à être produite à travers le monde dans les règles de l'art. Ce joyau de la gastronomie italienne doit respecter des critères très stricts. Sa pâte doit être étalée à la main afin que le disque soit uniforme et ne dépasse pas 35 cm de diamètre. Elle ne doit pas faire plus de 3 mm d'épaisseur en son centre et 2 cm pour la croûte. Enfin, elle doit être cuite pendant 90 secondes afin d'assurer la souplesse de sa pâte et ce dans un four à bois pouvant atteindre 485 °C, afin que celle-ci soit parfaitement saisie, même si pour des raisons environnementales, certains s'essaient à la cuisson au four électrique. La pizza romaine, quant à elle, ne respecte pas tant de critères. Sa pâte est étalée plus finement. Ses bords sont croquants et moins larges. Leur point commun est qu'elles sont toutes les deux généreusement garnies.

Paroles d'inspecteur

Depuis quelques années, les pizzerias les plus renommées font en sorte de défendre les produits d'appellation DOP (*denominazione di origine protetta*, AOP pour les Français) pour garnir leurs pizzas et répondre aux attentes de consommateurs plus exigeants.

LA CUISINE ALPINE DE San Cassiano

Montagnarde et méditerranéenne, à San Cassiano, dans la province de Bolzano, la cuisine est à la croisée des Alpes et de la Grande Bleue.

La région n'est pas la plus connue de la péninsule. Longtemps, elle a été un territoire de l'Autriche voisine, un peu plus au nord, avant de retrouver son autonomie. Du reste, on y parle l'allemand, l'italien et le ladin (une langue minoritaire reconnue par l'Union européenne). Sud-Tyrol, Haut-Adige ou Bolzano, si les noms changent au gré de l'histoire des hommes, les Dolomites majestueuses, qui électrisent le paysage de cette province alpine singulière, sont immuables. Ces montagnes en calcaire aux flèches acérées semblent forgées dans la pierre rose au coucher du soleil. Quand au printemps la neige disparaît, les forêts et les prairies prennent enfin la lumière, et le vert, sur tous les tons, accapare la montagne.

La cuisine est au plus proche de cette nature impeccable, mâtinée d'influences autrichienne et italienne. En altitude, la table se charge de charcuteries et de fromages rustiques. Le speck est le jambon du cru. À la fois salé et fumé, il mêle les techniques de conservation du Sud et du Nord, il sèche à l'air des montagnes. On le déguste sur des tranches de pain noir, avec des pommes de terre ou de la choucroute. Il est l'un des ingrédients des *canederli*, que l'on appelle aussi les *knödel*, une variante de *gnocchi* à base de pain rassis et de fromage. On les agrémente parfois d'épinards ou d'herbes des montagnes. L'influence orientale se goûte aussi dans les *casunziei ampezzani*, des raviolis en demi-lune farcis de betterave (ou de navet rouge) et de ricotta fumée, parsemés de graines de pavot et de *grana* local.

« Je cuisine la montagne », a l'habitude de dire Norbert Niederkofler...

Dans les Dolomites, en estive, les vaches sont au paradis. Il en résulte une ribambelle de tomes montagnardes : *Almkäse*, *Bergkäse*, *Bauernkäse* (ou *lagundo*), *Graukäse* ou encore *Zigerkäse*... Cette consonance germanique indique que leurs recettes, comme la montagne, sont partagées avec l'Autriche et la Suisse riveraines. C'est également le cas des desserts ; dans les restaurants d'alpage, on déguste des tartes aux fruits rouges et, à l'approche des neiges, des *Apfelstrudel*, très Mitteleuropa.

À San Cassiano, au restaurant St. Hubertus, chez Norbert Niederkofler, la cuisine des Dolomites sort de son registre rustique, et les ingrédients montagnards tutoient les cimes. Après être parti à la découverte du monde (son premier rêve... Milan, Londres, New York), conquis ses galons de chef de cuisine (son deuxième rêve), l'enfant des Dolomites est rentré au pays. Il a contemplé ses montagnes natales et a compris qu'elles étaient l'avenir durable de sa cuisine. C'était son troisième rêve, et il allait l'exaucer avec les légumes de son potager, les herbes et les fleurs sauvages, les fruits des forêts, les poissons des rivières et les viandes des pâturages. « Je cuisine la montagne », a l'habitude de dire Norbert Niederkofler, dont les assiettes sont vertigineuses de fraîcheur, à l'instar de son risotto de mouton à l'ail sauvage, son cochon de lait, sa langue de veau aux airelles, ou tout simplement son assiette de légumes du jardin.

—

ST. HUBERTUS ✿✿✿

SPRITZ, AMERICANO, NEGRONI…

Les apéritifs DE L'AMER

Les Italiens maîtrisent l'art de l'*aperitivo*. Bien installés en *terrazza*, à la sortie des bureaux, entre quelques assiettes de charcuteries, de burrata et d'olives, ils dégainent de beaux verres à cocktail remplis de nectars typiques.

Ici, pas de breuvages sucrés à base de rhum, les Italiens affectionnent davantage une autre saveur: l'amer. Elle est reine dans ce pays où l'on boit le café serré et sans sucre, où chaque village a sa recette d'*amaretto*, cette gnôle à base de macération de plantes amères, et où l'on produit le Fernet-Branca, une de ces liqueurs anciennes qui relèvent de la pharmacopée du XIXe siècle – l'amer est connu pour stimuler la production de bile, qui aide à bien digérer et à nettoyer l'organisme.

Pas étonnant que les « bitter » soient rois au royaume de l'*aperitivo*. Devenu superstar dans les années 2010, le spritz a colonisé les terrasses de sa couleur orange fluo. Née à Venise au XIXe siècle, cette boisson emblématique de la Botte est un mélange d'Aperol (ou de Campari, selon les goûts), de *prosecco* (du vin blanc pétillant), d'eau gazeuse, de quartiers d'orange et de glaçons. Il serait né du verbe *spritzen*, employé par les soldats autrichiens qui allongeaient les vins italiens qu'ils trouvaient trop forts en alcool avec de l'eau gazeuse… Depuis, la recette s'est affinée pour donner naissance à ce cocktail frais et coloré qui a envahi les terrasses européennes. La renommée du spritz éclipserait presque d'autres variantes apéritives de la même famille. L'americano est aussi un grand classique, né à la même époque dans un bar légendaire de Milan, le Caffè Campari. Cette association de Campari, de vermouth doux et de soda originellement appelée milan-turin doit son nom à son succès auprès des Américains, au début du XXe siècle. Il a connu son heure de gloire cinématographique puisque c'est lui que James Bond commande dans *Casino Royale*. À Florence cette fois-ci, au XIXe siècle, le comte Camillo Negroni se lassait de son americano habituel, pris au café Casoni. Ayant découvert le gin à Londres, il suggéra au barman de modifier la recette en remplaçant le soda par du gin… Le negroni était né!

“ La renommée du spritz éclipserait presque d'autres variantes apéritives de la même famille. ”

VIN

LE PROSECCO

Plébiscité par Pline l'Ancien (écrivain et naturaliste romain du Ier siècle), le *prosecco* doit pourtant attendre le XXe siècle pour connaître la gloire. Quatre ans après l'obtention de la DOC (*denominazione di origine controllata*), l'équivalent de l'AOC en France, en 2009, ses ventes mondiales dépassent celles du champagne ! Ce pétillant a plus d'une bulle dans sa bouteille. C'est d'abord un vin facile et bon marché. Il se déguste ensuite dans sa jeunesse. Enfin, il est pluriel, bien qu'élaboré majoritairement à partir du cépage *glera*. En provenance du nord-est de l'Italie (DOC), des terroirs d'Asolo et de Conegliano-Valdobbiadene (DOCG - *denominazione di origine controllata e garantita*) ou du cœur de cette dernière zone, dite de Cartizze, *spumante* (mousseux), *frizzante* (perlant) ou *tranquillo* (sans gaz) s'apprécient de brut (le plus sec) à extra-dry (le plus doux). Sans parler de leurs préparations en sauce avec un poisson, en bouillon sur un risotto, en sorbet et bien sûr en cocktails. De l'art des *prosecchi*...

LE VINAIGRE BALSAMIQUE

D'un noir profond, d'une texture très épaisse et d'un goût indescriptible, un mélange complexe de douceur et d'acidité, quelques gouttes suffisent pour exploser en bouche. Les plus anciens vinaigres balsamiques de Modène ou d'Émilie-Romagne ont vieilli pendant un demi-siècle dans différents tonneaux en bois. Au fil des années, le futur condiment se concentre. D'un litre au départ, il ne restera qu'un dé à coudre. Contrairement à un vinaigre classique, il n'est pas obtenu à partir de la fermentation acétique de vin, mais de moût de raisin. C'est-à-dire le jus du fruit fraîchement pressé des cépages de Modène et d'Émilie-Romagne (*lambrusco*, *ancellotta*, *trebbiano*, sauvignon, *sgavetta*, *spergola*, *marzemino* et *coltivati*). Le moût est cuit jusqu'à perdre environ les deux tiers de son volume. Il est transvasé dans un premier fût en chêne ouvert pour déclencher la fermentation acétique. Selon le principe de la *solera* (comme à Jerez en Espagne), on transfère environ la moitié de son volume dans un fût plus petit et d'une autre essence (merisier) plusieurs fois de suite jusqu'au dernier tonneau, le plus petit, où il achève son vieillissement (de 12 à 50 ans au total). Le cycle est sans fin. À chaque fois que le premier est vidé de la moitié de son contenu, il est mis à niveau (jusqu'à environ deux tiers de son volume) avec la récolte nouvelle. Le vinaigre traditionnel de Modène ou d'Émilie-Romagne est protégé par une AOP. Le vinaigre de Modène (IGP) n'est qu'une version « allégée », il est fabriqué à partir d'un mélange de vinaigre de vin et de moût de raisin cuit et vieilli en fût pendant quelques mois avant d'être embouteillé. On trouve aussi dans

le commerce des vinaigres balsamiques encore plus dévoyés, sans origine fixe : un mélange de vinaigre et de caramel, ce qui n'a évidemment aucun rapport avec un vinaigre balsamique comme celui de la famille Santini, dans le village de Canneto sull'Oglio. Vous les pensez producteurs de vinaigre ? Pas du tout, ils sont restaurateurs. Leur établissement, Dal Pescatore, abrite une production maison de vinaigre balsamique que le chef sert notamment sur un risotto aux pistils de safran.

—

DAL PESCATORE ✿✿✿

L'art du Risotto

Qu'y a-t-il de commun entre le château de Chambord et le risotto ? Un homme, Léonard de Vinci, qui conçut non seulement le fameux château de la Loire, mais aussi le plan et l'organisation des rizières de la plaine du Pô, qui forment un vaste paysage autour de Verceil, de Novare, de Pavie et de Milan, ainsi que dans les provinces de Ferrare, Mantoue et Vérone.

NOBLE RÉFÉRENCE HISTORIQUE, mais la tradition du risotto inspire aussi le respect : la plupart des terroirs du riz italien relèvent d'une appellation d'origine protégée (AOP ou IGP).

L'histoire du risotto semble remonter à la Sicile médiévale ; son implantation en Lombardie résulterait d'échanges commerciaux entre le nord et le sud. Le classique riz safrané à la milanaise semble avoir été servi pour la première fois en 1574 au mariage de la fille d'un grand maître verrier milanais. En hommage à l'artisan, on lui servit un riz au safran, épice dont il se servait pour colorer le verre de ses vitraux. On ne parlait encore que de *riso*, et on le fit longtemps : le terme « risotto » n'apparut pas avant la seconde moitié du XXe siècle.

Le riz italien est de type *japonica*, c'est-à-dire à grains courts et riches en amidon (le riz long est de type *indica*). Les cultivars les plus connus sont l'arborio, à grains moyens ; le *carnaroli*, à gros grains, très prisé pour sa capacité d'absorption. Le *vialone nano*, à petits grains, est recherché pour les risottos aux produits de la mer. *Balilla* et *maratelli* sont des variétés anciennes, et les excellents *baldo* et *rosa marchetti* sont souvent produits en agriculture biologique. Les riz noirs sont de création récente : 1997 pour le *venere*, issu du croisement d'une variété italienne et d'un riz noir chinois, et 2005 pour l'*artemide*, croisé avec un riz *indica*.

« Le riz naît dans l'eau et meurt dans le vin » (proverbe italien). La première étape de préparation d'un risotto, la *tostatura*, consiste à le faire revenir au beurre ou, à Milan, à la moelle de bœuf, avec ou sans oignons, échalote ou ail. Le premier mouillage se fait au vin blanc et les suivants au bouillon — safrané ou non —, ajouté au fur et à mesure de son absorption.

Faut-il remuer le riz continuellement ? C'est un mythe. Pour obtenir une belle texture veloutée, il suffit de quelques coups de spatule de temps à autre. Et si, en Vénétie par exemple, on aime le riz assez liquide (*all'onda*), toutes les textures existent : pour la version véronaise *all'isolana*, le bouillon est ajouté en une fois, ce qui donne un riz plus compact.

Au bout de quinze à dix-huit minutes (les écoles s'affrontent), lorsque le riz a atteint l'onctuosité voulue et que le grain est encore légèrement *al dente*, il est temps de procéder à la dernière étape, la *mantecatura*, ajout de beurre et de parmesan. Et, éventuellement, des garnitures de votre choix : légumes, viande, poisson… Ensuite, il n'y a plus qu'à servir le risotto sans lui laisser le temps de refroidir. S'il en reste (chose rare), faites des *arancini*, des *supplì* ou même un gratin.

> « Le riz naît dans l'eau et meurt dans le vin. »

RISOTTO SIMPLE AU PARMESAN

Recette mise au point par Simone Zanoni, chef du George, le restaurant méditerranéen du Four Seasons Hotel George V à Paris.

INGRÉDIENTS POUR 4 PERSONNES

350 g de riz rond italien (*arborio, carnaroli, baldo…*)

80 g de beurre

15 cl de vin blanc sec

2 l de bouillon de volaille non salé

200 g de *parmigiano reggiano* DOP fraîchement râpé

Sel et poivre du moulin

RECETTE

1. Faites chauffer le riz sur feu doux avec une pincée de sel pendant 2 minutes, puis, sur feu plus vif, ajoutez une noisette de beurre. Faites bien chauffer en remuant avec une spatule jusqu'à ce que chaque grain de riz soit enduit de beurre, mais sans colorer. Mouillez avec le vin blanc, laissez évaporer.

2. Ajoutez une petite louche de bouillon au fur et à mesure de l'évaporation. Il doit toujours rester un doigt de liquide sur le riz, sinon l'amidon risque de caraméliser et l'on perdra le crémeux. Il ne faut jamais augmenter la chaleur : le riz doit rester à température constante jusqu'à la fin.

3. Au bout de 15 minutes de cuisson, retirez du feu. Le risotto doit contenir encore un peu de liquide. Dès que la température commence à baisser, l'échange entre liquide et amidon commence. Le riz absorbe l'eau tout en libérant son amidon. Quand la température descend à 85 °C, montez le risotto à la spatule avec le reste du beurre en incorporant de l'air. Quand il arrive à 78-80 °C, ajoutez le parmesan et continuez de monter le risotto. L'amidon, le liquide et le beurre ont formé une liaison. Goûtez, salez et poivrez légèrement. Dressé dans l'assiette, il doit être crémeux, mais garder sa forme.

—

LE GEORGE ✿

Panettone Vs Pandoro

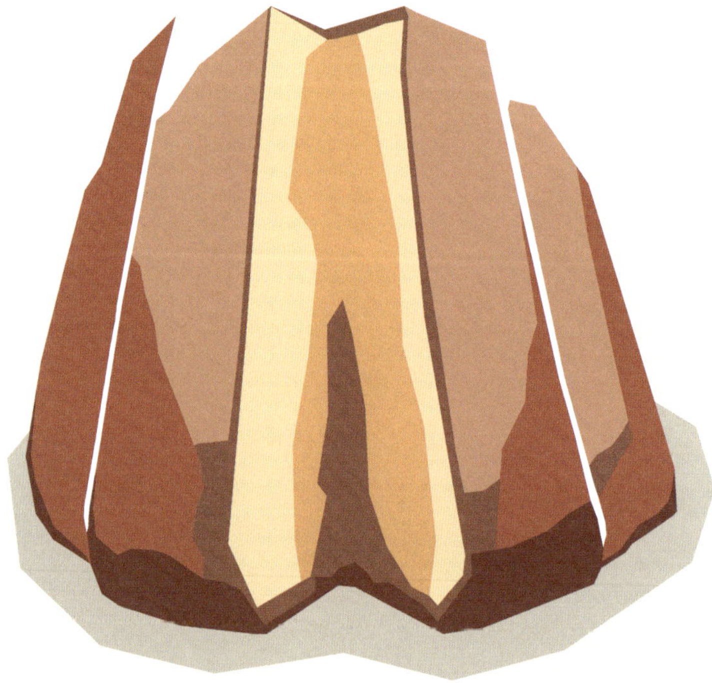

Tous deux sont des brioches de Noël, mais là s'arrête la ressemblance. Le panettone est baroque, tout en courbes et en exubérance, et le pandoro, élégant et épuré, est Renaissance. Affaire de style, non d'époque. Si le premier remonte au Moyen Âge lombard, le second apparaît au XIXe siècle.

C'est en 1606 que le *panettone* est clairement nommé (*paneton*) et décrit comme un gros pain qu'on fait le jour de Noël. Au début du XXe siècle, sa fabrication devient industrielle sous l'impulsion d'Angelo Motta. Depuis, la grosse brioche fait chaque année le tour du monde sur les rayons des supermarchés. Pourtant, réalisé en mode artisanal, avec un bon levain, beaucoup de beurre et d'excellents ingrédients, le *panettone* est un régal. Il a de quoi l'être : sa pâte à base de levain naturel acide exige plusieurs jours de pousse, deux ou trois pétrissages et une dernière levée dans un moule rond où il prend sa forme de dôme caractéristique. On le sature de fruits secs : raisins secs, écorces d'agrumes confites et parfois d'amandes, de noisettes, de marrons glacés ou de chocolat. Quelques gros grains de sucre, et le voilà tout beau dans sa robe de papier plissé. Devant toute cette débauche ornementale, le *pandoro* ne rougit même pas de modestie. D'origine véronaise, comme Roméo et Juliette, il a pour lui la finesse de sa pâte briochée et vanillée sans aucune fioriture, et de sa forme tronconique cannelée de huit arêtes qui donnent à ses tranches une belle forme étoilée. Toujours saupoudré de sucre glace, il descend probablement du *pane de oro* vénitien, un gâteau de luxe qu'on décorait de poudre d'or. Sa mie étant plus serrée que celle du *panettone*, on peut le découper et le fourrer de glace ou de crème au mascarpone. Alors, *panettone* ou *pandoro* ?
Les deux ex aequo, car ils sont aussi différents que délicieux.

PORTRAIT DE CHEFFE

ANNIE FÉOLDE
La Française aux 3 étoiles en Italie

Certains pensent que le hasard fait bien les choses. Nul doute que la cheffe Annie Féolde en est convaincue quand elle repense à ce jour de 1969 où elle s'est retrouvée à Florence pour un travail de fille au pair qui ne sera finalement pas pour elle… La famille d'accueil ne l'avait pas prévenue que le poste était déjà pourvu ! La Niçoise de 24 ans décide alors de travailler comme serveuse dans un restaurant de la ville. Elle y croise son futur mari, Giorgio Pinchiorri, et le couple s'installe à l'Enoteca Nazionale. Giorgio s'y occupe du vin, Annie de la cuisine, en s'appropriant les classiques italiens, dont les florentins, sans véritablement connaître les bases de la cuisine de restaurant.
Rebaptisé L'Enoteca Pinchiorri, l'établissement obtient une étoile Michelin en 1982, une deuxième en 1983, et la troisième dix ans plus tard, ce qui fait d'Annie Féolde la première femme à obtenir cette distinction en Italie. Une joie de courte durée, puisqu'une partie de la cave de l'établissement, riche de 100 000 bouteilles, part en fumée quinze jours après l'annonce du Michelin. Annie et son époux ne se laissent pas abattre et entament des travaux pour que leur établissement retrouve son lustre. Elle fait venir à ses côtés deux chefs, Italo Bassi et Riccardo Monco. Si le premier est parti en 2015, Riccardo est toujours en poste sous le regard bienveillant de la cheffe, née en 1945. On doit à cette dernière la notoriété, entre autres, du tiramisù, dont elle tient la recette d'amis à elle et qu'elle a fait connaître dans son établissement, mais aussi bien au-delà. Il n'est plus à la carte aujourd'hui, mais on pourra se consoler avec un pudding crémeux, crème glacée au café et pruneaux marinés, ou une bulle de meringue, baba à la mousse d'agrumes, *limoncello* et crème d'amandes, que l'on dégustera après avoir apprécié des queues de langoustines, gaspacho d'épinard à la moutarde et pain à la tomate puis un pigeon cuit dans une croûte de fèves de cacao, chutney de mangue, carottes au paprika et sauce au piment.

—

ENOTECA PINCHIORRI ✿✿✿

TIRAMISÙ

POUR 8 PERSONNES

LE BISCUIT À LA CUILLÈRE

125 g de farine type 55
125 g de fécule de pomme de terre
350 g de blancs d'œufs
250 g de sucre semoule
200 g de jaunes d'œufs

LA MOUSSE DE MASCARPONE

500 g de crème liquide
500 g de mascarpone
250 g d'œufs entiers
80 g de sucre
30 g de masse de gélatine
20 g de liqueur amaretto

L'IMBIBAGE AU CAFÉ

500 g de café espresso
20 g de kahlúa
10 g d'extrait de café trablit
15 g de liqueur amaretto

Cacao en poudre pour la finition

1. Le biscuit à la cuillère
Tamiser la farine et la fécule. Monter les blancs d'œufs au batteur avec le sucre jusqu'à ce qu'ils soient fermes. Incorporer délicatement les jaunes d'œufs, puis le mélange farine-fécule. Étaler le biscuit sur une plaque en une couche régulière et le cuire au four à 180 °C pendant 15 à 20 minutes.

2. La mousse de mascarpone
Tous les ingrédients doivent être très froids. Les mixer ensemble et les monter au batteur jusqu'à ce qu'ils prennent l'aspect d'une mousse.

3. L'imbibage au café
Mélanger tous les ingrédients.

4. Montage du tiramisu
Choisir un récipient large et creux, et découper plusieurs couches de biscuit à la dimension du récipient. En faire 3 ou 4 selon la hauteur de celui-ci. Étaler une couche de mousse de mascarpone au fond du récipient, puis imbiber une couche de biscuit et la déposer sur le mascarpone. Étaler une autre couche de mousse de mascarpone, puis poser une autre couche de biscuit imbibé. Procéder ainsi jusqu'à épuisement des ingrédients en terminant par une couche de mousse de mascarpone. Saupoudrer celle-ci d'une généreuse couche de cacao en poudre. Laisser reposer au moins 4 heures au réfrigérateur avant de servir.

Recette issue de *Mon Italie* de Simone Zanoni, Éditions de la Martinière, 2018

La polenta

Pauvreté et maestria

Considérée comme un plat pauvre en Italie, la polenta s'est hissée au firmament des tables gastronomiques.

À la fin du XVIe siècle, le maïs était cultivé sur les îles de Murano et de Torcello, l'ensemble du territoire de la république de Venise et également attesté en Lombardie, avant de s'étendre aux autres provinces. D'abord mélangée à d'autres céréales pour le pain, la farine de maïs fut ensuite utilisée seule pour faire la polenta, repas des plus modestes. Pietro Longhi a immortalisé la joie non feinte des paysans autour de l'aliment nourricier, dans sa toile *La Polenta* que l'on peut voir à Venise, à la Ca' Rezzonico. La polenta se rencontre quotidiennement froide, chaude, en *cicchetì* à l'apéritif, en tranches grillées ou encore en version sucrée, sa consistance changeant, de compacte à plus crémeuse et jaune ou blanche selon le type de farine de maïs. Dans la cité lagunaire, polenta grillée en tranches le plus souvent, pour accompagner les plats de poisson, alors qu'à Bergame, la polenta *dolce*, est agrémentée de morceaux de macarons écrasés, de jaunes d'œuf, de cannelle et de beurre. Aujourd'hui, les grands chefs l'ont adoptée en Italie, mais aussi en France : Alain Ducasse au Plaza Athénée la sert crémeuse et agrémentée de sésame croustillant, Éric Frechon, à l'Épicure, moelleuse au brocoli, et Emmanuel Renaut, aux Flocons de Sel, à Megève, le plus proche de la frontière italienne, la marie avec cèpes, jus de volaille et poussière de truffe.

—

PLAZA ATHÉNÉE ✿✿✿ / ÉPICURE ✿✿✿ / FLOCONS DE SEL ✿✿✿

PORTRAIT DE CHEF

NIKO ROMITO

De l'économie à la cuisine

Niko Romito. Trois étoiles Michelin depuis 2013 pour son restaurant Reale, à Castel di Sangro. Une performance faite d'exceptions, à commencer par le parcours de ce quadragénaire. Étudiant en économie et en commerce à Rome, il abandonne sa maîtrise pour se rendre au chevet de son père. Direction Rivisondoli, dans les Abruzzes, où ce dernier avait ouvert une pâtisserie transformée depuis en trattoria : Reale. Avec sa sœur Cristiana, Niko Romito se prend au jeu des fourneaux et décide de se former à travers les livres, des cours et quelques jours à El Celler de Can Roca, à Gérone en Espagne. Le début d'une nouvelle histoire. En neuf ans et un déménagement à Casadonna, l'ancien monastère voisin de Castel di Sangro, l'autodidacte gagne une, deux, puis trois étoiles Michelin. Autre singularité, la partition mise au point. Une cuisine pastorale d'une simplicité biblique. En apparence tout du moins. « Pain blanc à la pomme de terre », « Absolu d'oignon, parmesan et safran », « ris de veau à la crème, citron et sel », « tagliatelles fraîches au parmesan » s'affichent sans aucun artifice, tel qu'écrits sur la carte. Cette vérité nue cache pourtant un sacré labeur. En témoigne l'« artichaut rôti et romarin », en fait laqué au four d'une réduction d'artichauts cuits vapeur. Soit l'exaltation des goûts par addition. Une façon de *more is less* et, au-delà, une nouvelle particularité : l'absence de frontières entre haute gastronomie et cuisine populaire. Celle-là même qui guide les autres adresses de Niko Romito, de son école de cuisine à Alt, son snack routier, en passant par ses cantines-laboratoires Spazio ou le fast-food Bomba, revisitant les chaussons de son enfance. Un chef hors des sentiers battus.

—

REALE ✿✿✿ / EL CELLER DE CAN ROCA ✿✿✿

Mozzarella

Dense à la coupe

Vs

Burrata

Intérieur crémeux

Il s'agit de deux fromages différents, bien que l'un soit fait à partir de l'autre ! Explications.

La mozzarella est un fromage à pâte filée produit dans différentes régions italiennes comme la Campanie, les Pouilles, la Calabre, etc. Pour faire de la mozzarella, on ajoute de la présure au lait. Le caillé obtenu est découpé, puis trempé dans de l'eau très chaude. Il est ensuite filé : le filage consiste à soulever et à tirer la pâte à plusieurs reprises, en s'aidant d'une écuelle et d'un bâton, jusqu'à ce que l'on obtienne un mélange filant et homogène. Après avoir été soumise au filage, la pâte est *mozzata*, c'est-à-dire « coupée », pour donner au fromage sa forme finale. Lorsqu'elle est coupée à la main, cela laisse une empreinte caractéristique. La mozzarella peut être faite à base de lait de vache. Dans ce cas, elle sera appelée *fior di latte* ou *mozzarella di latte vaccino*. Seule la mozzarella faite à base de lait de bufflonne dispose de l'appellation d'origine protégée DOP (*denominazione di origine protetta*). Elle porte le nom de *mozzarella di bufala Campana*, car elle est exclusivement produite en Campanie, non loin de Naples.

Quant à la burrata, c'est elle qui est faite à base de mozzarella : originellement (comme la mozzarella, sa fabrication est aujourd'hui principalement industrialisée), elle était en effet préparée à base des restes de mozzarella de la veille et de crème de lait de la traite du matin, qui étaient enveloppés (pour être conservés) dans une feuille de pâte filée. D'aspect, elle ressemble en tout point à une mozzarella. En revanche, lorsqu'on la tranche, l'intérieur est beaucoup plus crémeux et moins dense qu'une mozzarella. L'intérieur de la burrata peut également être commercialisé seul sous le nom de *stracciatella*.

Le chocolat de Modica

Modica possède l'un des plus beaux ensembles de monuments de style baroque qui soient. Cela en fait l'une des plus belles villes de Sicile. Il est une autre merveille du patrimoine sicilien : le *cioccolato di Modica*. Au XVIe siècle, les Espagnols envahissent la Sicile. Ils débarquent avec des fèves de cacao et surtout avec le savoir-faire acquis auprès des Aztèques. Les fèves sont écrasées puis juste chauffées à une température de 35 à 40 °C. Il n'y a donc pas de conchage, le cacao n'est pas séparé de son beurre. On y ajoute du sucre et quelques épices comme la cannelle, le piment ou la noix de muscade. À la dégustation, la sensation d'inédit est totale. Le goût de cacao est intense, mais plein de suavité. Il reste une légère touche d'amertume donnant du caractère. Surprise aussi dans la texture de ce chocolat : il est plus friable qu'un chocolat traditionnel et les cristaux formés par le sucre le rendent un peu granuleux. Le chocolat de Modica a perduré au fil des siècles en restant totalement artisanal. Le label IGP (indication géographique protégée), attribué en 2018 célèbre cette tradition ancestrale.

LA VÉRITÉ SUR

LA PASTA ALLA CARBONARA

Ce plat de pâtes d'origine romaine ouvre un vrai débat hors des frontières italiennes. On ne compte plus les restaurants « italiens » proposant ces pâtes assaisonnées de crème fraîche. Un véritable sacrilège, puisqu'il n'y a absolument pas de crème dans la recette originale. Les seuls ingrédients que mérite cette recette sont des pâtes, bien entendu, des œufs, du *guanciale* (joue de porc séchée), du *pecorino romano* et du poivre du moulin. Rien de plus. La véritable astuce qui donnera cette consistance crémeuse réside dans le mélange des pâtes avec les œufs. Les œufs devront être battus dans un saladier. Lorsque l'on y ajoute les pâtes, celles-ci ne doivent pas être trop chaudes au risque de cuire les œufs et de ne pas leur donner la texture de sabayon souhaitée.

PASTA ALLA CARBONARA

INGRÉDIENTS POUR 4 PERSONNES

450 g de spaghetti

3 œufs

150 g de *guanciale* (d'environ ½ centimètre d'épaisseur)

160 g de *pecorino* râpé

10 cl de vin blanc

5 cl d'huile d'olive

Sel et poivre du moulin

1. Coupez le *guanciale* en allumettes et faites-le revenir dans une poêle avec l'huile d'olive à feu moyen. Veuillez à ne pas trop le dessécher. Déglacez au vin blanc.

2. Faites cuire les pâtes dans un large volume d'eau salée. Égouttez-les, puis versez-les dans la poêle. Mélangez bien le tout. Coupez le feu. Couvrez et laissez reposer 5 minutes. Les pâtes ne doivent pas être brûlantes.

3. Dans un large saladier (suffisamment grand pour contenir les pâtes cuites), battez les œufs et ajoutez-y le *pecorino*. Salez et poivrez à votre convenance.

4. L'étape suivante est très importante. Il faut verser les pâtes et le *guanciale* dans le saladier contenant les œufs battus et mélanger rapidement et très énergiquement. Les œufs doivent cuire à peine. Ils doivent très légèrement coaguler et se transformer en une sorte de crème, comme un sabayon, enveloppant les pâtes. En revanche, si vous ne réussissez pas cette opération, vous verrez apparaître de petits morceaux d'œuf cuits à la texture semblable à une omelette.

5. Poivrez au moment de servir et saupoudrez également de *pecorino* râpé.

Recette issue de *Mon Italie* de Simone Zanoni, Éditions de La Martinière, 2018

LE CREUSET
LE CREUSET

Les cafés dans le monde

Le café est cultivé dans de nombreux pays, mais cinq se partagent la majorité de la production : le Brésil, le Vietnam, l'Indonésie, la Colombie et l'Éthiopie.

Ce dernier est le berceau du café qui y pousse sur les hauts plateaux jusqu'à 2 300 mètres. Sa préparation donne lieu à une cérémonie rituelle qui peut durer plusieurs heures. Au Vietnam, deuxième pays producteur, où le robusta est cultivé vers Dalat, au cœur des montagnes, on le boit aussi bien chaud que glacé. Si les Italiens ne jurent que par l'espresso, obtenu en faisant passer l'eau chaude sous une forte pression, les amateurs sur l'île de la Réunion vouent un culte au café filtre.

Le Brésil produit **1500** tonnes par an

Depuis des siècles, la culture du bourbon pointu, une des plus anciennes variétés d'arabica au monde, avait périclité au XXe siècle avant d'être relancée au début des années 2000. Ses arômes d'agrume et sa grande finesse en font, selon les connaisseurs, l'un des meilleurs au monde. Sa production ultra-confidentielle s'élève à 1 tonne et demie. Le Brésil quant à lui en produit plus de 1 500 tonnes par an, notamment dans l'État du Minas Gerais.

Toujours en Amérique latine, la Colombie est connue pour ses grands crus d'arabica, à l'ouest du pays. La région est classée au patrimoine mondial de l'Unesco comme « paysage culturel » afin de valoriser et préserver une tradition centenaire de travail du café dans un environnement montagneux difficile. C'est aussi à plus de 2 000 mètres que poussent les cafés jamaïcains, regroupés sous l'appellation « Blue Mountain ». Ils se caractérisent par leur douceur exceptionnelle.

Enfin, l'Indonésie produit un étonnant café, le kopi luwak, qui est récolté dans les excréments d'une civette asiatique (luwak). L'animal mange les fruits du caféier qui fermentent naturellement dans son estomac. Le breuvage obtenu avec ces grains développe un goût de noisette et est totalement dépourvu d'amertume. Le kopi luwak est considéré comme le café le plus cher au monde.

Quand les desserts s'inspirent de l'opéra

De nombreux gâteaux ou biscuits sont issus de la maladresse de quelque marmiton ou cuisinière. Plus rares sont ceux qui doivent leur nom à une histoire née dans les rangs de l'Opéra.

La pavlova redevient tendance ! Nouvelle-Zélande et Australie s'en disputent la paternité, célébrant la fameuse danseuse étoile russe Anna Matveïevna Pavlova (1881-1931), adulée dans son *Lac des cygnes*. Séduisant par sa légèreté, grâce à la meringue, la crème fouettée et les fruits à l'envi, ce dessert ,que l'on attribue à un chef d'un palace de Wellington, se prête à toutes les déclinaisons. Le pâtissier Christophe Michalak le réinterprète à l'orange et aux dattes, tandis que son confrère Yann Couvreur l'aime aux marrons et à la mandarine.

La poire Belle-Hélène, quant à elle, a été inventée par Escoffier pour célébrer la première de l'opéra-bouffe éponyme d'Offenbach avant un autre hommage plus tardif à l'art lyrique, avec la pêche Melba. C'est encore lui en effet, alors qu'il dirige les cuisines du Savoy Hôtel à Londres, qui invente ce dessert pour Helen Porter Mitchell, grande cantatrice australienne plus connue sous son pseudonyme de Nellie Melba. On pense aussi que le grand Escoffier est le père d'un troisième dessert-hommage : la crêpe Suzette. Bien qu'il existe plusieurs versions, il serait vraisemblable que le « roi des cuisiniers et cuisinier des rois » l'ait imaginée alors qu'il servait le futur souverain d'Angleterre Edouard VII qui se trouvait en charmante compagnie, au côté de Suzanne Reichenberg, actrice de la Comédie-Française.

Finissons par l'opéra lui-même qui, une fois n'est pas coutume, est une histoire à lui seul, entre les maisons Lenôtre et Dalloyau ! Cyriaque Gavillon, chef pâtissier de ce dernier, l'aurait inventé en s'inspirant des petits rats de l'Opéra voisin qui venaient dans sa boutique. Quelques années plus tard, Gaston Lenôtre élabore son propre opéra et en revendique la paternité. Finalement, un article dans le quotidien *Le Monde,* en 1988, redonne à Dalloyau la primeur de son délicieux opéra !

M

Espagne Portugal

Les pintxos *de* SAN SEBASTIÁN

Capitale de la gastronomie basque, San Sebastián est également célèbre pour ses fameux *pintxos*, des morceaux de pain garnis qu'on saisit avec les doigts, version basque des *tapas*. Dans les rues du centre-ville, les bars à *pintxos* sont légion et on évolue doucement d'une adresse à une autre, pour découvrir les spécialités de chacun. Ce rituel a même un nom : le *poteo*, le fait de sortir pour chasser les tapas, assorti autrefois d'une étrange tradition, celle de jeter sa serviette sur le sol après la dégustation. Plus le bar est encombré, meilleure est sa cuisine ! Rue San Jerónimo, on découvre le Ganbara, où José et Amaya proposent une large carte de créations raffinées. Spécialité de la maison, les champignons, déclinés en bolets à la plancha ou associés au jaune d'œuf cru saisi par la chaleur de l'assiette. Autres stars du comptoir, les pouces-pieds, les anchois juste poêlés ou les artichauts aux clovisses (coquillages), accompagnés d'une très belle sélection de vins français. De l'autre côté du fleuve, le bar Bergara est célébré par la critique pour ses *pintxos* originaux et raffinés. Les classiques, tortillas aux anchois ou morue à l'*ajoarriero* (morue salée, tomate, ail et légumes divers) côtoient ainsi des créations plus audacieuses, comme le foie gras et sa compotée de mangue ; lotte et gambas à la crème de poireau au *txakoli* (vin blanc) ; ou la morue marinée avec tomate et oignons caramélisés. Des innovations qui traduisent brillamment la grandeur de cet art culinaire miniature.

CARRASCO
Guijuelo

Turrón, HISTOIRE ET FABRICATION

D'origine arabe, ce nougat composé d'amandes, miel et blanc d'œuf séduit Al-Andalus (l'Espagne médiévale sous domination musulmane), et apparaît dans sa version espagnole au XVe siècle à Alicante. Les premières mentions écrites datent du XVIe siècle, chez Lope de Rueda (célèbre acteur et dramaturge), ainsi que la plus ancienne recette conservée. Le turrón est alors un produit luxueux, déjà associé aux fêtes de la Nativité. Il est fabriqué principalement à Jijona, Alicante et Valencia par des maîtres *turroneros* regroupés en corporation. Le sucre de canne des Amériques apparaît dans la recette au XVIIIe siècle. Aujourd'hui, deux signes officiels de qualité distinguent les deux grands types : l'AOP pour le turrón d'Alicante, *duro* (attention les dents), aux amandes entières, et l'IGP pour le Jijona, mou, dit aussi *turrón blando*. La recette reste ancestrale et la fabrication traditionnelle, même si des machines facilitent le processus : le miel est cuit, puis le sucre, le blanc d'œuf avant que les amandes pelées torréfiées ne soient ajoutées. L'ensemble est battu avec des pales en bois jusqu'à un point déterminé par le *turronero*, avant la mise en moules rectangulaires ou parfois ronds (c'est le cas pour l'IGP *turrón de Agramunt*, un nougat catalan dur et placé entre deux oublies). Pour le mou, la pâte est longuement moulue pour obtenir une texture fondante. Douceur espagnole patrimoniale, le turrón inspire les chefs d'aujourd'hui comme Kiko Moya, au restaurant L'Escaleta, à Cocentaina, ou Quique Dacosta, dans son établissement à Dénia, avec son *turrón de almendro*, un plat salé aux crevettes, inspiré de la fleur d'amandier et servi comme un hommage aux *turroneros*.

—

L'ESCALETA ✿✿ / QUIQUE DACOSTA ✿✿✿

LES DOUCEURS DES MONASTÈRES

Addictive petite tarte de crème et de pâte feuilletée, le *pastel de nata* est l'un des plus célèbres desserts portugais. Mais c'est seulement l'une des dizaines de variétés des *doces conventuais*, des douceurs conçues dans les monastères du pays depuis le XVe siècle, alors que le sucre abonde dans les ports en provenance des colonies. À l'époque, les religieuses utilisent des blancs d'œuf pour amidonner leurs vêtements ou fabriquer les hosties et, face à la quantité de jaunes d'œuf inutilisés, imaginent des desserts originaux. Le *pão de Deus* (le pain de Dieu), le *cabelo de anjo* (les cheveux d'ange), la *barriga de freiras* (le ventre des nonnes), le *beijo de freiras* (le baiser des nonnes)... Avec peu d'ingrédients, les moines et religieuses redoublent de créativité et les douceurs varient selon les régions. Au monastère de Santa Clara à Coimbra, la spécialité est un chausson de pâte feuilletée fourré aux amandes et parfumé au citron. Au couvent d'Odivelas, dans la région de Lisbonne, le *toucinho do céu* (bacon du paradis) est un gâteau au sucre et aux amandes. Le couvent de Sintra a mis au point les *queijadas*, des tartelettes de fromage frais et de cannelle enveloppées dans une pâte croustillante. Des recettes intrinsèquement liées à l'histoire : en 1834, après la dissolution des ordres et la confiscation des biens de l'Église, les religieux du monastère des Hiéronymites, à Lisbonne, sont obligés de vendre la recette des *pasteis de nata* à un commerçant de la ville, qui leur donnera le nom de Belem et lui offrira un succès international.

Boire le cidre dans les Asturies

Plus qu'une boisson, le cidre est une tradition, le symbole d'une culture dans les Asturies. Il est d'ailleurs consommé à 80 % dans la région, en particulier autour de Gijón, Villaviciosa, Nava et Siero, où il est omniprésent lors des fêtes. Ce cidre a la particularité d'être *escanciado*, c'est-à-dire servi à une certaine hauteur pour que le liquide frappe le verre, produisant ainsi une mousse qui permet une bonne oxygénation de la boisson. On peut alors le boire... cul sec, car on ne sert qu'un fond de verre, un *culín*, ou petit cul. Il faut cependant toujours laisser un peu de liquide afin de rincer le verre pour la personne suivante, car la tradition veut que les amis boivent dans le même contenant tout en partageant quelques spécialités des Asturies comme la *fabada* (plat à base de haricots blancs) ou des fromages comme le *cabrales* à pâte persillée, un peu fort mais délicieux.

Le gaspacho

Cette soupe froide originaire d'Andalousie n'a plus rien à voir avec le plat paysan qu'elle fut.

Elle peut même devenir occasionnellement un mets d'exception. Pour réaliser un gaspacho, il suffit de mixer des tomates bien mûres, puis de les émulsionner avec de l'huile d'olive. On y ajoute des morceaux de pain, des petits cubes de concombre, de poivron et parfois également d'oignon. L'assaisonnement fait d'ail, de sel et de vinaigre, est primordial. C'est lui qui donnera cette touche d'acidité légèrement suave indispensable à un vrai gaspacho. Certains chefs n'hésitent pas à aller plus loin et à totalement transformer cette soupe tout en respectant ses codes, comme le chef espagnol Dani Garcia, à Marbella, (dont l'établissement avait autrefois 3 étoiles Michelin), qui remplaçait la tomate par de la cerise et y ajoutait du fromage frais et des anchois.

GASPACHO

PRÉPARATION
20 MINUTES

RÉFRIGÉRATION
1 HEURE

INGRÉDIENTS
POUR 4 PERSONNES

500 g de pain de campagne un peu sec coupé en dés

1,5 kg de tomates bien mûres, bien charnues

1 petit concombre

1 poivron vert

1 poivron rouge

2 gousses d'ail

½ oignon rouge émincé

1 pincée de cumin

10 cl d'huile d'olive

3 cuillerées à soupe de vinaigre de Xérès

Sel, poivre

1. Placez les croûtons de pain dans un plat creux. Ajoutez 10 cl d'eau froide. Laissez gonfler 10 minutes puis retirez l'excès d'eau. Pelez le concombre et les poivrons. Réservez 2 cm de concombre et 2 rondelles de poivron pour la déco.

2. Mixez tous les ingrédients du gaspacho et ajoutez petit à petit 15 cl d'eau froide pour obtenir une soupe très lisse. Placez au réfrigérateur 1 heure avant de servir.

3. Coupez le concombre et le poivron réservés en très petits dés. Répartissez le gaspacho dans 4 coupelles. Ajoutez les dés de légumes et quelques gouttes d'huile d'olive. Salez, poivrez. Servez bien frais.

Variante :
Gaspacho de tomates et pastèque

Remplacez la moitié du poids des tomates par le même poids de pastèque et suivez les indications de la recette ci-dessus.

Recette issue du *Grand livre des bonnes soupes* de Julie Schwob, Éditions de La Martinière, 2018

LA SAUCE MADÈRE *serait anglaise !*

Avec son nom, on l'imagine forcément née sur le bel archipel posé au milieu de l'Atlantique, face aux côtes marocaines. C'est faire fi de l'histoire mouvementée de Madère. Cette région autonome du Portugal fut autrefois sous domination anglaise, entre 1662 et 1814. Les Britanniques contribuèrent grandement à l'essor du vignoble local et contrôlaient l'exportation du vin de Madère, le seul autorisé à être vendu en Amérique. Ils en faisaient commerce, mais aimaient aussi s'en régaler sur les tables du royaume. Et ce sont eux qui, les premiers, auraient eu l'idée de l'utiliser pour muscler des sauces destinées à escorter des viandes. Depuis, la sauce madère, essentiellement composée d'échalotes, de beurre, de fond de veau et de madère, a connu son heure de gloire et pas seulement en Angleterre. En France, elle a longtemps été intimement liée à la langue de bœuf, aux rognons, à l'escalope de veau, au jambon à l'os et aux côtes de porc et champignons avant de tomber en désuétude. Preuve en est, de récents ouvrages sur les sauces ne la mentionnent même pas.

TOUR DU PORTUGAL

LES ROUTES DES GRANDS VINS PORTUGAIS

Porto, *vinho verde* ou encore madère… Les meilleurs vins du pays trouvent leur origine sur des terroirs magnifiques.

France, Italie, Espagne… Au pied du podium apparaît le Portugal, quatrième vignoble européen en superficie, sans aucun doute aussi l'un des plus passionnants, grâce à la majesté de ses paysages et à l'immense diversité de ses cépages. Le pays est parcouru par des itinéraires viticoles extraordinaires qui donnent à découvrir des vins dans les trois couleurs, du sec au doux. Qui dit Portugal dit porto ! Le célèbre vin muté naît dans cette sublime vallée du Douro classée par l'Unesco.
Le grand fleuve méandre avec majesté entre les montagnes où les hommes ont bâti des kilomètres et des kilomètres de terrasses pour implanter la vigne. Comme ailleurs dans le pays, l'œnotourisme fait son chemin et de nombreuses *quintas* ouvrent leurs portes aux amateurs pour faire déguster leurs portos et leurs excellents vins secs issus par exemple des cépages *touriga nacional* ou *tinta roriz*. Au moment des vendanges, il ne faut pas rater le spectacle du foulage des raisins à pied d'homme dans des bassins en pierre appelés *lagares*. À quelques encablures de son embouchure, le Douro baigne la charmeuse ville de Porto et, sur l'autre rive, sa voisine Vila Nova de Gaia. Là, visite obligatoire des chais impressionnants d'historiques maisons de porto…

Mais attention, limiter le vignoble portugais au Douro et au porto est bigrement réducteur. Non loin de là, à l'extrême nord-ouest du pays, s'étend le vaste berceau du *vinho verde*, ce blanc vif et quasi transparent que l'on apprécie dans sa jeunesse pour escorter fruits de mer et poissons. Dans cette région copieusement arrosée, la plupart des vignes poussent sur des treilles pour tromper l'humidité trop présente au niveau du sol. Flâner dans les parages est aussi l'occasion d'explorer les villes historiques de Braga et Guimarães et de nombreuses autres bourgades séduisantes. En quittant le territoire du *vinho verde* pour mettre le cap au sud, on tombe d'abord sur les vignobles de Bairrada et de Dão. Bairrada fut l'une des toutes premières régions à produire des bulles au Portugal. La vigne est cultivée depuis le XIIe siècle dans le Dão voisin, cerné par les montagnes. Dans un paysage de vallées marquées, de forêts et coteaux plus ou moins pentus, elle s'accroche à des parcelles situées entre 500 et 800 mètres d'altitude, donne des rouges de belle noblesse et des blancs de plus en plus convaincants. Non loin de Lisbonne, la péninsule de Setúbal produit des blancs, des rouges et des vins doux à base de muscat planté notamment sur les collines calcaires de l'Arrábida, qui surplombent la côte sud de la péninsule… En s'enfonçant dans l'intérieur du pays, voici l'Alentejo, contrée peu peuplée et baignée de soleil, parcourue de plantations de chênes-lièges et d'oliveraies : dans les deux couleurs, la région estampille des vins conviviaux, rassembleurs, comme des cuvées extrêmement racées. Ce panorama du vignoble portugais serait incomplet si l'on oubliait sa dimension insulaire, avec les Açores, où la majorité des vignes est cultivée à l'abri de petits enclos délimités par des murets de pierres volcaniques, et surtout Madère, très renommée pour son vin muté. Sur cet archipel à la végétation luxuriante, le vignoble aménagé en terrasses occupe des pentes parfois vertigineuses avec vue sur l'Atlantique… L'une des visions les plus ébouriffantes du Portugal viticole !

« Mais attention, limiter le vignoble portugais au Douro et au porto est bigrement réducteur. »

LA CUISINE DES ÎLES ESPAGNOLES

Des Baléares aux Canaries, les îles espagnoles cultivent leur singularité, et pas seulement d'un point de vue géographique.

Aux Canaries, c'est dans les *chiringuitos* qu'on découvre les spécialités locales, comme les *tollos*, de petits morceaux de requin séchés et salés. Mais la terre volcanique de ces îles a surtout donné naissance aux *papas*, comme on nomme là-bas les pommes de terre, dont il existe une vingtaine de variétés. On les déguste cuites dans l'eau salée avec leur peau, accompagnées de *mojo*, une sauce composée d'huile, de vinaigre et d'ail, et on ajoute, selon les recettes, des épices, des herbes, des tomates ou des avocats. Présent depuis plusieurs siècles sur les îles, le *gofio*, un mélange de farines toastées que l'on utilise pour réaliser des desserts, mais que l'on peut également marier à du bouillon pour donner naissance à l'*escaldón de gofio*.
Côté méditerranéen, on retrouve des produits de la mer, comme la célèbre soupe de langouste, mais étrangement la cuisine est profondément tournée vers la terre. L'une des fiertés gastronomiques de Majorque est la *soubressade*, un saucisson à base de porc haché aux herbes et au paprika. Ici le porc noir vit en semi-liberté, se nourrissant de racines, de glands, d'orge et de figues. Mariée au paprika, sa viande parfumée a permis d'élaborer cette recette, qui se consomme grillée, avec juste un peu de miel, dans des pâtes ou des plats en sauce. On la retrouve aussi sur de nombreuses *tapas* « à la majorquine » avec du *maó*, fromage de l'île de Minorque à base de lait cru de vache. Élaboré de façon artisanale, le lait est caillé avec des pistils de chardon puis enveloppé dans une mousseline, brossé d'huile d'olive et de paprika et vieilli entre 21 jours et 5 mois. Les palais sucrés se délectent de l'*ensaimada*, une viennoiserie typique préparée avec du saindoux, nommé *saïm* en catalan. Cette douceur, qui présente l'aspect d'une brioche en spirale, est quelquefois garnie de crème pâtissière, de turrón ou de chocolat.

POULPE EN COCOTTE

CUISSON
2 HEURES 30 MINUTES

INGRÉDIENTS
POUR 6 PERSONNES

1 poulpe d'au moins 2 kg

6 pommes de terre

20 cl de vinaigre blanc de vin ou de cidre

20 grains de poivre

3 feuilles de laurier

4 gousses d'ail avec la peau

1 cuillerée à soupe de gros sel

1 petit piment

4 clous de girofle piqués sur un oignon

200 g de farine

1. Prévoyez une cocotte dotée d'un trou d'évacuation pour que la vapeur puisse s'échapper. Lavez le poulpe, enlevez les yeux et mettez-le entier dans la cocotte avec tous les ingrédients : pommes de terre épluchées, vinaigre, poivre, laurier, ail, gros sel, piment, oignon et clous de girofle.

2. Mélangez la farine avec un verre d'eau et roulez pour obtenir une pâte en forme de boudin. Fermez et lutez la cocotte avec cette pâte pour la rendre hermétique.

3. Enfournez entre 2 heures et 2 heures 30, selon la grosseur du poulpe, à four très doux (150 °C).

4. Au moment de passer à table, cassez la croûte, découvrez, c'est prêt !

Recette issue de *Ibiza – Entre terre et mer* de Françoise Pialoux, Éditions de La Martinière, 2018

Les Espagnols, amateurs de POUCES-PIEDS

EN ESPAGNOL, on les nomme *percebes*. Cet étrange crustacé particulièrement apprécié en Espagne, qui en importe massivement de l'ouest de la France, pousse malgré tout sur les côtes de Galice, au creux des rochers battus par les vagues. Seuls quelques pêcheurs aguerris viennent le décrocher des interstices rocheux où il se développe en colonie, à l'aide du *raspa*, un outil en bois et métal. Il faut y accéder en bateau, lutter contre la marée, ne retirer que ceux qui possèdent la bonne taille… Et respecter des quotas très stricts, entre quatre et cinq kilos par jour et par personne. Autant de raisons qui font des pouces-pieds un mets rare réservé aux jours de fête. Sur les marchés en Espagne, on les trouve au prix de 20 euros le kilo, mais selon les périodes de l'année, le prix peut dépasser la centaine d'euros, notamment autour de Noël. Les Espagnols les font cuire dans l'eau bouillante salée, pour les consommer ensuite tièdes ou froids, sans y ajouter de sauce ou de citron. Mais une fois qu'ils sont servis, le combat continue : on commence par casser l'ongle avant de retirer la membrane qui recouvre le crustacé à la texture musculeuse. À ce moment-là jaillit un peu d'eau de mer, ce qui peut surprendre le néophyte. Rompus à l'exercice, les Espagnols prennent soin de se protéger avec une grande serviette avant d'apprécier la puissante saveur iodée du pouce-pied. Malgré une vraie passion pour ce crustacé, rares sont les chefs qui décident de mettre ce mets atypique à leur carte. Ceux qui osent le proposent poêlé avec des épices ou dans une salade mêlant d'autres variétés de coquillages.

« Malgré une vraie passion pour ce crustacé, rares sont les chefs qui décident de mettre ce mets atypique à leur carte. »

L'influence DES COLONIES IBÉRIQUES SUR LA CUISINE EUROPÉENNE

C'est avant tout une affaire d'ingrédients : on se demande où en serait notre alimentation si rien n'avait été rapporté d'Amérique par les conquistadors et leurs successeurs.

Tomate, haricot, courge, piment, cacao, pomme de terre, vanille, ananas, cacao, maïs, topinambour, manioc, sans oublier l'arachide, la patate douce, le quinoa et le rocou – la liste est loin d'être complète – sont tous originaires du Nouveau Monde et furent rapportés des colonies ibériques mésoaméricaines et sud-américaines. On conçoit aisément que la découverte de centaines de nouveaux produits, certains appelés à jouer un rôle de premier plan dans notre alimentation, ait été une véritable révolution. Elle a même un nom : échange colombien. Ce concept historique porte sur les migrations agricoles, animales et humaines, mais c'est son aspect alimentaire qui nous intéresse.

Contrairement aux matières premières et aux épices, très rares sont les préparations culinaires qui ont traversé l'Atlantique d'ouest en est. Si la *tortilla* de maïs mexicaine ressemble fort au *talo* du Pays basque, le modèle ne s'est pas répandu ailleurs en Europe. Et si des recettes brésiliennes ont essaimé sur les côtes béninoises au retour des esclaves, cet échange reste purement africain. Quant au piment, qui fut adopté en Espagne, en Italie du Sud et en Hongrie (probablement par l'intermédiaire des Turcs), il n'a jamais passé les Pyrénées.

Le chocolat est un cas singulier. Ce breuvage de vitalité des rois précolombiens débarqua en Espagne avec toutes ses épices, dont le piment et la vanille. Plus tard, quand il s'européanisa, les épices disparurent (hormis la vanille) au profit du lait et du sucre. Une fois la tomate et la pomme de terre adoptées, après avoir été longtemps suspectées de toxicité, la première devint un étendard de la cuisine italienne et la seconde sauva des populations de la famine. Mais ni en Italie, ni en Irlande, ni ailleurs en Europe ne fut transmis le souvenir des plats que l'on préparait, aux Amériques, à partir de ces produits.

« Contrairement aux matières premières et aux épices, très rares sont les préparations culinaires qui ont traversé l'Atlantique d'ouest en est. »

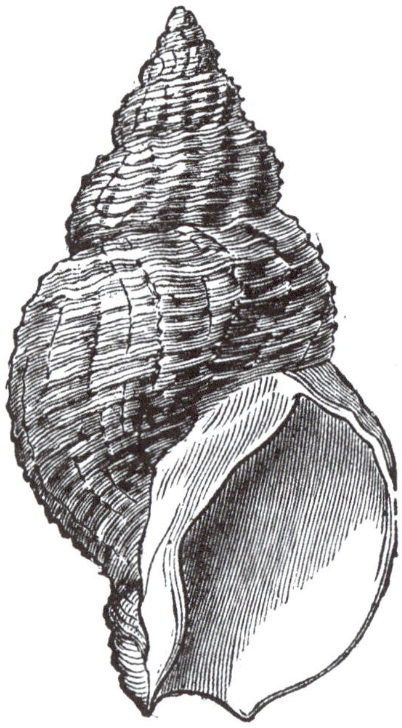

Le cassoulet de bulots

Face à la mer, la terre. En Algarve, ce paysage de carte postale dessine à lui seul les contours d'une cuisine franche, à la fois marine et terrestre. En attestent l'*arroz de lingueirão* ou riz aux couteaux, la *cataplana* de palourdes et cochon, le *xerém de conquilhas*, une semoule de maïs aux tellines, et... la *feijoada de búzios*. Derrière cet intitulé chantant se cache un plat de terroir typique : le cassoulet de bulots ! En clair, des haricots rouges ou marbrés et de belles pièces du mollusque marin cuits séparément, lentement, avant d'être braisés de concert dans une préparation de tomates, poivrons, ail, piri-piri... Ou comment voir Faro et se nourrir, l'œil pétillant et le sourire bien accroché.

LE PULPO a feira

Le *pulpo a feira*, *polbo á feira* en galicien, est un plat traditionnel de poulpe originaire de Galice que l'on connaît aussi sous le nom de *pulpo a la gallega* (poulpe à la galicienne). *Feira* signifie « fête », et c'est bien un plat festif, un plat de partage, non seulement dans sa région d'origine, mais aussi dans toute l'Espagne et jusqu'en Argentine, où il est servi lors de la Semaine sainte. Dans certains villages de Galice, il fait l'objet d'un rituel gourmand renouvelé un dimanche par mois : le poulpe est cuit à l'extérieur dans des chaudrons de cuivre et distribué à tous les habitants.
Pour le cuisiner selon la tradition, il faut un beau poulpe entier (ou plusieurs) bien martelé afin que sa chair soit tendre. À défaut, on peut le congeler vingt-quatre heures. Pour obtenir des tentacules bien bouclés et conserver la peau, il faut le plonger trois fois de suite dans de l'eau bouillante. Ensuite, le cuire à frémissement à l'eau salée dans une cocotte (de préférence en cuivre). Le temps de cuisson, à peu près une demi-heure, dépend de la taille du poulpe. Il convient enfin de laisser reposer le céphalopode un quart d'heure, mais sans le laisser entièrement refroidir. C'est tiède qu'il est le plus savoureux, coupé en tranches, saupoudré de fleur de sel et de *pimentón* (paprika), arrosé d'huile d'olive vierge et servi sur des assiettes en bois, accompagné de pommes de terre bouillies (*cachelos*).

LES CONSERVES *de poisson ibériques*

Sardines à l'huile, thon, maquereaux au vin blanc : si certaines marques bretonnes savent varier sur le thème, aucune région du monde ne peut rivaliser avec la péninsule Ibérique pour la diversité des espèces marines en boîte (ou en bocal) et de leurs assaisonnements. Pour l'histoire non plus : c'est en Algarve, dans le sud du Portugal, que la première conserverie de sardines fut créée en 1879. L'Espagne ne fut pas longue à suivre.

Espagnoles ou portugaises, ces conserves expriment toute la passion ibérique pour le poisson. Si la sardine et le thon y baignent dans l'huile d'olive avec volupté, ils partagent la vedette avec mini-sardines (*sardinillas*), maquereau, chinchard, anchois, morue, moules, calmar, seiche, poulpe, jusqu'aux œufs de morue, de sardine ou de maquereau, à la lamproie et à l'anguille. Même le sangacho (la partie noire du filet de thon) est mis en boîte pour les amateurs avertis. Chaque spécialité, qu'elle soit à l'huile, en sauce tomate, au citron ou en escabèche – les recettes sont innombrables –, a son temps de cuisson dédié. La stérilisation confit les chairs, exalte leur goût et permet d'affiner les conserves plusieurs années pour mûrir leur saveur.

« Au Portugal, des boutiques, des bars et des restaurants leur sont consacrées. »

Beaucoup plus que des produits d'appoint, ces conserves sont des denrées de luxe que l'on savoure à toute occasion : en tapas, en casse-croûte, en entrée avec un bon vin. Au Portugal, des boutiques, des bars et des restaurants leur sont consacrées. Il y en a pour toutes les bourses, du « grand public » à la conserverie haut de gamme comme la Conserveira de Lisboa, ouverte en 1930 à Lisbonne dans le quartier de la Baixa. On y trouve, empilées jusqu'au plafond, une multitude de boîtes de toutes les couleurs, emballées dans du papier par de gentilles grands-mères. C'est tout le charme et la gourmandise du Portugal qui se déploient dans cette petite boutique régulièrement razziée par les touristes japonais, grands adorateurs de ces conserves.

LES DÉNOMINATIONS DES JAMBONS ESPAGNOLS

Jabugo, *pata negra, bellota, recebo, serrano*... les mots sèment la confusion dans la grande famille des jambons espagnols et le consommateur est parfois perdu.

Dans le sud de l'Espagne, les immenses forêts de chênes verts sont le terrain de jeu des porcs ibériques. Les oreilles tombantes, ils sont potelés, tapissés de soies anthracites, leurs pattes frêles et galbées se terminent par un sabot noir, d'où le nom *pata negra*. Mais cela ne suffit pas à en faire des cochons de compétition ! Encore faut-il qu'ils fourragent en liberté et ne se gavent que de glands de chêne (les *bellotas* !) au cours des derniers mois de leur vie. Pendant la *montanera*, de novembre à mars, l'animal glane les glands, les ouvre, les décalotte, jette l'enveloppe et mange la fève. Les jambons se chargent de graisses à fort potentiel aromatique. À raison de dix kilos de glands avalés pour grossir d'un kilo par jour, ce sont cinquante chênes verts que l'animal épuise. Après l'abattage, le jambon suit le parcours traditionnel d'une salaison : salage, passage en chambre froide, séchage et affinage au long cours dans des caves ventilées par l'air extérieur. Pendu au plafond, au-dessus des tapas d'un bar de Séville, le jambon ibérique, sous l'habit d'un cuir parcheminé ocre et suintant, renferme la quintessence aromatique. C'est le nec plus ultra et on le repère à son bracelet noir autour du sabot (un cochon de sang pur ibérique, le *real ibérico*, élevage en liberté et une alimentation uniquement à base de glands pendant les derniers mois de sa vie). Quand le bracelet est blanc, on a affaire au jambon d'un cochon de race standard qui n'a pas mangé de glands ni goûté à la liberté. Entre les deux, le rouge n'est pas 100 % ibérique, mais a mangé 100 % de glands, et le vert est un rouge qui n'a jamais mangé de glands ! En plus de cette classification officielle, il existe trois AOP, et bientôt quatre (Los Pedroches). La plus connue se réfère au village de Jabugo, en Andalousie, où se concentre une grande partie de la production de jambons ibériques. Guijuelo en Salamanque est la deuxième, Dehesa de Extremadura, la troisième. Mais gare, l'AOP n'est pas la garantie d'un bracelet noir ! Enfin, il y a le *serrano* : il bénéficie du label européen STG (spécialité traditionnelle garantie) avec un cahier des charges peu contraignant. C'est un jambon cru fabriqué obligatoirement en Espagne, d'un affinage minimal de 9 mois à partir d'un cochon sans origine fixe (espagnole ou étrangère).

Haricots

FABADA VS CASSOULET

La *fabada* est une recette phare de la région des Asturies, sur la côte nord-ouest de l'Espagne, composée de haricots blancs – *faba de la granja* de préférence –, chorizo doux, *morcilla* – boudin noir –, jambonneau, lard et safran. Le cassoulet, lui, voit son authenticité revendiquée par trois de ses berceaux : Castelnaudary, Toulouse mais aussi Carcassonne, et chacun propose une version légèrement différente. Avec lingots de Mazères ou cocos de Pamiers, porc, agneau, voire gibier à Castelnaudary ; avec haricots tarbais, porc, canard et agneau à Toulouse ; avec haricots du Lauragais, porc et oie à Carcassonne. Y a-t-il match entre la *fabada* et le cassoulet, deux plats dont la réputation a largement dépassé les frontières de leur région d'origine ? Les amoureux de la cuisine de ménage et de partage ont bien du mal à arbitrer le duel. Tout est affaire de goût personnel : le safran et le boudin de la *fabada* peuvent dessiner une ligne de fracture et faire pencher la préférence de l'un ou l'autre côté des Pyrénées, comme le canard confit du cassoulet toulousain ou l'oie de son interprétation carcassonnaise. Après tout, pourquoi chercher absolument à classer ces recettes cousines ? Certains spécialistes les pensent même sœurs : d'après eux, le cassoulet aurait pu être importé en Espagne par des pèlerins sur le chemin de Saint-Jacques-de-Compostelle. Les habitants des Asturies l'auraient alors adapté à leurs ressources locales, cochon en tête, qui reste l'unique viande de leur *fabada*.

FERRAN ADRIÀ
MAGICIEN DE ROSES

Malgré la fermeture en 2011 de son restaurant, El Bulli, Ferran Adrià reste le cuisinier le plus emblématique de ces trente dernières années, par l'avant-gardisme de sa cuisine « techno-émotionnelle ».

Le parcours de Ferran Adrià au restaurant El Bulli, de 1983 à 2011, tient dans 13 livres et 5 cédéroms. Il a d'abord passé un mois dans cet établissement posé à Cala Montjoi, sur la commune de Roses, en Catalogne, qui fut à l'origine un mini-golf. Il y est revenu l'année suivante comme chef de partie avant d'en fermer la porte, vingt-sept ans plus tard, auréolé de trois étoiles Michelin. Difficile de résumer une vie de cuisinier mise entre parenthèses aujourd'hui pour se consacrer au conseil, à l'enseignement à Harvard, et à la Fondation El Bulli. Avec son frère Albert, qui passa en pâtisserie pour fuir l'ombre de son aîné sur lequel il eut pourtant une influence indéniable, il a créé la cuisine « techno-émotionnelle », terme qu'il préféra toujours à celui de « moléculaire ». C'est pourtant bien par la technique, *espuma* ou sphérification par exemple, qu'il révolutionna la gastronomie espagnole et mondiale. Il a accueilli dans sa brigade Joan Roca (El Celler de Can Roca), Massimo Bottura (Osteria Francescana) et René Redzepi (Noma). Même si le produit était roi, il était constamment détourné, au long de menus composés de plus 40 plats, à l'instar de cette coquille d'œuf d'autruche en gorgonzola surgelé saupoudrée de noix de muscade qui redevenait liquide après 18 secondes précisément, ou cette mousse de haricots blancs avec oursins, ou encore ce foie gras en poudre. Souvent imité, jamais égalé, il a incontestablement marqué son époque.

> **« Il a créé la cuisine *techno-émotionnelle*... »**

—

EL CELLER DE CAN ROCA ✿✿✿ / OSTERIA FRANCESCANA ✿✿✿ / NOMA ✿✿

CERRAMOS

ICÔNE

LA REINE MORUE, POISSON À PART

Une fois pêché, ouvert comme un livre, salé et séché, le cabillaud des mers nordiques devient morue.

Séché sans sel au rude vent de l'hiver nordique, il devient *stockfisch* et exige une semaine de trempage. Qu'il soit morue ou *stockfisch*, il a sauvé bien du monde de la famine. Au cours de l'histoire, la morue a partagé avec le hareng fumé le privilège d'être l'une des rares sources de protéines disponibles : nos brandades nîmoises, estocaficadas niçoises ou estofinados rouergates sont là pour en témoigner. Pourtant, la cuisine de la morue s'est surtout développée au Portugal – le poisson salé arrivant du nord à bord des navires qui étaient partis chargés de vin et d'huile d'olive –, et dans une moindre mesure en Espagne, dans le sud de la France et en Italie.
On dit qu'il existe au Portugal autant de recettes de *bacalhau* que de jours dans l'année, à commencer par le gratin de morue à la crème de lait (*bacalhau com natas*) ou la morue à la pâte d'olive (*bacalhau com pasta de azeitona*). Il ne faut pas négliger pour autant les nombreuses préparations de morue que les marins portugais ont semées sur les côtes du monde entier : en Afrique, en Inde, au Brésil, dans les Caraïbes ou à Macao, où, cuite, effilochée et frite avec du lait de coco, elle devient un délicieux condiment à ajouter à son bol de riz.

KOKOTXAS DE MERLUZA *al pilpil*

Kokotxa, en basque, signifie « menton ». En cuisine basque, les *kokotxas* sont les muscles situés sous la mâchoire inférieure du poisson. Il s'agit le plus souvent de merlu, mais la *kokotxa* de morue n'est pas dédaignée. Ce plat très recherché, d'une finesse extrême, est la fierté des meilleurs restaurants basques : Victor Arguinzoniz du restaurant Etxebarri, à Atxondo, sert la *kokotxa* de morue panée à l'œuf, et Aitor Arregi, chez Elkano, à Getaria, décline le menton de merlu pané, grillé ou en *pilpil*. Qu'est-ce donc que ce *pilpil* ?

Une ingénieuse préparation typiquement basque, tirant parti du collagène naturel des poissons. On imprime, sur feu doux, un mouvement de rotation au récipient où sont réunis le poisson, l'ail, l'huile d'olive et le piment. Libéré par cette friction, le collagène provoque une émulsion qui lie les ingrédients comme une sauce légère et savoureuse. Les délicates *kokotxas* disparaissent en une bouchée, laissant un furieux goût de pas assez.

—

ASADOR ETXEBARRI ✿ / ELKANO ✿

LE MILLE-FEUILLE D'ANGUILLE AU FOIE GRAS

DE MARTIN BERASATEGUI

Sur le papier, comment imaginer que du foie gras puisse se marier avec de l'anguille, des oignons et de la pomme verte ? Un chef a pensé, un jour, que cela était possible et il l'a imaginé.

C'était en 1995 et cela reste un des plus grands plats à découvrir en Espagne, vingt-quatre ans après sa création. Ce chef, c'est Martin Berasategui. À l'aube du XXIe siècle, à l'époque où tous les projecteurs étaient braqués sur la Catalogne et son chef Ferran Adrià, dans la province basque du Guipuscoa, Martin Berasategui façonnait en toute discrétion l'identité de sa cuisine. À 15 ans, il faisait ses gammes auprès du chef Didier Oudill dans le sud-ouest de la France. Élève à l'École nationale de pâtisserie d'Yssingeaux, il poursuit son apprentissage de la belle cuisine auprès de quelques grands, à l'image d'Alain Ducasse au Louis XV. En 1993, la maison qui porte son nom ouvre à Lasarte-Oria, à quelques encablures de San Sebastián. Dans ce lieu totalement envoûtant se joue à chaque service un ballet réglé au millimètre dans une quiétude absolue. Les convives se sentent emportés dans un univers hors du temps. L'enjeu est d'importance ! Tout ce qui se vit en salle doit être au niveau de ce qui naît en cuisine. Les assiettes ne sont pas graphiques, mais impressionnistes. Les couleurs se marient, les saveurs se subliment dans un raffinement inouï. On découvre de l'audace, des contrastes, mais jamais un faux pas. Martin Berasategui respecte les produits, il sait toujours trouver un équilibre juste et il a l'art de rendre simple une assiette demandant une technique d'une précision chirurgicale, à l'instar de son mille-feuille caramélisé d'anguille fumée, foie gras, petits oignons et pomme verte, créé en 1995 et toujours à la carte vingt-cinq ans plus tard. Certains ne peuvent en parler sans émotion et sans saliver. Et tous ont le souvenir d'avoir goûté la quintessence de la créativité, car il y a dans cette assiette servie dans les premiers instants du repas comme un amuse-bouche, un jeu de textures étonnant, le moelleux face au croquant, une association de saveurs singulière, la douceur sucrée face à l'acidité, l'opposition de deux mondes, la terre et l'eau, de deux espèces, l'anguille et le canard. Que tous ces éléments cohabitent ensemble, seul le mille-feuille pouvait le permettre. En bas de l'œuvre, de la pomme puis une couche de purée d'oignons recouverte de foie gras et de pomme. Vient ensuite l'anguille en filet, encore un peu de pommes puis du foie gras et enfin, une dernière couche de pommes saupoudrées de sucre caramélisé.

—

MARTIN BERASATEGUI ✿✿✿

PORTRAIT DE CHEF

BENOÎT SINTHON,

le Provençal de Madère

Il a un nom qui pourrait laisser penser qu'il est d'origine britannique, et pourtant, c'est bien sur le Vieux-Port, à Marseille, qu'il a eu ses premiers émois culinaires dans les pas de sa grand-mère italienne.

Il n'est pas le plus médiatique des chefs français qui réussissent à l'étranger, et pourtant, il a été le premier de l'histoire de l'île de Madère à recevoir une étoile Michelin en 2009 pour le restaurant Il Gallo d'Oro de l'hôtel Cliff Bay, à Funchal, et une seconde en 2017. Chef brillant, formé en France notamment chez Jean-Michel Lorain, à Joigny, Benoît Sinthon pose ses valises sur l'île de Madère en 1998 pour ne plus jamais la quitter. Au fil des années, il s'est approprié les produits du terroir de l'île qu'il magnifie en s'appuyant sur des techniques travaillées autour des produits de son pays natal. Parallèlement, il a développé un jardin potager dans lequel ses jardiniers font pousser des dizaines de variétés de légumes et d'herbes aromatiques selon les préceptes de la permaculture, qui enrichissent ses créations et ses assiettes à l'instar de son plat d'asperges, tomates confites et champignons, ses œufs bio brouillés, ragoût de jeunes légumes et truffe ou sa cassolette de légumes de saison à la fleur de thym et jus de carotte bio.

—

IL GALLO D'ORO ✿✿

FROMAGES

coulants et sans présure

***Torta del Casar* (côté espagnol) et *Queijo Serra da Estrela* (côté portugais) sont des fromages frères. Tous deux sont à base de lait cru de brebis, essentiellement de race mérinos, et de forme ronde légèrement bombée. Ils remontent - au moins - au Moyen Âge et bénéficient d'une appellation d'origine protégée. Le caillage du lait à l'infusion de fleur de chardon est leur caractère le plus singulier. Les ferments apportés par cette présure végétale leur donnent, à maturité, une texture onctueuse, coulante, voire liquide, dont on se régale à la cuillère. Leur saveur fine et crémeuse, légèrement acidulée, s'intensifie avec l'âge, et la fluidité de la pâte est telle que le Serra da Estrela est parfois cerclé d'un linge pour éviter tout épanchement.**

La *torta del Casar* tient son nom de sa ville d'origine, Casar de Cáceres, en Estrémadure. Depuis les années 1970 et l'AOP, son succès international est tel que sa production s'est industrialisée, reposant actuellement sur cinq fermes. Le *Queijo Serra de Estrela*, fabriqué dans le massif montagneux du même nom par de petits producteurs, garde son charme artisanal.

Crème

CATALANE VS BRÛLÉE

Est-elle catalane, la crème catalane ? Pour l'origine, rien n'est acté, mais pour la tradition, cela ne fait aucun doute.

Autrefois, en Catalogne, elle s'appelait *crema de Sant Josep* et contenait de la farine de maïs. Au XIVe siècle, déjà, on trouve sa trace dans le *Llibre de Sent Soví*. Même si l'Angleterre s'interpose avec sa *Cambridge burnt cream* ou *Trinity cream* (répertoriée au XIXe siècle mais certainement antérieure), ce dessert est devenu un symbole gourmand de l'identité catalane. Crème catalane et crème brûlée paraissent historiquement liées. La seconde serait apparue en Flandre dès le XVIe siècle, sous l'occupation espagnole, avant de gagner la France. Le fait qu'on l'appelle parfois « crème à l'anglaise » au XVIIIe siècle ne fait rien pour simplifier la recherche historique. À la fin du XVIIe siècle, elle a presque atteint sa forme moderne : dans *Le Cuisinier roïal et bourgeois* (1691) de François Massialot, cuisinier de Philippe d'Orléans, elle est à base de jaunes d'œuf et de lait, avec juste une pincée de farine. En effet, ce qui différencie crème catalane et crème brûlée, c'est d'abord la farine. La première repose sur une base de crème pâtissière, et la seconde, uniquement épaissie aux jaunes d'œuf, ne contient aucune farine ou fécule. En outre, la crème catalane est à base de lait et la crème brûlée, depuis son *revival* à la fin du XXe siècle, de crème. Enfin, l'aromatisation diffère : cannelle et zestes d'agrumes (souvent du citron) pour la crème catalane, vanille pour la crème brûlée. C'est sur la touche finale que ces classiques se rejoignent : un miroir de sucre caramélisé au fer, au tisonnier, au chalumeau ou à la salamandre. Il est vrai qu'il s'agit de sucre blanc pour la crème catalane et de cassonade (ou de vergeoise) pour la crème brûlée, mais ne compliquons pas davantage les choses.

ÁNGEL LEÓN
LE CHEF DE LA MER

On entend souvent dire que Aponiente, le restaurant d'Ángel León, sent la mer… qu'il *est* la mer.

Rien de plus normal, le chef est un fils de l'océan. Une certitude, son père était un pêcheur de Cadix. Ángel León naît sur la façade atlantique dans la cité choisie par les marins pionniers pour les voyages vers les Amériques. Il a été surnommé « *el jefe del mar* ». Cet univers, qui l'inspire jusqu'à l'obsession, reste mystérieux et infini. Le pouce-pied, le murex épineux, la seiche, le crabe violoniste, la murène… peuplent ses menus comme la mer.

Ángel León ne se contente pas de cuisiner, de concevoir des assiettes. Il sait que les océans de la planète pourraient être les garde-manger de demain si on apprend à les respecter. Néanmoins, il faut exploiter cette richesse avec respect. Il a donc établi un calendrier pour utiliser de manière optimale poissons, crustacés et autres mollusques. Mais Ángel León est aussi allé beaucoup plus loin en utilisant les algues dans sa cuisine avec une maestria remarquable. Le plancton est aussi devenu un ingrédient récurrent dans ses créations. Il est à l'origine du procédé de purification de ces micro-algues riches en protéines et en minéraux, qui donnent aux plats une touche marine incomparable. À l'heure où le gaspillage alimentaire devient une préoccupation centrale dans nos sociétés, Ángel León défend le *trashcooking*, la cuisine avec des produits qu'on jette habituellement, à savoir la peau d'un légume ou les viscères d'un poisson. Il invente des recettes à l'envi en s'inscrivant dans une démarche qui touche de nombreux cuisiniers aujourd'hui. Ángel León *est* vraiment la mer !

—

APONIENTE ✿✿✿

LA ROUTE DU

Thon rouge

La pêche au thon rouge sur les bords de la Méditerranée, entre Gibraltar et Cadix, en Espagne, est si durable qu'on la pratique sans avoir changé de technique depuis les Phéniciens. C'était il y a trois mille ans !

La pêche à la madrague est un spectacle que l'on peut contempler depuis la plage. Une armada de petits bateaux en bois se met en position pour piéger les plus gros thons. Des plongeurs rabattent alors les poissons vers le dédale des filets, organisés en chambres jusqu'à la dernière, où ils sont piégés. Les thons battent des nageoires. « Hissez, hissez ! » crient les plongeurs. Les pêcheurs tirent sur les filets à l'aide de poulies et les thons argentés sont remontés et saignés sur le champ pour préserver la qualité des chairs. Un signe qui ne trompe pas : les Japonais sont les premiers à l'affût des thons rouges de Cadix. Leurs prix s'envolent au marché aux poissons de Tokyo. À quai, les thons qui ne prennent pas le route de l'Extrême-Orient sont traités par le *ronqueador*, le boucher des mers. Il maîtrise l'art de la découpe du thon à la perfection. La « *ronqueo* » hiérarchise les 24 morceaux en fonction de leur noblesse, et place au sommet la *ventresca*, le *lomo* et le *tarentelo*. Le restaurant El Campero, à Barbate, en bord de mer, est le meilleur endroit pour déguster le thon rouge quand sa saison débute au printemps. La carte aligne une trentaine de recettes, de la *mojama* (thon fumé) aux tartares et tataki, en passant par les cuissons à la plancha.

SPÉCIALITÉ

Caractéristiques de la PAELLA VALENCIENNE

À l'image du risotto en Italie ou du donburi au Japon, la paella est un plat à base de riz emblématique de la cuisine espagnole.

L'appellation *paella* est exclusivement réservée à la version originelle de ce plat, celle venant de la ville de Valence. Lorsqu'on la déguste ailleurs que dans son pays, elle doit normalement être nommée « riz en paella » et non « paella ». Le mot *paella* viendrait, lui, d'un mélange du mot latin *patella* signifiant « petit plat », de même origine que le mot d'ancien français *paële*, forme ancienne du français moderne « poêle ». La paella est véritablement un plat locavore puisqu'au moment où l'on note ses premières apparitions dans sa région d'origine, l'idée, pour les paysans, était principalement d'utiliser des produits locaux. Le riz par exemple venait de la lagune de l'Albufera et il était (et est toujours) agrémenté de purs produits régionaux comme le poulet, les tomates ou le safran. L'évolution du plat est étroitement liée à la métamorphose de la métallurgie locale et à l'essor de la fabrication de poêles. Celles-ci s'affinant et étant produites en plus grand nombre, elles se sont démocratisées. Une vraie *paella valenciana*, comme celle que l'on peut déguster dans le restaurant Casa Carmela, à Valence,(un des restaurants de référence en la matière), doit répondre à un certain nombre de critères essentiels. Le riz utilisé est encore aujourd'hui un riz de la province de Valence. Il existe même une appellation d'origine protégée « Arroz de Valencia ». La variété utilisée pour la paella est la *bomba*, un riz à grain court ayant une grande résistance à l'expansion au cours de la cuisson, qui généralement peut atteindre jusqu'à deux ou trois fois le volume initial du grain. Ce riz a également une teneur en amylose plus importante que la moyenne qui le rend moins collant à la cuisson. Ces caractéristiques du riz sont importantes, car ce sont elles qui permettront la réalisation d'une étape essentielle de la vraie paella, celle du socarrat, cette fine couche de riz croustillante se trouvant au fond de la poêle qui constitue l'essence même du plat.

PAELLA VALENCIENNE

L'utilisation d'une poêle à paella est indispensable pour la cuisson de cette recette.

INGRÉDIENTS POUR 8 À 10 PERSONNES

2 kg de poulet

2 kg de lapin

1 kg de riz bomba

500 g de haricots ferraura (haricots verts plats)

400 g de haricots garrofon (haricots blancs type haricots tarbais)

8 petits artichauts type poivrade

200 g d'escargots décortiqués

4 grosses tomates bien mûres

35 cl d'huile

8 gousses d'ail épluchées

3 c. à c. de poudre de safran

3 c. à c. de piment doux

3 branches de romarin

Sel

1. Râpez les tomates au-dessus d'un saladier. Coupez les haricots ferraura en tronçons de 3 cm. Tournez puis coupez les artichauts en 2. Coupez les gousses d'ail en 2 puis retirez le germe. Réservez.

2. Versez l'huile dans une poêle à paella. Faites-la chauffer quelques minutes. Lorsque celle-ci est bien chaude, ajoutez les morceaux de viandes (poulet et lapin) et les escargots et faites-les revenir quelques minutes. Lorsqu'ils ont bien coloré, disposez-les sur le bord moins chaud de la poêle à paella.

3. Ajoutez les morceaux d'ail, les tomates râpées, les haricots verts et les moitiés d'artichaut. Laissez revenir le tout quelques minutes et ajoutez les haricots garrofon.

4. Assaisonnez de piment doux, de safran et d'une large pincée de sel. Versez 2 litres d'eau. Portez à ébullition. Laissez le bouillon mijoter 30 minutes à feu doux. Versez le riz en dessinant une croix dans la poêle. Laissez cuire à feu vif 5 minutes. Étalez ensuite délicatement le riz dans la poêle. Poursuivez la cuisson à feu doux pendant 20 minutes et n'hésitez pas à ajouter de l'eau si nécessaire.

5. Agrémentez de quelques feuilles de romarin en fin de cuisson.

« L'appellation *paella* est exclusivement réservée à la version originelle de ce plat, celle venant de la ville de Valence »

Les autres ingrédients de base sont l'eau, l'huile, la tomate, l'ail, le safran et le sel. Les viandes qui entrent dans la liste des ingrédients incontournables sont le poulet et le lapin. Il peut y avoir parfois du gibier en saison ou également du canard. Cette paella est composée de deux haricots, des *garrofones* (sorte de gros haricots blancs) et des *ferrauras* (haricots verts plats). L'artichaut est un autre légume que l'on retrouve dans cette paella. En revanche, pas de moule, de calamar ou de gambas dans la *paella valenciana*. Celle-ci ne contient aucun produit de la mer. Le seul mollusque entrant dans sa composition est l'escargot. Le romarin vient finir l'assaisonnement en fin de cuisson. Si d'autres ingrédients sont ajoutés à cette recette, il ne s'agira plus de la recette originelle de Valence. Par exemple, si l'on ajoute des gambas, du calamar et des moules, la paella deviendra *paella de marisco* ou *marinera* (à base de fruits de mer). Si l'on y met de l'encre de seiche, comme en Galice, celle-ci deviendra *paella nera*, autrement dit, une paella noire.

Tour d'Espagne DES TAPAS

À la nuit tombée, à Séville, les habitués se mettent en mouvement.

De bar en bar, jusque tard dans la nuit, ils sirotent des verres de vin de Jerez (*fino*) et se régalent de tapas. À chaque maison sa spécialité : *menudo sevillano* (tripes à la Sévillane), ensalada *rusa* (salade russe à base de légumes et de mayonnaise), poulet à l'escabèche (recette au vinaigre), *montadito de pringá* (petit sandwich garni de viande de bœuf mijoté), croquettes de morue, *caracoles* (petits escargots parfumés au cumin)… et évidemment, lamelles de jambon ibérique.
En Andalousie, les *tapas* sont en leurs pays. On raconte qu'à l'origine les patrons de bar offraient une tranche de pain ou de saucisson pour couvrir le verre. Cela empêchait les insectes de se noyer dans le *fino*. Étymologiquement, en catalan comme en espagnol, *tapa* signifie « couvercle ». Avec le temps, les *tapas* ont perdu leur gratuité et sont devenues « ces choses qui appellent à boire ». Toute l'Espagne les a adoptées. À Barcelone, on trouve le *pan con tomate* (ou pain à la tomate) et les fritures de la mer. Les *patatas bravas*, avec leur sauce rouge piquante, sont nées à Madrid, où l'on apprécie aussi les *boquerones* au vinaigre (anchois). Au Pays basque, on se distingue avec les *pintxos* (ou *pinchos*), du nom de la pique en bois plantée dans la tranche de pain avec sa garniture : poivron grillé, thon, fruits de mer… et tortilla. On les appelle aussi les *gildas*, en référence au personnage campé en 1946 par Rita Hayworth dans un film du même nom, les *pintxos* en position verticale évoquant la silhouette de l'actrice américaine. La star a-t-elle goûté cette comparaison hasardeuse ? Rien n'est moins sûr.

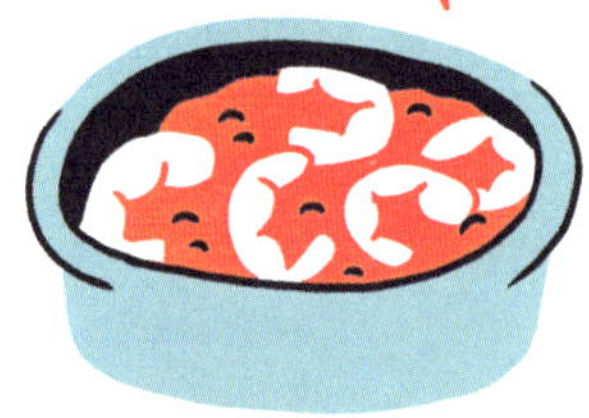

Rôtis

Agneaux et cochons de lait rôtis, deux spécialités dans un petit périmètre.

CORDERO LECHAL VS COCHINILLO

Qu'il est délicieux, cet agneau de lait rôti entier que les Espagnols, surtout ceux d'Aranda de Duero et de Peñafiel, savent si bien élever et préparer ! Comme son nom l'indique, le divin animal, élevé en bergerie, est nourri sous sa mère, exclusivement par son lait, à l'instar de nos veaux de Corrèze. La crème de la crème de ces agneaux naît dans un troupeau de brebis Churra, une race rustique espagnole. Ils sont abattus vers l'âge de 30 jours, pour un poids de carcasse de moins de 10 kilos. Quand le rôtisseur est à la hauteur de sa tâche, leur viande se fait laiteuse, à peine rose, fondante en bouche. C'est le cas chez Casa Brigante, à Lerma, dans la province de Burgos, au nord de Madrid. Dans le four ouvert devant de grandes tablées, l'agneau cuit doucement, léché par la chaleur d'un feu de bois. À 100 kilomètres, environ, au sud d'Aranda de Duero se trouvent les villes de Ségovie et Arévalo. Ici, c'est le cochon de lait que l'on préfère rôtir. Chez José María, un restaurant traditionnel de Ségovie, le jeune cochon, qui pèse entre 3 et 4 kilos, est enfourné dans un grand plat, posé sur le ventre, les membres écartés, avec la tête comme figure de proue. La cuisson ne fait appel qu'au sel et à l'huile d'olive. Aucun aromate ne vient perturber le goût naturel du cochon de lait, élevé en liberté dans les environs : le chef José María y porte une grande attention. Après trois heures de cuisson à 200 °C, la viande, sous sa peau dorée croustillante, est si tendre qu'il est de tradition de trancher l'animal non pas avec un couteau mais avec une assiette, que l'on jette par terre une fois la découpe achevée.

Le succès des gâteaux hybrides

Dans le sillage du chef Dominique Ansel, qui a créé le fameux *cronut*, les pâtisseries hybrides sont devenues tendance et se prêtent à toutes les inventions !

Depuis la création qui a révolutionné la foodosphère à New York, Dominique Ansel a fait des émules ! Deux desserts en un, l'hybride se décline à présent à l'envi. On a vu naître le *townie*, union de la tarte et du brownie, ou encore le *crumbcake* à New York, mariage de crumble et de cake. Toujours aux États-Unis, Scot Rossillo a lancé son *cragel*, moitié croissant moitié bagel. Le chef du Bagel Store à Williamsburg fait d'ailleurs carton plein avec ses *rainbow bagels* aux rayures chatoyantes. La liste est devenue longue, surtout à Londres et aux États-Unis : du *cruffin*, mi-croissant mi-muffin, jusqu'au *wonut*, mélange de gaufre et de donut. Les enseignes rivalisent d'imagination pour affoler les réseaux sociaux et devenir une véritable folie, au point que les clients font la queue des heures pour acheter leur pâtisserie ou la réservent une semaine à l'avance !

Plus traditionaliste, la France suit le mouvement doucement, mais ne laisse pas tous ces desserts bicéphales franchir nos frontières, ni nos chefs pâtissiers s'adonner à cette nouvelle passion. Malgré tout, Dominique Ansel, star auprès de la clientèle américaine, s'est associé à Yann Couvreur en mai 2019, à Paris, pour une collaboration inédite dans la boutique du Marais de ce dernier. Trois nouveautés inspirées des desserts classiques américains y sont dévoilées : le Cookie Shot, le Frozen S'more et le Pretzel Mousse Cake. Ce dernier est né d'un bretzel à la bavaroise et au caramel mou sur une base croustillante de feuilletine au beurre de cacahuète, tandis que le Frozen S'more célèbre les marshmallows grillés au-dessus du feu. Le Cookie Shot est un cookie aux pépites de chocolat en forme de verre à liqueur, rempli de lait tiède à la vanille de Madagascar. Peut-être le début de la tendance *made in France* !

De la peinture à Instagram, la gastronomie se regarde

Dès le XVIIe siècle, un grand nombre de natures mortes de fruits ou de légumes, notamment dans l'art néerlandais, ont été représentées pour être admirées. Et elles le sont encore. Il y eut ensuite des tableaux comme *Nature morte aux pommes* ou *Nature morte aux oignons* de Paul Cézanne (1839-1906) ou des œuvres de Paul Gauguin au XIXe siècle.

Mais une question se pose, pourquoi a-t-on eu envie de représenter cette nourriture ou des personnes en train de manger ? Si l'on remonte les siècles, un début de réponse est peut-être apporté au XVIe siècle avec les œuvres de Giuseppe Arcimboldo. Ce peintre italien a été rendu célèbre grâce à ses têtes composées, portraits caricaturaux faits de fruits, légumes et végétaux. Chacune de ces incarnations est constituée de nourriture, ce qui pourrait vouloir dire que nous sommes faits de ce que nous mangeons. « Je mange donc je suis » ou « je mange donc j'existe ». Par les différentes formes d'art, je montre que j'existe. D'autres artistes plus contemporains n'ont pas hésité à incarner cette envie de représenter la gastronomie, comme le photographe Martin Parr et son livre *Real Food*, ou l'artiste Andy Warhol et sa célèbre peinture d'une boîte de conserve de soupe de tomate Campbell faisant aujourd'hui partie de la collection du musée d'Art moderne de la ville de New York.

Aujourd'hui, les réseaux sociaux et surtout Instagram, créé en 2010, donnent à chacun la possibilité d'exprimer son art et de susciter l'envie – avec ou sans les filtres qui embellissent parfois les photos des 500 millions d'utilisateurs quotidiens. Sur le plan culinaire, particuliers comme professionnels s'en donnent à cœur joie avec le #food qui comptait, au 1er juillet 2019, 346 millions d'occurrences. Les chefs ne sont pas les derniers à valoriser leurs créations à travers ce réseau et leurs *followers*. Mauro Colagreco, du restaurant Mirazur, Jean-François Piège, du Grand Restaurant, Martin Berasategui, à Lasarte, en Espagne, mais aussi René Redzepi, au Noma, au Danemark, comptent des centaines de milliers d'abonnés. Ils sont certes loin derrière les 7 millions de *followers* du chef Gordon Ramsay, mais leur activité quotidienne participe à la mise en avant de la gastronomie par l'image. À en croire tous ces chiffres, la nourriture, les plats, les produits, les pâtisseries, les desserts et les vins n'ont pas fini de s'exposer, et pour certains, de devenir de véritables œuvres d'art.

MIRAZUR ✽✽✽ / LE GRAND RESTAURANT ✽✽ / MARTIN BERASATEGUI ✽✽✽ / NOMA ✽✽

M

Royaume-Uni

LE fish & chips, ORGUEIL BRITANNIQUE

Au début du XIXe siècle, les eaux qui bordent les 31 400 kilomètres de côtes de la Grande-Bretagne, îles comprises, regorgent de poisson.

L'art de la friture est connu depuis trois cents ans, introduit par des juifs séfarades venus d'Espagne et du Portugal, mais c'est le développement de la pêche au chalut et du chemin de fer qui propulse le poisson frit dans tout le pays. Vers 1863, le *chippy* (gargote de *fish and chips*), institution britannique, est né. On ne sait pas trop quand ni comment la frite a rejoint le poisson, mais les deux sont désormais étroitement unis.

L'apogée du *fish and chips* se situe dans les années 1930. L'Irlande, tout le Commonwealth et même les États-Unis l'ont adopté. Loué par George Orwell et Winston Churchill, c'est le repas sain et bon marché des classes laborieuses, le mets populaire non soumis au rationnement pendant la Seconde Guerre mondiale. On lui réserve même des écrins soignés, de vrais restaurants avec moquette, couverts, fleurs et serveurs.

> « Le *fish and chips* est un principe culinaire qui a ses règles et ses rituels »

À l'origine frit dans le blanc de bœuf ou le saindoux, aujourd'hui plutôt dans l'huile d'arachide, le *fish and chips* est un principe culinaire qui a ses règles et ses rituels. Les frites sont épaisses, souvent un peu pâlottes. La pâte à frire va du simple appareil à beignets à la *beer batter*, levée à la bière, produisant une croûte orangée légère et croustillante. Le poisson est toujours en filet, sans arête : le *chippy* qui laisse des arêtes se déshonore. Ce sera un joli morceau de cabillaud, *a nice piece of cod*, ou d'églefin, *a nice piece of haddock*. Charnus, blancs et fondants sous leur croûte dorée, ces deux-là ont toujours partagé le haut de l'affiche avec la plie (*plaice*), dont les Britanniques raffolent. Les plus fortunés commandent flétan ou sole. Lieu jaune, lieu noir, merlan, raie ou roussette sont plus économiques. Les accompagnements varient selon les régions, mais les *mushy peas* (pois cassés à la menthe), la sauce tartare, le vinaigre de malt, les pickles et le quartier de citron sont des standards.

Si le *fish and chips* a un peu décliné depuis la grande époque, il affiche encore une belle santé : les *chippies* engloutissent 25 % du poisson blanc et 10 % des pommes de terre consommés chaque année au Royaume-Uni. On remarque même un *revival* chic entre les mains des chefs contemporains, trop heureux de sauvegarder le répertoire. Tom Kerridge, chef du Hand and Flowers et du Coach, à Marlow (Buckinghamshire), accompagne son flétan frit à la *beer batter* d'une purée de petits pois à la menthe fraîche et de frites à section ronde.

—

THE HAND AND FLOWERS ✿✿ / THE COACH ✿

SERIOUS
TRADITIONAL
FISH & CHIPS

CHIPS CONE
£1.50
FISH & CHIPS
CONE £5.00
FISH & CHIPS
BOX £6.50

OUR ULTIMATE
FISH
&
CHIPS
A Great British
Favourite!

Spécialités acidulées

De la très chic maison londonienne aux cottages du Yorkshire, côtoyant les œufs et le bacon, la *lemon curd* est sur toutes les tables du petit déjeuner en Angleterre. Cette crème citronnée, véritable exception anglaise, naît à l'époque victorienne, friande de douceurs. Mélange d'œufs, de beurre, de sucre et de citron, elle s'applique méthodiquement sur les scones, muffins, toasts ou *crumpets*, à la façon d'une pâte à tartiner. Sa saveur très sucrée, jumelle de la crème des tartes au citron, est une madeleine de Proust pour les Anglais, au même titre que la célèbre marmelade. Acolyte acidulé, cette confiture d'oranges apparaît dans la gastronomie britannique à la fin du XVIIIe siècle, lorsqu'un navire espagnol vint trouver refuge dans le port de Dundee lors d'une tempête. L'histoire raconte qu'un commerçant de la ville, James Keiller, obtint la cargaison d'oranges de Séville pour un bon prix, sa femme élaborant alors la toute première recette de marmelade, en faisant macérer écorce, chair et pépins. Une recette qui lui permet de conserver son amertume, appréciée des amateurs, et la place à l'écart des traditionnelles confitures, bien plus sucrées. Un totem de la gastronomie britannique, qu'on retrouve au menu du *high tea* des grands hôtels. Délaissée par les plus jeunes, elle possède pourtant de fervents défenseurs, qui lui ont même dédié un festival, dans le comté de Cumbria, à la Dalemain House. Chaque année, une sélection de gourmets décerne ainsi un prix à la meilleure marmelade maison.

QUAND L'ÉGLEFIN DEVIENT HADDOCK ET LE HARENG KIPPER

La conservation de l'églefin, ou aiglefin, exige un salage puis un fumage à froid (toute une nuit sur des braises de tourbe et de bois vert pour le *finnan haddie* écossais), ou à chaud pendant une petite heure. L'églefin change alors de nom pour s'appeler haddock et entrer dans la composition de plats mythiques comme le *kedgeree* (riz au curry et haddock) ou le *cullen skink* (soupe épaisse). Quid des *kippers* ? Sur l'île de Man, dans la mer d'Irlande, les harengs sont fendus en deux de la tête à la queue, vidés, aplatis, salés et fumés à froid sur des copeaux de chêne et de bouleau, ce qui a pour conséquence de modifier leur couleur qui vire alors au rouge. Traditionnellement servis pour le petit déjeuner en Irlande, ils connaissent aussi un certain succès en restauration gastronomique, notamment chez le chef Nathan Outlaw, à Port Isaac, un village de pêche pittoresque en Angleterre. Dans ses deux établissements, Restaurant Nathan Outlaw et Outlaw's Fish Kitchen, le chef valorise ces produits traditionnels, mais aussi le maquereau fumé ou la lotte séchée, pour ne citer qu'eux.

—

NATHAN OUTLAW ✿✿ / OUTLAW'S FISH KITCHEN ✿

PORTRAIT DE CHEF

PATRICK GUILBAUD

Un chef français en Irlande

Depuis près de quarante ans, Patrick Guilbaud patronne son restaurant, devenu le meilleur de Dublin et du pays du trèfle.

LE SAVOIR-FAIRE FRANÇAIS S'EXPORTE! Depuis quelques années, plusieurs grands chefs défraient la chronique gastronomique en inaugurant des restaurants aux quatre coins du monde, tout en gardant un pied et demi dans l'Hexagone. Certains n'ont pas attendu que le mouvement soit tendance pour aller voir ailleurs et même bâtir totalement leur carrière à l'étranger. Patrick Guilbaud, lui, a filé à l'irlandaise en 1981 et n'a plus jamais quitté son petit pays d'adoption. Depuis 1996, son restaurant du 21 Upper Merrion Street, lié au palace Merrion Hotel à Dublin, est même la seule table doublement étoilée dans le Guide Michelin *Irlande*. Avec Guillaume Lebrun, son chef exécutif, Stéphane Robin, le manager, et sa brigade très fournie, ils forment une équipe d'un professionnalisme hors pair. Installé dans une noble demeure géorgienne, le restaurant Patrick Guilbaud se distingue par son décor spacieux, chic, cossu et contemporain. N'allez pas imaginer un coude-à-coude viril, mais le confort de tables bien espacées et très élégantes, à peine banderillées de petites fleurs blanches. Le théâtre idéal pour découvrir une cuisine tirée à quatre épingles, riche en audace, surtout marquée par une quête d'équilibre et d'harmonie sans concession, et des assiettes au dressage haute couture. Entre un poulet de Challans, une sauce au vin jaune, un plateau de fromages en partie français ou un soufflé Grand Marnier, la carte laisse poindre quelques discrets indices des origines françaises du maître des lieux, fier aussi d'une cave impressionnante de quelque 30 000 bouteilles.

—

RESTAURANT PATRICK GUILBAUD ✿✿

> « La seule table doublement étoilée dans le Guide Michelin *Irlande*. »

LE PUB

La seconde maison

Monument du patrimoine outre-Manche, le pub évolue sans jamais renier sa tradition de convivialité ni sa passion pour la bière. Côté cuisine, l'éventail est large, des recettes immuables aux fulgurances de grands chefs.

Pub est la version raccourcie de *public house*... Tout est dit ou presque! Au Royaume-Uni, dans les grandes villes comme dans les villages de campagne, le pub est une institution, un lieu de rencontre, de détente, de culture et de sociabilité où, bien souvent, un public mêlé de toutes générations et de toutes conditions sociales se retrouve dans un décor rustique habillé de bois et éclairé sans excès. Le menu des pubs dont on aperçoit de loin les vieilles enseignes caractéristiques? La bière! On devrait conjuguer le mot au pluriel, puisque de nombreuses sortes de bières, aux fabrications et aux goûts différents, sont servies au comptoir des pubs. *Bitter*, qui signifie littéralement «amer», est la bière classique des pubs. L'*ale*, surtout la *pale ale*, révèle une couleur ambrée, un goût de houblon et une saveur de malt prononcés. La *stout* est une bière de fermentation haute, fortement houblonnée, de couleur très foncée. Ce ne sont là que quelques-unes des principales catégories de bières du royaume qui, elles-mêmes, se déclinent en de multiples variantes. Si de grandes marques dominent le marché, il est à noter que certains pubs créent leurs propres bières sur place dans leur microbrasserie et prennent ainsi le nom de *brewpub*. Dans les pubs, on boit, mais on mange aussi. Les *baked beans*, haricots blancs servis dans une sauce tomate, par ailleurs plat typique des petits déjeuners anglais, font partie des fondamentaux de leur menu. Et chaque cuisinier y va de son interprétation pour agrémenter la sauce, ou les accompagner avec des toasts, des saucisses ou encore du bacon... Encore symbolisé par de nombreux établissements traditionnels, dont certains adossés à plusieurs siècles d'existence, le *pub* désigne aussi aujourd'hui des adresses plus contemporaines et branchées, tant dans leur apparat que dans leur esprit souvent urbain. Une autre vision du *pub* prend aujourd'hui de l'ampleur: le *pub* gastronomique. Oubliez les *baked beans*! Pour en trouver l'exemple le plus abouti, il faut se diriger au nord-ouest de Londres, dans la jolie bourgade de Marlow, au bord de la Tamise. Bienvenue dans le fief de Tom Kerridge. Après avoir travaillé pour les autres dans des maisons prestigieuses, ce chef brillant, aujourd'hui très médiatique et auteur de nombreux ouvrages culinaires, a levé le rideau sur The Hand and Flowers en 2005. L'idée? Garder la convivialité du pub tout en proposant une assiette de haute volée composée de produits sélectionnés avec exigence. Résultat: une première étoile Michelin dès 2006, une seconde en 2012, cas unique pour un *pub*. Depuis, Tom Kerridge et sa femme Beth ont étendu leur entreprise à onze chambres superbes, un autre pub baptisé The Coach, distingué, lui aussi, par une étoile, ou encore une table dédiée à la viande au nom sans équivoque: The Butcher's Tap. Historique, tendance ou gastronomique, le *public house* ne cesse de se renouveler et demeure plus que jamais un pilier du quotidien des Britanniques.

—

THE HAND AND FLOWERS ✿✿ / THE COACH ✿

ÉCOSSE

LE BŒUF ABERDEEN-ANGUS

Dépourvus de cornes, ces bœufs d'origine écossaise, mondialement connus, à la robe noire ou rouge (*red* ou *black angus*) sont élevés et croisés pour leur docilité et la qualité de leur viande.

Issue du métissage de bêtes natives des comtés d'Aberdeen et d'Angus, au nord-est de l'Écosse, cette race robuste est attestée depuis le XVIe siècle, mais se stabilise et s'affine au cours du XIXe grâce à un travail de sélection systématique, le premier *herd book* (registre de race) datant de 1862. Des spécimens sont rapidement exportés vers les nouveaux mondes (et croisés: attention, les dénominations de race suivent des règles différentes selon les pays, d'ailleurs certains « angus » américains n'en possèdent que la couleur *black*, pas les origines). Après cet âge d'or de l'élevage, la qualité des produits carnés consommés outre-Manche tend à se dégrader, la recherche du rendement prenant souvent le dessus. On assiste heureusement depuis les années 1980-1990, notamment grâce au travail conjoint d'éleveurs et de restaurateurs, à un retour sur les tables. Au Royaume-Uni, par exemple, les restaurants Hawksmoor (à Londres, à Manchester, à Edimbourg…) ou le Goodman, dans le quartier de Mayfair, à Londres, mettent un point d'honneur à valoriser ces viandes savoureuses à la texture soyeuse, issues d'animaux de races locales (comme l'angus) longuement nourris à l'herbe. C'est justement cette alimentation naturelle en herbe qui confère à la viande un persillage intramusculaire et une distribution équilibrée du gras, une tendreté et un goût incomparables. Parallèlement, la très dynamique Aberdeen-Angus Cattle Society (fondée en 1879) s'attache à défendre et promouvoir la race dans son milieu d'origine et au-delà, ainsi qu'à transmettre de génération en génération les savoir-faire qui entourent son élevage.

BLACK ANGUS *et légumes rôtis*

PRÉPARATION : 1 H ET 15 MINUTES

INGRÉDIENTS POUR 4 PERSONNES

1 côte de bœuf black angus d'1 kg
20 g de beurre (pour la cuisson)

Pour la sauce au vin rouge :

3 échalotes
15 cl de vin rouge (type Côte du Rhône)
10 cl de fond de veau
50 g de beurre
1 cuillère à soupe de farine
Baies de genièvres, laurier, thym (quantité au choix selon votre préférence)
Sel et poivre

Pour les légumes oubliés :

9 carottes fanes
5 panais
2 betteraves
2 navets boule d'or
2 gousses d'ail
10 cl de vin blanc
1 cuillère à café de miel
Huile d'olive
Sel et poivre

LA SAUCE VIGNERONNE

1. Emincez les échalotes puis faites-les suer dans 10 g de beurre, à feu moyen. Ajoutez le vin rouge et mener à ébullition. Ajouter ensuite les baies de genièvre, le laurier et un peu de thym. Laissez réduire de moitié à feu doux pendant 30 minutes. Ajoutez le fond de veau et cuire 5 à 10 minutes. Vous devez obtenir une sauce sirupeuse. Hors feu, ajoutez 40 g de beurre coupé en petits morceaux et fouettez jusqu'à ce que la sauce soit bien épaisse. Rectifiez l'assaisonnement en sel et poivre si nécessaire.

LES LÉGUMES RÔTIS

2. Préchauffez votre four à 160° C. Lavez et épluchez les légumes. Coupez les carottes et les panais dans la longueur. Coupez les betteraves et navets en quartiers. Mélangez les légumes ainsi que les gousses d'ail. Assaisonnez de sel et de poivre. Versez un beau filet d'huile d'olive, le vin blanc, le miel, quelques branches de thym et de romarin. Versez sur une plaque recouverte de papier sulfurisé. Enfournez pendant 40 minutes en remuant les légumes régulièrement. Terminez la cuisson 10 minutes à 190° C.

LA CÔTE DE BŒUF

3. Sortez votre côte de bœuf du frais 1 heure avant la cuisson. Salez les 2 faces. Faites chauffer une poêle et ajoutez 20g de beurre. Faites cuire la côte de bœuf de manière à ce qu'elle soit bien dorée (compte environ 3 à 4 minutes par face). Terminez la cuisson dans un four préchauffé à 200° C pour 10 à 15 minutes. Une fois cuite, laissez reposer la côte de bœuf dans du papier aluminium pendant 15 minutes. Vérifiez la cuisson à l'aide d'une sonde : la viande doit être à 54° C à cœur pour une cuisson saignante.

4. Dressez les légumes et quelques tranches de bœuf dans des assiettes, nappez de sauce au vin rouge.

PORTRAIT DE CHEF

GORDON RAMSAY
Chef rock'n roll

À la fois enfant surdoué et enfant terrible de la gastronomie anglo-saxonne, l'Écossais Gordon Ramsay est aussi connu pour sa liberté de ton et ses provocations médiatiques que pour la réussite éclatante de ses nombreux restaurants à travers le monde.

Il a ce qu'on appelle une « tronche ». Des cheveux en bataille, de profondes rides d'expression sur le front et la carrure du footballeur qu'il a été. Mais le chef a aussi une « grande bouche ». Il en fait la démonstration permanente dans l'émission *Hell's Kitchen* (*Cauchemar en cuisine*, pour la version française), diffusée dans 120 pays. On le regarde sauver de la faillite de médiocres restaurateurs, au prix d'une refonte totale de leur établissement (de la décoration à la carte) et surtout d'un coaching brutal des propriétaires, ponctué de prises de bec testostéronées.

L'émission en a fait le chef le plus connu de la planète. Avec 6 millions de followers sur Instagram et presque autant sur Twitter, il rembarre sans précautions – et avec un humour décapant – ceux qui lui soumettent avec fierté les photos de leurs piètres plats... Gordon Ramsay est une sorte de rock star des fourneaux, façon vedette hollywoodienne. Certains le trouvent odieux, d'autres perfectionniste: c'est surtout un acharné de travail (16 heures par jour, six jours sur sept, clame-t-il) qui a construit un empire de 35 établissements dans le monde, gastronomiques ou à thèmes, en franchise ou directement sous son nom.

Avant de se distinguer par ses provocations médiatiques et son intransigeance, Gordon Ramsay sidère surtout par son insolente réussite. L'homme de 52 ans, d'origine sociale modeste, a fait ses classes en France et donne tout à son métier. Il est désormais plus connu que son mentor français Guy Savoy, qui lui a mis le pied à l'étrier, mais qui a obtenu sa troisième étoile après lui. Il est aussi passé par les cuisines de Joël Robuchon avant de monter, à 26 ans, son premier restaurant, pour lequel il décrochera vite deux étoiles. Sa première adresse gastronomique dans le quartier de Chelsea, à Londres, obtiendra en 2001 la consécration des trois étoiles. Francophile, il supervise aussi les cuisines du Trianon Palace à Versailles et celles du Pressoir d'Argent, de l'InterContinental de Bordeaux.

On pourrait croire sa machine bien huilée et son chemin tracé. Gordon Ramsay a pourtant été chahuté pour son franc-parler et ses méthodes parfois musclées. Mais le chef tout-terrain sera toujours sauvé par la qualité de sa cuisine : il peut notamment s'appuyer sur quelques beaux plats signatures, comme ceux figurant à la carte du Trianon Palace : turbot sauvage au lard de Colonnata, mousserons de la Saint-Georges, petit pois et *garganelli* d'ortie, pigeonneau de Vendée rôti, cerises et navets glacés, condiment oseille, sauce porto, ou encore le chocolat glacé à la citronnelle, croustillant à la fleur de cacao.

—

GORDON RAMSAY ✿✿✿ / TRIANON PALACE ✿ / LE PRESSOIR D'ARGENT ✿✿

ÉCOSSE

LE HAGGIS
ET LES SPÉCIALITÉS ÉCOSSAISES

Le plat national écossais est si particulier qu'il n'a jamais réellement franchi les frontières du pays.

INCONTOURNABLE dans le paysage culinaire, cette panse de brebis farcie se consomme toute l'année, servie généralement avec une purée de pommes de terre et une purée de rutabagas, les *neeps and tatties*. Présent depuis plusieurs siècles, ce plat aurait été imaginé par les femmes des conducteurs de troupeau des Highlands, qui trouvaient ainsi des vivres faciles à transporter. Sa recette consiste en un mélange de fressure de mouton hachée, à laquelle on ajoute des oignons, de la farine d'avoine complète, de la graisse de rognons et des épices. Enfermé dans un boyau, ce hachis est bouilli durant plusieurs heures avant de se déguster fendu d'un coup de couteau et souvent arrosé d'une sauce au whisky. Voilà pour la tradition. Mais le *haggis* a su se réinventer, notamment via le chef Tom Kitchin. Fervent défenseur de la gastronomie écossaise, il prône une cuisine de la nature à l'assiette. Né à Édimbourg, il a fait ses armes à Londres, puis chez Guy Savoy, à Paris, et Alain Ducasse, à Monaco. En 2007, quelques mois après avoir ouvert son restaurant The Kitchin, à Edimbourg, il obtient sa première étoile. Son menu traduit avec élégance et simplicité les produits du terroir, comme la selle d'agneau des Highlands farcie aux asperges de la vallée de Wye ; le flétan fumé aux copeaux de chêne ou la tête de porc et queue de langoustine rôtie de Tobermory.

—

THE KITCHIN ✲

Paroles d'inspecteur

Quand je mange un *haggis*, je me remémore toujours le poème *Ode au haggis* de Robert Burns : « Avec ta bonne et belle bouille rebondie, de l'armée des puddings tu es le chef suprême ! »

HAGGIS

INGRÉDIENTS POUR 4 À 6 PERSONNES

1 poumon de mouton

1 panse de mouton

1 cœur de mouton

1 foie de mouton

225 g de graisse de bœuf

¾ de tasse de farine d'avoine

2 oignons finement coupés

1 c. à s. de sel

1 c. à c. de poivre fraîchement moulu

½ c. à c. de poivre de Cayenne

½ c. à c. de noix de muscade

¾ de tasse de bouillon

1. Lavez le poumon et la panse, frottez avec du sel et rincez. Enlevez les membranes et l'excès de gras puis faites tremper dans de l'eau froide et salée pendant plusieurs heures. Retournez la panse pour la remplir.

2. Mettez le cœur et le foie dans une marmite, et couvrez d'eau froide. Portez à ébullition, puis réduisez le feu. Couvrez et faites mijoter à feu doux pendant 30 minutes. Taillez en morceaux le cœur et émiettez grossièrement le foie. Faites griller l'avoine dans une poêle, en tournant fréquemment jusqu'à ce qu'il roussisse. Ajoutez tous les autres ingrédients, sauf la panse, et mélangez bien.

3. Remplissez sans tasser la panse avec le mélange aux trois quarts (l'avoine prend du volume en cuisant). Enlevez l'air de la panse et fermez-la avec de la ficelle alimentaire. Placez dans de l'eau bouillante et laissez mijoter pendant 3 heures, non couvert. Ajoutez de l'eau si nécessaire pour maintenir le niveau.

4. Piquez la panse plusieurs fois avec une aiguille fine quand cela commence à gonfler (cela évite au sac d'éclater). Disposez sur un plat chaud en enlevant les liens de fermeture. Servez avec navets et pommes de terre en purée.

ÉCOSSE

La CHASSE de la GROUSE

En bottes et veste Barbour®, les hommes traversent les collines de bruyère et les chemins empierrés fusil à l'épaule, guettant les signes du chien d'arrêt qui les précède. Ils marchent plusieurs heures sur un sol accidenté, entre 300 et 600 mètres d'altitude, prêts à tirer les grouses propulsées par le vent, dont le vol bas et rapide complique l'exercice. Gibier emblématique d'Écosse et du nord de l'Angleterre, l'oiseau est chassé du 12 août au 10 décembre sur les *moors*, de vastes landes dont le biotope mêle rivières, fougères, mousses et graminées. Mais ce galliforme sauvage au plumage brun rougeâtre se mérite : le tarif des journées de chasse est élevé, souvent réservé à des passionnés et à l'aristocratie. Les quotas sont limités à cinq proies par jour. Très prisée, sa chair fine et intense possède une saveur légèrement résineuse que les chefs conseillent de rôtir ou de braiser selon la partie de l'animal que l'on veut cuisiner. Pour faire l'expérience de la grouse, sans forcément fouler les tourbières et défier le vent glacé des Highlands, passage obligé chez Rules, le plus ancien restaurant de Londres fondé en 1798, où elle se déguste rôtie ou farcie, seulement durant la *game season*. Spécialisé dans les plats de venaison, ce restaurant possède ses propres terres de chasse, dans la vallée de Teesdale, dans le comté de Durham, afin d'assurer son approvisionnement. Sur le menu, une mention prévient même les clients : les oiseaux peuvent contenir quelques morceaux de plomb…

Made in WALES!

N'allez pas dire à un habitant de Cardiff qu'il est anglais ! Les Gallois cultivent leur différence, jusque dans leurs repas quotidiens.

Situé à l'ouest de l'Angleterre, le pays de Galles préserve sa culture avec force. Et qui dit culture dit gastronomie ! Bien dans son assiette, la petite nation possède un sacré tempérament au niveau culinaire. Dans son garde-manger, de l'agneau, dont celui de la péninsule de Gower, du mouton, du bœuf noir, des poissons et fruits de mer comme les coques, appelées aussi bucardes et souvent cuites vapeur, du saumon, de la truite, l'emblématique poireau ou le fromage *caerphilly*. Dans leur menu, les Gallois perpétuent aussi une foule de recettes traditionnelles : la soupe de poireau, évidemment, les *cawls* agrémentés de viande et de légumes, à mi-chemin entre la soupe et le pot-au-feu, les *welsh faggots*, boulettes de viande à base de foie de porc et d'oignons, le *welsh rarebit*, tartine gratinée garnie d'un mélange de cheddar fondu, de moutarde et de bière, ou les *Glamorgan sausages*, saucisses préparées non pas avec de la viande mais avec du fromage, de la mie de pain, des œufs, des poireaux, des oignons et pourquoi pas des épices... Côté sucré aussi, les Gallois se régalent de spécialités bien à eux : outre les *welsh cakes*, cousins des scones anglais, le *bara brith* – gâteau aux raisins secs – est l'un des indispensables du *tea time*. Enfin, l'une des recettes les plus originales du pays demeure le *laverbread*, dont les mineurs se nourrissaient au petit déjeuner. À base de flocons d'avoine et d'algues bouillies pendant plusieurs heures puis hachées, cette purée noire sert à la confection de galettes servies avec du bacon, ou peut être étalée sur une tartine. Mais si le garde-manger est riche et conséquent, la scène culinaire galloise l'est tout autant, avec notamment Hywel Griffith, chef du Beach House, à Oxwich. Une table posée au bord de la mer dans une baie célèbre pour son homard. Le chef le propose notamment dans un menu en 5 plats, mais il cuisine aussi la poitrine de porc cuite lentement avec de l'aubergine, de la laitue et des lentilles du Puy, ou les *cannelloni*, légumes braisés, pommes de terre et thym citron.

> « La petite nation possède un sacré tempérament au niveau culinaire. »

PAYS DE GALLES

LE WELSH RABBIT
ET SA DESCENDANCE

QUAND ON A COMMENCÉ à en noter les recettes, au XVIIIe siècle, on l'appelait *rabbit* et non *rarebit* : le second terme, en réalité impropre, aurait été préféré à la longue parce qu'il n'y a pas de lapin dans la préparation. Les racines galloises du plat sont d'autant plus nébuleuses qu'il y avait des *rabbits* écossais, gallois et anglais. Pourquoi *welsh*, alors ? Peut-être parce que les Gallois jouissaient d'une réputation de grands amateurs de fromage grillé ou gratiné ; ou, comme on l'a prétendu, parce qu'autrefois, interdits de lapins de garenne sur les chasses seigneuriales, ils se rabattaient sur le fromage ?

Écossais, gallois ou anglais, le mets était nimbé d'une aura de luxe : il exigeait le meilleur fromage de Cheddar, du bon vin et le beurre le plus fin. Une pointe de moutarde était tolérée. Plus tard, il évolua vers sa forme actuelle : un toast recouvert d'une fondue de fromage, de bière et d'épices, liée ou non à la farine, avec moutarde et sauce Worcestershire. Un peu de purée de tomate, et c'est un *blushing bunny* (un lapin qui rougit). Un œuf, et l'on a un *buck rabbit*.

L'origine du croque-monsieur ne semble pas liée au *welsh rabbit*, dont la descendance directe est à chercher sur la Côte d'Opale, en France : le *welsh*, ou croque gallois, se compose de pain de mie recouvert d'une tranche de jambon et de cheddar fondu à la bière avec un peu de moutarde. La recette est proche de l'originale britannique, la générosité nordiste en plus : les ingrédients disparaissent littéralement sous l'épaisse couche gratinée. Des soldats gallois qui assiégeaient Boulogne-sur-Mer sous les ordres de Henri VIII, en 1544, auraient inspiré la recette aux gourmands locaux. Au moins un bon souvenir qu'aura laissé le roi à ses six épouses...

> « L'origine du croque-monsieur ne semble pas liée au *welsh rabbit*... »

WELSH RAREBIT AU CURRY

PRÉPARATION : 15 MINUTES

CUISSON : 8 À 10 MINUTES

INGRÉDIENTS POUR 4 PERSONNES

30 g de pain de mie frais, sans la croûte

300 g de cheddar fermier affiné, râpé

15 g de farine

10 cl de bière artisanale (je conseille une bière britannique de type ale ou une bière belge d'abbaye)

1 cuillerée à café bombée de moutarde forte

2 traits de sauce Worcestershire

1 cuillerée à café rase de curry en poudre

Poivre blanc du moulin

1 œuf entier + 1 jaune

8 tranches de pain au levain de taille moyenne

1. Passer le pain de mie au mixeur pour obtenir une chapelure fine. Réserver. Verser la bière dans une casserole, ajouter le cheddar sur feu doux et laisser fondre lentement en remuant de temps en temps, sans laisser bouillir. Lorsque le mélange est lisse, ajouter la farine, la chapelure, le curry et la moutarde. Faire cuire 5 minutes sur feu un peu plus vif jusqu'à ce que la préparation épaississe et se détache de la paroi de la casserole. Ajouter alors la sauce Worcestershire et poivrer généreusement. Retirer du feu. Allumer le gril du four. Verser le contenu de la casserole dans le bol d'un mixeur, ajouter l'œuf et le jaune et mixer pendant quelques secondes. Toaster les tranches de pain, puis les recouvrir généreusement du mélange au fromage. Faire gratiner sous le gril du four jusqu'à ce que la surface soit dorée.

2. Servir avec le reste de bière.

Recette issue de *Au coin du feu* de Sophie Brissaud, Éditions de La Martinière, 2018

CLASSIQUE

LE RITUEL DU tea time

C'est à Anna Russell, duchesse de Bedford, que l'on doit cette pause frugale. Au XIXe siècle en Angleterre, seuls deux repas étaient servis, le petit déjeuner et le dîner. *L'afternoon tea* était principalement destiné à combler la faim se faisant sentir en milieu d'après-midi. Ce moment consistait, lorsqu'il a été créé, en quelques gâteaux et petits sandwichs salés accompagnés de thé. Et ce rituel a perduré dans le temps. Il est aujourd'hui pratiqué en Angleterre, mais également bien au-delà de ses frontières. Il y a eu, et il y a toujours, des douceurs incontournables pour un *tea time* digne de ce nom. Le thé bien entendu, darjeeling, earl grey pour les classiques, ou d'autres moins conventionnels, comme des thés japonais ou chinois. Invariablement, des scones composeront la table du *tea time*. Ces petits pains d'origine écossaise, assez denses et légèrement biscuités, seront accompagnés de *clotted cream* (crème épaisse entière) et de marmelade. D'autres pâtisseries font aussi partie de la sélection proposée. Traditionnellement, il s'agissait de gâteaux anglais comme le *Victoria sponge cake*, mais aujourd'hui tartelettes, éclairs et choux ont pris leur place. Une sélection de petits sandwichs salés sera toujours proposée ! Aujourd'hui, dans le monde entier, dans les grands hôtels, le *tea time* est le moment du chef pâtissier. C'est là que celui-ci peut exposer une grande partie de ses créations à la vue des clients. Il peut jouer de classicisme ou au contraire faire preuve d'originalité, mais quoi qu'il arrive cela sera toujours dans le respect du moment et de ses traditions.

LA VOGUE DES *Mocktails*

Ces cocktails sans alcool ont de plus en plus d'aficionados… Et les *bartenders* rivalisent d'imagination pour assouvir leur soif.

Tendance récente, le mocktail existait pourtant déjà pendant la Prohibition. Contraction de *mock* – qui signifie « imiter » – et de « cocktail », il redébarque en force depuis quelques années dans les grandes villes occidentales comme New York, Paris ou Londres. Pourquoi ce come-back ? Pour répondre à une demande de plus en plus affirmée pour le « sans alcool ». Partout, les *bartenders* des bars les plus prestigieux s'y mettent, comme à l'American Bar du Savoy Hotel, dans la capitale britannique, où plusieurs mocktails sont proposés à la carte. Ne pensez pas qu'ils soient une version triste ou une pâle copie des cocktails avec alcool. Rien à voir avec le mélange ordinaire de trois jus de fruits ordinaires, histoire de satisfaire les abstinents. C'est presque un nouveau champ des possibles qui s'ouvre, une discipline à part entière pour les docteurs ès cocktails qui réinventent un répertoire, avec ses associations de goûts et de saveurs, voire des ingrédients nouveaux. Parmi ces derniers, le Seedlip fait un malheur : ce spiritueux sans alcool, fruit d'une distillation mais sans fermentation, est abusivement comparé au gin puisqu'il ne contient pas de genièvre. Même s'il est vrai que l'utilisation d'herbes dans la recette et le fait qu'il trouve d'intéressantes connivences avec le tonic peuvent évoquer un certain cousinage… Ringards, les cocktails sans alcool ? Bien au contraire, les mocktails sont furieusement en vogue !

SINGLE MALT

LE WHISKY
Tout un art !

Bon nombre de pays produisent aujourd'hui du whisky, que ce soit le Japon, l'Inde, Taiwan ou les États-Unis. L'identité des whiskies demeure néanmoins ancrée en Écosse et en Irlande, le duo se disputant la paternité depuis toujours !

Paroles d'inspecteur

On the rocks ?
Un whisky de qualité ne se sert jamais avec des glaçons, ces derniers anesthésiant les papilles et desservant l'instant de dégustation. Les amateurs et dégustateurs sont en revanche plus partagés lorsqu'il s'agit d'ajouter de l'eau. Il y a deux écoles diamétralement opposées. À vous de choisir la vôtre !

Le whisky est un très vaste univers à lui tout seul, impossible à résumer. En apparence pourtant, la liste de base des ingrédients paraît simple : des céréales, de l'eau et des levures ! Mais la réalité est tout autre. Prenons seulement l'orge : il en existe de multiples variétés, les opérations de maltage diffèrent d'une distillerie à l'autre et celles-ci apportent des caractéristiques aromatiques différentes. Idem pour l'eau : chacune possède ses caractéristiques géologiques, suivant les sols dont elle est issue. Élément primordial dans la fabrication du whisky, l'eau est un trésor que chaque distillerie préserve. Sur l'île d'Islay par exemple, chaque distillerie utilise sa propre source.

On pourrait continuer la liste en évoquant les diverses formes d'alambics ou encore les grands types de fûts où s'effectue la lente maturation des whiskies, sans oublier les *single*, les *blend*...

Des ingrédients aux techniques de distillation et à la patte de chaque maison, il existe en réalité autant de styles de whiskies que de distilleries ! En Écosse, pays qui en compte le plus grand nombre, une centaine de distilleries sont encore en activité, au fil des cinq grandes régions, les Lowlands, les Highlands, le Speyside, Campbeltown, les îles et Islay. Dans les Highlands du nord par exemple, l'une des distilleries mythiques est celle de Glenmorangie, qui a été l'une des premières à chauffer ses alambics à la vapeur dès 1880. Possédant les plus hauts alambics *pot still* d'Écosse (plus de 5 mètres), elle est connue pour son *single malt* et pour ses affinages en fûts de vin ! Le site est également réputé pour sa magnifique « Maison », à quelques encablures de la ville de Tain. Hôtel intime de neuf chambres, la Glenmorangie House et son restaurant gastronomique, où officie le chef John Wilson, incarnent l'art de vivre écossais, au cœur d'une nature préservée où tout n'est que calme et volupté.

“ Élément primordial dans la fabrication du whisky, l'eau est un trésor que chaque distillerie préserve. ”

Paroles d'inspecteur

Whisky ou whiskey ?

Dans la majorité du monde, on parle de whisky, mais aux États-Unis et en Irlande, on l'orthographie avec un " e ". *L'irish whiskey* est souvent obtenu à partir d'une triple distillation, contrairement aux breuvages écossais qui généralement, adoptent la double.

Saumon

ÉCOSSAIS Vs IRLANDAIS

Héritière d'une longue tradition historique du fumage de poisson, la France est le deuxième pays producteur de saumon fumé en Europe (28 400 tonnes en 2017) derrière la Pologne et devant le Royaume-Uni. Il va de soi que nous parlons ici du fumage et non d'élevage et de production de saumon atlantique, qui n'est pas une provenance mais une espèce (*salmo salar*), dont le leader reste la Norvège, devant le Chili. Viennent ensuite le Royaume-Uni, l'Australie, le Canada et les îles Féroé. C'est au Royaume-Uni que l'on doit les premiers essais de culture en eau douce au XIXe siècle, mais à l'époque, cette forme d'élevage visait à repeupler les rivières. Il faut attendre 1960 pour que les premiers élevages en cage en mer voient le jour en Norvège, à qui certains pays, dont l'Écosse et l'Irlande, ont emboîté le pas.

LABEL ROUGE CONTRE LABEL BIO

Produit en Écosse depuis quarante ans, le saumon d'élevage a été le premier poisson et le premier produit non français à obtenir le label Rouge en 1992. Également détenteur depuis 2004 d'une indication géographique protégée (IGP), ce saumon est élevé selon un cahier des charges extrêmement strict dans la région des Highlands and Islands dans un premier temps (environ 15 mois), dans des bassins d'eau douce descendant des torrents, puis dans l'eau froide salée des lochs (entre 12 et 36 mois), où la densité est limitée à 1,5 % de saumon pour 98,5 % d'eau. Lorsque l'élevage en cage se développe, l'Irlande est confrontée à deux problèmes : des eaux peu profondes et une opposition farouche de la population, qui perdure encore, pour lutter contre l'installation de fermes d'élevage gigantesques. Le pays, ne pouvant concurrencer son voisin et encore moins la Norvège, se recentre sur l'élevage bio qui représente aujourd'hui 70 % de la production totale de saumon, avec un cahier des charges limitant les traitements médicamenteux et obligeant à proposer une alimentation riche en céréales bio afin de préserver les ressources marines.

LA LANGOUSTINE DE CASIER ?
Le top !

L'Écosse s'est fait une spécialité de ce mode de pêche extrêmement respectueux du crustacé. Pas étonnant que les chefs les plus exigeants en redemandent.

Dans la famille des crustacés, la *Nephrops norvegicus*, plus connue sous le nom commun « langoustine », voire sous son sobriquet « demoiselle », est une bête qui vit à des profondeurs variables, sur des substrats sablo-vaseux dans lesquels elle creuse un terrier qu'elle quitte discrètement lorsque l'ambiance est à l'obscurité. Grande vedette du plateau marin, elle est principalement pêchée au chalut par des bateaux côtiers ou des navires hauturiers. C'est le cas en France, dans le pays bigouden, en Bretagne, où elle reste la ressource phare de ports comme Le Guilvinec ou Loctudy. Dans l'Hexagone et ailleurs, un autre mode de pêche se développe aussi petit à petit : le casier appâté. L'Écosse a été le premier pays à voir se constituer sur ses côtes une véritable flottille dédiée à cette méthode de capture pratiquée dans différentes zones du littoral local.

« En quelques années, la langoustine de casier est ainsi devenue un must »

Les avantages de la pêche au casier ? D'abord, les volumes pêchés sont bien moindres qu'au chalut, la ressource est donc mieux préservée. Ensuite, les spécimens attrapés ainsi sont souvent de gros calibre. Enfin, cette pêche demeure beaucoup plus respectueuse de la langoustine, puisque cette dernière n'est pas écrasée ni étouffée par des tonnes de ses congénères au fond d'un chalut. Que demander de plus ? En quelques années, la langoustine de casier est ainsi devenue un must : elle est assidûment courtisée par les meilleurs poissonniers et les chefs. L'Écosse en a même fait un très noble produit d'exportation.

CHICKEN TIKKA MASSALA

INGRÉDIENTS POUR 4 PERSONNES

2 blancs de poulet

2 cuisses de poulet désossées

Le jus de 2 citrons

15 cl de yaourt

3 gousses d'ail

1 c. à s. de gingembre râpé

1,5 c. à c. de cumin

1 c. à s. de garam masala

1 c. à s. de paprika

Sel

LA SAUCE

2 oignons

2 c. à s. de ghee

4 gousses d'ail

2 c. à s. de gingembre râpé

2 cm de cannelle

4 clous de girofle

6 gousses de cardamome

400 g de tomates pelées

30 cl d'eau

5 cl de crème

2 piments verts hachés

1 pincée de paprika

2 pincées de sucre

1 c. à s. de garam masala

LA FINITION ET LE DRESSAGE

Feuilles de coriandre

Naans

1. Faites mariner pendant une nuit les blancs et les cuisses de poulet coupés en morceaux dans le jus des citrons avec un peu de sel, le yaourt, les gousses d'ail épluchées, le gingembre râpé, le cumin, le garam masala et le paprika. Disposez les morceaux de poulet sur des brochettes et faites-les cuire 15 minutes sous le gril en les retournant une fois. Conservez la marinade.

2. Pour la sauce, épluchez et ciselez les oignons. Faites-les revenir avec le ghee, les gousses d'ail, le gingembre râpé, la cannelle, les clous de girofle et les gousses de cardamome réduites en poudre. Versez ensuite les tomates pelées et l'eau. Laissez mijoter puis mixez. Versez la crème, les piments verts hachés, du paprika, un peu de sucre, la marinade puis les morceaux de poulet cuits et le garam masala.

3. Servez parsemé de coriandre, avec des naans.

MÉTISSAGE

LE CHICKEN TIKKA MASSALA... *de Glasgow*

Emblème du syncrétisme culinaire so British, le « CTM », probablement inspiré du *murgh makhani* pendjabi, se compose de poulet mariné et rôti noyé dans une sauce inauthentique. La légende, parmi d'autres, raconte que ce plat a été inventé à Glasgow par un chef pakistanais, à l'intention d'un chauffeur de bus affamé, avec du poulet au curry jugé trop sec, et donc mouillé avec la soupe à la tomate dudit chauffeur, du yaourt et des épices. Les Anglo-Saxons, ne souffrant pas d'un complexe de supériorité culinaire, ont embrassé avec gourmandise la cuisine des pays jadis colonisés, intégrant au passage des modifications liées aux contraintes locales ou de transport des denrées (d'où la création du chutney ou de la bière IPA). Les plats obtenus ne reflètent pas la diversité culinaire de leur pays d'origine, mais sont immensément populaires, et excellents lorsqu'ils sont bien préparés.

INDIAN STYLE À LONDRES

De 1750 à 1947, la couronne britannique régna sur les Indes, un territoire correspondant à l'Inde actuelle, au Pakistan et au Bangladesh. Rien de surprenant à ce qu'on trouve donc à Londres quelques-uns des meilleurs restaurants indiens du monde. À l'évocation de la gastronomie indienne, souvent un mot vient à l'esprit, *spicy*. Si la gastronomie indienne est une des plus riches, une des plus parfumées et des plus subtiles au monde, il n'empêche que pour nombre de palais, la première dégustation reste un souvenir cuisant.
Pour s'initier aux multiples subtilités des différentes cuisines du sous-continent indien, et pour une expérience indienne gourmande et mémorable, Londres est la ville idéale. La capitale britannique abrite un grand nombre d'établissements qui font honneur aux différents terroirs indiens, comme Trishna, dans le quartier de Marylebone. On y sert une cuisine qui met à l'honneur les plats préparés sur la côte sud-ouest du pays, avec notamment un tandoori de crevettes à la moutarde ou une association de fruits de mer et de poissons au poivre rose. Au restaurant Amaya, une valeur sûre depuis quinze ans, on peut poursuivre son initiation sur les modes de cuisson comme le *tawa* (plaque en fonte), le *tandoor* (four en terre cuite) ou le *sigri* (brasier). Enfin, au Gymkhana, dans le quartier de Mayfair, c'est la cuisine du nord de l'Inde qui est proposée, avec des plats comme le rouleau de chèvre aux épices et chutney, le crabe mou aux épices massala ou les œufs de caille brouillés au homard.

—

TRISHNA ✿ / AMAYA ✿ / GYMKHANA ✿

BIÈRES *mode d'emploi*

Quelle est la différence entre une IPA, une *pale ale* ou une *stout* ? Quelques repères sont indispensables pour ne pas boire à l'aveugle.

L'histoire brassicole nous montre que la bière se conjugue depuis longtemps au pluriel dans une grande diversité de styles. Leur classification est liée à différentes méthodes de fabrication, notamment les types de fermentation qui distinguent *ales* (fermentation haute), *lagers* (fermentation basse) et *lambics* (fermentation spontanée). Mais ce serait bien trop simple si les nuances s'arrêtaient là : ces trois grandes tribus sont elles-mêmes mères de sous-familles et d'une foule de types de bière différents, sans compter que certaines productions sont difficilement assimilables à l'un ou l'autre style. Avec l'Europe de l'Est et la Belgique, le Royaume-Uni est l'un des principaux territoires de culture brassicole, à l'origine de différents courants.

Savez-vous parler la langue brassicole anglaise ?

Savez-vous parler la langue brassicole anglaise ? Voilà quelques éléments de vocabulaire précieux au moment de lire une étiquette. « *Bitter* », le genre le plus répandu outre-Manche, désigne une bière de fermentation haute et houblonnée. Le répertoire des *bitters* est varié, mais son fil rouge demeure une amertume plus ou moins marquée en fonction des bières. Dans la famille des *ales* anglaises, la *pale ale*, bière houblonnée très courue, se distingue par sa robe ambrée et, au goût, par la forte présence du malt. L'*india pale ale* (IPA) connaît aujourd'hui un grand succès : les bières répondant à cette « appellation » évoquent un spectre large en rapport avec les différents houblons utilisés pour leur fabrication. Les *ales* se déclinent encore en d'autres versions, *mild ale* pour une bière brune douce et peu alcoolisée, *brown ale*, caramélisée, *red ale*, rousse plus ou moins puissante, ou encore *scotch ale*, que la spécialiste Élisabeth Pierre décrit comme « plus foncée et plus alcoolisée que la *pale ale*, fermentée à basse température, à la saveur de malts caramélisés et peu d'amertume ». Sur les étiquettes des bières au Royaume-Uni, on lit aussi parfois « *stout* », pour des bières de fermentation haute, en général très foncées, très denses et très houblonnées, même s'il en existe de multiples styles dont certains plus en finesse... Et ce n'est là qu'un aperçu des nombreuses subtilités des bières britanniques.

GOD SAVE THE *blue* !

Un peu à l'écart du Borough Market, effervescent souk alimentaire londonien, la crèmerie Neal's Yard Dairy apparaît comme un havre de gourmandises.

Le propriétaire, Randolph Hodgson, s'active depuis plus d'une vingtaine d'années pour défendre les fromages fermiers anglais et le retour du lait cru. L'avalanche de meules de cheddar et la variété des persillés proposés fascine l'amateur de fromages. Quand les yeux cherchent le Stilton, ils risquent de croiser le Stichelton, une copie du premier, mais au lait cru ! C'est l'une des particularités du célèbre fromage bleu anglais, il est fabriqué avec du lait pasteurisé. Le cylindre de 6 kilos à la pâte ivoire crémeuse et marbrée de moisissures bleues jouit d'une appellation géographique protégée (Derbyshire, Leicestershire ou Nottinghamshire). Aussi amusant que cela paraisse, la ville de Stilton est en dehors de la zone d'appellation ! S'il est friable et un poil acide, c'est qu'il est trop jeune ou trop marbré. En vieillissant, la texture devient onctueuse, la saveur légèrement piquante avec une très grande longueur en bouche. Les meilleurs Stiltons sont ceux fabriqués avec les laits d'été, quand les vaches pâturent une herbe grasse. En comptant trois à quatre mois d'affinage, c'est de novembre à février qu'il est préférable de les goûter. Friands de fromages persillés, les Anglais ont l'embarras du choix. À côté du Stilton, on en recense plus d'une quinzaine. Certains renaissent même après avoir presque disparu, comme le *wensleydale*. D'autres ont surgi de l'imagination de producteurs fermiers, comme le Young Buck de Michael Thomson, dans le nord de l'Irlande, le Harbourne Blue, un bleu au lait de chèvre de Robin Congdon, auteur également d'un Devon Blue remarquable et du Beenleigh Blue, selon la recette du roquefort.

SOUPE AU CHEDDAR ET À LA BIÈRE

PRÉPARATION : 20 MINUTES

CUISSON : 10 MINUTES

INGRÉDIENTS POUR 4 PERSONNES

50 g de lardons fumés

1 piment vert frais ou quelques rondelles de piment jalapeño en bocal

2 échalotes

1 cuillerée à soupe de farine

30 cl de bière blonde

50 cl de bouillon de volaille non salé

Beurre

125 g de cheddar affiné

Poivre du moulin

1. Dans une casserole assez grande, faire revenir les lardons au beurre sur feu doux jusqu'à ce qu'ils soient dorés et croustillants. Les réserver mais laisser leur gras dans la casserole.

2. Hacher finement les échalotes, couper le piment en tranches. Faire revenir le tout dans le gras des lardons pendant 5 minutes sur feu doux. Si le gras est insuffisant, ce qui est fréquent de nos jours, ajouter un peu de beurre pour que les ingrédients puissent rissoler à l'aise. Ajouter la farine et remuer avec une spatule pendant 1 minute. Retirer du feu et attendre 1 minute.

3. Ajouter la bière et mélanger en fouettant. Remettre sur feu moyen et laisser épaissir sans cesser de fouetter. Ajouter le bouillon de volaille progressivement en fouettant, porter à ébullition et laisser cuire doucement pendant 10 minutes en remuant régulièrement. Goûter et rectifier l'assaisonnement.

4. Hors du feu, ajouter le cheddar en remuant doucement. Lorsqu'il est entièrement fondu, poivrer, ajouter les lardons et servir. On peut, si l'on veut, servir la soupe dans des bols, couvrir la surface de tranches de pain grillé, puis de cheddar râpé, et faire gratiner 5 minutes à four chaud.

5. Servir avec de la bière.

Recette issue de *Au coin du feu* de Sophie Brissaud, Éditions de La Martinière, 2018

Si de nombreux couples à la ville travaillent dans les restaurants selon un schéma classique – monsieur en cuisine et madame en salle –, ils ne sont, en revanche, qu'une poignée à avoir délibérément choisi d'être chefs… en couple.

Les couples en cuisine

« Je n'aimais pas du tout ce monsieur ! », pouffe Chiho Kanzaki à propos de Marcelo di Giacomo quand ils se sont rencontrés, il y a plus de dix ans, dans les cuisines du Mirazur, du chef Mauro Colagreco, à Menton. N'empêche, la studieuse Japonaise et le bouillonnant Argentin ont fait chemin commun et proposent aujourd'hui à Paris, au Virtus, une élégante cuisine, heureux mélange de la réflexion de Chiho et de la spontanéité de Marcelo. Chacun connaît sur le bout du doigt le palais de l'autre. « Jamais je ne ferai un dessert qui ne corresponde aux goûts de Chiho », illustre Marcelo, la pâtisserie étant son domaine de prédilection. En cuisine, jamais un mot plus haut que l'autre ni aucun geste d'affection : « Pour la concentration et par respect pour la brigade composée de cinq personnes, nous sommes de simples collègues. » Sauf qu'un regard leur suffit à se comprendre, à s'entendre, à décider. « C'est rassurant de le savoir là », sourit Chiho, et « être ensemble en cuisine permet de conserver les énergies », conclut Marcelo.

Au Lait Thym Sel, à Angers, Fanny et Gaëtan Morvan proposent six soirs par semaine à 16 chanceux un menu dégustation conçu à quatre mains et deux sensibilités. « C'est notre projet de tout faire ensemble, précise Fanny. On rencontre les producteurs, on part du produit, on échange nos souvenirs gustatifs. Puis on s'interroge sur la cuisson, les techniques… On fait des essais, on goûte, on améliore… » Le jeune couple contrôle tout – zéro personnel ! –, et affirme que la clé de sa réussite repose sur une mise en place très pointue et une organisation drastique.

« On se dispute beaucoup ! », s'exclament de concert en riant Ryunosuke Naito et Kwen Liew, les trentenaires de Pertinence, à Paris, petit restaurant zen et lumineux où le jeune couple nippo-malaisien est seul aux commandes. Approvisionnement, création et conception des plats, service, plonge, administratif… : « On fait absolument tout. Et tout, ensemble ! », entérinent les deux trentenaires que les voisins gratifient quotidiennement d'un « salut, les amoureux ! ». Ryu et Kwen savent toujours « ce que l'autre est en train de faire », et ce pas de deux bien chorégraphié donne naissance à des plats où leurs deux cultures très différentes se mêlent avec grâce et talent. Leur secret ? « On a 100 % confiance en l'autre et tous les soirs, après la plonge, on s'assoie et on discute pendant 45 minutes, on règle les différends, on ajuste, on rectifie, bref, on progresse ! » Une belle preuve par trois couples que, à deux, c'est mieux.

> « On fait absolument tout. Et tout, ensemble ! »
> Ryunosuke Naito & Kwen Liew

—

MIRAZUR ❁❁❁ / VIRTUS ❁ / LAIT THYM SEL ❁ / PERTINENCE ❁

Peut-on manger bleu ?

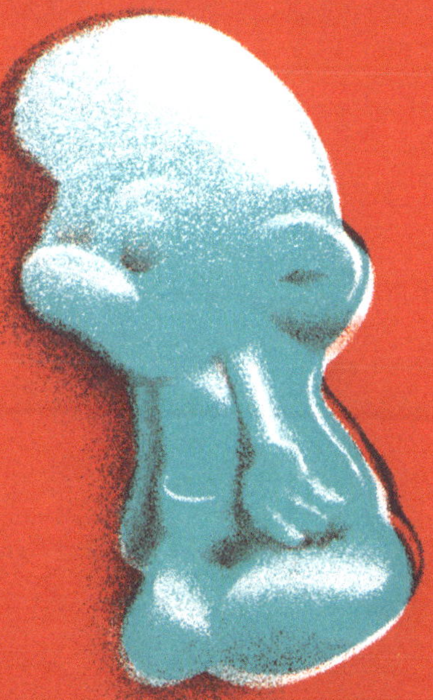

Rarissime, voire inexistante dans nos assiettes, la couleur bleue ne rime pas vraiment avec alimentation… Pourrait-on manger bleu en réalité ?

À bien y réfléchir, la couleur bleue ne figure pas dans nos codes ni dans ceux du marketing alimentaire. Elle s'associe seulement à un côté « light », comme pour le lait demi-écrémé, mais ne répond pas du tout aux envies des consommateurs, évoquant la froideur mais pas la gaieté de la sustentation. Et ceci pour une raison assez simple : il n'existe pas vraiment d'aliment naturellement bleu dans la nature et notre cerveau n'est pas prêt à avoir devant les yeux une tomate ou une purée bleues. Les myrtilles, par exemple, sont en effet plutôt violettes, comme la pomme de terre vitelotte ou encore l'extérieur de la figue. Il existe des plantes et fleurs bleues, comme celles de romarin ou l'hysope, mais difficile de les considérer comme aliments. On parle pourtant communément de viande bleue, encore crue à cœur, ou de fromages bleus avec leurs moisissures, voire aussi de thé bleu, qui est un Oolong de Chine, sans oublier les poissons bleus que sont les anchois, sardines et maquereaux. Pour manger bleu en réalité, en dehors de croquer un Schtroumpf ou de savourer une glace du même nom, il y a les colorants chimiques ou naturels, comme la spiruline et son pigment bleu, la phycocyanine qui sont souvent utilisés, notamment en pâtisserie. Comme quoi, lorsque Paul Éluard écrivait « la Terre est bleue comme une orange », on était en pleine vision surréaliste !

M

Reste de l'Europe

CRÈTE

Le régime crétois

Différentes études, réalisées au milieu du XXe siècle, ont mis en lumière le fait que grâce à un régime faible en protéines animales et malgré un système de santé moins développé, les Crétois avaient une espérance de vie plus longue que les autres populations européennes.

Il a été constaté un lien entre leur alimentation et le fait qu'ils souffraient moins de maladies-cardiovasculaires, de cancers ou de diabète. Synonyme de longévité, le régime crétois se base sur des règles de consommation alimentaires assez simples (propre à l'insularité et aux cultures agricoles de la Crète) apportant à l'organisme des vitamines, minéraux et antioxydants en abondance. Ce régime préconise une alimentation riche en légumes et végétaux, fruits secs, légumineuses et céréales (également sous forme de pain). En revanche, il limite l'apport en sucre raffiné et préfère la consommation de fruits, riches en vitamine C. Les graisses jugées acceptables sont exclusivement d'origine végétale, comme l'huile d'olive ou les graisses contenues dans les fruits secs. Le vin est le seul alcool toléré (en consommation occasionnelle), car il est riche en antioxydants ralentissant le vieillissement cellulaire. Les protéines animales consommées seront quant à elles en provenance directe de la pêche, avec du poisson ou des fruits de mer mais très peu sous forme de protéines carnées. L'apport en protéines convenant à ce régime peut également venir de produits laitiers de brebis ou de chèvre. Un autre régime méditerranéen a récemment vu le jour, le régime Pioppi, petite ville italienne de Campanie, qui en plus de valoriser les bases du régime crétois, préconise l'art du vivre ensemble et la convivialité des repas dégustés à plusieurs.

"... Le régime crétois se fonde sur des règles de consommation alimentaires assez simples."

GRÈCE

CUISINER LE POULPE

Le poulpe, si délicieux, si dur à cuire ! Du moins pour les gros spécimens : les petits sujets - muscardins, supions, polpetti ou pulpitos - sont moins contrariants. En Europe du Sud, territoire de la cuisine du poulpe, les techniques varient pour attendrir ce monstre marin. Les pêcheurs grecs le heurtent quarante fois contre un rocher. Inutile de les imiter avec un rouleau à pâtisserie, il doit être attendri juste après la pêche. Vous pouvez encore le congeler au moins deux jours et le décongeler lentement, puis le cuire entier pour ne le découper qu'après cuisson : ça marche !
En Grèce, suspendu à des fils tendus en pleine rue et en plein soleil, le poulpe s'affine et son goût se concentre. Grillé sur les braises, arrosé d'huile d'olive et de vinaigre, il est parfait. Ainsi que cuit à l'étuvée avec du vin rouge, ou dans un bouillon vinaigré et servi en salade froide. Un bouchon de liège dans le jus de cuisson l'attendrit encore, dit-on. Mais il n'est jamais meilleur qu'en macaronade, mijoté en sauce tomate au vin rouge avec des pâtes courtes ajoutées en fin de cuisson.

RÉPUBLIQUE TCHÈQUE

LE TRDELNÍK
La pâtisserie de rue

Qui n'a pas sillonné à pied la ville de Prague n'a pas senti les parfums de la cuisson du *trdelník*. Il est partout, dans toutes les rues et surtout les plus fréquentées. Le *trdelník* ou *trdlo* est une pâtisserie ou plutôt une pâte levée composée de farine, de lait, de beurre, de sucre, d'œufs et de levure. Enroulée en serpentins autour de broches, elle est cuite une vingtaine de minutes avant d'être roulée dans du sucre et de la cannelle, de la poudre de noisettes ou d'amandes. Si cette pâtisserie est devenue un symbole de Prague comme la gaufre en Belgique ou la crêpe en Bretagne, il semblerait que le *trdelník* ne soit pas une véritable spécialité locale. L'histoire raconte que les Hongrois pourraient en revendiquer la paternité à l'époque où ils vivaient en Transylvanie, une région de la Roumanie, entre les XVIe et XVIIe siècles. Quelques décennies plus tard, en 1867, naît l'Empire austro-hongrois qui englobe de nombreuses minorités dont les Tchèques et les Slovaques. Le *trdelník*, par le jeu des nouvelles frontières, fait son apparition à Skalica, dans l'ancienne Tchécoslovaquie. À la dissolution de ce pays en 1992 pour donner naissance à la Slovaquie d'un côté et à la République tchèque de l'autre, le *trdelník* reste dans son berceau historique de Skalica en Slovaquie, mais il devient aussi une pâtisserie incontournable de l'autre côté de la frontière, notamment à Prague, où tout le monde en raffole… et pas seulement les touristes.

POLOGNE

LA VODKA *polonaise*

Si Mexique rime avec tequila et Écosse avec whisky, la Pologne est le berceau de la vodka... même si les Russes le contestent depuis toujours.

La vodka fait partie de l'histoire de la Pologne depuis des siècles. Elle servit de valeur refuge durant les pénuries. Elle devint monopole d'État après la Première Guerre mondiale, représentant une part de 10 à 15 % des revenus. Issue de la distillation d'un moût fermenté, la vodka est élaborée à partir de céréales (blé, seigle...), mais aussi de pommes de terre, de mélasse de betterave à sucre ou de tout autre matière première d'origine agricole. Au terme de la distillation, l'alcool obtenu est filtré puis dilué par ajout d'eau afin de faire baisser son taux d'alcool. En Pologne, qui revendique la première place mondiale avec une production de 100 millions de litres d'alcool pur, les vodkas claires servent pour la création de cocktails, mais les plus appréciées sont aromatisées, comme la Żubrówka, la plus exportée, dont chaque bouteille contient un brin d'herbe de la forêt de Białowieża. La krupnik se prépare avec du miel et une foule d'herbes la rendant très douce. Quant à la Żołądkowa Gorzka, produite à Lublin, elle est ambrée et assaisonnée avec des herbes, des épices et des fruits séchés et idéalement servie sur glace en digestif. Un séjour à Varsovie permet depuis juin 2018 de se rendre au premier musée de la vodka polonaise. La visite peut éventuellement se terminer par un repas au restaurant Elixir by Dom Wódki, qui propose des mariages inédits entre une cuisine contemporaine et créative (hareng, raviolis, tartare de bœuf...) et une palette de plusieurs centaines de vodkas.

Toqués DE TOKAY !

Le tokay de Hongrie est un vin unique qu'il faut absolument avoir goûté au moins une fois dans sa vie ! Décryptage de cette appellation mythique.

Produits au nord de la Hongrie, les vins de tokay ou tokaji sont issus principalement des cépages furmint, harslevelu et bénéficient d'une belle histoire. En effet, l'appellation tokaji a été délimitée par décret royal de Charles III en 1737 et qualifiée de « vin des rois et roi des vins » par Louis XIV. Comptant aujourd'hui un peu plus de 5 000 hectares, l'appellation est indissociable de son microclimat particulier, de ses pentes volcaniques et ses zones humides, parfaite palette pour donner naissance à la pourriture noble (ou *Botrytis cinerea*) ou permettre le passerillage. Les raisins ainsi vendangés tardivement sont récoltés dans des paniers appelés *puttonyos* de 20 à 25 litres, formant une pâte compacte sucrée ou *aszù* qui sera ensuite mélangée à du vin blanc sec. Après macération, le mélange est décanté, filtré puis entonné afin de partir en fermentation. Les vins sont ensuite élevés dans de petites barriques, au cœur de chais creusés dans la pierre volcanique. Pour saisir la typologie des vins de tokay, plus le nombre de *puttonyos* est élevé, entre 3 et 6, plus le vin est riche en sucres résiduels. Univers à part dans les liquoreux, les vins de tokay peuvent se montrer énergiques malgré leurs sucres et ne laissent aucun amateur indifférent, par la sensualité de leurs arômes de fruits confits, de miel et d'épices qui appellent un fromage persillé ou éventuellement un dessert dominé par l'abricot. À goûter également, les tokays secs, de grande élégance, qui s'apprécient en apéritif ou avec une volaille et des champignons.

GULYAS & PAPRIKA

À part le *gulyas* (goulash), on sait en général peu de chose de la savoureuse cuisine hongroise. Le paprika en est le leitmotiv. Apporté par les Turcs au XVIe siècle, produit dans la région de Szeged et de Kalocsa, il fait de la Hongrie le pays le plus pimenté d'Europe de l'Est. Il orne tous les repas, colorant de rouge brique le *halászlé*, la soupe de carpe, ou de rose tendre le *körözött*, un fromage frais battu à la crème. À table, il prend la place du poivre à côté de la salière. Selon les variétés de piment doux ou fort qui le composent, la proportion de pulpe et de graines, il sera plus ou moins doux et fruité (*édes*) ou piquant (*erös*). Curieusement, il n'y a pas de paprika dans la recette originale du délicieux *téliszalámi* ou salami d'hiver, à base de viande de porc *mangalica* finement hachée, mais il en existe des versions pimentées.

LA RECETTE DU GULYAS

1. Pour faire un vrai *gulyas* (qui est une soupe et non un ragoût), sortez votre cocotte en fonte. Faites revenir, dans du saindoux, de l'oignon haché, quelques dés de poivron et une pincée de graines de carvi.

2. Hors du feu, ajoutez du paleron ou de la macreuse de bœuf coupés en petits cubes et beaucoup de paprika semi-piquant (*édesnemes*). Mélangez, remettez sur le feu et mélangez encore en veillant à ne pas faire brûler le paprika. Certains ajoutent alors de la tomate concassée. Couvrez largement d'eau chaude, salez, et laissez mijoter environ 2 heures ou jusqu'à ce que le bœuf soit tendre.

3. Une demi-heure avant la fin de la cuisson, ajoutez des pommes de terre en gros morceaux et une nouvelle dose de paprika pour rafraîchir la couleur.

4. Peu avant de servir, faites des *csipetke* (« dés à coudre ») en pétrissant 75 g de farine, 1 œuf, 20 g de beurre mou et un peu de sel. Roulez cette pâte en un étroit boudin et détachez-en des petits morceaux qui cuiront en une minute dans le *gulyas*.

5. Servez avec un bon vin rouge de cépage *kadarka* ou *kékfrankos*.

HUNGARY
I. OSZTÁLYÚ FŰSZER-
PAPRIKA
ŐRLEMÉNY
HUNGARY
I. OSZTÁLYÚ FŰSZER-
PAPRIKA
ŐRLEMÉNY

ANDREAS CAMINADA

Chef de file de la cuisine helvétique

Andreas Caminada est un chef de cuisine surdoué qui trace sa route hors des sentiers battus au creux du petit castel d'une des plus petites villes de Suisse, Fürstenau.

On est en Suisse, on quitte l'autoroute A3, on roule pendant 1 kilomètre. Si l'on avait continué, on tombait sur Davos, 50 kilomètres plus loin. Mais ici, pas de milliardaires, bienvenue à Fürstenau, minuscule village du canton des Grisons. À la sortie de cette cité tranquille qui se revendique comme la plus petite du monde, se dresse le château de Schauenstein. C'est là qu'Andreas Caminada s'est posé en 2003, il n'avait que 26 ans. Avant cela, il avait touché aussi bien au sucré qu'au salé, avec un passage marquant au Bareiss, à Baiersbronn en Allemagne, sous les ordres de Claus-Peter Lumpp. Les distinctions ne tardent pas à pleuvoir sur le nouveau châtelain de Fürstenau, une première étoile dès 2004, la deuxième en 2007 et la troisième en 2010. À 33 ans, il est alors le plus jeune chef triplement étoilé du monde. Une ascension fulgurante qu'il doit à une cuisine d'une précision diabolique, tournant autour de produits familiers, les observant dans le moindre détail pour en restituer la quintessence sous différentes formes. Il joue sur les textures, croustillant, doux, croquant, et sur les saveurs, acide, amère. Il étonne aussi bien au moyen d'une simple salade de poulpe cuit sous-vide, pommes de terre à la crème de tomate, et vinaigrette ciboulette-échalote, qu'avec d'infinies variations sur le citron, en marinade, en boulettes granitées, en gelée, en poudre ou en yaourt. À 42 ans, il a encore beaucoup de choses à montrer mais s'investit aussi dans sa Fondation Uccelin pour la formation des jeunes dans la restauration.

—

BAREISS ✿✿✿ / SCHLOSS SCHAUENSTEIN ✿✿✿

“ Une ascension fulgurante qu'il doit à une cuisine d'une précision diabolique... ”

LUXEMBOURG

Léa Linster, de mère en fils

En jetant un œil au palmarès du Bocuse d'Or qui se tient à Lyon tous les deux ans, il est frappant de constater que les femmes ne sont jamais représentées, et encore moins sur le podium. Seule exception, Léa Linster, qui représentait le Luxembourg en 1989 et décrochait l'or devant le chef belge Pierre Paulus (argent) et le chef singapourien William Wai (bronze).

Léa Linster est à la cuisine luxembourgeoise ce que la cheffe Annie Féolde (à l'Enoteca Pinchiorri) est à la cuisine italienne : des cheffes – même si elles préfèrent le terme de « cuisinières » – qui ont su s'imposer dans un milieu d'hommes à une époque où les femmes n'avaient pas leur place.
Étoilé Michelin sans discontinuer depuis 1987, son restaurant éponyme, à Frisange, n'a plus rien à voir avec le café-restaurant-station-service des années 1950 de ses parents. Si, enfant, elle vit dans les parfums des plats mitonnés par sa mère, elle ne suit pas pour autant le chemin qui semble tout tracé et file en faculté de droit à Metz. Ce n'est qu'à la mort de son père qu'elle suspend ses études pour rejoindre la maison familiale et prendre place derrière les fourneaux. Elle finit par fermer la station-service pour se concentrer sur le restaurant et le guider vers les sommets. Après son sacre au Bocuse d'Or, tout va s'accélérer pour cette pétillante cheffe. Star de la télévision en Allemagne, elle édite un grand nombre de livres de cuisine et ouvre un bistrot dans les années 1990, le Kaschthaus (fermé depuis), à côté de sa table gastronomique dans la campagne. Plus récemment, elle a créé un salon de thé dans le centre-ville de Luxembourg, à quelques pas du Palais grand-ducal, et une boutique où les amateurs peuvent retrouver ses fameuses madeleines. Puis elle a guidé son fils, Louis, pour ses premiers pas en cuisine. Dans un premier temps, elle l'a installé au Pavillon Madeleine, à Kayl, avant de l'inciter à la rejoindre au sein de sa table étoilée. Ce trentenaire est désormais aux commandes de la brigade et compose une cuisine, en accord avec Léa, qui reste irrésistible, à l'instar du turbot servi avec des petits pois, des morilles et une sauce au vin jaune, la brioche de foie gras au kumquat, la langoustine, concombre et caviar, ou encore la sole, petits pois et oseille.

—

LÉA LINSTER ✿ / ENOTECA PINCHIORRI ✿✿✿

L'Europe, terre nourricière et étoilée

Si le Guide Michelin est né en France en 1900, d'autres pays européens ont rapidement été dotés de leur propre guide, comme la Belgique en 1904, l'Espagne et l'Allemagne en 1910 et l'Italie en 1956. Florilège chiffré des pays (en dehors de la France) qui se démarquent en 2019.

LE LUXEMBOURG est le pays qui compte le plus fort ratio de restaurants étoilés par habitant (10, soit 1 pour 59 066 habitants devant la Suisse, 1 pour 65 781 habitants). Seulement, la Suisse se démarque par une qualité d'offre gastronomique en perpétuelle progression. Depuis dix ans, le nombre de restaurants étoilés y a en effet augmenté de 40 %.

L'ITALIE possède le plus grand nombre de restaurants étoilés : 367, devant l'Allemagne (309), mais surtout, l'Italie est le deuxième pays le plus étoilé au monde après la France.

L'ESPAGNE est en tête des pays européens, avec le plus grand nombre de 3 étoiles Michelin (11) devant l'Allemagne, à égalité avec l'Italie (10).

Avec 39 restaurants 2 étoiles, l'Italie occupe la plus haute marche de ce podium. Elle devance de peu l'Allemagne (38), l'Espagne et le Portugal réunis (31). Ce classement reste le même pour les restaurants 1 étoile. L'Italie domine avec 318 tables, l'Allemagne arrive derrière avec 261 restaurants, et l'Espagne et le Portugal avec 190 établissements.

L'ISLANDE et les îles Féroé sont entrés, pour la première fois, dans le Guide Michelin *Nordic Countries* en 2017, et le restaurant Dill, à Reykjavik, restera à jamais dans l'histoire du pays comme le premier restaurant à obtenir 1 étoile Michelin.

ENFIN, AU LIECHTENSTEIN, principauté enclavée entre la Suisse et l'Autriche, les deux tables répertoriées par le Guide Michelin à Vaduz, la capitale, Torkel et Marée, sont toutes deux étoilées.

—

TORKEL ✿ / MARÉE ✿

AUTRICHE

La Sachertorte

HISTOIRE ET MYTHE

Rond, brillant, habillé d'un glaçage au chocolat parfaitement lisse, ce gâteau très chocolaté est composé de deux couches de génoise aérienne entre lesquelles on trouve une couche de confiture d'abricots. C'est au pâtissier viennois Franz Sacher, alors apprenti de 16 ans, qu'on doit cette création imaginée en 1832 pour le prince de Metternich, qui le prévient d'un : « Ne me faites pas honte, c'est tout ce que je vous demande. » Remplaçant le maître pâtissier au pied levé, il improvise alors cette création au mariage de saveurs inédit qui ravit les palais des invités. Il faut évidemment la déguster à l'hôtel Sacher à Vienne, ouvert par Eduard Sacher en 1876. Elle y est toujours servie avec une crème fouettée non sucrée, la *Schlagobers*. Si elle fut au cœur d'une bataille judiciaire entre Eduard et Demel, pâtissier de la cour impériale, la recette originale est désormais conservée dans un coffre-fort comme un secret d'État.

AUTRICHE

VIENNE ET SON VIGNOBLE

Particularité autrichienne, le vignoble viennois se trouve dans Vienne et pas autour de la ville, comme c'est souvent le cas! Depuis le Moyen Âge, pas moins de 700 hectares sont cultivés de part et d'autre du Danube, par une cinquantaine de domaines aujourd'hui. Parmi les cépages autochtones largement représentés qui donnent naissance à de jolis vins élégants, le blaufränkisch (rouge) apprécié pour son bouquet myrtille et cerise, le zweigelt (rouge), le grüner veltliner (blanc) qui donne des vins minéraux et d'une grande profondeur, le weissburgunder (blanc), mais aussi le riesling (blanc) prisé pour sa profondeur et sa persistance. Depuis quelques années, le Wiener Gemischter Satz connaît un réel engouement. Cette appellation est issue de l'assemblage de plusieurs cépages, minimum trois et jusqu'à vingt, cultivés et vinifiés ensemble. Cette spécialité viennoise a d'ailleurs été intégrée dans « l'Arche du Goût » de l'association internationale Slow Food, ce qui lui permet d'être protégée et préservée.

ALLEMAGNE

BAIERSBRONN, *la ville étoilée*

Dans le Bade-Wurtemberg, au cœur de la Forêt-Noire, Baiersbronn pourrait n'être qu'une destination bucolique pour des amateurs d'air pur et de randonnées, si deux familles n'avaient bouleversé la destinée de cette commune.

Dès 1789, les Finkbeiner ouvrent une auberge, Le Traube Tonbach. 230 ans plus tard, l'établissement est aux mains de la 8e génération. Il compte 150 chambres et 4 restaurants. Parallèlement, le Bareiss est né d'une histoire d'amour à l'issue dramatique. Jakob Bareiss fut tué peu avant la fin de la Seconde Guerre mondiale laissant sa femme, Hermine, inconsolable, et Hermann, leur fils âgé de quelques mois. Pour pouvoir le nourrir, elle ouvrit une échoppe où elle vendait des collations puis un bistrot, un hôtel et un restaurant.

Chaque établissement possède aujourd'hui une table distinguée de 3 étoiles Michelin. Pour une petite ville de 16 000 habitants, la situation est peu commune. Mieux ! Le Schwarzwaldstube, le restaurant gastronomique de l'hôtel Traube Tonbach, a obtenu cette troisième étoile en 1993. Un record d'excellence dans le pays grâce au talent de Harald Wohlfahrt, le chef des cuisines jusqu'en 2017. Sa variation de la tête de veau sublimait langue, ris, cervelle et joues avec artichaut, câpres, tomates séchées et crème de jaune d'œuf. Torsten Michel, son second, lui a succédé et poursuit l'aventure sans trop de changements, car les habitués fréquentant l'hôtel, parfois depuis plusieurs générations, sont nombreux. Au Bareiss, Claus-Peter Lumpp a créé le restaurant gastronomique en 1992 et obtenu 3 étoiles en 2007. Sous une simplicité apparente, sa cuisine propose des alliances justes – un filet de caille avec un risotto au safran, courgette et *gremolata* – ou des déclinaisons séduisantes, notamment autour du foie gras. À cette table prestigieuse est venue s'ajouter, à la même adresse, Köhlerstube, du chef Florian Stolte qui, dans une atmosphère bucolique, sert du filet de sandre flambé et crème de champignons ou un brillat-savarin caramélisé et jus de cerfeuil.

La concurrence amicale entre les deux familles est un cercle vertueux depuis longtemps et les effets positifs se font sentir sur l'ensemble de la commune puisque Baiersbronn compte de nombreux restaurants dont un autre étoilé, le Schlossberg de Jorg Sackmann, soit au total 8 étoiles.

—

SCHWARZWALDSTUBE ✿✿✿ / BAREISS ✿✿✿ / KÖHLERSTUBE ✿ / SCHLOSSBERG ✿

JUAN AMADOR
le caractère espagnol, LA RIGUEUR ALLEMANDE

Juan Amador, Juan de la Cruz Amador Perez de son vrai nom, est né en Allemagne en 1968 de parents espagnols. Adolescent, la cuisine ne l'intéresse pas plus que ça. Son souhait : travailler dans la gestion hôtelière. Il commencera effectivement son apprentissage dans un hôtel, mais... dans les cuisines. Une expérience qui révèle sa vraie nature, celle d'un passionné des produits et de la cuisine. Après avoir été formé dans différentes maisons, il entre dans la brigade du regretté Albert Bouley, au restaurant Waldhorn, avant de rejoindre l'île de Sylt, dans le nord de l'Allemagne, pas très loin de la frontière danoise. Il s'installe ensuite, comme chef, au pays des contes de fées des frères Grimm, dans l'État de la Hesse, au restaurant du Schlosshotel Die Weyberhöfe.

" la créativité, ça ne se prévoit pas. "

En 2005, il ouvre à Langen, toujours en Hesse, son premier restaurant, L'Amador, avant de le transférer dans un premier temps à Mannheim (entre Francfort et Stuttgart), et, dans un second temps, en Autriche, à Vienne, dans une cave à vin voûtée du vignoble Hajszan. S'il fut longtemps considéré comme un cuisinier avant-gardiste de la trempe de Ferran Adrià, en Espagne, il a quelque peu mis de côté cet esprit de *show* culinaire. Aujourd'hui, ce qui compte à ses yeux, c'est le goût et rien que le goût, et beaucoup de travail, car, comme il le souligne, « la créativité, ça ne se prévoit pas ». Ses intitulés sont comme ses créations, nets et précis : huîtres, lait de noisette et caviar ; homard, *miso* et tête de veau ; saint-pierre, anchois et sot-l'y-laisse ; crème de lait aux épices, betterave et framboise. Une sobriété qui suscite l'envie.

—

AMADOR ✿✿✿

Oktober Fest

Lorsque le néophyte se rend à Munich, à la fin du mois de septembre, sa surprise est grande en découvrant une ville où des milliers de femmes et d'hommes arborent dès le milieu de l'après-midi des tenues d'un autre temps. En effet, depuis un quart de siècle, les Bavarois ont ressorti leurs Dirndl - corsage ajusté et tablier noué sur une jupe colorée - et leurs Lederhosen - dont l'élément principal est la culotte de peau. Comme les Bavarois représentent plus de 70 % des quelque 7 millions de fêtards qui viennent célébrer la bière à Munich, et que 50 % d'entre eux endossent ces tenues, il est impossible de passer à côté.

Mais rien de tout cela ce 12 octobre 1810. Les Munichois avaient été conviés à l'occasion de l'union du prince héritier Louis avec Thérèse de Saxe-Hildburghausen. Tout le monde se retrouva aux portes de la ville, sur « le pré de Thérèse », pour assister à une course de chevaux. Deux siècles plus tard, les tentes gigantesques des brasseurs ont remplacé les équidés sur le pré de Thérèse. La fête d'octobre est devenu un tel succès que les brasseurs l'exportent maintenant en France, en Italie, en Espagne et même en Australie. Rien d'étonnant à cela quand on sait qu'à Munich, on boit chaque année en deux semaines 30 % de la production annuelle de bière allemande !

Gaufre

LIÈGE Vs BRUXELLES

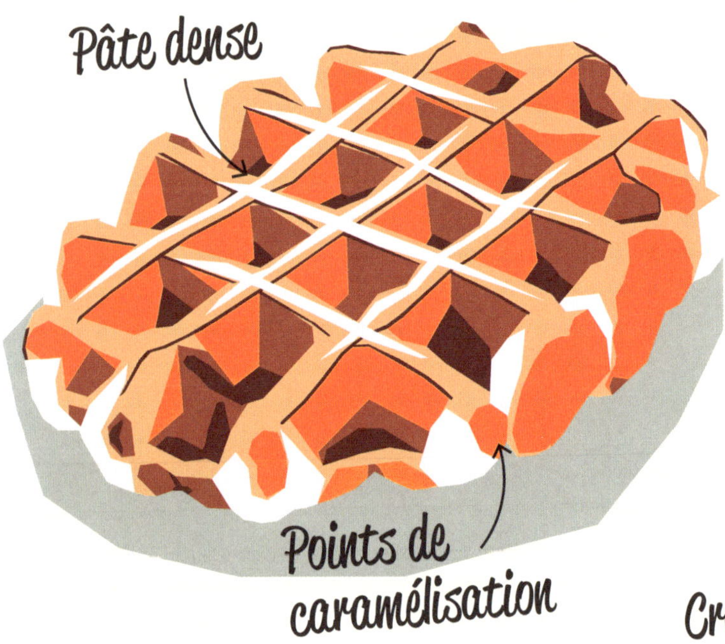

Ces gaufres n'ont en réalité de commun que leur nom et leur quadrillage, car sinon absolument tout les oppose. La gaufre de Bruxelles doit être croustillante à l'extérieur et ultra-moelleuse, voire presque fondante à l'intérieur. La gaufre de Liège est, quant à elle, beaucoup plus dense et doit avoir des points de caramélisation à l'extérieur, dus au sucre perlé qui est dans sa pâte. Attention, sur une gaufre de Liège digne de ce nom, il doit bel et bien s'agir de caramélisation, et non de sucre surcuit qui donnerait une amertume assez désagréable en bouche lors de la dégustation de la gaufre. La pâte à gaufre de Liège est une pâte levée un peu comme une pâte à brioche, ce qui explique sa densité. Ces gaufres sont communément consommées lors des foires ou à des petits comptoirs de boulangeries et pâtisseries de quartier, mais de grandes maisons proposent également leur version. Le célèbre chocolatier Pierre Marcolini propose de déguster la gaufre liégeoise surmontée d'un carré de chocolat grand cru qui va fondre avec la chaleur de la gaufre et lui donnera une touche supplémentaire de gourmandise. La maison bruxelloise Dandoy propose quant à elle des versions plus classiques des deux gaufres exécutées dans les règles de l'art. Bien que d'origine belge, ces gaufres sont aussi consommées dans le nord de la France.

BELGIQUE

LE CHOU DE BRUXELLES EST-IL *vraiment* DE BRUXELLES ?

Coquin de chou ! Tout riquiqui mais maous costaud – il résiste aux gelées –, ce chou de la famille des *Brassicaceae* se distingue par sa mini-taille mais aussi par sa maxi-plante. De longues tiges, qui peuvent atteindre plus d'un mètre, accueillent, bien serrées sous les aisselles de ses feuilles étagées, ces fameuses petites têtes pommées au goût sucré et prononcé. Leur présence serait repérée en Belgique dès le XIIIe siècle, mais ce serait au XVIIe siècle que les habitants de Saint-Gilles, commune de Bruxelles, auraient hybridé et largement développé cette si rentable culture « à la verticale » – une tige produit de 70 à 80 bourgeons –, pour nourrir la grande ville à la démographie galopante. Le surnom de *kuulkappers*, « coupeurs de chou », est resté aux Saint-Gillois. Le petit chou alla, lui, se planter bien au-delà de la Flandre. Gros succès au Canada ou en Angleterre où il est incontournable sur les tables de Noël.

LES FRITES DU NORD

Un ingrédient pour le moins populaire revient sur le devant de la scène : la pomme de terre.

Déjà glorifiée par le regretté Joël Robuchon et sa fameuse purée, la pomme de terre est aujourd'hui magnifiée par une génération de chefs qui se fait presque un défi de redonner ses lettres de noblesse à ce légume souvent cultivé dans leur région. Car pour le rendre désirable, il faut forcément bien le connaître. Pour découvrir des chefs qui s'amusent avec ce légume, direction le Nord. Le premier se nomme Florent Ladeyn, de l'Auberge du Vert Mont, à Boeschepe, dans les Flandres françaises. Il sert, en lieu et place du fromage, une création que tous ceux qui l'ont goûtée qualifient d'expérience incroyable. Il s'agit d'un cornet de frites cuites en double cuisson à la graisse de bœuf accompagné d'une émulsion au maroilles à couper le souffle. Ce plat simple, mais aux techniques assurées est un véritable hommage aux baraques à frites du nord de la France. De l'autre côté de la frontière, le chef Sergio Herman, à la tête de plusieurs restaurants dont The Jane a, quant à lui, décidé de démocratiser la frite tout en lui apportant un petit truc en plus. Il propose, dans ses restaurants Frites Atelier, des barquettes aux allures gastronomiques comme la version carbonade flamande dans laquelle les frites sont servies avec du bœuf mijoté dans une bière Petrus, du

cresson et des graines de moutarde marinées, ou encore la barquette *shashouka* surprise où les frites sont parsemées de féta et de *zaatar*, accompagnées d'une mayonnaise à la harissa et de pain oriental croustillant.

—

AUBERGE DU VERT MONT ✲ / THE JANE ✲✲

BELGIQUE

IL Y A CHICON… *et chicon !*

Ce légume est un produit star en Belgique. Pour l'apprécier à son meilleur, choisissez-le de « pleine terre » !

En France, on l'appelle endive. On le baptise chicon en Belgique ou *witloof* dans les régions flamandes… Le must du must de ce légume a priori ordinaire? Le chicon de pleine terre, dont la production a failli s'évanouir et demeure lilliputienne comparée aux volumes énormes produits par les industriels du légume. Sa culture très originale se déroule en deux temps. D'abord la plantation de chicorée au printemps, et la récolte de ses racines en octobre. Ensuite, la culture de ces dernières à l'abri de la lumière pendant l'hiver, selon un savoir-faire traditionnel dit « forçage », mis au point au milieu du XIXe siècle. Le chicon est planté en terre puis récolté au bout de six semaines. Chez les agro-industriels, il est cultivé en hydroponie: placé dans des bacs hors sol, il profite d'une solution nutritive liquide qui lui permet de croître très vite – il est cueilli au bout de quatre semaines – et de voir grossir un cœur imposant. Le meilleur? Devinez… Le chicon de pleine terre, évidemment. Douceur, amertume, touche noisette, il développe un goût et des saveurs bien plus prononcés que le chicon hydroponique, ainsi que des feuilles à la fois minces et croquantes. Pas étonnant que certains chicons de pleine terre soient distingués par une indication géographique protégée (IGP), à l'image du chicon de pleine terre de Bruxelles. Astuce à destination des gourmets un peu effrayés par l'amertume du chicon: retirez le petit cône blanc à sa base, la partie la plus amère, mais ne succombez pas à l'ajout de sucre, considéré comme une hérésie par les puristes.

—

MICHEL ❂

Paroles d'inspecteur

Ma grand-mère ayant travaillé dans une ferme de chicons de pleine terre, j'ai grandi avec lui. De fin novembre à janvier, tous les week-ends, c'était chicon sous toutes ses formes. Aujourd'hui, je retrouve ma madeleine de Proust au restaurant Michel à Groot-Bijgaarden, près de Bruxelles.

BELGIQUE

JETS DE HOUBLON

Le jet est au houblon ce que la civelle est à l'anguille, la vie stoppée dans son élan pour le plaisir du mangeur.

Dans le Nord et particulièrement en Belgique, nation de buveurs de bière, on cultive le houblon pour parfumer la mousse. Quand on la laisse grimper, la plante et ses lianes produisent un fruit contenant de la lupuline, une substance odorante, qui ajoutée au brassin aromatise la future bière. Quand, au début printemps, la racine du houblon affleure à la surface de la terre, un peu comme une asperge, une jeune pousse surgit dans sa candeur laiteuse. Si un gourmand de la trempe de Johan Van Raes, du restaurant The Glorious, à Anvers, passe par là, le frêle embryon d'une dizaine de centimètres de long finira dans une assiette. Le jet de houblon est succulent et son goût est entre l'asperge et le salsifis. Sa saison est éphémère, à peine quatre semaines, et sa récolte est harassante puisqu'il faut couper, à la main, environ mille jets pour en amasser un kilo ! Cela rappelle le safran. Le jet de houblon est fragile et doit être traité rapidement en cuisine. On le déguste cru, poché ou poêlé. Johan Van Raes l'apprête avec un œuf poché et une mousseline à la bière dans une forme de clin d'œil à la fonction la plus ordinaire du houblon.

—

THE GLORIOUS ❂

“ Le jet de houblon est succulent et son goût est entre l'asperge et le salsifis.”

LE MATCH DES PRALINES

La Belgique est incontestablement la patrie de la praline, avec des marques mondialement connues, mais aussi une poignée d'artisans chocolatiers de renom, comme Pierre Marcolini et Dominique Persoone, qui ont élevé la praline au rang de chef-d'œuvre chocolaté.

Il ne faut pas confondre la praline en France et la praline en Belgique. Dans l'Hexagone, la praline est une amande ou une noisette grillée enveloppée dans du sucre cuit et glacé. La plus connue et la plus historique est évidemment la praline de Montargis, sans oublier la praline rose de Lyon, qui a donné naissance à la célèbre tarte à la praline que l'on peut déguster dans les bouchons lyonnais ou acheter chez les pâtissiers.

La praline de Belgique n'a aucun rapport avec ces sucreries fançaises. Elle désigne un bonbon au chocolat fourré qui se différencie d'un bonbon enrobé. En France, les chocolatiers créent traditionnellement l'intérieur de leur bonbon au chocolat et l'enrobent d'un chocolat de couverture. Mais, en Belgique, ils remplissent à ras bord des moules de chocolat puis renversent le moule pour faire couler l'excédent. Au froid, un film de chocolat entre 1 et 2 millimètres d'épaisseur se forme à l'intérieur du moule et durcit au froid – c'est la coquille de la future praline. L'étape suivante est le fourragc, avant que l'on referme la coquille en passant de nouveau le moule sous le chocolat liquide. La praline est alors mise à durcir au froid avant d'être démoulée sur des tables en marbre.

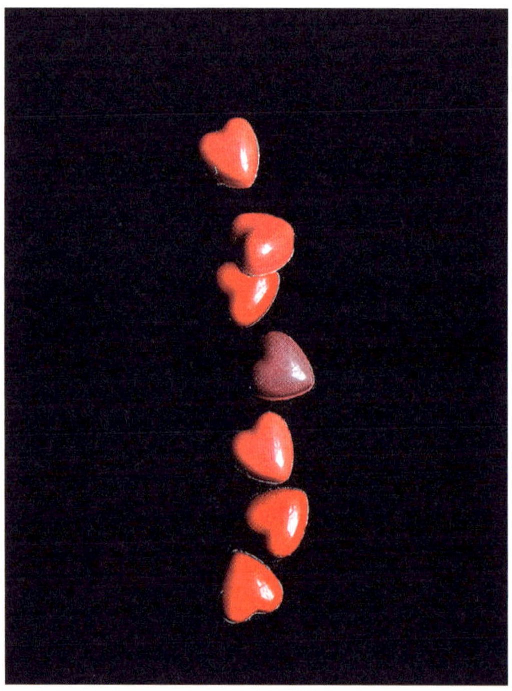

Pierre Marcolini et Dominique Persoone sont deux artisans chocolatiers reconnus en Belgique – et bien au-delà ! Le premier, né à Charleroi, est à la tête de sa maison depuis 1994 et a remporté la Coupe du monde de la pâtisserie en 1995 et la Coupe européenne de la pâtisserie en 2000. Le second, cuisinier de formation, est né à Bruges, et c'est dans cette ville qu'il s'est installé en 1992. Est-il raisonnable de les opposer ? Oui et non ! Ils ont à peu près le même âge (55 ans pour Pierre Marcolini, et 51 pour Dominique Persoone) mais ont deux personnalités différentes. Pierre est plutôt un homme sage et posé, quand l'extravagant Dominique est considéré comme le plus rock'n roll des chocolatiers.

Parmi les créations de Pierre Marcolini, sous une coque de chocolat noir maison, une guimauve au chocolat noir, croustillant noisette, ou la version guimauve à la pistache d'Iran, sans oublier la ganache de chocolat au lait à la pulpe de fruit de la passion, la ganache à la pulpe de cassis, la crème de caramel aux cristaux de fleur de sel, ou la création iconique de la maison, les cœurs caramel, chocolat, citron vert, framboise, fruit de la passion, ganache, nougat, pistache. Chez Dominique Persoone, c'est un autre univers qui se dévoile : il s'amuse parfois à oublier les frontières entre le sucré et le salé avec des créations déjantées comme le chocolat au chou-fleur, à l'huître, au wasabi ou au chanvre. Miss Piggy, sa ganache au bacon et quinoa, est un bel exemple de cette volonté de casser les codes du chocolat, comme l'est aussi son association betterave et noisette. Infatigable créateur, il a même imaginé des pralines pour l'anniversaire d'une célèbre marque de soda, dont une fourrée d'éclats crépitants et une autre proposée glacée. Enfin, il est aussi l'inventeur du Chocolate Shooter, ou l'art et la manière de priser du chocolat, quand nos grands-pères et arrière-grands-pères, eux, le faisaient avec du tabac…

> « La praline de Belgique n'a aucun rapport avec ces sucreries fançaises. »

BELGIQUE

North Sea chefs

Filip Claeys, du restaurant De Jonkman, à Sint-Kruis, dans la commune de Bruges, s'est lancé seul il y a dix ans. Aujourd'hui, ils sont environ mille cinq cents à l'accompagner dans l'aventure de North Sea. Bientôt, les Pays-Bas voisins, qui partagent la mer du Nord avec la Belgique, vont rejoindre eux aussi le mouvement créé par ce chef flamand. North Sea n'est ni une société, ni un label. Plutôt un groupement de chefs, désireux de promouvoir les poissons mal-aimés de la mer du Nord dont les pêcheurs ne savent que faire, le marché n'étant pas demandeur.
En 2006, Filip Claeys rentre du Japon, impressionné par le soin que les chefs apportent à l'origine de leurs produits et à celle des poissons en particulier. Accompagné de Rudi Van Beylen, un autre chef, il réalise que la mer du Nord, à la porte de son restaurant, n'est pas un terrain vague mais un incroyable vivier d'espèces oubliées. Il supprime le saumon d'élevage et le turbot breton de sa carte pour les remplacer par des poissons inconnus jusque-là du public : chinchard, plie, tacaud et autres grondins.
Environ 40 % de sa clientèle fait la grimace et déserte le restaurant, mais le chef ne renonce pas. Il accélère plutôt le mouvement, faisant l'éducation, en quelque sorte, du mangeur comme du pêcheur. Ce n'est pas seulement une affaire de gourmandise : l'avenir du métier et de la planète est en jeu. Filip Claeys s'est battu, par exemple, pour faire connaître la petite roussette, un poisson de cantine qui, en passant par la baguette magique du cuisinier, devient succulent. La demande se met alors à progresser, et les prix payés aux pêcheurs sont multipliés par six.
De surcroît, travailler ces espèces dites « non nobles » est un défi créatif en cuisine. Filip Claeys, comme ses confrères engagés, se disent excités comme de petits enfants quand ils doivent magnifier un chinchard, un tacaud ou un grondin et partager les résultats de leur créativité culinaire via la plate-forme North Sea Chefs.

—

DE JONKMAN

NORTH SEA CHEFS ®

PAYS-BAS

L'INFLUENCE DE LA CUISINE INDONÉSIENNE AUX PAYS-BAS

The Art of Dutch Cooking, rédigé en 1961 (douze ans après l'indépendance de l'Indonésie, ancienne colonie hollandaise), inclut un chapitre dédié aux *bami*, *nasi goreng* (riz frit), *satay*, *gado-gado* et *sambal* (pâte de piment, épices et citron). Colonisation, immigration et culture indo (les métis indonésiano-européens) ont nourri le goût néerlandais pour la cuisine épicée et diverse de l'archipel. Le luxuriant *rijsttafel* (« table de riz »), assortiment de mets destiné à impressionner les convives, est un témoignage omniprésent de cette influence : inspiré d'une présentation typique du Sumatra occidental, c'est une invention coloniale ! Aujourd'hui, le chef Syrco Bakker, du restaurant Pure C, représentant d'une génération redécouvrant le terroir et la tradition néerlandais, n'hésite pas à jouer sur cet héritage en proposant par exemple un *nasi goreng* aux algues et coquillages de Zélande.

—

PURE C

LE HOLLANDSE NIEUWE *ou maatje*

Ce « hollandais nouveau » est le premier hareng de la saison.

Son autre nom, *maatjesharing* ou *maatje*, vient de *maagdeharing*, « hareng vierge », car c'est un adolescent qui n'a pas atteint la maturité sexuelle : il ne contient ni rogue ni laitance, juste une chair fine et très grasse dont les Hollandais et les Belges sont fous. Sa saison débute officiellement à la mi-mai et se termine fin juin. Sa pêche inaugurale fait l'objet d'une fête dans les ports hollandais de Vlaardingen et Scheveningen. Une caisse était jadis réservée à la reine et, encore aujourd'hui, la première barrique de harengs salés est vendue aux enchères au profit d'une bonne œuvre.
Le *maatje* est le produit de la nature et de l'ingéniosité humaine : après les privations hivernales, le hareng affamé se gave de plancton. Sa chair affiche alors entre 16 et 25 % de gras. Le traitement après la pêche complète le processus : le poisson est saigné pour présenter une chair immaculée, et toutes ses viscères sont éliminés sauf le pancréas, dont les enzymes développent le gras et déclenchent un processus de fermentation. Désarêté et salé, le poisson séjourne en caque et sa saveur s'affine, riche, beurrée, un peu giboyeuse : le goût inimitable du *maatje*.

Dans les kiosques à poisson de Hollande et de Belgique, le *maatje* est vendu nature ou assaisonné d'oignon cru haché. Avec ou sans oignons, gobez-le à la hollandaise : tenez-le haut, à bout de bras, et plongez-le entier dans votre bouche grande ouverte. Ceux qui n'osent pas ce geste ancestral peuvent le servir à l'assiette avec une salade et des pommes vapeur.

« Le *maatje* est le produit de la nature et de l'ingéniosité humaine... »

LE SMØRREBRØD
plat national danois

Le *smørrebrød* est une tranche de pain de seigle signifiant littéralement « pain beurré » qui constituait le déjeuner danois classique au XIXe siècle. Il était consommé dans les campagnes le midi à une époque où l'on emportait son déjeuner avec soi. On y mettait ce qu'on avait : poisson fumé, légumes, charcuterie... On retrouve les *smørrebrød* aujourd'hui dans leur version traditionnelle à la carte de différents établissements, mais ils sont devenus un véritable moyen d'expression culinaire pour les chefs depuis que Adam Aamann, chef star des cuisines danoises qui possède sa chaîne de télévision, l'a revisité. Ses *smørrebrød* sont de véritables petits tableaux colorés et gourmands sur lesquels on retrouve des crevettes, du tartare de bœuf, des pommes de terre, de l'avocat...

PLONGÉE AU Noma

Il faut patienter parfois des mois pour obtenir une table au Noma, à Copenhague. Après avoir fermé un peu plus d'un an, le restaurant de René Redzepi a rouvert. Tout changer pour que rien ne change.

Le 16 février 2018, le Noma 2.0 a ouvert au cœur du quartier alternatif de Christiania, à Copenhague. Cerné par les eaux, l'ensemble, qui ressemble davantage à un campus ou au siège d'une *green start-up*, a été construit dans l'esprit d'une ferme danoise traditionnelle, principalement en bois. En déménageant son restaurant créé en 2003, le chef René Redzepi veut écrire un nouveau chapitre d'une histoire culinaire déjà riche. Le quadragénaire d'origine albanaise est notamment passé par les cuisines des frères Pourcel (l'ex-Jardin des Sens, Montpellier), de Ferran Adrià (El Bulli, Rosas) et de Thomas Keller (The French Laundry à Yountville, en Californie), avant de rentrer au pays. Dès 2005, il lance le « manifeste de la cuisine nordique » (*nordisk mad*, à l'origine du nom Noma), un esprit plus qu'une gastronomie : pas de produits importés, les ressources locales et des valeurs éthiques. Dans son nouveau lieu, où s'agitent plus de 70 petites mains, il trace le même sillon. Cueillette, pêche et chasse locale, préservation, fermentation, le tout dans des menus de 20 plats en moyenne, qui changent au long des... trois saisons définies par le chef : poisson de janvier à juin, légumes de fin juin à fin septembre, gibier et forêt d'octobre à fin décembre. Esprit vif et brillant, formidable mécanique intellectuelle, René Redzepi a pris la suite de Ferran Adrià comme inspirateur de toute une génération de cuisiniers.

—

NOMA 2.0 ✿✿ / THE FRENCH LAUNDRY ✿✿✿

HISTOIRE DU gravlax

Né d'une nécessité au Moyen Âge, ce plat suédois est une tradition qui perdure et a conquis peu à peu les chefs et le grand public. Pour subsister en hiver, les pêcheurs scandinaves enfouissaient le saumon dans la terre des berges du fjord durant les mois d'été ; le terme *gravlax* signifie « enterrer le saumon » en suédois. Jusque dans les années 1940, la plupart des petites maisons de village abritaient une chambre froide dans laquelle le saumon était entreposé dans de petits tonneaux et conservé ainsi pour plusieurs mois. Un procédé, réduit désormais à six jours en moyenne, qui consiste à faire mariner le poisson dans 60 % de sel, 40 % de sucre, du poivre et de l'aneth. Le sel cuit le poisson pendant que le sucre fait fermenter et ressortir les arômes. Ainsi transformée, la chair du poisson est fondante et parfumée.

SAUMON EN GRAVLAX

PRÉPARATION : 30 MINUTES

MARINADE : 24 HEURES

INGRÉDIENTS POUR 6 À 8 PERSONNES

1 filet de saumon de 1,5 kg avec la peau non écaillée

3 ou 4 bouquets d'aneth

600 g de gros sel marin

400 g de sucre

1 cuillerée à soupe de poivre noir concassé

La sauce moutarde

2 jaunes d'œufs à température ambiante

4 cuillerées à soupe de moutarde suédoise douce ou de Savora®

2 cuillerées à soupe de miel liquide

40 cl d'huile d'arachide

14 cl de vinaigre blanc

2 cuillerées à soupe de sucre

2 cuillerées à soupe d'aneth frais finement haché

Sel, poivre du moulin

1. Passez le doigt sur le filet de saumon et retirez à l'aide d'une pince toute arête restante. Hachez grossièrement l'aneth et mélangez-le avec le sel, le sucre et le poivre.

2. Étalez le filet de saumon, peau vers le bas, sur une grande feuille de film alimentaire. Frottez la chair du mélange sel-sucre-poivre. Recouvrez entièrement d'aneth, fermez hermétiquement le film alimentaire, puis enveloppez le tout d'une grande feuille d'aluminium et laissez mariner environ 24 heures au réfrigérateur, bien à plat et côté peau vers le bas.

3. Préparez la sauce moutarde : dans un grand bol, mélangez les jaunes d'œufs, la moutarde et le miel. Fouettez en ajoutant l'huile en mince filet jusqu'à l'obtention d'une sauce épaisse, comme une mayonnaise. Ajoutez le vinaigre, le sucre et l'aneth, salez et poivrez. Conservez cette sauce au réfrigérateur dans un bocal bien fermé.

4. Essuyez le saumon. Découpez-le en tranches fines avec un couteau à saumon ou un tranche-lard. Servez avec la sauce.

Recette issue du *Tour du monde* de Jacques Le Divellec, Éditions de La Martinière, 2012

LA CUISINE ISLANDAISE, LA MÉCONNUE

Depuis 2017, l'Islande est entrée dans l'édition *Nordic Countries* du Guide Michelin. Une consécration pour ce pays au patrimoine culinaire riche, dont la cuisine gastronomique est aussi vibrante que celle de ses proches voisins - le Danemark, la Suède, la Norvège, la Finlande et les îles Féroé.

Porc épicé, purée de pomme de terre, craquelins aux pommes et au fenouil ; steak de bœuf, beurre aux herbes, pommes de terre et céleri mariné ; asperges blanches, quinoa croustillant, crème de citron, olives noires ; confit de canard, lentilles, thym, poitrine de porc fumée et baies séchées sont quelques-uns des plats qui peuvent vous être servis dans les restaurants de Reykjavik comme Vox, Skál! ou Sümac.

Si quelques produits sont importés, l'Islande, malgré un climat rude, surprend par sa capacité d'adaptation en termes d'élevage et de culture, qui la fait tendre vers une certaine indépendance alimentaire. Pour ce faire, une partie des cultures passe par les serres chauffées en géothermie, fruit de la nature volcanique de l'île. Ainsi, si surprenant que ce soit, l'Islande produit des bananes ou des tomates grâce à ses volcans... Côté élevage, les bovins et les volailles se font rares. Mais l'île est un paradis pour les moutons et les agneaux, qui s'y sont acclimatés depuis des siècles.

Cela donne deux spécialités : le *hangikjöt*, viande d'agneau fumée au bois de bouleau ou au fumier de mouton séché, servi traditionnellement avec des pommes de terre, légume incontournable en Islande ; et le *kjötzupz*, entre le ragoût et la soupe épaisse avec morceaux, composé de viande d'agneau, d'oignons, de chou blanc, de carottes, de haricots blancs, de flocons d'avoine et de riz.

Évidemment, l'Islande reste avant tout une île de pêcheurs, en eau douce comme en eau salée. En eau douce, les rivières regorgent de saumon, de truite, mais aussi d'omble chevalier, essentiellement dans les lacs. Côté océan, la pêche est une activité majeure en Islande qui représente plus de 55 % des exportations. Parmi les poissons les plus pêchés que l'on retrouve dans les assiettes figurent la morue, l'aiglefin, la lingue blanche, le lieu noir ou le merlan, notamment sous forme de *plokkfiskur*, une soupe de poisson blanc, de pomme de terre, de farine, de lait et d'herbes aromatiques dont on peut saucer le bouillon avec du *flatkaka*, une galette de pain traditionnel à base de seigle ou le *rúgbrauð*, un pain noir sans croûte qui peut être cuit enterré près d'une source chaude.

SUÈDE

RETOUR DE FLAMME en cuisine

Après avoir tenté l'expérience de la cuisine moléculaire, le chef suédois Niklas Ekstedt est revenu à l'âge du feu, ou presque.

Dans son restaurant Ekstedt à Stockholm, un âtre et ses bûches en flammes, un poêle à bois, un fumoir… sont à la source de toutes les cuissons, à l'instar du plat de langoustines, calmar et laitue de mer, bœuf, topinambour et chou-rave ou encore avoine rôtie, fraises et oseille. Le gaz et l'électricité ont été bannis. Des odeurs de cheminée embaument la salle et affriandent. Le feu est l'essence de la nouvelle cuisine de ce chef suédois, un retour à ses racines et aux techniques ancestrales des Scandinaves. Il va de pair avec la mise en avant des produits oubliés du terroir suédois rythmés par les saisons. Il est l'un des ressorts de cette cuisine brute et épurée, au plus proche de la nature, qui embrase la scène culinaire scandinave. Les crudités et les fermentations en sont les deux autres piliers. Partout dans le monde, dans les restaurants gastronomiques, la flamme fait son retour. Elle apporte un supplément d'âme et de saveur aux légumes, aux grosses pièces de viandes, aux tentacules de poulpe et aux poissons entiers. La braise plutôt que l'induction. À Paris, l'ouverture des steak-houses à la mode anglo-saxonne en est l'un des témoins, avec notamment Clover Grill de Jean-François Piège. C'est la revanche des rôtisseurs, un métier qui avait un peu perdu de son lustre en cuisine. Comme l'écrivait Brillat-Savarin, si l'on devient cuisinier, on naît rôtisseur. Avis donc aux vocations bien nées !

—

EKSTEDT ✪

ESBEN HOLMBOE BANG

Le Danois adulé en Norvège

Fou de nature, de vélo et de musique, le chef danois Esben Holmboe Bang propose une cuisine engagée pour la préservation de la nature… à Oslo, en Norvège.

En vieux Norvégien, *maaemo* signifie « terre mère ». C'est le nom qu'a choisi Esben Holmboe Bang pour baptiser son restaurant à Oslo. Né à Copenhague en 1982, ce chef arrive en Norvège en 2001, par amour. Passionné de cuisine depuis l'âge de 14 ans, mais surtout des repas familiaux, seule occasion de se réunir tous ensemble autour de côtes de bœuf cuites au four (sa passion), il enchaîne les expériences à Oslo avant d'ouvrir Maaemo en 2010 dans le quartier neuf de Bjørvika, près des docks pour le poisson, mais aussi des potagers urbains du projet Losæter. Une situation géographique en tous points conforme aux engagements de ce colosse aux avant-bras tatoués, que l'on aurait tort de prendre pour une caricature de hipster nordique. Dans un établissement aux tons monochromes, résolument moderne, il réinvente la cuisine nordique authentique pour moins de 20 couverts répartis en 8 tables et une table privée du chef. Tous les ingrédients sont bio et le plus souvent cultivés en biodynamie, bien évidemment locaux, servis au long d'un menu carte blanche avec par exemple, langoustines et pin, maquereau et ail sauvage, crème glacée au beurre de Røros et caramel. Une rigueur et une précision qui lui ont valu d'être le premier chef « danois » en Norvège à décrocher deux étoiles Michelin, quinze mois seulement après l'ouverture. L'un des plus jeunes aussi pour la troisième étoile en 2016.

—

MAAEMO ✿✿✿

NORVÈGE

LE KRAFTKAR

Fromage norvégien élu meilleur fromage du monde

Stupeur quand, le mercredi 23 novembre 2016, les World Cheese Awards consacrent le *kraftkar* meilleur fromage du monde à San Sebastián ! On s'étonnera moins lorsque, en 2018, à domicile, un autre fromage norvégien, le *fanaost*, décroche lui aussi le titre. Mais revenons à nos vaches, le *kraftkar* est un bleu de 18 centimètres de diamètre pour un poids de 1,8 kg, produit dans la ville de Tingvoll (comté de Møre og Romsdal), sur la côte ouest du pays. Créé en 2004 par la fromagerie Tingvollost, il est fabriqué à base de lait cru et de crème, ensemencé au *Penicillium roqueforti* et affiné six mois. Il fait donc partie de la famille des fromages persillés dont on sait qu'elle a du caractère. Le *kraftkar* n'échappe pas à la règle, et ce n'est pas sa légendaire onctuosité qui va calmer les ardeurs du persillage.

SCANDINAVIE

L'AQUAVIT

L'EAU-DE-VIE SCANDINAVE

Si certains cavistes pointus en proposent une courte sélection, il est rare de voir cet alcool consommé en dehors de son lieu de naissance, la Scandinavie. Distillé à partir de céréales ou de pommes de terre, ses arômes proviennent de l'aneth ou du carvi, mais certaines maisons utilisent de la coriandre, des agrumes ou de la cannelle. Fabriqué en Allemagne de l'Ouest, au Groenland, en Finlande, en Suède et en Norvège, le marché mondial est dominé par le Danemark, où les premières productions auraient été tracées au XVIe siècle. Dans les bars nordiques, sa consommation s'accompagne d'un rituel captivant : l'alcool est servi à ras bord dans un minuscule verre gelé avant d'être bu d'un trait. Dans les restaurants, sa fraîcheur herbacée se marie parfaitement aux poissons fumés, mais l'aquavit peut aussi être une excellente base pour certains cocktails dont le viking, qui se compose d'un tiers d'aquavit, d'un tiers de kirsch et d'un tiers de vodka, complétés par une liqueur de menthe verte et de l'eau gazeuse.

AFFRONTER LES HIVERS *en Scandinavie*

En Finlande, l'apparition de la rhubarbe sur les marchés et dans les recettes (à la fois sucrées et salées) annonce la fin de l'interminable tunnel hivernal. C'est le premier légume-fruit à surgir de terre quand la nature se réveille. À Helsinki, au restaurant Grön, du chef Toni Kostian, et au restaurant Ora de Sasu Laukkonen, elle sonne le début d'une course contre la montre. De mi-juin à mi-août, la campagne et la forêt, les deux cornes d'abondance finlandaises, livrent tout : baies sauvages, légumes-racines, herbes aromatiques, champignons, fruits, poissons, gibier, etc. À cette période, les deux chefs étoilés, engagés à ne travailler que des produits locaux, ont donc une double tâche : cuisiner pour le présent et le futur. Pour nourrir leurs convives à la morte saison, ils accumulent des réserves pendant les trois mois d'été. Les méthodes de conservation sont vieilles comme le monde. Il y a d'abord le froid. Selon Sasu Laukkonen, les légumes-racines, bien cultivés et protégés par leur terre d'origine, savent endurer un long séjour dans un réfrigérateur. Ensuite il y a le sel (avec ou sans la fumée). Les Finlandais sont les Vikings de la saurisserie : maquereau, hareng… et saumon. Le sel encore pour la viande de renne et les jambons de Noël (associé à la fumaison). Le sel toujours pour les légumes en bocaux : ils se transforment par la magie de la lacto-fermentation et se parfument grâce à l'ajout des plantes aromatiques des forêts. Enfin, il reste le sucre pour la conservation des fruits en confitures et en sorbets. Un repas sans crème glacée est inconcevable en Finlande, surtout en hiver.

—

GRÖN ✿ / ORA ✿

Les huîtres à travers le monde

L'homme préhistorique, déjà, mangeait des huîtres en quantité. Il y a plus de cinq mille ans, les Chinois inventèrent l'ostréiculture sur les côtes de la mer du Japon.

On recense plus de **100** espèces d'huîtres dans le monde.

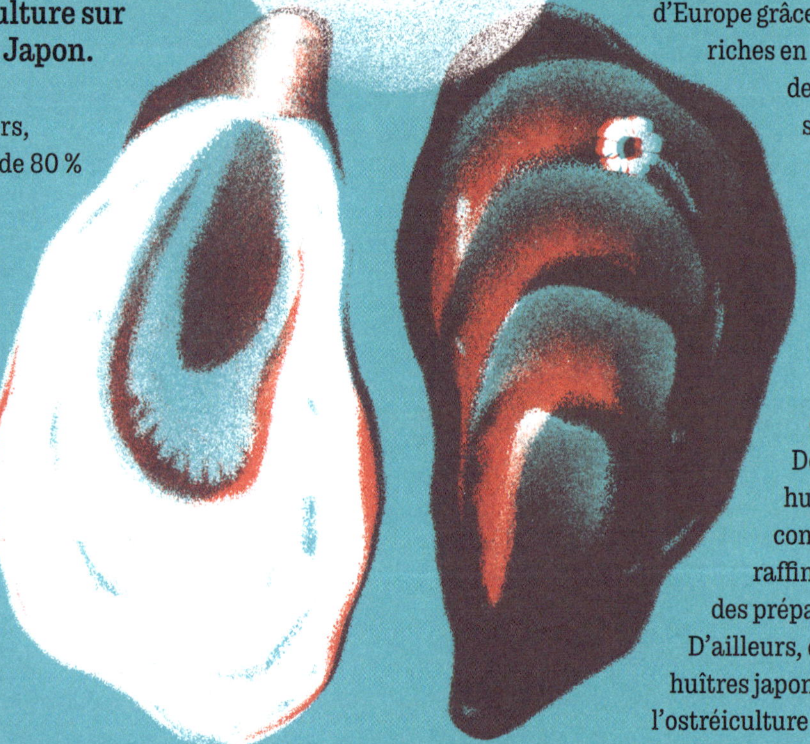

La Chine produit d'ailleurs, aujourd'hui encore, plus de 80 % des huîtres consommées dans le monde et, traditionnellement, les apprécient frites ou à la vapeur. Ils n'ont découvert que très récemment la dégustation des huîtres tout juste ouvertes et vivantes, à la différence des Romains. Dès la Gaule conquise, ces derniers ont pris l'habitude de transporter des huîtres récoltées sur les côtes atlantiques jusqu'à Rome. Pour qu'elles y parviennent dans les meilleures conditions, une « route des huîtres » de Saintes à Rome permettait de plonger les huîtres dans des viviers.

De nos jours, on recense une bonne centaine d'espèces d'huîtres dans le monde. Elles croissent dans des eaux salées, douces ou saumâtres. Les huîtres de fond ne connaissent que le fond des eaux, elles sont toujours immergées. Les huîtres de l'estran sont couvertes et découvertes au rythme de la marée. Qu'elles soient sauvages ou de culture, on les apprécie pratiquement partout dans le monde. Au Canada, l'huître américaine est creuse et grandit dans l'estuaire du Saint-Laurent. Sur la côte ouest, on trouve des huîtres plates dites du Pacifique. En Irlande, les huîtres sont considérées comme les meilleures d'Europe grâce à des eaux prolifiques, riches en minéraux et protégées de la pollution comme le sont aussi les huîtres d'Espagne en Galice. À l'autre bout de la planète, en Nouvelle-Zélande, on cultive aussi des huîtres plates dans l'île du Sud. Il en est de même au Japon. Depuis trois siècles, les huîtres de Miyajima sont considérées comme les plus raffinées, notamment dans des préparations au barbecue. D'ailleurs, en France, ce sont les huîtres japonaises qui sauvèrent l'ostréiculture après une épizootie dans les années 1970. Et ce sont les huîtres portugaises, qui avaient remplacé les plates sur les côtes françaises au milieu du XIXe siècle, qui firent les frais de cette maladie virale.

Aujourd'hui, les regards se tournent vers les fameuses triploïdes qui ont été rendues stériles. Plus de laitance, peu appréciée des amateurs, et plus de saison pour les huîtres. Et lorsqu'on découvre que plus de la moitié des huîtres consommées dans le monde naissent en laboratoire, on se dit que seul le plaisir d'une spéciale du bassin de Marennes-Oléron compte !

Les différents types de couteaux

Un bon outil fait toujours la différence, parole de chef. Et s'il y a mille façons de cuire et d'assaisonner, pour la découpe il faut un couteau adapté. Les références les plus fréquentes, aux lames en acier, sont le couteau d'office, le couteau utile et le couteau de chef.

Le premier possède une lame épaisse, courte et pointue, de 7 à 11 cm. Polyvalent, il permet d'éplucher et de peler les fruits et les légumes, couper oignons et échalotes, de parer la viande…

Le couteau utile, de 10 à 16 cm, sert aussi bien à peler les fruits, hacher les légumes, couper le fromage, qu'à émincer les gousses d'ail.

Le couteau de chef est un couteau de 14 à 30 cm à lame épaisse et longue. À l'origine destiné à trancher et à émincer, c'est un couteau multi-usage qu'on utilise aussi bien pour les légumes que pour la viande.

Son homologue japonais, le santoku, est doté d'une lame *alvéolée*, pointue et courbe à l'extrémité, une forme légèrement arrondie qui permet de faire glisser la lame pour mieux découper, à la fois le poisson, les légumes ou la viande.

Nakiri, deba, gyuto… la tendance des couteaux japonais se répand aussi bien chez les professionnels que chez les particuliers. Ils sont forgés à la main, le façonnage de la lame est composé de différentes couches d'acier et le manche fait d'essences de bois nobles, comme le magnolia ou l'ébène. Leurs lames s'aiguisent sur une pierre à aiguiser, alors que les couteaux occidentaux ont besoin d'un fusil classique. De plus en plus présents, les couteaux en céramique offrent un excellent pouvoir de coupe et n'exigent que très peu d'entretien : ils n'ont pas besoin d'être affûtés pendant plusieurs années.

M

États-Unis

There's no way
like the
American Way
BEST
MILKSHAKES
IN TOWN
HOT DOGS
BURGERS

Le burger

Double tranche de la culture américaine

“ Les hamburgers disent beaucoup sur les présidents des États-Unis et sur leurs compatriotes. ”

EN 2009, Barack Obama avoue sa préférence pour le hamburger d'une enseigne premium présente aujourd'hui en France. En 2019, Donald Trump dévore des hamburgers d'une marque mondialement connue à bord de Air Force One. Les hamburgers disent beaucoup sur les présidents des États-Unis et sur leurs compatriotes qui en mangent 50 milliards par an à un rythme moyen de trois pas semaine.

Pilier de la culture populaire, ils sont le moteur de *success-stories* planétaires comme seuls les Américains sont capables d'en produire. Le burger illustre une manière de manger décontractée et rapide, avec ses doigts comme la pizza. À New York, en 2001, le chef français Daniel Boulud l'embourgeoise en le truffant de foie gras. Énorme succès ! Depuis, le sandwich monte en gamme et épouse les modes. La dernière en date est un défi : le « hamburger impossible », sans un gramme de viande ni de fromage, et sans pour autant qu'il en perde son fumet et son goût caractéristiques. Si cette mode a débuté à New York, elle est aujourd'hui présente dans l'ensemble des États-Unis.

MÉTISSAGE

LES CUISINES DE L'IMMIGRATION

À la faveur des flux migratoires, chaque pays se construit au fil des siècles une identité culinaire, qui ne cesse d'évoluer en fonction des nouveaux arrivants. S'il est bien un pays qui représente cette intégration par la cuisine, c'est assurément les États-Unis.

Les premiers arrivés furent les Anglais, au début du XVIIe siècle, qui fondent la Nouvelle-Angleterre, à l'est des États-Unis actuels. L'une des recettes emblématiques de cette région, et de Boston en particulier, est le *clam chowder* : une soupe très épaisse qui marie pommes de terre et palourdes avec force crème fraîche, aromatisée d'herbes fraîches. À Boston, on a l'habitude de l'agrémenter de crackers aux huîtres.

La recette est-elle d'origine anglaise ? Rien n'est moins sûr. Elle s'inspirerait davantage de la tradition des chaudrées, en usage en Charente-Maritime et en Vendée. En Louisiane, ancienne colonie française, le *gombo* (ou *gombu*), ragoût à base de légumes, est quant à lui le fruit de multiples influences, européennes comme africaines. Dans la recette créole (ex-esclave), on utilise comme base des tomates, tandis que, dans le *gombo* cajun (ou acadien), le fond de sauce est un roux brun (ce qui le relie à la cuisine française). En allant vers l'ouest, le long de la frontière sud, on rencontre le *chili con carne*, plat populaire dans les restaurants du Texas. Mais, si étonnant que cela puisse paraître, l'origine de ce ragoût de viande pimenté aux haricots rouges n'est pas le Mexique voisin. On devrait en fait cette recette à un Allemand, installé dans la ville de San Antonio (Texas) au XIXe siècle. Ses ingrédients, les haricots et le piment, sont toutefois d'origine sud-américaine.

Recette de Daniel Boulud & Aaron Bludorn

CLAM CHOWDER *de la Nouvelle-Angleterre*

INGRÉDIENTS

1 homard vivant de 700 g
300 g de flétan fumé
60 g de beurre
60 g de lard fumé
2 oignons émincés
2 blancs de poireaux émincés
100 g de céleri-rave émincé
100 g de fenouil
1 pomme de terre épluchée et taillée
20 cl de vin blanc
1 branche de thym
1 feuille de laurier
2 l de fumet de poisson
1 l de crème fleurette

Garniture de légumes

200 g de salsifis pelés
200 g de rondelles de poireaux verts
200 g de pommes de terre taillées en cubes
200 g de crosnes

1. Dans une marmite, portez à ébullition 8 litres de court-bouillon et plongez-y le homard. À la reprise du bouillon, qui doit être rapide, comptez 5 minutes de cuisson. Sortez le homard et plongez-le dans une eau glacée. Réservez.

2. Dans une grande casserole, faites fondre le beurre et ajoutez les blancs de poireaux, le céleri-rave, le fenouil, la pomme de terre, les oignons et le lard fumé. Faites cuire le tout lentement jusqu'à ce que les ingrédients soient tendres, sans coloration. Déglacez-les avec le vin blanc et laissez réduire de moitié. Ajoutez le fumet, le thym et le laurier et poursuivez la cuisson à petits bouillons pendant 45 minutes. Pendant ce temps, dans une autre casserole, portez la crème à une douce ébullition et faites réduire aux trois quarts, jusqu'à obtention d'une texture très épaisse. Versez la crème dans le fumet et faites cuire encore 30 minutes. Passez au chinois et laissez refroidir.

3. Faites blanchir les poireaux et cuire les pommes de terre à l'eau salée, les crosnes et les salsifis à la vapeur. Rassemblez tous les légumes dans une poêle dans un peu de beurre moussant avec une gousse d'ail finement émincée. Faites revenir pendant 3 minutes.

4. Décortiquez le homard, tranchez-le et répartissez-le dans quatre assiettes creuses. Disposez autour le flétan fumé coupé en cubes, puis les légumes. Terminez en versant la soupe crémeuse réchauffée.

L'Allemagne fait encore parler d'elle, avec le hamburger. C'est en effet l'une des origines supposées de ce pilier de la cuisine américaine. Si, en 1758, dans son best-seller *The Art of Cookery, Made Plain and Easy*, l'Anglaise Hannah Glasse évoque un *hamburger sausage*, on raconte qu'en Allemagne, chez les ouvriers, on mangeait le « steak de Hambourg », sandwich à la viande et au pain brioché qui aurait traversé l'Atlantique avec les émigrants en partance du grand port allemand. Avec l'arrivée des juifs, l'Amérique, et surtout New York, découvre le bagel de l'Europe orientale. Dans les *delicatessen*, ce petit pain en forme d'anneau, de texture assez ferme, est vendu tartiné de crème avec du poisson fumé ou garni de *pastrami*, fine tranche de poitrine de bœuf (traitée au sel, fumée et cuite à la vapeur), autre contribution de poids des juifs d'Europe orientale à la cuisine américaine. Avec les Italiens de Naples, la pizza part elle aussi à la conquête de l'Amérique. En version XXL et vendue en *slices* (tranches), elle se mange avec les doigts. On ne plaisante pas avec ça, en particulier à New York : Bill de Blasio, le maire actuel en campagne électorale, surpris en train de manger une pizza avec des couverts, a dû s'en expliquer devant les journalistes ! Avec les fortes vagues de migrants venant d'Asie (de Chine en particulier), d'Orient et d'Amérique du Sud, c'est le début des cuisines communautaires. Dans les Chinatown, Little Tokyo, Koreatown, Little Russia et autres Little Havana, on cuisine et on mange comme au pays. C'est flagrant dans les grandes villes comme New York, Los Angeles et San Francisco. Terminons avec Hawaii, État fédéré depuis 1959, à qui les Américains doivent le *poke bowl*, très tendance aussi en Europe. Ce plat de pêcheurs hawaïens, à base de poisson cru mariné, a subi les influences des immigrants japonais, très nombreux dans ces îles du Pacifique.

GOMBO
(ou Gumbo)
comme en Louisiane
(ou presque)

INGRÉDIENTS

4 saucisses fumées
2 cuisses de poulet
1 branche de céleri
3 carottes
2 oignons
2 gousses d'ail
3 c. à s. de mélange d'épices cajun
50 g de beurre
5 g de farine
1 l de bouillon de poulet
Huile de tournesol
Sel

1. Lavez et coupez les carottes et le céleri. Épluchez l'ail et les oignons et émincez-les. Dans une cocotte, faites chauffer 2 cuillerées à soupe d'huile de tournesol et faites-y revenir tous les légumes avec les épices.

2. Ajoutez le beurre, laissez-le fondre et incorporez la farine en remuant énergiquement pour obtenir un roux brun. Mouillez avec le bouillon de poulet. Ajoutez les cuisses de poulet et les saucisses fumées.

3. Couvrez et laissez mijoter pendant 45 minutes. Vérifiez la cuisson du poulet avec la pointe d'un couteau. Rectifiez l'assaisonnement. Servez avec du riz blanc.

TOUTES LES CUISINES DU MONDE DANS UN SEUL PAYS

Il est facile de constater dans les rues de grandes villes américaines que de nombreuses cuisines du monde sont consommées. Mais c'est le long des côtes que le phénomène prend toute sa dimension. Ceci s'explique par les vagues migratoires, anciennes et récentes, intimement liées à l'histoire des États-Unis.

La Chine

Il n'est aujourd'hui pas rare de découvrir dans de grandes villes américaines comme New York ou San Francisco des quartiers chinois aux échoppes, épiceries ou même supermarchés qui n'ont rien à envier à ceux de leur pays d'origine. On trouve également dans ces quartiers des restaurants proposant des cuisines régionales chinoises, comme de la cuisine cantonaise, sichuanaise ou encore pékinoise, exécutées sans aucune différence avec celle que l'on mange en Chine.

Le Japon

Bien que l'on trouve aujourd'hui des restaurants japonais un peu partout aux États-Unis, il reste un État dont la cuisine est véritablement imprégnée par la cuisine japonaise. Quasiment à mi-chemin entre les États-Unis et le Japon, la cuisine hawaïenne utilise bon nombre d'ingrédients japonais comme le poisson cru, le Spam (viande de porc en boîte très prisée des Japonais), la sauce teriyaki ou encore le wasabi.

L'Italie

L'immense vague migratoire italienne a marqué la gastronomie américaine à plus d'un titre. De grands classiques de la cuisine italienne ont été transformés en traversant l'Atlantique. Il n'est pas commun de trouver aux États-Unis des spaghetti bolognaise, vous dégusterez plutôt des spaghetti *with meat balls* (aux boulettes de viande). De même pour la pizza : à Chicago, par exemple, elle est préparée dans un moule creux, ce qui permet de la garnir plus généreusement.

La France

On peut reconnaître sur la côte nord-est des États-Unis de nombreux plats dont l'origine prend forme sur les côtes françaises. Le célèbre *clam chowder* (ragoût de palourdes avec des pommes de terre, de la crème et des lardons) est par exemple assez proche de la chaudrée, une soupe de poissons épaisse connue sur le littoral de la Charente-Maritime et de la Vendée.

La Russie

Le quartier de Brighton Beach à New York, également surnommé Little Odessa, offre, comme à Chinatown, de nombreux commerces de bouche ainsi que des restaurants qui rappellent que bon nombre de Russes ont choisi les États-Unis comme terre d'asile au début du XXe siècle.

La Hollande

On retrouve de nombreuses traces de plats hollandais sur la côte est des États-Unis, et notamment en Pennsylvanie. Mais s'il doit rester un seul et unique héritage culinaire hollandais qui a véritablement marqué la gastronomie américaine, c'est le donut ! Puisque celui-ci est arrivé sur le sol américain avec les premiers colons hollandais, au XVIIe siècle.

L'Afrique

On retrouve en Louisiane de nombreux plats d'Afrique de l'Ouest arrivés à l'époque de l'esclavage. Ces recettes comme le *gumbo* ou le *jambalaya*, sont devenues emblématiques de la cuisine de cet État du sud des États-Unis.

MIXOLOGIE

COCKTAILS Stars

***Manhattan, cosmopolitan, mint julep* ou *dry martini*, les États-Unis restent le berceau de recettes de légende !**

La mixologie déferle sur l'Europe depuis quelques années… Mais l'art du cocktail est bien né aux États-Unis au XIXe siècle, puis s'y est fortement développé tout au long du siècle suivant. La créativité sans limites des *bartenders* d'aujourd'hui, notamment ceux du True Laurel, à San Francisco, est certes passionnante, mais elle ne fait pas oublier les illustres cocktails inventés autrefois en Amérique, dont la légende fut parfois portée par des héros de cinéma ou de séries. Comme dans d'autres univers, le vintage fait recette ! Au chapitre de ces fondamentaux, classés par l'International Bartenders Association dans ses « unforgettables » ou ses « contemporary classics », citons le manhattan. Rye whisky, vermouth rouge, angostura bitters, voilà les ingrédients de ce cocktail créé en 1874 à New York, au Manhattan Club, lors d'une soirée en l'honneur de Samuel J. Tilden, candidat à l'élection présidentielle. Le *old fashioned*, composé de bourbon, sucre, Angostura bitters et eau plate, est à peine moins ancien puisque né en 1881 dans un club de Louisville, dans le Kentucky… Subtil mariage de sucre et d'acidité, le *cosmopolitan* – citron vodka, cointreau, jus de cranberry et jus de citron vert – occupe toujours une place de choix sur les cartes des bars, comme le fameux *mint julep*. Élaboré à l'origine pour une fonction médicinale, ce cocktail *from Virginia* marie whisky, sucre, menthe et Angostura bitters… La liste est longue de ces indémodables, dont l'un des plus célèbres demeure sans conteste le *dry martini*, popularisé sur grand écran par Alfred Hitchcock ou Bond, James Bond.

Paroles d'inspecteur

L'adresse phare à San Francisco pour apprécier d'excellents cocktails : Le True Laurel.

LE CRONUT®

un beignet franco-américain

Le Cronut®, comme son créateur, Dominique Ansel, un pâtissier d'origine picarde qui a la nationalité américaine, est une star internationale mais presque inconnue en France. « Je venais d'ouvrir ma boutique à New York, explique Dominique, et je cherchais une idée pour la fête des mères. J'ai créé le Cronut®, un mélange de croissant et de donut. » Un blogueur s'enflamme et, 145 000 vues plus tard, la pâtisserie est prise d'assaut. Les clients se battent et les revendeurs dans la rue font grimper les prix. Questlove, le musicien du Tonight Show, émission animée par Jimmy Fallon sur NBC, aurait avoué avoir déboursé 2 000 dollars pour deux beignets ! Dominique Ansel, d'un calme olympien, a mis le holà en rationnant la vente : pas plus de deux Cronuts par client et par jour ! Pour entretenir le désir, le parfum change tous les mois, mais le prix reste à 5 dollars l'unité.

Les delicatessen sont de véritables conservatoires, garants d'une mémoire culinaire en voie de disparition.

En effet, les spécialités à la carte de ces restaurants aujourd'hui si populaires, et surtout caractéristiques du paysage culinaire new-yorkais, sont originaires d'Europe de l'Est et majoritairement représentatives de l'identité culinaire juive. Ces recettes ont pour la plupart traversé l'Atlantique au moment des premières vagues d'immigration à la fin du XIXe siècle. De nombreux plats, à l'instar des viandes saumurées et cuites telles que le pastrami ou le *picklefleich*, les poissons fumés, mais aussi des plats qui font l'essence même de la cuisine juive ashkénaze, comme le foie haché, les *latkes* (galettes frites de pomme de terre râpée), ou encore le *gefiltefish* (carpe farcie), doivent leur survie en grande partie à la diaspora juive new-yorkaise et à des restaurants tels que Russ and Daughters Cafe ou Katz's Delicatessen. Il n'est pas rare de voir dans les delis des plats qui ne sont même plus cuisinés dans leur pays d'origine comme les *kneidlers*, devenus *matzo balls soup*, ou les *bialies*, petits pains parsemés d'oignons originaires de la ville de Bialystok, en Pologne. Ils ont trouvé à New York un nouveau souffle, une nouvelle interprétation parfois. Souvent grâce à des delicatessen nouvelle génération qui osent casser les codes tout en respectant la tradition. C'est notamment le cas chez Mile End Deli, à Brooklyn, avec à sa carte, bon nombre de spécialités d'Europe de l'Est comme les *pierogies* (sorte de raviolis bouillis polonais) ou le foie haché cuisinés de façon contemporaine.

Les delicatessen NEW-YORKAIS, *lieux de mémoire culinaire*

La cuisine cajun

Les Cajuns sont à l'origine des Français installés en Acadie qui ont migré en Louisiane au XVIIe siècle. Leur cuisine s'est mêlée à celles des différentes vagues migratoires : espagnole, française, africaine, allemande...

Les Cajuns préparent l'alligator frit, la tortue à l'étouffée, les huîtres frites, le *po-boy*, un sandwich baguette de bœuf rôti ou de beignets de fruits de mer, ou encore le *gumbo*, plat mijoté à base de saucisses préparé avec un roux brun. Le *jambalaya* est une autre recette emblématique : un riz sauté agrémenté de crevettes et de viande, le tout relevé d'un peu de poudre de *sassafras*, un arbre local surnommé « laurier des Iroquois ». Autre produit emblématique de la cuisine cajun, car très abondant dans les eaux de la Louisiane, les écrevisses, que l'on peut trouver dans le *gumbo*, mais qui surtout se dégustent simplement cuites dans un bouillon très assaisonné et servies en montagnes fumantes ou en bisque relativement poivrée. Fidèles à leurs origines, les Cajuns apprécient beaucoup les charcuteries comme les grattons de porc, l'andouille, le boudin ou le fromage de tête, toujours relevés de piment, car ne l'oublions pas, la Louisiane est l'État qui a vu naître le fameux Tabasco.

STREET FOOD

LES FOOD-TRUCKS
à travers les États-Unis

Aux États-Unis, le food-truck est un véritable mode de consommation. Bien qu'ils soient souvent présents dans des zones à forte densité de bureaux, les food-trucks sont considérés aujourd'hui comme des restaurants ambulants à part entière vers lesquels on n'hésite pas à se déplacer.

Il n'est pas rare de trouver des food-trucks lors de chaque événement en plein air (rencontre sportive, concert, etc.). Certains leur sont même totalement consacrés, regroupant des centaines de camions, comme Off the Grid, à San Francisco. Il existe un nombre impressionnant de versions de food-trucks. Des sucrés, comme les traditionnels camions à glace que l'on peut voir dans les rues de New York, ou le food-truck Coolhaus, à Los Angeles, qui propose des sandwichs glacés aux parfums des plus étonnants comme chocolat-bacon confit ou foie gras. De grands chefs s'y mettent également avec des food-trucks comme NoMad, du chef Daniel Humm, qui propose une cuisine de rue fraîche et parfaitement exécutée, avec des burgers de poulet surmontés de foie gras ou des hot dogs à la mayonnaise truffée. Les food-trucks sont également très souvent représentatifs de la gastronomie locale avec, dans chaque État, des camions proposant des plats typiques de la région. Le Belly's Crab Corner, à Miami, sert des homards, pinces de crabe ou crevettes géantes assaisonnées d'épices locales. Le Not Just Q dans la région de Dallas, au Texas, mise sur des viandes fumées cuites au barbecue. Mais s'il est une ville aux États-Unis qui représente le paradis du food-truck, c'est assurément Portland et ses *food carts*, croisement local de la caravane et de la baraque à frites. On en trouve pas moins de 600, colorés et thématiques, pour réaliser un tour du monde culinaire. Le food-truck ouvre un champ des possibles infini et n'a pas fini de faire parler de lui.

PORTRAIT DE CHEF

DANIEL HUMM

Du caviar au poulet frit, un chef qui parle à tous les palais

DE PRIME ABORD, il est assez difficile d'envisager New York comme un terroir culinaire, et pourtant le chef Daniel Humm a réussi à le voir comme tel. Quitte à sortir à quelques kilomètres de Manhattan pour trouver de petits producteurs dans l'État qui entoure la ville. Il a su s'approprier cet environnement urbain pour magnifier sa cuisine et lui donner une véritable identité. Il a réussi à en comprendre absolument tous les codes et est très vite devenu l'un des acteurs majeurs de la scène culinaire new-yorkaise. À en croire Danny Meyer, l'ancien propriétaire du Eleven Madison Park, Daniel Humm est non seulement un excellent chef d'orchestre, mais aussi un formidable compositeur. Dans son restaurant, il fait en sorte que l'existence de chacun de ses plats ait un sens et apporte quelque chose en plus au discours culinaire actuel. Celui dont la devise est « Make it nice » (fais-le bien) n'a aucun problème à passer des cuisines du Eleven Madison Park à celle du Made Nice « bien fait », un autre de ses restaurants new-yorkais, totalement différent, proposant des plats décomplexés comme une salade de chou-fleur légèrement rôti au curry, des ramens ou encore des glaces savamment réfléchies et totalement addictives. Il n'hésite pas non plus à proposer à la carte du restaurant de l'hôtel NoMad, dont il dirige également les cuisines, des plats tout à fait inattendus et pourtant percutants, comme son incontournable poulet rôti au foie gras et truffe noire. Daniel Humm est, sans conteste, un chef atypique qui a marqué au fer rouge sa génération.

> « Il a su s'approprier cet environnement urbain pour magnifier sa cuisine. »

—

ELEVEN MADISON PARK ✲✲✲ / NOMAD ✲

FLORIDE

LA CUISINE DES Keys

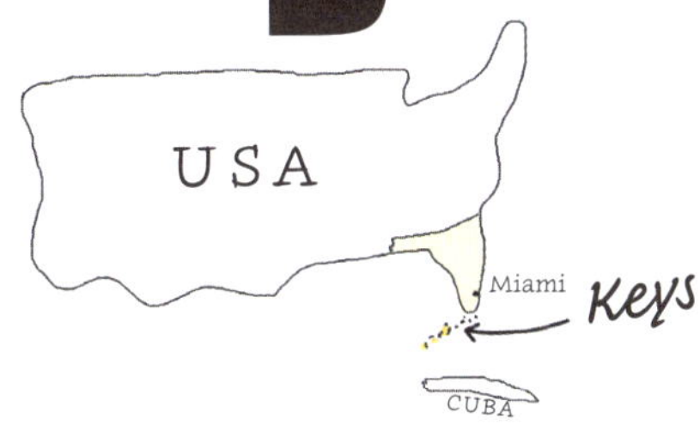

La cuisine traditionnelle des Keys a deux caractéristiques essentielles. La première est liée à sa situation géographique, un archipel au large de la Floride. La seconde c'est une cuisine insulaire et en grande partie locavore.

Un des meilleurs exemples est la *Key lime pie*. Cette tarte originaire des Keys, aujourd'hui célèbre dans le monde entier, est constituée d'un fond de tarte fait d'éclats de biscuits Graham (biscuit américain) et d'un appareil à base de lait concentré et de *Key lime*, citron vert à la saveur acide et un peu ronde, cultivé dans les Keys. Le poisson et les fruits de mer sont également des ingrédients très présents dans la cuisine de ces îles. Le *conch*, ce gros coquillage en forme d'escargot, appelé *lambi* dans les Antilles françaises, y est souvent cuisiné sous forme de salade, soupe, ou encore frit en accras ou beignets. Les poissons (comme le *mahi-mahi*) sont grillés ou cuisinés en ragout. La seconde caractéristique essentielle de cette cuisine est qu'elle est fortement imprégnée des pays qui lui sont proches. On y retrouve des influences mexicaines avec des assaisonnements pimentés, des salades à base de tomates grossièrement concassées ressemblant aux *salsas* ou encore des *enchiladas*. La cuisine antillaise est également représentée. Il n'est pas rare de trouver dans les Keys des fritures de banane plantain ou des ragoûts assez proches des fricassées antillaises. La cuisine cubaine n'est pas en reste puisque ce sont les immigrés cubains qui venaient travailler dans ces îles américaines qui y ont apporté leur casse-croûte, le célèbre *cubano* sandwich, constitué de jambon et de fromage.

> « Ils sont plus d'une centaine à valoriser le terroir américain. »

LES FROMAGES *américains*

Comme celle du vin, produit dans les cinquante États de l'Union, la fabrication de fromages fermiers au lait cru explose outre-Atlantique.

Sur les *farmer's markets* qui pullulent sur tout le territoire (une soixantaine à New York, par exemple), on peut découvrir et déguster ces productions locales. Longtemps, aux États-Unis, le fromage était l'affaire des industriels et destiné à jouer les mauvais seconds rôles sur une pizza, dans un sandwich, un burger ou un cheesecake. Certes, avec les migrants européens au XVIIe siècle, les techniques fromagères ont traversé l'Atlantique et donné naissance à des fromages *made in America* devenus célèbres comme le Dry Jack ou le Brick Cheese, s'inspirant respectivement du parmesan ou du Limburger (Allemagne). À la fin du XIXe siècle, le tout-pasteurisation et l'industrialisation ont sonné le glas des productions fermières. La renaissance débute à la fin des années 1990 avec des pionnières comme les Cowgirls, à Point Reyes, dans le nord de la Californie. Peggy (passé chez Panisse) et Sue se lancent dans la production de véritables fromages avec le lait des fermiers locaux. Vingt ans plus tard, ils sont plus d'une centaine à valoriser le terroir américain. Dans le Wisconsin, la Uplands Cheese Company fabrique une sorte d'abondance et de mont-d'or. Dans l'Utah, le Beehive Cheese surprend avec son cheddar de lait de race jersiaise avec une croûte au café et à la lavande. L'American Cheese Society rassemble ces nouveaux fromagers et s'attaque à l'inepte règle des soixante jours aux États-Unis : aucun fromage au lait cru ne peut être commercialisé sans un affinage minimal de deux mois, ce qui ferme la porte du plaisir du *raw milk* de nombreuses spécialités, comme les pâtes molles, les croûtes lavées… les chèvres et tous les fromages frais.

ÎLES D'HAWAÏ

LES FERMES D'ANANAS

L'HISTOIRE RACONTE que lorsque les Occidentaux débarquèrent en 1778 sur cet archipel de plages de sable fin, de massifs volcaniques, de récifs de corail et de forêts tropicales, il n'y avait pas d'ananas. Celui qui débarquerait aujourd'hui dans cette partie de l'océan Pacifique serait surpris de ne plus en trouver beaucoup alors que ce fruit a longtemps été l'emblème de ce paradis naturel. À l'époque de la découverte d'Hawaï, l'agriculture était centrée sur la banane, la canne à sucre, la noix de coco et la patate douce, puis plus tard sur la culture du bois de santal. Il faut attendre 1813 pour voir la culture du *hala kahiki* (fruit étranger) se développer. À tel point que dans les années 1960, Hawaii était le premier producteur mondial d'ananas avec 80 % de parts de marché détenues par des industriels installés sur l'île depuis le début du XXe siècle comme Del Monte Fresh Produce, Dole Food Company et Maui Land and Pineapple. Aujourd'hui, les grandes exploitations commerciales ont fermé, laissant le champ libre au Brésil, à la Thaïlande, aux Philippines et au Costa Rica. Il reste cependant quelques petites fermes d'ananas pratiquant la polyculture ou expérimentant l'aquaponie qui ont opté pour une culture en bio.... Elles sont soutenues par le mouvement Hawaiian Regional Cuisine (Roy Yamaguchi, Alan Wong, Amy Ferguson Ota...), qui fusionne les influences ethniques et préconise l'utilisation de denrées locales cultivées de manière responsable. À noter que sur l'île de Maui, on produit un étonnant vin d'ananas pas aussi sucré que l'on pourrait le penser, que l'on déguste avant ou après un *chicken laulau* (poulet cuit dans des feuilles de taro et lait de coco), *un char siu*, travers de porcs marinés apportés par les migrants chinois, ou un *chicken adobo*, un ragoût de poulet et de porc au vinaigre et à l'ail.

> « Ce fruit a longtemps été l'emblème de ce paradis naturel. »

RESTAURANTS
avec vue

Pour dîner presque les yeux dans les yeux avec le sommet des gratte-ciel du Lower Manhattan, avec la statue de la Liberté à l'horizon, et Brooklyn dans un coin du décor, il faut s'élever jusqu'au Manhatta, au soixantième étage. On y goûte la cuisine de marché de Jason Pfeifer, un ancien de chez Thomas Keller dont le restaurant new-yorkais Per Se n'est pas le plus haut perché de la ville. Il n'est situé qu'au quatrième étage d'une galerie marchande chic, à l'un des angles de Central Park. Pourtant, des fenêtres du grand salon très lumineux, on plonge dans l'étourdissant paysage de l'Upper Manhattan, bercé par le calme voluptueux du restaurant. En contrebas, au centre de Colombus Square, on peut aviser un parterre ornemental dans lequel poussent les choux-fleurs qui ont inspiré une recette végétarienne de falafel au chef Thomas Keller. La nature à New York n'est jamais loin. À Central Park, il y a un lac où les promeneurs en barque s'offrent une parenthèse

romantique. Elle se prolonge à l'une des tables du Loeb Boathouse, sur l'une des rives du lac, avec une cuisine élégante mêlant l'Europe et les États-Unis. Et si l'on a envie d'aller manger sous les ponts de New York, Celestine (cuisine méditerranéenne orientale) est tout indiqué. Depuis la salle, on est presque en contre-plongée du Manhattan Bridge, qui est aux ponts new-yorkais ce que l'Empire State Building est aux gratte-ciel. Enfin, pour admirer la Skyline de Manhattan et jouir de la statue de la Liberté au coucher du soleil, on monte à bord du River Café, flottant sur les bords de l'East River, à Brooklyn.

PER SE ✲✲✲ / THE RIVER CAFE ✲

LES TABLES MONDAINES *à Los Angeles*

Los Angeles est la ville comptant le plus de stars et de *people* en tout genre au kilomètre carré. Par leur seule présence, ou parce qu'elles les désertent, les célébrités font et défont la réputation des tables en ville. Où croise-t-on Brad Pitt ? Et Julia Roberts ? Certainement à Beverly Hills au Spago ou au CUT, deux adresses du chef Wolfgang Puck, où la moindre star a son rond de serviette ; ou à République, sur La Brea, un restaurant français, logé dans une ancienne demeure de Chaplin. Dans West Hollywood, l'A.O.C., un bar à vins (bio et biodynamiques de préférence) attire les étoiles en quête de terroir. Pour les saveurs mexicaines, elles vont au Gracias Madre à Hollywood, pour les plats *healthy so* californiens, chez Gjelina, à Venice. Au Tower Bar, sur Sunset, les *people* dînent avec une très belle vue sur la ville. Au Beauty & Essex, elles goûtent la cuisine multi-ethnique du chef Chris Santos dans un décor hollywoodien. Et quand elles s'encanaillent dans le désormais très branché Downtown de Los Angeles, elles choisissent le Bestia, une table italienne contemporaine.

PORTRAIT DE CHEF

WOLFGANG PUCK

Le cuisinier des stars, la star des cuisiniers

Le chef Wolfgang Puck partage avec Arnold Schwarzenegger la même terre natale, l'Autriche, et une fréquentation assidue de la cérémonie des Oscars. Si le monstre d'Hollywood n'y a jamais décroché de statuette, le chef à la tête de plusieurs restaurants un peu partout aux États-Unis y régale les célébrités depuis vingt-cinq ans, avec ses traditionnels toasts au saumon fumé et caviar, ses *agnolotti* aux petits pois et à la truffe noire et autres petits plats d'une cuisine aux accents multiculturels, sa marque de fabrique. Les stars lui rendent bien. De Stallone à Denzel Washington, en passant par Beyoncé, beaucoup ont poussé un jour la porte de son Spago, à Beverly Hills. Tom Cruise serait un inconditionnel de son entrecôte Snake River Farm, une viande moitié française, moitié japonaise. « À part le pape, tout le monde est venu chez moi », fanfaronnait dans *Paris Match* celui qui a mitonné le festin du mariage de Madonna et Sean Penn. Que de chemin parcouru depuis l'Autriche, d'où il s'enfuit à l'âge de 14 ans pour échapper à un père violent. Il apprend la cuisine en France sous les ordres de Raymond Thuilier à L'Oustau de Baumanière (3 étoiles Michelin à l'époque de son passage). À 26 ans, il ouvre son premier restaurant à Los Angeles. Il a été l'un des premiers aux États-Unis à ouvrir sa cuisine sur la salle où il sert les « plus beaux produits du marché » cuisinés « avec simplicité ». Un jour, le président Ronald Reagan porte une casquette signée Spago, le nom de son restaurant. La machine médiatique s'emballe et la notoriété de Wolfgang Puck s'envole. Quarante ans plus tard, il a cuisiné pour sept présidents américains et dirige un empire gastronomique et planétaire d'une centaine de restaurants.

PRODUIT

LA PRODUCTION DE BOURBON

Le bourbon et le whisky sont cousins, mais seulement cousins : si leurs méthodes de fabrication demeurent proches, leur différence repose d'abord sur la matière première utilisée.

Si l'Écosse ou l'Irlande continuent de revendiquer la paternité du whisky, ou plus précisément le whisky pour l'Écosse et le whiskey pour l'Irlande, ils n'en sont pas les seuls pays producteurs, loin de là. Les États-Unis, par exemple, sont aussi l'un des fiefs du whiskey et ont opté également pour cette petite coquetterie orthographique. Au XIXe siècle, à cause de la crise économique qui sévissait chez eux, Écossais et Irlandais furent nombreux à émigrer outre-Atlantique, transportant dans leur besace quelques litres de leurs whiskies et bien sûr leur savoir-faire éprouvé de la distillation. Sur les terres nouvellement conquises, ils adaptèrent leur méthode de fabrication du whisky au contexte local, notamment dans le Kentucky, où la céréale la plus répandue était le maïs. C'est ainsi que naquit le bourbon, qui doit son nom au comté où il a été inventé. Alors que le whisky provient de la fermentation et de la distillation de l'orge – complété pour les blends par du blé ou du maïs –, le bourbon doit être issu d'au moins 51 % de maïs. La plupart des distilleries poussent même le bouchon plus loin en utilisant une base d'environ 70 % de maïs. Vieilli en fûts de chêne neufs durant au moins deux ans, contre trois pour le whisky, le bourbon s'en distingue en général par une saveur plus douce et plus sucrée. Et contrairement à une idée reçue, il peut être fabriqué partout aux Etats-Unis, et pas uniquement dans son berceau du Kentucky.

> “ Le bourbon doit être issu d'au moins 51 % de maïs ”

LES FARMERS' MARKETS *de Portland*

Portland est la principale ville de l'Oregon, État situé dans le nord-ouest des États-Unis, et certainement l'une des plus gourmandes du pays. Fer de lance de la tendance locavore chez l'Oncle Sam, elle rejette les fast-food, mais accueille à bras ouverts plusieurs marchés de producteurs entre le début du printemps et la fin de l'automne, ouverts à tour de rôle chaque jour de la semaine (sauf le lundi). Les plus importants se situent dans le Cultural District, surtout au niveau de la Portland State University. Une centaine d'exposants y vendent des produits sortis de terre à moins de 100 kilomètres. On profite de l'ambiance familiale, affalé sur l'herbe, en écoutant de la musique live jazz, blues ou rock et en dégustant de savoureux plats cuisinés. Au fil des allées, stands de truffes blanches, charcuterie, fromages, pâtisseries maison, jus de fruits frais (canneberge), fruits et légumes aussi odorants que colorés, et noisettes, dont l'Oregon est un gros producteur. Si les étals de fruits et légumes sont si prisés, c'est que nombre d'habitants de Portland se revendiquent veggie : il est ainsi courant de voir mentionné sur les annonces immobilières : « Cherche locataire sympathique et végétarien. »

LA CUISINE DU TEXAS

Influencée par les cultures allemande, britannique, afro-américaine, cajun, mexicaine, amérindienne et asiatique, la cuisine texane est le produit d'une fabuleuse mixité.

LE TEXAS rassemble pas moins de 27 groupes ethniques ou culturels, dont les Afro-Américains, qui ont maîtrisé l'art de transformer les légumes verts et les haricots en chefs-d'œuvre culinaires en associant la viande de porc aux poivrons et aux épices. Né de l'importante communauté mexicaine, le *chili con carne* est rapidement devenu le plat officiel. Celui-ci doit comprendre du bœuf, de la poudre de piment, des oignons, de l'ail, des poivrons jaune et vert, des tomates coupées en petits dés, de la poudre de cacao non sucrée, un peu de cannelle, de la coriandre et un quartier de citron. Mais plus que dans tout autre État, les Texans, notamment dans la ville d'Austin, vouent un culte à la cuisine au barbecue importée par les migrants allemands et tchèques établis au XIXe siècle. Dans leurs boucheries, ils fumaient la viande pour la conserver et rendre plus savoureux des morceaux moins nobles. Parce qu'il ne s'agit pas de griller de la viande, mais bien de la fumer. Une cuisson indirecte réalisée avec un *offset smoker* au feu de bois, qui permet une cuisson lente (entre deux et trois heures) à basse température, traditionnellement à 120 °C. Le plat le plus prisé est le *brisket*, de la poitrine de bœuf enveloppée de *rub*, un mélange d'épices avec du poivre de Cayenne, fumée entre deux et quatre heures et servie avec des haricots et du maïs.

> **« Parce qu'il ne s'agit pas de griller de la viande, mais bien de la fumer. »**

CONSEILS

POUR FAIRE *un bon* STEAK

Toutes les races bovines et leurs terroirs respectifs possèdent des caractères gustatifs différents. Demandez conseil à votre boucher, mais surtout questionnez-le sur la viande qu'il vous vend. De quelle région vient-elle ? De quel type d'exploitation ? À quel âge a été abattu l'animal ? Est-ce une vache de réforme ou une vache élevée pour sa viande ? Comment a-t-elle été nourrie ? Toutes ces informations sont importantes. Si certains bouchers vous prennent pour un fou, vous pouvez leur répondre que vous voulez surtout qu'ils arrêtent de vous prendre pour un imbécile. La steak (r)évolution commence par là. Ces questions peuvent aussi être posées aux restaurateurs qui servent de la viande. Ils doivent connaître les caractéristiques de la viande qu'ils servent.

“ Un steak peut être pris dans à peu près toutes les parties de l'animal. ”

Demandez conseil à votre boucher sur le choix des découpes et des morceaux, il y va de la tendreté de votre steak. Un steak peut être pris dans à peu près toutes les parties de l'animal. En général, il s'agit des morceaux situés dans les parties musculaires que l'animal utilise le moins. Ce sont les parties les plus rares et donc les plus chères, mais c'est cela qui fait la différence. Préférez les morceaux où la graisse intramusculaire est développée et bien visible : c'est ce qu'on appelle le persillé. Contrairement aux idées reçues, ce gras est bon pour la santé, car en entrant dans la fibre musculaire il s'est débarrassé des éléments nocifs qu'il contient. Pendant la cuisson, il fond et donne du goût à la viande tout en réduisant le besoin en matière grasse ajoutée. Rappelez-vous qu'un steak, c'est soixante-quinze pour cent d'eau et vingt pour cent de protéines diverses. Le goût réside dans les cinq pour cent restants : soyez donc exigeant.

Demandez que votre steak soit suffisamment maturé. La maturation, c'est le goût. Il existe deux méthodes de maturation : la maturation à sec, qui se fait en carcasse ou sur des parties de l'animal, laissées à nu en chambre froide, et la maturation humide, qui s'exerce sur des morceaux prédécoupés et emballés sous vide. Les deux se valent et chacune a ses qualités gustatives. Les durées de maturation varient selon la race, l'âge d'abattage et la méthode de maturation pratiquée par le boucher. Une durée de vingt jours est idéale. Mais pas moins de dix jours, et pas plus de quarante si l'on n'a pas affaire à un boucher spécialisé. La maturation permet aux enzymes et aux acides contenus dans la viande de faire leur travail de modification des gras et des sucres. La viande perd de l'eau (jusqu'à cinquante pour cent de son poids), mais gagne en saveur et en texture.

Avant cuisson, faites reposer la viande à température ambiante. Souvent deux heures sont nécessaires. Pour les morceaux plus épais, vous pouvez précuire à basse température avant la cuisson proprement dite (50 °C au maximum pendant deux heures, pas davantage). Ce passage permet au muscle de se détendre, et donc de libérer plus facilement les substances qui lui confèrent son goût.

CUISINE DE LA MER *en Alaska*

Dans le 49e État américain, la cuisine est étrangement aussi riche que la densité de population est pauvre...

Si désormais on peut y trouver des spécialités telles que le burger de bison, les saucisses de renne, mais également de la viande d'orignal, de wapiti et même d'ours, l'essentiel de la cuisine reste tourné vers la mer. En gelant le sol en profondeur, l'hiver glacial empêche le développement de l'agriculture, ce qui a obligé les premiers habitants à préférer la pêche. Les eaux froides et pures du Pacifique Nord et de la mer de Béring abritent du crabe royal et des crevettes, mais aussi des réserves de poissons sauvages, en particulier le saumon, le colin et le flétan. Au menu de la plupart des restaurants, le saumon est décliné en version fumée, au four, mariné, en carpaccio et saumuré au sel de mer puis fumé. Influence américaine oblige, les barbecues de saumon sont légion, mais la spécialité reste les pattes de *king crab* au beurre, qui sont grillées puis enveloppées de beurre fondu. Sur les tables gastronomiques, les chefs ont élaboré des recettes plus sophistiquées, comme les *salmon cakes*, le flétan poché, les soupes de moules ou la bisque de crabe... Pour les palais les plus téméraires, certains restaurants perpétuent des recettes traditionnelles héritées des Esquimaux, comme les *stinkheads et stinkeggs*, des têtes et œufs de saumon enveloppés dans de la graisse et enfouis pendant plusieurs semaines.

« Influence américaine oblige, les barbecues de saumon sont légion... »

PORTRAIT DE CHEFFE

DOMINIQUE CRENN

LORSQUE LA FRANÇAISE au style rock et décontracté a obtenu une troisième étoile en 2018 pour son Atelier Crenn à San Francisco, son succès a résonné mondialement. Et pour cause : elle est la première femme cheffe avec un tel palmarès aux États-Unis. En 1998, elle arrive seule à San Francisco, avec le désir de s'affranchir des codes de la cuisine française, trop restrictifs à son goût. Elle intègre alors le restaurant de Jeremiah Tower, pionnier en Californie avec Alice Waters du mouvement « farm-to-table » (de la ferme à l'assiette). En 2011, elle s'émancipe et ouvre Atelier Crenn, sa première table où le menu dégustation est présenté sous forme de poème, puis en 2015, après que son restaurant a obtenu deux étoiles Michelin, elle lance Petit Crenn, un néo-comptoir marin en hommage à sa grand-mère bretonne. En 2018, elle décide de célébrer la cuisine française à travers des huîtres en gelée glacées au pâté en croûte en passant par les cannelés bordelais dans le Bar Crenn. La cheffe cultive un style très personnel, poétique et ouvert sur le monde. Elle-même se définit comme une artiste plus que comme une cuisinière, et ses plats en témoignent, à l'instar d'Ocean, un ormeau fumé sur un gril japonais enveloppé d'algues de la baie, ou le dessert Balade dans la forêt, hommage à son père, un concept associant champignons et pralines. Très investie dans la protection de l'environnement, elle met en avant le bio et la consommation locavore. Sans être végétarienne, elle prône une cuisine avec moins de viande, mais plus de produits de la mer ou issus de sa propre ferme.

Première femme 3 étoiles Michelin aux États-Unis

—

BAR CRENN ✿ / ATELIER CRENN ✿✿✿

VIGNOBLE

LE VIN CALIFORNIEN

Il n'y a pas *un* vin californien mais *des* vins californiens, véritablement qualitatifs, à découvrir en urgence.

Depuis le 24 mai 1976, la renommée des vins californiens a pris un tournant décisif, lorsque l'Anglais Steven Spurrier, un des plus grands experts mondiaux du vin, organise Le Jugement de Paris, une dégustation à l'aveugle de vins français et californiens. En rouge comme en blanc, les vins californiens remportèrent le concours ! À compter de ce jour, la plus grande région viticole américaine n'avait plus rien à envier aux autres.

L'État, plus grand que la France, compte tous les paysages, des montagnes au Pacifique, et donc une formidable mosaïque de climats et de terroirs différents, sur plus de 221 000 hectares. Le vignoble s'organise autour de quatre grandes régions et quinze comtés, dont la plus importante North Coast, abrite le comté le plus connu : la fameuse Napa Valley et ses gigantesques *wineries* ultra-design où se pressent des millions de visiteurs chaque année et où se trouve, entre autres, le mythique domaine Opus One, en biodynamie. Suivent les régions de South Coast, Central Coast, Central Valley et Sierra Foothills. En Californie, les codes ne sont pas les mêmes que sur le Vieux Continent. On y parle surtout de cépage et non d'appellation, avec une typologie plutôt simple en termes de consommation, les cuvées étant réparties en cinq niveaux : du *basic wine*, autrement dit du vin d'entrée de gamme, jusqu'à l'*icon*, le haut du panier.

L'encépagement s'organise massivement autour des chardonnay, merlot, cabernet-sauvignon, pinot gris, pinot noir, sauvignon, sans oublier le zinfandel, qui est utilisé dans les trois couleurs et aussi pour les bulles. On trouve également à présent de nombreux vins issus de syrah et grenache, pour des cuvées en rouge dans un style plus rhodanien.

Le lobster roll

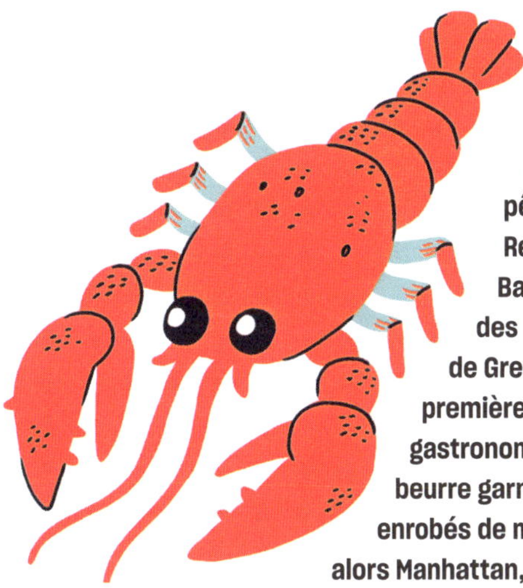

Ce sandwich est né dans les années 1930 dans le Maine, où un restaurateur eut l'idée de remplacer la saucisse du hot-dog par le homard fraîchement pêché sur la côte. Mais c'est grâce à Rebecca Charles, à la tête du Pearl Oyster Bar, qu'il a véritablement conquis le cœur des New-Yorkais. En ouvrant son restaurant de Greenwich Village en 1997, elle fut la première à anoblir le *lobster roll* dans sa version gastronomique : un petit pain au lait toasté au beurre garni de larges morceaux de chair de homard enrobés de mayonnaise. L'obsession culinaire gagne alors Manhattan, des tables chics comme Maison Première ou Mary's Fish Camp aux adresses de street food, tel le fameux Luke's Lobster. Affranchi de son territoire d'origine, le *lobster roll* fait désormais le tour du monde comme une authentique spécialité new-yorkaise.

Le cookie, L'INCONTOURNABLE DE LA PÂTISSERIE AMÉRICAINE

Réalisé à partir d'ingrédients plutôt basiques, le véritable cookie américain est la définition parfaite de la gourmandise. Il doit, cependant, respecter certains codes afin de conserver sa place dans le cœur des amateurs de pâtisserie du monde entier. Une de ses principales caractéristiques est qu'il doit légèrement croquer sous la dent, mais être presque cru à cœur afin de donner à la pâte cette texture fondante qui lui est propre. Si ce biscuit est légèrement sous-cuit, cela ne pose pas réellement de problème, puisqu'en refroidissant le beurre qu'il contient aidera à lui donner de la tenue. La saveur de la pâte à cookie est tellement régressive qu'il y a même dans certaines grandes villes américaines des boutiques qui proposent de déguster cette préparation crue dans des cornets ou en petites barquettes.

COOKIES

INGRÉDIENTS

350 g de pépites de chocolat noir

225 g de beurre demi-sel

300 g de farine

1 pincée de levure chimique (ou baking powder)

200 g de vergeoise

115 g de sucre blanc

2 œufs

5 cl d'extrait de vanille

1 pincée de sel fin

1. Sortez le beurre du réfrigérateur une vingtaine de minutes avant de commencer la recette.

2. Préchauffez le four à 150 °C.

3. Dans un bol de taille moyenne, mélangez la farine et la levure chimique, puis réservez.

4. Versez les sucres dans la cuve d'un robot pâtissier et mélangez à vitesse moyenne pendant 5 minutes à l'aide du fouet. Ajoutez le beurre ramolli puis mélangez à nouveau jusqu'à l'obtention d'une pâte un peu graineuse.

5. Ajoutez les œufs et l'extrait de vanille. Mélangez à nouveau à vitesse moyenne jusqu'à l'obtention d'une préparation homogène. Veillez à ne pas trop travailler la pâte.

6. Ajoutez le mélange de farine et levure ainsi que les pépites de chocolat et le sel. Mélangez à nouveau et laissez reposer la pâte au réfrigérateur une trentaine de minutes.

7. Formez des boules de pâte. Déposez-les, en laissant de l'espace entre chaque, sur une plaque allant au four recouverte de papier cuisson. Enfournez pour 18 minutes. À la sortie du four, disposez les cookies, à l'aide d'une spatule, sur une surface froide ou à température ambiante.

SUR LA ROUTE 66

Reliant Chicago à Santa Monica, la route 66 est autant un symbole de liberté et de voyage que de la conquête de l'Ouest.

PREMIÈRE ROUTE transcontinentale goudronnée, elle s'est ponctuée peu à peu de restaurants-étapes nés dans les années 1950, essentiellement des *diners* aux enseignes bien visibles, dans lesquels on trouvait des *drive-thru*, avec service au volant, ou des *soda fountains*, dont la spécialité est un mélange de glace et de soda. Son patrimoine historique, ce sont ces anciennes stations essence, commerces, motels et cafés qui rythmaient le voyage. Parce qu'elle traverse huit États, une vraie diversité culinaire se déploie le long de ses 3 670 kilomètres, incarnée par des adresses de référence. Dans l'Illinois, la traversée de la ville de Springfield est l'occasion de goûter aux produits issus des nombreuses fermes de la région : raviolis farcis au porc et à la courge butternut, ou encore *kielbasa*, une saucisse polonaise servie avec des pommes de terre sautées. Le Missouri est réputé pour ses barbecues, notamment les côtes de bœuf fumées et les *burnt ends*, de petits morceaux de la partie la plus grasse de la poitrine de porc marinés aux épices et grillés. Des plats qui annoncent le Texas, où la viande au barbecue est au cœur de la cuisine, pourtant très influencée par le Mexique, qui a imposé dans l'État le *chili con carne*. Incontournables, les *huevos rancheros* (œufs frits à la sauce tomate), les tortillas et la tarte à noix de pécan sont au menu de la plupart des restaurants croisés sur la route. Quelques kilomètres plus loin, la traversée du Nouveau-Mexique permet de découvrir le *green chile pepper*, qui a donné naissance aux recettes comme les beignets de piment, le ragoût de piment et le piment farci. Dans l'État voisin d'Arizona, c'est le filet mignon qui est à l'honneur, côtoyant le *t-bone* et le fameux *charred steak*, cuit bleu mais grillé à l'extérieur. Une fois en Californie, après la traversée du désert des Mojaves, la jetée de Santa Monica marque symboliquement la fin de la route, tandis que les plats de fruits de mer célèbrent la présence de l'océan Pacifique.

Les sauces AMÉRICAINES EMBLÉMATIQUES

La sauce Thousand Island

Même si les légendes varient quant à la façon dont cette sauce a été nommée, tous s'accordent à dire que son nom aurait pour origine géographique l'archipel des Mille-Îles, situé entre les États-Unis et le Canada dans le fleuve Saint-Laurent. Servant d'assaisonnement à des cocktails de fruits de mer ou des crudités, cette sauce est composée de mayonnaise, concentré de tomate, de sauce Worcestershire, moutarde, vinaigre, Tabasco, jus d'agrumes et ketchup auxquels on ajoute des cornichons, des oignons, du poivron, des olives vertes, des œufs durs, du persil, du piment, de la ciboulette et de l'ail, tous finement hachés. Cette sauce sert de base à de nombreuses sauces à burgers.

La sauce Barbecue

Ce serait Christophe Colomb qui, de retour d'un de ses voyages dans les Caraïbes, aurait rapporté la toute première version de cette sauce. Elle accompagne très souvent de la viande, mais peut aussi servir de marinade pour des grillades. Elle est composée de ketchup, auquel on ajoute du vin rouge, du vinaigre balsamique, de la moutarde, du miel et de l'ail. Du paprika fumé peut aussi aider à accentuer le goût fumé de cette sauce.

Le ketchup

Bien que d'origine asiatique, le ketchup est devenu une des sauces les plus célèbres et les plus consommées à travers le monde par l'entremise de Henry John Heinz, homme d'affaire germano-américain. L'ingrédient principal de cette sauce est la tomate. Celle-ci est cuite accompagnée d'épices, de sucre, d'oignons, d'ail et de vinaigre puis mixée et cuite à nouveau afin de réduire la sauce et de concentrer les saveurs.

La sauce Ranch

Créée dans les années 1950 dans une ferme laitière, cette sauce est le plus souvent un assaisonnement de salade, mais sa texture assez épaisse permet d'en faire également une sauce accompagnant notamment des légumes. Elle est faite à base de mayonnaise, de crème fraîche, de moutarde, de ciboulette, de persil, d'aneth, de poudre d'oignon, d'ail, de paprika et de jus de citron.

CES CHEFS MEXICAINS

qui réinventent la cuisine traditionnelle de leur pays

Plusieurs chefs mexicains ont choisi les États-Unis pour transformer la cuisine populaire de leur pays en des mets d'exception absolument admirables. Le chef Enrique Olvera propose, à la carte de son restaurant new-yorkais Cosme, des créations basées sur des plats emblématiques de la cuisine mexicaine qu'il retravaille afin de leur donner une interprétation totalement inédite. Il a réfléchi à une nouvelle façon de magnifier l'assaisonnement et la cuisson *al pastor,* très populaire au Mexique. Au lieu de faire mariner de la viande de porc dans un mélange traditionnel de piment, d'épices et de pâte d'*achiote* (pâte de graines de *roucou* qui donnera cette couleur orangée à la préparation), Enrique Olvera a choisi d'y faire reposer du poisson, qu'il cuit ensuite en le saisissant afin d'obtenir une cuisson semblable au plat original (initialement cuit à la broche comme un kébab). Il a également rendu infiniment esthétique et graphique le *mole*, un des plats les plus populaires de son pays. Dans l'assiette, un rond de sauce bicolore marron et rouge foncé, et rien de plus. En revanche, comme pour le plat original, c'est une véritable explosion de saveurs en bouche. Carlos Salgado, quant à lui, a fait des *tacos* sa spécialité. Dans son restaurant Taco Maria à Costa Mesa (situé à l'extrême sud de la banlieue de Los Angeles), ce chef, passé par plusieurs maisons étoilées, n'a pas hésité à mettre la technique de la grande cuisine au service de cette spécialité de cuisine de rue mexicaine. Il a choisi, par exemple, de proposer un *taco* d'esturgeon, chou et kumquat assaisonné d'un aïoli d'oignons verts qu'il accompagne de grandes cuvées.

LE RÊVE AMÉRICAIN

du chef humaniste José Andrés

Les Espagnols ont découvert les Amériques. Contrairement aux Irlandais, aux Italiens ou aux Allemands, qui ont migré aux États-Unis au XIXe siècle, c'est pourtant l'Amérique latine qu'ils ont élue comme terre d'accueil. La cuisine espagnole a donc longtemps été absente des États-Unis… jusqu'à l'arrivée du chef José Andrés, auquel on attribue la mode des *tapas*.

Né dans les Asturies il y a cinquante ans, José Andrés, qui a grandi dans les environs de Barcelone, a commencé sa carrière de cuisinier chez de nombreux étoilés espagnols. Notamment chez Ferran Adrià, du restaurant El Bulli. Il s'envole ensuite pour les États-Unis, au restaurant Jaleo, et participe à l'ouverture de l'un des premiers bars à *tapas* du pays. Sa créativité est saluée par la presse, qui le qualifie de « héros de la révolution espagnole », puis de « prodige de la gastronomie à Washington ». Il enchaîne les ouvertures de restaurants à Miami, Las Vegas, Los Angeles et Washington, où son Minibar obtient 2 étoiles Michelin pour une expérience culinaire époustouflante autour des *tapas*.

José Andrés en a fait des créations avant-gardistes, à l'instar des olives liquides ou de l'escargot qui n'en est pas un : il en a bien la forme et l'apparence, mais il dissimule en réalité un dôme de gel au jambon ibérique accompagné de jus de lapin et d'œufs d'escargots… Les *tapas* de ce grand chef, très XXIe siècle, sont à la croisée de l'art, de la science, de la tradition et de la technique. Une performance de surcroît réalisée sous nos yeux, puisque les clients dégustent leurs plats autour de l'espace de travail du chef et de son équipe.

José Andrés est aujourd'hui à la tête de 31 établissements, et actif dans des domaines très divers. Il est notamment auteur de livres de recettes, enseignant à Harvard, animateur de télévision. Le point d'orgue de son parcours est la création, en 2010, de l'organisation non gouvernementale World Central Kitchen, dont l'objectif principal est de nourrir les sinistrés. Avec ses brigades de bénévoles, il est intervenu sur l'île de Porto Rico après le passage de l'ouragan Maria, mais aussi en Floride, pour distribuer 300 000 repas après l'ouragan Michael, ou encore au nord de la Californie après les ravages de Camp Fire, l'incendie le plus meurtrier de l'histoire des États-Unis.

Pour toutes ces actions, le nom de José Andrés est apparu en 2018 sur la liste des nommés pour le prix Nobel de la paix 2019.

—

MINIBAR ✿✿

TACOS
DE LUXE

Échappés des rues mexicaines et des *taquerías* dès les années 1960, les *tacos* ont vite conquis les grandes villes américaines pour devenir l'un des plats de street food les plus préparés.

Avec le temps, les *tacos* se sont quelque peu éloignés de leurs origines historiques et géographiques. L'histoire raconte que les *tacos* étaient un plat confectionné pour les mineurs au Mexique. Dans une galette de maïs ou de blé courbée, le mineur déposait une garniture de viande de bœuf, de porc, de poulet ou de foie, mêlée à différents légumes et à une sauce. Les flux migratoires ont conduit ensuite les *tacos* à Mexico où se sont ouvertes les premières *taquerías* avant qu'elles gagnent les États-Unis. Adopté en Californie, ce plat est même devenu l'un des symboles de Los Angeles, où de plus en plus de restaurants branchés le déclinent en version végétarienne. Au sud de la ville, à Orange County, le chef Carlos Salgado a initié la métamorphose dans son restaurant Taco María, ouvert en 2013, où il présente à travers quatre petits plats en un menu unique ses *tacos* déstructurés.

Mais c'est à New York que ce plat décolle réellement son étiquette fast-food en s'invitant chez les grands chefs, comme Cosme Aguilar, qui a obtenu une étoile en 2014 pour Casa Enrique, son adresse de Long Island où il a élevé la cuisine mexicaine au rang gastronomique. Chez Claro, le chef TJ Steel fait fusionner la cuisine américaine avec celle d'Oaxaca, région du centre du Mexique célèbre pour ses *moles*, des sauces pimentées dont il existe plus de deux cents versions.

Symbole de cette renaissance, Oxomoco, la nouvelle adresse du chef Justin Bazdarich lancée en 2018 dans le quartier de Greenpoint, à Brooklyn. Un écrin chic pour mettre en lumière des *tacos* sophistiqués cuits au feu de bois, mêlant des saveurs fraîches aux combinaisons rares : poulet et ananas grillé, tempura de *soft shell crab*, thon albacore et oignon rouge, steak *arrachera* et fromage fumé. Une interprétation haut de gamme mais authentique, où le chef utilise le procédé traditionnel aztèque pour réaliser les galettes de maïs : la nixtamalisation. Les grains sont trempés et cuits dans une solution alcaline, comme l'eau de chaux, ce qui permet de retirer leur coque externe et améliore la valeur nutritionnelle du maïs.

—

TACO MARÍA ✪ / CASA ENRIQUE ✪ / CLARO ✪ / OXOMOCO ✪

" L'histoire raconte que les *tacos* étaient un plat confectionné pour les mineurs au Mexique. "

THANKSGIVING

Le jour de Thanksgiving – le quatrième jeudi du mois de novembre –, la trépidante Amérique qui n'arrête jamais de vivre fait exception à la règle.

À THANKSGIVING, tout le monde se met en congé pour rejoindre la table familiale et la plupart des magasins ferment. Quelques heures seulement ! À l'aube et de plus en plus tôt chaque année, ils rouvrent en fanfare pour la grande braderie annuelle. C'est le black friday, une tradition commerciale, imitée maintenant dans le monde entier, y compris sur Internet. En revanche, il semble que les Américains aient conservé l'exclusivité de la célébration de Thanksgiving. Aux États-Unis, il n'est nulle autre fête célébrée avec autant de respect de la tradition. Les dindes rôtissent avec œcuménisme dans toutes les communautés. Thanksgiving repose sur l'un des mythes de l'histoire fondatrice des États-Unis. En 1620, des migrants débarquent sur les côtes de ce qui deviendra le Massachusetts, à bord du Mayflower. La moitié des cent deux pèlerins qui ont survécu au voyage ne passent pas le premier hiver de disette. Un Indien du nom de Squanto et sa tribu offrent aux survivants de la nourriture et leur apprend à pêcher, chasser et cultiver le maïs. L'automne suivant, la première récolte est célébrée et les Indiens sont invités à partager un repas où sont servis des dindes sauvages et des pigeons. Aujourd'hui, le volatile monumental est toujours accompagné de tranches de citrouille et de sauce à la canneberge, de purée de pommes de terre (ou de patates douces). La recette de la farce de la dinde appelée *stuffing* occupe des heures d'antenne sur les nombreuses chaînes de cuisine du pays pendant des jours avant Thanksgiving, car il n'y a pas de recette officielle, sa composition variant en fonction des familles et des États, même si généralement on y trouve du pain dur, des noix, des carottes, de l'oignon, de la pomme verte, des cranberries, du céleri, du beurre, des raisins secs, de la sauge, du thym, des olives et du bouillon. C'est dire si l'on ne plaisante pas avec cette tradition.

> « Aux États-Unis, il n'est nulle autre fête célébrée avec autant de respect de la tradition. »

Les sauces historiques à travers le monde

Tenter l'inventaire des sauces récentes ou historiques, c'est comme tenter de répertorier l'ensemble des fromages. Une mission impossible. Il en est cependant quelques unes qui ont su s'imposer sur l'ensemble de la planète et pour certaines depuis des siècles.

Japon – la sauce teriyaki
Créée au XVIIe siècle, cette sauce soja sucrée assaisonnée au *mirin* avait pour vocation de masquer les odeurs en cuisine. Plutôt épaisse, elle est utilisée pour laquer des aliments (viande, poisson...) qui sont ensuite grillés.

Mexique – la sauce *mole*
Datant de l'époque précolombienne, cette sauce accompagne un des plats emblématiques de la cuisine mexicaine, le *mole poblano*. Particulièrement onctueuse et au goût douçâtre, elle est réalisée à partir de piment, de cacao, de cacahuètes, de sésame, de tomates et de tortillas de maïs séchées.

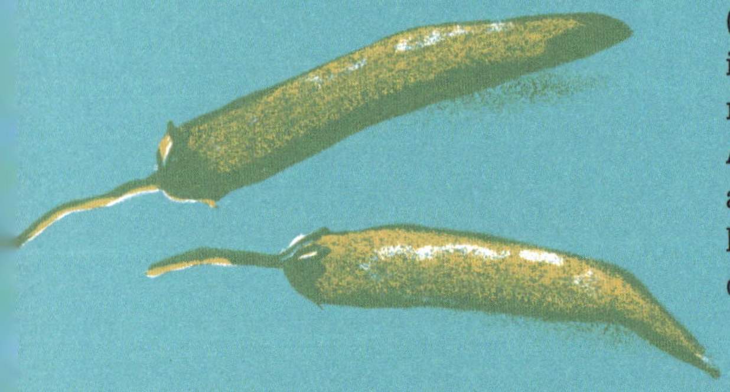

Italie – la sauce bolognaise
Le *ragù* à la bolognaise (qui comme son nom l'indique est originaire de la région de Bologne) est une sauce immémoriale à cuisson longue à base de bœuf, *pancetta*, coulis de tomates, oignons, carottes, céleri et d'une larme de vin blanc. Cette sauce peut accommoder des pâtes (le plus souvent des *tagliatelle*) ou de la polenta.

Espagne – la sauce *romesco*
C'est sur des bateaux de pêche de Catalogne que cette sauce à base de tomates, poivrons, pain sec, huile d'olive, amande et ail a vu le jour. Les pêcheurs réalisaient un ragoût de poisson (*romesco*). Pour cela, ils broyaient les ingrédients au mortier, puis les faisaient revenir pour y ajouter leur pêche du jour. Aujourd'hui, cette sauce se consomme aussi bien froide que chaude avec de la viande, du poisson, des légumes ou légumineuses.

Chine – la sauce prune
Avec la sauce satay et la sauce aigre-douce, la sauce prune est incontournable pour accompagner des fritures, des entrées cuites à la vapeur ou des brochettes de crustacés. Elle est relativement pimentée, mais, en la faisant maison, on peut aisément doser la pâte de piment, qui est associée à des prunes, du vinaigre, du sucre, de la fécule, du gingembre et du sucre.

France - la sauce hollandaise
Créée sous le règne de Louis XIV, elle doit son nom à la guerre de Hollande (1672-1678). Elle consiste en une émulsion chaude de beurre, jaune d'œuf et jus de citron et est très souvent utilisée pour accompagner des asperges, des poissons comme le flétan ou le saumon, mais aussi les œufs Bénédicte.

France - la sauce Béchamel
Elle doit son nom à Louis de Béchameil, maître d'hôtel du roi Louis XIV. La base de cette sauce est un roux (sorte de pâte obtenue en chauffant du beurre et de la farine). Celui-ci est ensuite détendu avec du lait. En plus du sel et du poivre, on peut assaisonner cette sauce d'un peu de noix de muscade. En ajoutant du fromage râpé et un jaune d'œuf dans une béchamel, elle devient alors une sauce Mornay.

France - la sauce Nantua
Étendard de la gastronomie lyonnaise, cette sauce doit son nom au lac de Nantua-Bugey, rempli d'écrevisses (un des ingrédients de la sauce). Elle est traditionnellement utilisée pour napper des quenelles qui sont ensuite dorées au four.

France - le beurre blanc
C'est en 1890 que la cuisinière ligérienne Clémence Lefeuvre inventa cette émulsion de beurre demi-sel et d'une réduction de vin blanc, vinaigre et échalote afin d'accommoder les poissons de sa région.

États-Unis - la sauce barbecue
Il faut attendre 1923 pour voir la première barbecue, ou « bbq » commercialisée aux États-Unis, même si certains historiens estiment qu'elle était présente dans ce pays dès le XVIIIe siècle. Si les ingrédients de base sont la sauce tomate, le vinaigre, des épices, du piment et du miel (ou un sirop), rien n'est figé : à chaque État sa propre recette.

Angleterre - la sauce Cumberland
Créée au XVIIIe siècle, cette sauce doit son nom au prince William Augustus, duc de Cumberland, plus jeune fils de George II de Grande-Bretagne. Elle est faite à base de porto, mélangé à chaud à de la gelée de groseille. Y est ajouté hors du feu un mélange de jus d'agrumes, moutarde et épices. Elle est régulièrement servie avec du gibier ou des viandes froides.

M

Brésil

COCKTAIL

L'art de la CAIPIRINHA

De son berceau brésilien, la *caïpirinha*, inscrite en 1993 sur la liste officielle des cocktails de l'International Barmen Association (IBA), a conquis le monde ! Fondée sur l'équilibre entre le caractère sucré de la *cachaça* et l'acidité du citron vert, la « caïpi » n'a pas toujours eu une vocation festive. Les historiens s'accordent pour dire qu'elle a été élaborée comme un remède. Certains la disent créée par des esclaves au XVIIe siècle pour se guérir de la grippe, d'autres situent sa version initiale – avec du miel et de l'ail en plus – dans les années 1920, bue comme un remède contre la fièvre espagnole.

LA RECETTE

POUR UNE PERSONNE

Comptez 5 cl de cachaça, 1 cuillerée à soupe de sucre de canne, 1 citron vert et 3 glaçons.

1. Coupez le citron en quartiers, retirez les pépins et la peau blanche du cœur, trop amère.

2. Dans le verre, versez le sucre de canne, écrasez le citron vert pour en extraire le jus. Mélangez, puis ajoutez les glaçons pilés et versez la cachaça.

3. Servez très frais.

L'ÉMERGENCE DES CHEFS JAPONAIS À SÃO PAULO

São Paulo est une mégapole de plus de 12 millions d'habitants où résident différentes communautés dont les plus importantes sont celles du Portugal, de la Bolivie, de l'Italie et du Japon. Parmi ces ressortissants japonais, de nombreux chefs ont imposé leur vision d'une gastronomie métissée.

Les villes de São Paulo et Rio de Janeiro totalisent, dans le Guide Michelin 2019, outre 32 Bib Gourmand, 18 établissements étoilés, dont un tiers de restaurants tenus par des chefs japonais. Si certains, comme Keisuke Egashira, du restaurant Kan Suke, ou Ken Tanaka, du restaurant Kinoshita, sont des défenseurs d'une cuisine de *sashimi*, de *temaki*, de *sushi* et de *yakimono* (cuisson grillée), ils s'appuient malgré tout sur les richesses du patrimoine brésilien pour créer leurs recettes. Ainsi, chez Kosushi, la carte se divise en *temaki*, salades, *rolls*, *sushi* et *sashimi*. Mais, à regarder de plus près la composition des créations de George Koshoji, né à São Paulo et formé à la cuisine japonaise dans sa ville natale, on comprend l'importance des produits locaux, à l'instar des crabes et des avocats qu'il associe dans une bouchée avec du *wasabi* et une sauce au yuzu, sans oublier la mangue qui se glisse dans une salade de riz, de saumon et de concombre, ou l'igname, qu'il propose en chips avec du saumon et du citron. D'autres chefs poussent encore plus loin le métissage de leurs deux cultures culinaires, comme Fábio Honda, du restaurant Huto. S'il propose un *sashimi* de bœuf, sauce soja, citron, gingembre et sésame ou des tranches de thon à la sauce *miso*, il travaille surtout des produits locaux comme le litchi, qu'il farcit de foie gras et qu'il accompagne d'une sauce au *shiitake*, ou des crevettes escortées de tofu frit et d'asperges cuites dans un bouillon de bonite séchée. Un phénomène qui gagne petit à petit tout le Brésil, puisqu'à Rio de Janeiro, d'autres chefs émergent depuis quelques années sur ce même positionnement culinaire.

—

KAN SUKE ✿ / KINOSHITA ✿ / KOSUSHI ✿ / HUTO ✿

GASTRONOMIE & football

Au Brésil, il y a deux cultes, la religion et le football. Si l'une prône la frugalité, le second se la joue gourmand.

Alessandra Montagne, cheffe brésilienne de Tempero, à Paris, se souvient des matchs au Mineirão, le stade de Belo Horizonte. « On mange un truc trop bon qui s'appelle *tropeirão*, une salade de haricots, riz, porc croustillant, piment, coriandre et œuf. » On vient même au stade en dehors des matchs, c'est l'un des meilleurs de la ville. Au mythique Maracanã de Rio de Janeiro, on se régale d'une bière et de *salgadinhos*, diverses croquettes à la viande ou au fromage : *coxinha*, *empadinha*, *pastéis* (salé) ou *pão de queijo*. Mais le vrai rituel auquel aucun Carioca ne déroge, c'est avaler un *cachorro quente* (hot dog) avec le fameux biscuit Globo que l'on déguste aussi sur la plage de Copacabana. Samba !

GASTRONOMIE & carnaval

Chaque année, au mois de février, soit 47 jours avant Pâques, le carnaval enflamme Rio de Janeiro. Si les couleurs et l'exubérance sont dans les défilés, elles le sont aussi dans les assiettes d'une cuisine de rue qui épouse l'engouement populaire pour cet événement.

Tout commence à partir de 18 h 30 au Sambodromo, le temple de la samba. C'est dans cette gigantesque enceinte que s'affrontent les meilleures écoles de samba. En s'y rendant, les spectateurs peuvent s'arrêter dans les *lanchonete* – de petits bistrots où l'on mange debout ou assis – et y savourer les grands classiques de la cuisine brésilienne, à commencer par la *feijoada*, le plat national brésilien composé, entre autres, de haricots noirs, de saucisse fumée, de travers de porc salés, de poitrine de porc fumée, d'oreilles et de pieds de porc, le tout servi avec du riz blanc. Un plat qui n'éclipse pas l'*empadão,* une tarte fourrée de crevettes ou de viande, ou le *cuscús*, un gâteau de crevettes, de sardines et de légumes. En dehors du Sambodromo, d'autres défilés ont lieu dans les rues de Rio, et ce sont les petites écoles de samba qui s'y attellent dans l'espoir un jour d'accéder au saint des saints. Tout au long du parcours où se positionnent des milliers de supporters, de touristes et de locaux, chacun peut manger une cuisine de rue proposée sur différents stands. Ici, le *pernil assado*, un jambon entier, frais et rôti que l'on déguste avec la *farofa,* dont la base est de la farine de manioc ou de maïs agrémentée, selon les quartiers, d'ail, d'oignon, d'œuf, d'épices ou de lardons. Là, le *pão de queijo* – petit pain au fromage –, les *salgado*, de petits beignets à la viande, au poisson ou aux légumes, ou, pour les becs sucrés, le *Romeo e Julieta,* de la pâte de goyave, le *pé de moleque,* qui sent bon la nougatine, ou la *tapioca*, nom féminin pour désigner la crêpe brésilienne à base de farine de manioc que l'on garnit de lait concentré, de noix de coco, même si elle peut aussi être proposée en version salée.

les rodizios

Il ne faut pas confondre *churrascaria* et *rodizio*, même si pour beaucoup de Brésiliens et de touristes de passage, c'est la même chose.

En réalité, une *churrascaria* est un établissement qui propose de déguster le *churrasco*, le barbecue brésilien, alors que le *rodizio* est la méthode de présentation des différentes découpes de viande. Des restaurants comme Fogo de Chão-Botafogo, à Rio de Janeiro, Vento Haragano et NB Steak-Campo Belo à São Paulo, peuvent à la fois être considérés comme des *churrascaria* et des *rodizio*, puisqu'ils proposent des viandes cuites, souvent à volonté, présentées sur d'imposantes brochettes qui tournent face à la braise. *Rodizio* vient d'ailleurs du verbe *rodar*, qui signifie « tourner ». Évidemment, il n'y a pas une mais plusieurs viandes, du cœur ou de l'aiguillette de romsteck, du gigot d'agneau, des saucisses, du poulet… apportées à table directement sur la brochette et découpées devant le client. Il existe aussi, parfois, des brochettes garnies de différentes viandes, mais, quel que soit le contenu de la brochette, on l'accompagne en général de riz, de frites, de haricots noirs, de salades ou de bananes. Pour finir sur une note sucrée et bien comprendre la différence entre *churrascaria* et *rodizio*, il n'est pas rare que les serveurs proposent une imposante brochette d'ananas grillé, parfois flambé, là encore, découpé en salle… selon votre appétit. Malheureusement, pour avoir abusé des viandes et des accompagnements, il est fréquent que les clients demandent grâce avant l'arrivée du dessert.

LES CHURRASCARIAS

Une des traditions les plus ancrées dans les familles vivant dans le sud du Brésil s'appelle le *churrasco*, le barbecue. On cuit différents morceaux de viande enfilés sur de longues brochettes. On doit cette tradition conviviale aux *gauchos,* qui finissaient souvent leur journée de travail en partageant des grillades autour du feu de camp. Ils détiennent d'ailleurs la franchise de la plus célèbre *churrascaria* du Brésil. Fogo de Chão est une véritable institution à São Paulo. On y grille à la perfection plus de 15 morceaux différents venant de bœufs issus des meilleurs élevages du pays. Un autre *rodizio*, le NB Steak, propose des viandes parfaitement cuites tout aussi succulentes, mais les morceaux sont taillés à la manière argentine. Côtelettes d'agneau juteuses et goûteuses et côtes de porc complètent cet autre temple carnivore. Au sommet de la pyramide des *churrascarias* et toujours à São Paulo, Vento Haragano étourdit par le raffinement et le confort de sa décoration. Les viandes servies relèvent de l'expérience à vivre une fois dans sa vie de gourmet.

ICONIQUE

La feijoada

Completa

« *Vamos botar agua no feijão », ordonne Chico Buarque, musicien, romancier, homme politique et gloire du Brésil, dans sa chanson intitulée « Feijoada completa ».**

L'histoire d'un mari qui ramène des copains à l'improviste. « Ne fais pas de manières, dit-il à sa femme, pose les assiettes par terre et la table est mise. » Le poète a planté le décor : la *feijoada completa* est à la fois festin, plat de pauvre, plat national et plat gastronomique, à l'instar des assiettes proposées chez Tordesilhas, chez Dalva e Dito ou au restaurant Rubaiyat, à São Paulo. Originaire de Rio de Janeiro, mais répandue dans tout le pays, elle rassemble famille et amis le samedi, arrosée de bières glacées et de *caipirinhas*. La *feijoada* dépasse de loin le principe d'un simple ragoût de haricots et exige beaucoup d'ingrédients. On peut la simplifier, mais elle ne sera plus *completa*. En voici une luxuriante recette, inspirée de celle du chef Júnior Durski, à Curitiba, dans l'État de Paraná.

" Vamos botar agua no feijão* "

* « Allons mettre de l'eau dans les haricots »

LA RECETTE

POUR 6 PERSONNES

1. Faites tremper séparément pendant six heures 1 kg de haricots noirs, du porc salé et fumé (oreille, queue, pieds) et de la viande de bœuf séchée. Dans le fond d'une grande marmite, réunissez les haricots égouttés, 2 oranges piquées chacune de 5 clous de girofle et 10 feuilles de laurier. Au-dessus, déposez le porc et le bœuf, puis, dans l'ordre : lard demi-sel, paleron, une langue de bœuf et des saucisses (linguiças). Ajoutez un verre de cachaça et beaucoup d'eau. Faites bouillir, écumez, couvrez et cuisez environ 2 h 30 sur feu doux. À mesure que les viandes sont cuites, retirez-les. Les haricots doivent rester liquides. Retirez les oranges et le laurier, pelez et tranchez la langue. Découpez toutes les autres viandes.

2. Dans du saindoux, faites bien dorer 3 oignons hachés, 3 têtes d'ail hachées et des lardons fumés. Ajoutez ce mélange aux haricots ainsi que toutes les viandes découpées (exceptée la langue) pour la dernière demi-heure de mijotage. Servez avec des tranches d'orange, des quartiers de citron vert, du chou vert sauté, de la salsa (tomate fraîche, piment, oignon, feuilles de coriandre) et l'indispensable farofa, semoule de manioc sautée au beurre ou à l'huile de palme rouge (dendê), dont on saupoudre la fejioada à table.

ALEX ATALA

La cuisine est universelle dans le sens où chaque véritable chef, n'importe où il se trouve sur la planète, explore son terroir pour nourrir sa cuisine. Au Brésil, l'un de ces chefs en mission, et sans doute le plus célèbre, s'appelle Alex Atala. D'origine libanaise, le cuisinier à la barbe grisonnante et aux tatouages foisonnants est né à São Paulo, la mégalopole économique du Brésil. Avant d'exceller devant les pianos de son restaurant D.O.M., il a fait tourner des platines dans des boîtes de nuit punk en Europe, s'est exercé à la peinture, a pratiqué la plongée avant de s'assagir sur les rangs d'une école de cuisine à Namur, en Belgique. Chez Jean-Pierre Bruneau, à Bruxelles, puis chez Bernard Loiseau, à Saulieu, il apprend la maîtrise de la cuisine française, ses techniques complexes et son préalable, la quête du bon produit. Selon Alain Ducasse, son « ADN est typiquement français ». À l'approche du deuxième millénaire, il rentre au pays, ouvre son restaurant à São Paulo et met en pratique l'enseignement de ses années en Europe. À la truffe, au turbot et à la poularde de Bresse, il préfère le manioc (sous ses nombreuses formes), les insectes, l'ananas, le gibier des forêts et une infinité de produits qu'il découvre en sillonnant l'immensité du terroir brésilien. Grâce à ces voyages au cœur de son pays, il prend conscience de la déconnexion entre ses « compatriotes » et « l'aliment primitif ». Avec sa cuisine et grâce à sa notoriété grandissante, Alex Atala a la noble ambition de ressouder ce lien rompu. Il le fait à merveille chez D.O.M., mais aussi, à des degrés divers, au Dalva e Dito, à São Paulo, et, toujours dans cette ville, au Açougue Central.

—

D.O.M. ✿✿ / DALVA E DITO ✿

Pão de Queijo

À Paris, au restaurant Itacoa du chef brésilien, Rafael Gomes, pas un repas ne commence sans un *pão de queijo* que certains ont pour habitude de comparer aux gougères françaises. À la différence près que la farine utilisée n'est pas du tout la même. Une gougère est réalisée avec de la farine de blé alors que pour le pão de queijo, qui se traduit par « petit pain au fromage », on utilise de la farine de tapioca (manioc). L'histoire raconte que le *pão de queijo* serait originaire de l'État de Minas Gerais, au nord de Rio de Janeiro et de São Paulo et à l'est de Brasilia, capitale du pays. Au XVIIIe siècle, les fermiers de cet État fabriquaient leur pain avec de la farine de tapioca. Ce n'est qu'au début du XIXe siècle, avec le développement de l'agriculture laitière, que ces mêmes fermiers eurent l'idée d'ajouter du fromage à leur farine. Depuis, ce petit pain est devenu un plat emblématique du Brésil, à tel point qu'à São Paulo certaines échoppes ne vendaient que cela. Ce fut le cas chez A Baianeira, un restaurant qui s'est développé dans un petit garage, mais qui, avant de devenir une table recommandée, ne proposait que du *pão de queijo*. Si certains l'apprécient au petit déjeuner à la sortie du four, d'autres le préfèrent en collation à tout moment de la journée. Sa recette est composée de farine de tapioca, de fromage *meia cura*, de sel, de lait, d'huile et d'œufs. Le lait et l'huile sont mis à chauffer pendant que la farine et le sel sont mélangés dans un saladier. À ébullition, on verse les liquides dans le saladier et on mélange avant d'ajouter le fromage grossièrement râpé. On mélange de nouveau avant d'ajouter les œufs et on mélange une dernière fois. La pâte obtenue doit rester au frais une trentaine de minutes puis est façonnée en petites boules de la taille d'une noix. Il ne reste plus qu'à les enfourner à 180 °C pendant 15 à 20 minutes.

Pitanga

Caju

Grumixama

Açaï

FRUITS DU BRÉSIL,

saveurs et vertus

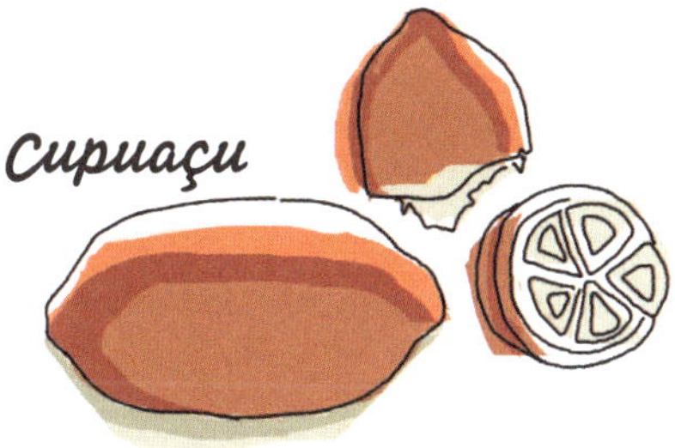
Cupuaçu

Les forêts d'Amazonie et de la *mata atlântica* brésilienne (forêt résiduelle de la zone atlantique) regorgent de fruits aussi délicieux qu'insolites, loués pour leurs vertus médicinales. Certaines sont consacrées par la tradition, d'autres sont un peu gonflées par le délire contemporain des superaliments. L'*açai* en est un bon exemple. Ce fruit d'un palmier au tronc haut et gracile ressemble à une myrtille. Certes, il est riche en antioxydants, pas plus que les autres petits fruits rouges ou violets, mais ce n'est pas une raison pour ne pas s'en régaler.

Plus intéressant, à ce titre, est le genre botanique *Eugenia*, famille des Myrtacées, dont une vingtaine d'essences fruitières croissent au Brésil. Parmi celles-ci, deux jolies baies d'un rouge brillant nous font de l'œil : le *pitanga* ou cerise de Cayenne (*Eugenia uniflora*) et le *grumixama* ou cerise du Brésil (*Eugenia brasiliensis*). Juteux et acidulés, ils sont bourrés de vitamine C. L'infusion de feuilles de *pitanga* calme l'hypertension. Dans le bain, elle embellit les cheveux et la peau, tout en équilibrant les énergies spirituelles du feu et de l'eau, vouées aux divinités Ogun et Yemanja. Le *pitanga*, très fragile, ne se transporte pas. Pour le déguster, il faut le cueillir sur l'arbre, ce qui accentue sa rareté et son mystère.

Bacupari

Le *caju*, fruit de l'anacardier, n'est autre que le pédoncule renflé de la noix de cajou. Sa chair est filandreuse, mais quel jus et quel goût ! Acidulé, envoûtant, indéfinissable, c'est une révélation. Faites-vous servir une *caipirinha* au *caju* frais pour en faire la pleine expérience. Très riche en fer et en vitamine C, il est fragile et doit être consommé au plus tôt après cueillette. Dans une pièce, coupé en deux, il éloigne les moustiques et, dans une pièce d'eau, en tue les larves. La feuille d'anacardier broyée guérit les blessures.

Le *bacupari* (*Rheedia gardneriana*) est un fruit jaune dont on apprécie les vertus vulnéraires, toniques et reconstituantes. Il fait même l'objet, au Brésil, de recherches médicales en cancérologie.

L'*araça-piranga*, semblable à une petite goyave (d'où son autre nom de *goiabão*), croît sur un bel arbre au tronc rouge surmonté d'une mousse de fleurs blanches. Calmant, diurétique, anti-inflammatoire, riche en calcium et en fer, il prévient les caries dentaires et soulage les troubles gastro-intestinaux.

Proche parcnte du cacao, l'énorme cabosse veloutée du *cupuaçu* (*Theobroma grandiflorum*) renferme des graines blanches à la saveur douce, acidulée et un peu sauvage. On en fait des jus, des crèmes et un beurre souverain pour la peau et les cheveux. En médecine traditionnelle, il calme les maux de ventre et facilite l'accouchement.

Aucun aphrodisiaque dans tout cela ? Si, le cacao. Après récolte, les fèves extraites des cabosses, encore humides de leur mucilage, sont entassées sur un bout de terrain en pente dans un grand entonnoir végétal fait de branchages et de feuilles de bananier. Le jus opalescent qui s'en écoule s'appelle *mel de cacao* et stimule, dit-on, les œuvres de Vénus.

Il est délicieux, mais aussi laxatif : n'en abusez pas.

Cacao

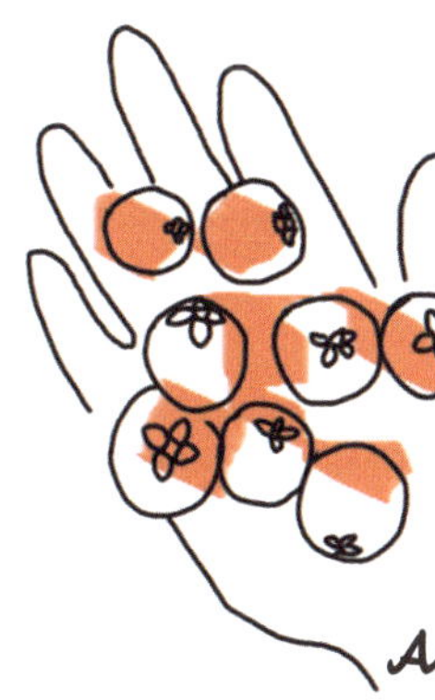
Araça-piranga

LA CUISINE BRÉSILIENNE ? *Les* CUISINES BRÉSILIENNES !

Si certains pays ont une gastronomie un rien monotone, c'est tout le contraire au Brésil. Le mélange est son fil rouge, tissé de différents ingrédients selon les régions.

Pas question ici de refaire l'histoire du Brésil, mais sa cuisine en est un héritage incontestable. De manière générale, elle se révèle un foisonnant et joyeux métissage de diverses influences. La première correspond aux habitudes culinaires des peuples indiens autochtones, qui avaient par exemple pour routine de cuisiner le manioc, les haricots, la patate douce ou le maïs. La deuxième est européenne : en venant coloniser le Brésil, les Portugais ne sont pas arrivés les mains vides, mais avec du riz et des épices – entre autres – et, dans leur besace, leurs recettes, qu'ils ont adaptées aux ressources locales. Liée à la triste époque de l'esclavage, la troisième est africaine, illustrée notamment par l'usage très courant du lait de coco, de l'huile de palme, de la banane, de l'igname. Nourrie d'une foule de traditions et de matières premières, au-delà des basiques comme le riz et les haricots, la gastronomie brésilienne devrait surtout être conjuguée au pluriel. En France, l'assiette alsacienne n'a que peu à voir avec le régime basque, comme le menu auvergnat n'a pas grand-chose de commun avec la partition provençale. Alors, imaginez à l'échelle bien supérieure du plus vaste État d'Amérique latine ! Certes, il existe quelques plats nationaux comme la fameuse *feijoada* – et encore, il y en a de multiples versions – , mais la cuisine au Brésil prend des couleurs et des goûts différents selon les régions, les terroirs, les produits à disposition, etc. Pour schématiser, on ne mange pas la même chose à Manaus, au cœur de l'Amazonie, qu'à Rio de Janeiro, à quelques milliers de kilomètres plus au sud. En Amazonie, donc, on mange beaucoup de fruits et de poissons, et le manioc demeure encore plus consommé qu'ailleurs. Dans le Nordeste, les fruits sont aussi légion et on se régale de fruits de mer et poissons préparés par exemple dans les populaires *fritada de mariscos* et *moqueca* : Salvador de Bahia est le berceau de ce plat typique de la cuisine afro-brésilienne, composé aussi de légumes, lait de coco et *dendê*, huile orangée extraite de la noix du palmier dendezeiro. Dans le Minas Gerais, viande de porc et haricots figurent sûrement parmi les aliments les plus appréciés dans les *mineiros*, cantines bien connues de l'État. Dans le centre et au sud du pays, les *churrascarias* sont certainement plus nombreuses qu'ailleurs : ces restaurants sont spécialisés dans le barbecue, la viande grillée, avec un choix souvent immense... Il faudrait un pavé pour dresser un inventaire complet de la cuisine brésilienne, d'autant que les vagues d'immigration contemporaines, en provenance d'Italie, du Japon ou d'Allemagne par exemple, lui prêtent encore plus de diversité. Où découvrir la gastronomie du pays ? Dans des restaurants classiques, dans les restaurants « au kilo » où on paie au poids, dans les *rodizios*, qui proposent un prix fixe pour des buffets à volonté ou encore dans les *lanchonetes*, ces snacks de rue ouverts toute la journée, où on mange simple et pas cher.

> **“ La gastronomie brésilienne devrait surtout être conjuguée au pluriel. ”**

Rio, capitale du botequim

L'Angleterre possède ses *pubs*, la France ses cafés, l'Espagne ses bars à tapas et le Brésil ses *boteco* ou *botequim*.

La différence entre *boteco* et *botequim* est ténue. Le premier se traduit par « bar », le second par « taverne ». Il s'agit en somme d'un lieu de vie où tout le monde se croise du matin au soir, et même parfois tard dans la nuit, autour d'un verre, d'un plat, d'un en-cas. Historiquement – ils seraient apparus essentiellement à Rio au début du XXe siècle –, ces établissements de quartier faisaient aussi office d'épicerie de dépannage. L'équivalent, en somme, des anciens cafés de village en France. À Rio, ils n'eurent pas toujours bonne réputation. On y croisait des voyous, des piliers de comptoir, des artistes en mal d'inspiration, et l'alcool coulait à flots. Aujourd'hui, c'est le lieu de vie incontournable, dans les quartiers, pour boire un verre, écouter de la musique, grignoter un morceau dehors sur le trottoir ou dedans. Certains établissements sont plus huppés que d'autres, mieux rangés, mieux décorés, mieux agencés, comme Aconchego Carioca, situé à proximité de la plage de Leblon, à Rio, mais, ici comme ailleurs, les incontournables de la cuisine dite *botequim* sont au rendez-vous, à commencer par les croquettes de morue, la *feijoada*, les crevettes à la noix de coco, les boulettes de riz, les petits pâtés de poulet ou de fromage. Les spécialités d'une cuisine du quotidien que l'on escorte, selon l'heure de la journée, de bières bien fraîches ou d'un verre de *cachaça*.

LA CUISINE DE L'AMAZONIE

Plus long que le Nil, le fleuve Amazone traverse l'Amérique du Sud d'ouest en est pour se jeter dans l'océan Atlantique. Dans ses eaux, des centaines de variétés de poissons et, autour de son lit, des plantes, des fruits, des épices qui ont donné naissance à une gastronomie amazonienne.

Pour les connaisseurs de l'Amazone, la variété des produits du fleuve, comme ceux de la forêt qui le borde, est infinie et recèle bien des secrets, qui, une fois percés, viennent enrichir la cuisine brésilienne. Parmi ces centaines de produits, le *tucuma*, issu d'une espèce de palmier qui donne des fruits aux qualités nutritives reconnues, dont on extrait également une huile, le *cupuaçu*, un fruit qui ressemble étrangement à la cabosse du cacaoyer, mais aussi le *jambu*, une plante au pouvoir anesthésiant, la *suma* (le *ginseng* brésilien), le *cipó-d'alho*, une fleur qui dégage une forte odeur d'ail, l'*urucu*, utilisé pour sa couleur rouge comme assaisonnement, à l'instar du safran. Dans le fleuve, on estime qu'il y aurait autour de 3 000 espèces différentes dont le *tambaqui*, un poisson qui peut atteindre les 15 kilos et se nourrit de fruits qui tombent des arbres, ou le *pirarucu*, dont on dit qu'il est sans doute le plus grand poisson d'eau douce avec ses 2 mètres de long. Depuis toujours, les habitants du fleuve se sont appropriés cette richesse unique au monde pour construire une cuisine identitaire très peu influencée par les colons. Les chefs de cuisine se sont alors naturellement intéressés à des produits parfois méconnus pour les valoriser dans leurs créations. Le plus emblématique d'entre eux, Alex Atala, du restaurant D.O.M., à São Paulo, travaille le *jambu*, le *peixe de couro* (poisson), le *palmito pupunha* (palmier), le *beldroega* (pourpier) ou le *priprioca*, une racine dont le chef extrait une essence comestible. Toujours à São Paulo, la cheffe Mara Salles, du restaurant Tordesilhas, s'appuie elle aussi sur le patrimoine du fleuve en utilisant le *tucupi* (le jus du manioc), avec lequel elle prépare une sauce du même nom servie comme un bouillon avec du *jambu* et des crevettes séchées ou avec du canard. Quant au *cupuaçu*, elle le propose en crème glacée avec de la banane cuite et un sirop d'agrumes.

—

D.O.M. ✲✲

PORTRAIT DE CHEF

Raphael Rego

Un Brésilien à Paris

Avant l'arrivée de Raphael Rego à Paris, la cuisine brésilienne dans la capitale relevait plutôt du folklore et du carnaval où l'on s'abreuvait de *caïpirinha* pour éponger une plutôt *feijoada*. Après une expérience chez le chef du restaurant Oka, derrière le Panthéon, les papilles rentrent du Brésil en dansant une tout autre samba. À l'image de son confrère Alex Atala, de São Paulo, Raphael Rego nous entraîne dans les terroirs inconnus de son pays. À 19 ans, il quitte le Brésil pour l'Australie, où il prévoit d'étudier le marketing. Bien lui a pris d'accepter un emploi d'étudiant dans un restaurant de Sydney. Il y découvre un intérêt pour la cuisine qui va le détourner à jamais du chemin du commerce. C'est naturellement vers la France qu'il voyage pour apprendre le métier, d'abord à l'école Ferrandi, puis chez Joël Robuchon, au restaurant Taillevent et chez Michel Rostang. À la tentation d'un retour au Brésil, il préfère l'audace de l'ouverture d'un restaurant de cuisine brésilienne contemporaine à Paris. Ce sera le premier Oka, rue de la Tour-d'Auvergne, dans le 9e, d'où jaillit une cuisine joyeuse et gourmande, fraîche et colorée, avec des saveurs inédites. Où l'on découvre les délices du manioc, des haricots fermentés, de l'*açaï*, du piment doux *cheiro*, du *jambu*... et de tant d'autres ingrédients du Brésil, enchantés par la sensibilité à fleur de peau de ce chef au physique de fort des halles.

« Où l'on découvre les délices du manioc, des haricots fermentés, de l'açaï, du piment doux cheiro, du jambu... »

—

OKA ✲

PORTRAIT DE CHEFFE

HELENA RIZZO

Du mannequinat à l'étoile

Si la vie était écrite, la tradition familiale chez les Rizzo aurait voulu qu'Helena devînt architecte, comme son père et son grand-père. Mais après un rapide détour au pays du mannequinat, Helena décide que sa vie se passera dans les cuisines d'un restaurant. Depuis longtemps, c'est une véritable passion pour celle qui sait que ce métier ne souffre pas l'approximation. L'Italie lui servira de terre d'apprentissage, pour s'ouvrir à d'autres produits et à d'autres goûts comme pour appréhender le travail dans une brigade de restaurant gastronomique. Elle s'installe ensuite pendant trois ans en Espagne. Les frères Roca du restaurant El Celler de Can Roca, à Gérone, seront ses maîtres. Nul doute que c'est dans leur restaurant qu'elle a acquis ce talent du métissage, car ces frères possèdent un talent incroyable pour emmener leurs convives en voyage sans jamais délaisser leur terroir catalan. En 2006, Helena décide de rentrer à São Paulo avec son mari Daniel Redondo, cuisinier également, passé par les cuisines d'Alain Ducasse ou de Ferran Adrià. Le restaurant qu'ils inaugurent à São Paulo portera le nom de la déesse indienne du manioc : Mani. Le manioc pourrait être l'emblème de la cuisine brésilienne, tant il est utilisé dans la cuisine traditionnelle. Helena Rizzo l'utilise dans un plat signature de son restaurant : cuite au four, la racine de manioc est servie avec une mousse de *tucupi* (sauce à base de feuilles du manioc), du lait de coco et de l'huile de truffe blanche. Mais ce serait faire offense à Mani de ne citer que ce plat. Il ne faut pas oublier le bonbon au fromage de chèvre et fruits, le maïs croquant, tartare de thon et avocat, ou encore le calamar, pois mange-tout, ail noir, riz croquant et bouillon de jambon. Et si depuis quelques années, la cheffe est devenue la coqueluche de la gastronomie brésilienne et que son nom revient régulièrement dans les médias du monde entier, elle vous répondra que ce ne sont pas les honneurs qui comptent, mais les compliments d'un enfant qui s'est régalé à sa table.

“ Le manioc pourrait être l'emblème de la cuisine brésilienne tant il est utilisé dans la cuisine traditionnelle ”

—

EL CELLER DE CAN ROCA ✿✿✿ / MANI ✿

NORDESTE & BAHIA

TOUS LES VISAGES *du manioc*

On dit au Brésil que, plus un enfant est aimé, plus il reçoit de petits noms. C'est le cas du manioc : *mandioca, cassava, aipím, maniva, macaxeira.* Ainsi l'appellent les Brésiliens du Nordeste et de l'État de Bahia pour lui dire « je t'aime ».

Ce n'est pas parce qu'on est aimé qu'on est une racine facile. Le manioc frais, selon les variétés, contient plus ou moins de cyanure. S'il en contient peu, on le cuit tel quel, mais s'il est « amer », il faut le râper, le laver, le faire tremper plusieurs jours et le sécher. Cela donne une semoule légèrement acidulée, la *farinha de mandioca*. Frite dans l'huile de palme rouge (*dendê*), elle devient *farofa* et se trouve prête à saupoudrer les mets sur toutes les tables, au premier rang desquelles le restaurant Mocotó, à São Paulo. C'est aussi un élément essentiel de la *feijoada completa*.

Digeste, nourrissant et sans gluten, le manioc séduit par sa saveur neutre et rafraîchissante. Sa fécule (*farinha de tapioca*) est la star du petit déjeuner bahianais : *pão de queijo* (petit pain au fromage dont tout le Brésil raffole) ; *beiju de tapioca* (crêpe blanche et dentelée), et surtout *pudim de tapioca*. Ce flan tiède saupoudré de noix de coco râpée, arrosé d'une bonne louche de lait de coco frais, peut prétendre au titre de meilleur petit déjeuner du monde.

Le *tucupi*, sous-produit de la fabrication du tapioca, est un condiment liquide jaune d'or. Pour faire une *tacacá* amazonienne, versez du *tucupi* bouillant sur du tapioca dans une demi-calebasse. Vous obtenez une délicieuse soupe à laquelle il ne reste qu'à ajouter des crevettes et des herbes fraîches. Vous ne l'accompagnerez pas de *cauim*, bière traditionnelle à base de manioc mâché par les femmes des villages indiens, car elle se boit chaude et toujours en dehors des repas. Si vous optez pour la version en bouteille, industrielle et non mâchée, faites comme vous voulez.

Une cuisine porteuse d'histoire

Découverte par le navigateur portugais Pedro Alvares Cabral, en 1500 (bien qu'un navigateur espagnol l'ait devancé), la Terra de Vera Cruz fut sous influence portugaise pendant des siècles jusqu'à son indépendance, proclamée en 1822. Sur le plan culinaire, l'histoire retiendra que ses plats sont issus d'un large métissage entre Portugal, Italie, France, Allemagne, Liban et Afrique.

Une fois encore, il faut revenir sur la *feijoada* pour comprendre l'influence de la cuisine portugaise sur celle du Brésil. Ce plat devenu national est historiquement une spécialité portugaise que les colons ont revisitée à leur façon avec les aliments qu'ils avaient à disposition, à commencer par les haricots. Blancs au Portugal, ils sont noirs au Brésil. Selon les recettes, innombrables au Brésil, cette influence se lit dans les listes d'ingrédients. Si les viandes salées et le chou sont issus du Portugal, la farine de manioc provient des Indiens d'Amérique, et l'orange des esclaves noirs qui devaient se contenter des abats.

En même temps que ces esclaves, que l'on a fait venir d'Afrique pour les faire travailler dans les exploitations sucrières ou les mines de diamant, de nombreux produits ou plats sont arrivés par bateau, essentiellement dans la région de Salvador de Bahia, où la cuisine est riche en bananes, ignames ou gombos. Parmi les plats phares, l'*acarajé*, un beignet de haricot moulu frit, symbole de la cuisine de rue, et le *vatapá*, une bouillie de farine de manioc très pimentée avec du lait de coco, des noix de cajou et des crevettes séchées.

Entre la fin du XIXe siècle et le début du XXe, le Brésil enregistre une arrivée importante de migrants venus du Liban et de Syrie. Avec eux, hommos et taboulé vont s'imposer dans la cuisine brésilienne, mais aussi le *kebbé* (*kibbeh*, *quibe* ou *kibe*), une croquette de viande, de boulgour, d'herbes et d'épices que l'on peut manger en entrée, mais que les Brésiliens préfèrent en en-cas. Il y eut également la vague des Italiens, presque au même moment que les Libanais et les Syriens. Majoritairement installés à São Paulo, ils ont imposé les pâtes, les pizzas et le panettone, dont les Brésiliens raffolent pendant les fêtes de fin d'année. Enfin, comment ne pas citer les Allemands ? Sur le plan culinaire, depuis leur arrivée, entre 1824 et 1960, ils n'ont pas eu une forte influence. En revanche, ils ont importé l'Oktoberfest (fête de la bière) de Munich à Blumenau, ville de l'État de Santa Catarina où vit une importante communauté allemande. Chaque année en octobre, plus de 400 000 personnes s'y donnent rendez-vous.

ESCAPADE

L'ÉTAT *de* PARÁ

La gastronomie de Belém

L'Amazone se jette dans l'océan Atlantique après avoir traversé l'État de Pará. Belém, la capitale du Pará, devint insolemment riche au début du XXe siècle grâce au commerce du caoutchouc. Aujourd'hui, le monde de la gastronomie considère Belém et le Pará comme l'épicentre de la vraie cuisine brésilienne, celle qui a été la moins métissée par les colons ou par les apports africains. Le réservoir amazonien fournit en effet une variété presque infinie de fruits, de légumes, de plantes ou de poissons. Le marché de Ver-o-Peso en est la preuve éclatante. Le plus grand marché d'Amérique latine regorge de produits surprenants pour le néophyte mais qui permettent la préparation de plats aux saveurs originales. Au marché, les commerçants, les pêcheurs, les ouvriers viennent tôt le matin pour le *tacacá*, une soupe de crevettes gluante avec du piment et des feuilles de *jambu*. Elles ressemblent à l'épinard et au pissenlit et elle doit faire « trembler la langue » selon les locaux, qui la mettent dans toutes les sauces. L'autre ingrédient essentiel de la cuisine *belenense* s'avère le manioc, que l'on travaille de la feuille à la racine. Des feuilles, on tire le *tucupi*, un jus utilisé dans nombre de recettes traditionnelles. Le *pato no tucupi* (canard au *tucupi*) est un des plats les plus courants. Dans les échoppes du marché de Belém, une baie aux airs de cerise s'impose sur les étals. L'*açai*, réputé pour ses vertus antioxydantes, est le fruit d'un palmier local. Son jus, cuit avec du tapioca, agrémente souvent les poissons frits. L'Amazone permet la découverte de poissons introuvables ailleurs comme le *tucunaré*, le *pirarucu* ou le *filhote*. Ce dernier pouvant peser jusqu'à 200 kg, on le prépare en médaillon ou en darne. Au registre des plats incontournables, le *maniçoba* ressemble à un ragoût à base de viandes de bœuf et de porc salées et fumées ainsi que de feuilles de manioc.

« Aujourd'hui, le monde de la gastronomie considère Belém et le Pará comme l'épicentre de la vraie cuisine brésilienne »

La gastronomie *paraense* surprend par ses saveurs inconnues, séduit par son originalité et suscite l'intérêt des plus grands cuisiniers toujours en quête de goûts et de textures inédites.

PARAZÃO
Agência 30
BILHAR
ATACADO DISTRIBUIDORA FONE
VAREJO DOS CARAMELOS 2246992
Casarão CARAMELOS
ATACADÃO
DOS
CARAMELOS

Interlude

Le vocabulaire du restaurant

Tous les métiers ont leur lexique. Il raconte le savoir-faire, les techniques, il décrit les objets, les matières premières, il témoigne d'une connivence entre confrères, parfois incompréhensible, pour préserver le mystère. Le restaurant n'y échappe pas. Petit glossaire des mots de la cuisine et de la salle.

Mise en place : en cuisine, c'est là que tout se joue ; on épluche, on détaille, on taille, on coupe, on lève, on lave, on conditionne ; on lance les cuissons longues ; on attaque autour de 8 h 30 pour être prêt à midi pour « taper dedans » et assurer un service fluide. En salle, c'est le même tempo, mais sur des actions différentes, passer l'aspirateur, faire la poussière, dresser les tables, les disposer selon les réservations, orchestrer les bouquets, mettre à jour la cave, faire briller les couverts et assister au briefing du directeur de salle et du chef de cuisine.

Dresser la table : comme on fait son lit, on se couche, comme on dresse la table, on mange ; avec ou sans nappe, couteau à droite, lame vers l'assiette, fourchette à gauche, dents en l'air (à la maison, contre la table), verres du plus grand à gauche au plus petit à droite ; tout est prêt la veille ou tôt le matin.

Chaud : l'atmosphère dans une cuisine, mais aussi le nom du poste où le responsable assure toutes les cuissons ; transpiration canalisée sous la toque. « Chaud » ou « chaud devant », c'est aussi un mot utilisé par le personnel de salle quand il arrive les bras chargés d'assiettes et qu'il souhaite annoncer sa présence à un de ses collègues qui ne le voit pas arriver.

Coup de feu : tout s'accélère, certaines tables en sont aux entrées, d'autres aux plats ou aux desserts ; il faut avoir le sens des priorités en cuisine. Les serveurs s'impatientent, le risque de maladresses augmente, on rate, on casse, on s'énerve ; c'est souvent court mais intense, et ça se finit généralement bien.

« Cheeef » : à chaque bon annoncé, à chaque demande ou exigence du responsable, le mot magique dont on laisse traîner la voyelle retentit dans l'office.

« Allô » : quand on décroche pour prendre une réservation, mais aussi le mot qui dit l'agacement du chef quand il a le sentiment diffus qu'on ne l'écoute pas ; il attend son « cheeef »...

« On envoie ! » : les cuisiniers ont bien travaillé, l'assiette est dressée, à bonne température, elle est posée sur le passe, le chef l'a validée ; ce dernier ou le maître d'hôtel lâche la formule consacrée, et les assiettes s'envolent vers les clients.

Torpille : grand plateau que l'on pose sur l'épaule et que les « runners » (commis de salle) apportent de la cuisine à la salle avant de le tenir à bout de bras face au responsable de salle qui va dispatcher les différentes assiettes entre convives.

Quel amateur de bonnes tables n'a pas en mémoire le coq tatoué sur l'épaule du regretté Paul Bocuse ? Vestige de la Seconde Guerre mondiale, il avait été tatoué par des soldats américains lors du passage de Monsieur Paul dans un hôpital militaire afin d'être soigné.

Les tatouages de chefs

La légende voudrait que ce soient des chefs australiens arrivant à Londres pour y travailler qui auraient lancé cette tendance en ancrant dans leur chair leur ferveur culinaire, démocratisant de fait la pratique, aujourd'hui devenue un véritable phénomène mondial.

Le chef français Guillaume Sanchez, du restaurant Neso, explique que son corps est une sorte de carnet de notes personnel, une façon de marquer les onglets de sa vie, d'avoir bien en peau ses erreurs et d'avancer avec elles. Il faut comprendre que ce phénomène ne touche pas uniquement les hommes. La cheffe Dominique Crenn de l'Atelier Crenn, à San Francisco, a quant à elle une petite fille, cheveux au vent, regardant un porcelet volant, tatouée sur un avant-bras. Elle explique volontiers que ce tatouage lui permet d'avoir toujours à l'esprit qu'il est possible d'accomplir n'importe quoi dans la vie, que tout est possible. La cuisine est un véritable sacerdoce, et pour nombre de chefs, c'est une activité qui va bien au-delà du simple métier.

Voilà certainement pourquoi certains d'entre eux ressentent le besoin d'avoir, marquée en eux, une philosophie qui leur est propre, directement ou indirectement liée à leur métier.

—

NESO ✿ / L'ATELIER CRENN ✿✿✿

M

Japon

Sushi

LE PLAT D'EXCEPTION

Lorsqu'il est dégusté au Japon dans les règles de l'art, le sushi est un mets absolument exceptionnel.

Il en existe trois sortes : le *nigiri* (celui que nous appelons communément sushi), le *maki* (sorte de petite bouchée de riz enrobée d'une feuille d'algue nori et farcie de poisson ou autre) et le *temaki* (qui se présente comme une sorte de cornet). La majorité des poissons utilisées dans la confection des sushis sont tués selon la méthode *ike-jime,* qui consiste à détruire le cervelet. Les poissons meurent ainsi rapidement et sans stress. Cela n'altère donc pas leurs chairs. Ils sont ensuite vidés de leur sang afin d'acquérir un goût moins fort selon cette fois la méthode *chi-nuki*. Pour que leur chair s'attendrisse, les poissons sont laissés quelques jours (2 ou 3, pas plus) au repos pour maturer. Le riz est quant à lui un assemblage réfléchi par le maitre sushi et son marchand de riz. Il sera lavé pour ne pas contenir trop d'amidon. Il est ensuite cuit à feu vif puis retiré du feu et finit de gonfler à couvert dans sa propre vapeur. Il est ensuite versé dans un plat en bois puis refroidi à l'aide d'un éventail. Il est également assaisonné de vinaigre de riz, de sel et de sucre. Lors d'un repas dans un véritable *sushiya* (restaurant à sushi) japonais, les sushis sont servis les uns après les autres afin que la chair de poisson ne sèche pas. Elle devra être légèrement plus froide que le riz, qui lui devra être à la température du corps. Chaque *sushiya* réalise son propre assaisonnement de sauce soja dont il nappera lui-même le sushi. La racine de wasabi frais râpée sur une peau de requin peut également servir d'assaisonnement. Enfin, du gingembre est servi pour que le client puisse se nettoyer le palais et préparer ses papilles pour le sushi suivant.

« Chaque *sushiya* réalise son propre assaisonnement de sauce soja... »

L'HISTOIRE DU
Tofu

Le tofu est le « fromage » de l'Asie. Cette pâte flasque et nacrée est obtenue par le caillage du lait de soja sous l'action du *nigari* (chlorure de magnésium) au Japon. L'histoire du tofu est ancienne. Les Chinois en fabriquaient il y a déjà deux mille ans. Comme souvent, la légende l'emporte sur l'histoire. En 164 avant J.-C., le seigneur Liu An, de la province d'Anhui, l'aurait inventé en cherchant un élixir de longévité dans la montagne du Nord. Un peu comme pour le thé ou l'histoire de la pomme de Newton, la gravité fut de la partie et fit tomber un peu de roche de gypse dans du lait de soja qui se mit à cailler. Il n'avait pas découvert l'élixir de longévité, mais la recette du tofu (*dòufù* en chinois, pourriture de haricot) était promue à l'éternité. Elle arrive au Japon au VIIe siècle dans la besace des moines bouddhistes qui s'interdisent la viande et le poisson. Le tofu se révèle une précieuse et vitale source de protéines. Il envahit la cuisine japonaise. Engelbert Kaempfer, un médecin naturaliste allemand, après un séjour à Nagasaki, en fait la description dans un ouvrage paru en 1712. Le tofu est comme une éponge au goût presque neutre qui absorbe les saveurs qu'on veut bien lui tendre. C'est pourquoi son usage est sans limites : tel quel pour savourer sa frugalité, grillé, frit, mariné dans le soja ou plongé dans un bouillon.

LA CUISINE AUX *algues*

AVEC LE RIZ (sushi et saké), le soja (*miso*, tofu et sauces), les algues sont le troisième ingrédient cardinal de la cuisine japonaise. Dans cet archipel de 6 852 îles, la mer est omniprésente et les algues sont une ressource naturelle inépuisable. La plus utilisée est le *kombu*, une longue et large feuille brune ondulée, indispensable avec la bonite séchée (*katsuobushi*) pour la confection du *dashi*, le bouillon de la cuisine de tous les jours (soupe *miso* et *ramen*) et celle des chefs. Il existe six variétés de *kombu* pêchées principalement à Hokkaido. Le *wakame*, très chlorophyllien, que l'on déguste dans la soupe *miso*, est une autre algue très populaire, tout comme le *nori*. Cette algue rouge devient noire en séchant, et prend une saveur très marquée. Elle est l'enveloppe des makis ou peut être semée en fines lamelles sur le riz et dans les salades.

L'autre pays du WHISKY !

Depuis plusieurs années, l'univers du plus couru des spiritueux a pris l'accent nippon. Bien loin de l'Écosse, il s'invente des merveilles dans les chais de l'archipel.

Aucun doute sur le sujet : le berceau du whisky demeure l'Écosse grâce au savoir-faire séculaire de ses multiples distilleries installées sur différents terroirs, Speyside, Highlands, Lowlands, ou sur les magnifiques îles du littoral occidental. Véritable épicentre de la production de whiskies dans le monde, l'Écosse n'en a pas pour autant le monopole ! Avec l'Irlande ou les États-Unis, le Japon se pose comme l'un des principaux outsiders à la « domination » scottish : à son propos, on dit même « l'autre pays du whisky ». Du nord au sud de l'archipel, notamment sur l'île d'Hokkaido, où l'on note la présence de tourbières entre autres facteurs favorables, plusieurs distilleries jalonnent son territoire, dont Miyagikyo et Yoichi, qui appartiennent au groupe Nikka, et Yamazaki et Hakushu, propriétés de l'autre géant Suntory. Autrefois toisé avec circonspection, le whisky japonais ravit les amateurs comme les professionnels. Les *blended* et *vatted malts*, issus d'assemblage, ont trouvé leur public à travers la planète, à l'image des célèbres Hibiki, dont on dit qu'il est l'essence du savoir-faire japonais en matière d'assemblage, ou Nikka from the Barrel qui, avec un degré élevé (51,4°), reste doux avec un profil boisé vanillé. Quant aux *single malt*, la véritable aristocratie du whisky, ils rivalisent tout simplement avec la crème des signatures écossaises, notamment le Yamazaki 18 ans d'âge, aussi complexe que suave, aussi riche qu'équilibré. Qu'on se le dise, aux antipodes du Royaume-Uni, les maîtres de chai japonais font partie des meilleurs de la planète. Les Écossais n'ont qu'à bien se tenir.

> « Autrefois toisé avec circonspection, le whisky japonais ravit les amateurs comme les professionnels. »

GESTES

L'ART DE LA DÉCOUPE

Les Japonais ont l'art de la découpe dans le sang, que cela soit le papier (*kirigami*), les légumes... et surtout le poisson.

Dans un repas où tout se mange avec des baguettes, les plats sont composés d'ingrédients toujours découpés en cuisine : *sengiri* (en lanières), *hyôshigi* (en lamelles), *wagiri* (en rondelles), *arare* (en dés), *hangetsu* (en demi-lunes), *ichô* (en quart de lunes), *tanzaku* (en baguettes), *sainome* (en dés), *sasagaki* (en copeaux) ou *hanagiri* (en forme de fleur). Ce n'est pas seulement une obligation ergonomique, l'esthétisme du plat et les sensations en bouche en dépendent aussi. Au Japon, les chefs ont l'habitude de dire que le poisson a le goût de la découpe. Du reste, le mot *sashimi* peut se traduire par « corps taillé ». De la sculpture de très haute précision, en somme. La lame parfaitement aiguisée doit trancher la chair sans l'agresser et sans écraser ses fibres, elle fond dans le poisson comme dans du beurre en suivant un fil précis qui dépend de chaque espèce. Le geste du cuisinier doit être timide, il donne l'élan et accompagne le couteau dont le seul poids exerce la pression suffisante pour découper la tranche, pour peu que la lame soit irréprochable. Ce faisant, le sashimi, doux comme la soie, glisse dans la bouche. Le tranchage du poisson est essentiel, comme sa fraîcheur et son origine. Le même poisson tranché par deux cuisiniers différents n'aura pas le même goût ni la même texture. C'est dire si le maniement de la lame exige un long apprentissage.

« Le mot *sashimi* peut se traduire par " corps taillé ", de la sculpture de très haute précision, en somme. »

LES COUTEAUX JAPONAIS

Si le couteau japonais est l'arme des chefs dans la plupart des cuisines étoilées du monde entier, ce n'est pas par effet de mode ou excès de tropisme extrême-oriental. La raison est prosaïque. Les couteaux japonais coupent comme dans du beurre, s'aiguisent avec une plus grande aisance et restent affûtés plus longtemps. Qui plus est, l'objet est beau à regarder et agréable à tenir en main. Le revers de la médaille est que comme il est composé d'acier carbone, il s'oxyde avec l'eau. Il exige un entretien minutieux pour durer. Comme il n'est aiguisé que d'un seul côté, il y a des couteaux pour les droitiers et les gauchers ! Au Japon, les couteliers sont des demi-dieux, ils doivent se former pendant plus de dix ans avant de se lancer dans la confection d'un *kasumi* ou d'un *honiaky* (la Rolls).

有次

L'ÉLEVAGE *du wagyu*

AU JAPON, le terme *wagyu* désigne le bœuf. Ce n'est donc en aucun cas une race. Le plus connu est celui de Kobe, proche de Kyoto. Celui de Matsusaka (préfecture de Mie) et de Hida-Takayama, dans les Alpes japonaises, revendiquent leur supériorité. Les trois origines ont beaucoup en commun, d'abord une viande caractérisée par un marbré de gras jusqu'à l'extrême, et le prix de certains morceaux dépassant 200 euros le kilo. La raison tient d'abord à la race, la *tajima*, commune à tous ces crus de bœufs. Originaire des montagnes de Hyogo, près de Kobe, elle est d'un petit gabarit avec une robe d'un noir profond. Autrefois, elle servait au trait des charrettes et du carrosse impérial. Les Japonais ne la mangeaient pas. En 1868, quand le Japon s'ouvre au monde, on finit par découper un bœuf pour satisfaire les Occidentaux, et on découvre une viande très persillée. La méthode d'élevage n'a rien d'extensive. Pour que le gras soit d'un blanc presque immaculé, l'herbe est interdite aux bœufs. Le carotène qu'elle contient jaunirait la graisse. Les bœufs sont élevés en stabulation, dans des enclos individuels, nourris de foin, de blé, de maïs et de tourteaux de soja. Massés pour faire pénétrer le gras, nourris à la bière et pourquoi pas au saké, que n'a-t-on entendu? Giro Toghigi, un éleveur de Matsusaka sourit: «Si je les masse, c'est pour que mes vaches aient le poil luisant, plus aguicheur. Et si je leur donne parfois de la bière, c'est pour réveiller leur panse fatiguée!» Ce bœuf si particulier ne se déguste qu'en très fines tranches sur le gril au centre de la table ou plongé dans un bouillon, ce que les Japonais appellent faire *shabu shabu*.

PORTRAIT DE CHEF

YOSHIHIRO MURATA
La cuisine *kaiseki*

Yoshihiro Murata, dont l'un des restaurants, Kikunoi « le puits aux chrysanthèmes », est situé au pied de la montagne Higashiyama à Kyoto, est l'un des empereurs de la cuisine *kaiseki*. Le cuisinier érudit l'a raconté dans un bel ouvrage publié en 2006: il serait tentant de rapprocher la gastronomie française, la plus raffinée, avec la cuisine *kaiseki*, l'acmé de la sophistication au Japon. Elle est composée de petits plats, sans ordre précis apparent, comme on en servait autrefois pendant la cérémonie du thé dont elle tire son origine. Chaque mets est ciselé par le chef avec une précision d'horloger suisse et la texture, la couleur et les saveurs s'imbriquent en une évidente harmonie. Tous les ingrédients sont de saison et au plus proche de la nature. C'est une cuisine locale par essence, louant plutôt les légumes, héritage du bouddhisme. Le contenant est aussi important que le contenu. La vaisselle participe du plaisir de manger et n'est jamais choisie au hasard. Un dessin, un symbole, une couleur dans le fond d'un bol, dissimulé par la nourriture jusqu'à ce que le convive le découvre, doit stimuler une émotion supplémentaire. Il évoque souvent la saison, la nature ou une histoire pour attiser la conversation. « On dit que la cuisine japonaise ne se mange pas, elle se regarde; pour ma part, plutôt que " regardée ", je dirais que la cuisine japonaise est faite pour être méditée », écrivait Junichirô Tanizaki en 1933 dans son *Éloge de l'ombre*. C'est on ne peut plus vrai avec la cuisine *kaiseki*.

—

KIKUNOI ✿✿✿

PORTRAIT DE CHEF

YOSHIHIRO NARISAWA

Le restaurant de Yoshihiro Narisawa est logé dans un immeuble moderne du quartier d'Aoyama à Tokyo, territoire des créateurs qui font la mode.

Un environnement assez éloigné du *satoyama*, le terme par lequel cet immense chef japonais définit sa cuisine. Comme souvent au Japon, il est dangereux de traduire littéralement les mots au risque d'être réducteur. Le *satoyama* est un lieu à la campagne, au pied des montagnes, où l'homme vit en harmonie avec son milieu naturel, en vit et le respecte. Chaque plat composé par Yoshihiro Narisawa évoque le *satoyama*. Dans les assiettes, il raconte des paysages rythmés par les saisons, métronomes de la vie sociale et de la nourriture au Japon, surtout à la campagne. Cette ode à la nature célèbre tous les éléments, la terre, l'eau, le feu et le souffle des parfums. Les produits des forêts, de la mer et des rivières qui composent cette cuisine « Satoyama Innovative » sont prélevés dans les meilleurs terroirs de l'archipel : une langoustine de la baie de Suruga tranchée en sashimi ou un serpent vénéneux d'Okinawa dompté dans un bouillon. Le chef met en scène les pépites des provinces comme il écrirait la chronique poétique du quotidien. Cette cuisine n'est onirique que dans son expression. En bouche, elle se rappelle au réel avec des saveurs magnifiées par le geste du cuisinier. Avant d'être l'exégète de la campagne japonaise en cuisine, Yoshihiro Narisawa a appris auprès de quelques grands, dont les regrettés Paul Bocuse et Joël Robuchon, qui connaissaient leurs terroirs par cœur.

“ Dans les assiettes, il raconte des paysages rythmés par les saisons… ”

—

LES CRÉATIONS DE NARISAWA ❁❁

TRADITION

LA CÉRÉMONIE du thé

Quand un voyageur assiste pour la première fois au cérémonial du service du thé, il mesure l'abysse qui le sépare de la civilisation japonaise.

INCONFORTABLEMENT ASSIS sur ses genoux, une position naturelle au Japon (*seiza*), il se perd dans le dédale des codes, des gestes et de la parole rare au cours d'une cérémonie qui s'éternise. Bienvenue à l'école de la patience, de la sagesse et de la méditation, avec en filigrane l'esthétique d'un art de vivre. La cérémonie du thé est l'éloge de l'instant présent et du «une fois, une rencontre» selon Sen no Rikyū, l'un des premiers maîtres du thé japonais, au XVIe siècle. L'essentiel se niche dans l'accumulation des détails: le tatami, les fleurs, la calligraphie, le kimono, la position assise, le choix du bol à thé (*chawan*) et du *chakin* (la toile en lin pour le nettoyer), la louche en bambou pour verser l'eau (*hishaku*), les boîtes à thé laquées (*natsume*) et le fouet (*chasen*) pour délayer le thé vert dans l'eau chaude (*chanoyu*), etc. Au cours de la cérémonie, où l'on sert le matcha, une poudre de thé vert aux arômes fragiles et délicats, le silence est d'or. Le bruit de l'eau qui coule dans le bol est écouté religieusement. Omotesenke et Urasenke sont les deux principales écoles de la cérémonie du thé, qui peut durer jusqu'à cinq heures. Le temps varie avec la saison et ce qu'on mange pour accompagner le breuvage, notamment les *omogashi* ou les *higashi*, ces petites bouchées sucrées pour balancer l'amertume du matcha.

> **“Le bruit de l'eau qui coule dans le bol est écouté religieusement.”**

Paroles d'inspecteur

Le marché Tsukiji à Tokyo

En octobre 2018, le plus célèbre marché aux poissons du Japon à Tsukiji (Tokyo) a déménagé vers le nouveau site de Toyosu.

Créé en 1935, Tsukiji ne répondait plus aux normes d'hygiène, était infesté de rats, s'avérait dangereux en cas de séisme et souffrait d'installations vétustes. En 2007, je vivais et travaillais à Tokyo depuis quelques mois quand j'ai eu la chance de visiter ce mythique marché aux poissons grâce à des amis japonais qui avaient organisé cette escapade. Il fallait se lever très tôt pour faire partie des rares privilégiés qui chaque jour vers 2 heures du matin pouvaient se glisser parmi les 40 000 personnes qui y travaillaient quotidiennement. En plein hiver, le froid était saisissant, les vastes hangars balayés par le vent, les odeurs intenses, même pour un Breton né dans une ville portuaire et habitué au spectacle des criées. Tout était surdimensionné, il s'agissait du plus grand marché au monde. On y exposait plus de 400 variétés de poissons, de coquillages et de crustacés. Mais les thons, frais ou congelés, étaient incontestablement l'attraction majeure du marché. On admirait ces bêtes aux formes parfaitement hydrodynamiques exposées aux yeux experts des acheteurs professionnels. La vente aux enchères se déroulait de manière presque incompréhensible aux yeux des profanes dont j'étais, avec des techniques ancestrales et mystérieuses, mais rudement efficaces, le tout rythmé par des sons de cloches métalliques. Suivait un ballet de petits chariots motorisés chargés de leurs cargaisons achetées à prix d'or, en route vers des destinations inconnues. Mes amis évoquaient un récent record de prix avec un thon de plus de 200 kilos vendu à plus 5 000 euros le kilo ! J'imagine que depuis ce montant a été dépassé. Je garderai en mémoire tous ces étals avec des anguilles frétillantes, des langues d'oursins magnifiques, des crabes de toutes sortes, des huîtres de tailles diverses... Sans oublier le *fugu*, mythique poisson dont les viscères contiennent du poison et que seuls les chefs de cuisine dotés d'un permis spécifique sont autorisés à découper. Après ce moment mémorable, nous sommes allés déguster, en guise de petit déjeuner, quelques sashimis et sushis dont la fraîcheur ne souffrait aucune contestation dans l'une des très nombreuses échoppes de Tsukiji. J'étais rassasié d'images, d'odeurs et de saveurs iodées... Fin de visite, retour dans la grouillante et envoûtante mégapole de Tokyo pour de nouvelles aventures culinaires !

« Tout était surdimensionné, il s'agissait du plus grand marché au monde. »

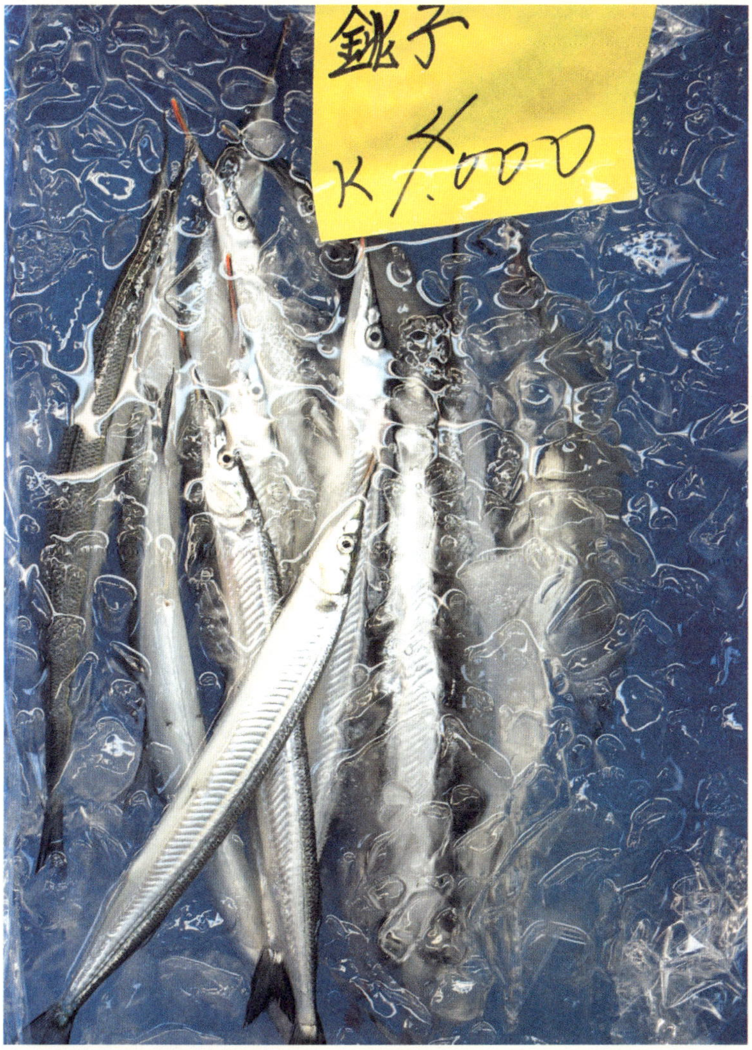

人情味溢れる築地で上手なお買物
築地場外市場商店街振興組合
すし一番
井上
白衣・洋品
井上

LES FRUITS DE MER D'HOKKAIDO

Située à l'extrême nord-est (non loin de la Sibérie), Hokkaido est une des quatre îles qui constitue l'archipel du Japon. Au cœur des mers septentrionales, Hokkaido est une île particulièrement réputée pour ses produits de la mer, d'une qualité exceptionnelle. Si les poissons comme le saumon, le hareng, le flétan ou le cabillaud y sont pêchés et cuisinés de façon traditionnelle, cuits ou crus (c'est de cette région qu'est originaire le sushi), les véritables pépites de la région sont les crevettes, les ormeaux, les palourdes, mais aussi et surtout le *kani* (le crabe) ! Pêchés principalement en hiver, au large de l'île, dans l'océan Pacifique, les araignées de mer, crabes des neiges (*zuwaigani*) ou royaux (*tarabagani*) sont particulièrement remplis en saison, incroyablement savoureux, et leur chair est appréciée dans le monde entier. Les oursins, nourris aux algues, ne sont pas en reste, puisqu'ils sont également légion dans les zones de pêche qui entourent l'île. Bien plus charnues qu'en Europe, leurs langues peuvent être travaillées sous forme de sushi, mais aussi légèrement pochées dans un bouillon, ce qui révèle toute la saveur *umami* de celles-ci. Pour mieux comprendre l'incroyable diversité de cette île en matière de fruits de mer, il est vivement conseillé d'aller faire un tour dans ses principaux marchés aux poissons. Au Curb Market de Sapporo, par exemple vous pourrez découvrir une multitude de stands qui vendent des crabes absolument majestueux, mais aussi des ormeaux, coquilles saint-jacques ou pétoncles. Si l'envie vous prenait de goûter ces produits hors normes, pas de problème : vous n'aurez qu'à vous attabler à l'une des échoppes de street food du marché.

LA TECHNIQUE DE L'IKEJIME

Séculaire au Japon, fraîchement adoubée par des chefs comme Alexandre Couillon du restaurant La Marine à Noirmoutier, elle est désormais l'apanage de quelques poissonneries grand public. Ses gestes consistent à entraîner rapidement la mort cérébrale d'un poisson vivant, son saignement puis la destruction totale de son système nerveux afin de permettre à sa chair de maturer sans risque immédiat de putréfaction. Généralement, à l'aide d'une pique, une incision est pratiquée dans le cerveau du poisson, entre ses yeux. Il est ensuite saigné puis sa moelle épinière vidée par le trou pratiqué. Des jours plus tard, à la cuisson, bar, lieu jaune ou encore merlan ainsi travaillés révèlent davantage leurs saveurs naturelles et la délicatesse de leur chair.

—

LA MARINE ✿✿

1

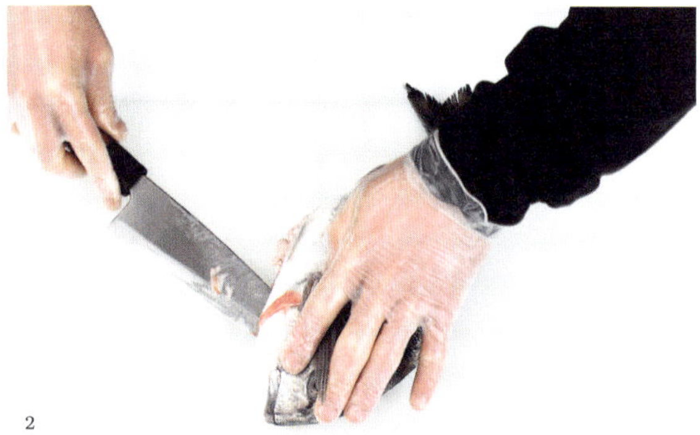
2

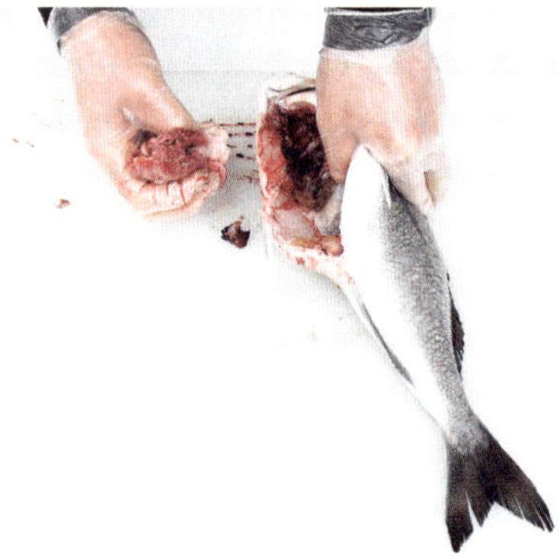
3

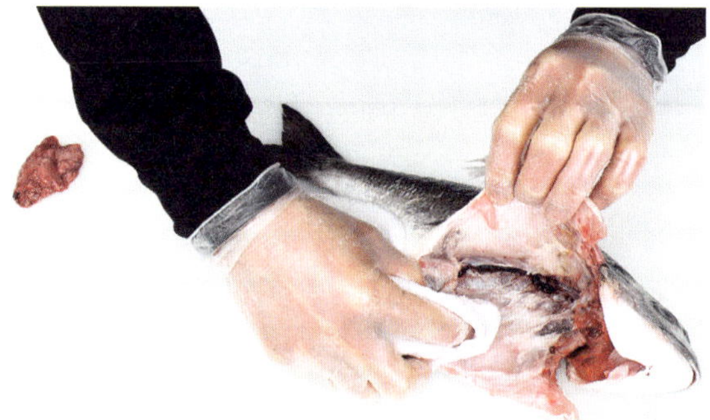
4

5

6

SAN-MAI-OROSHI

Voici la méthode la plus largement répandue et adaptée à la plupart des poissons, dite *san-mai-oroshi* (« lever les filets de daurade en trois »).

1. Mettez des gants pour protéger vos mains.
2. Passez le grattoir à écailler sur toute la surface du poisson en partant de la queue vers la tête.
3. Avec un couteau de ba bien aiguisé, incisez le poisson au niveau de l'abdomen, sous la tête.
4. Videz la daurade de ses entrailles.
5. Rincez à l'eau froide, ou mieux sous l'eau courante, pour bien nettoyer l'intérieur.
6. Séchez avec un tissu ou du papier absorbant.
7. Coupez la tête.
8. Ouvrez le poisson en suivant l'arête centrale de la tête vers la queue.
9. Réservez le filet.
10. Retournez le poisson et coupez de la même façon le long de l'arête centrale.
11. Un filet plus petit sera dégagé par-dessous.
12. Inversez le sens de la daurade et glissez la lame de l'autre côté, toujours en suivant l'arête centrale.
13. En glissant la main sur la partie inférieure et en la maintenant fermement, tirez la partie supérieure pour détacher les filets.
14. Coupez la partie inférieure, triangulaire et irrégulière, de chacun des deux filets.
15. Détachez la partie blanche avec votre lame essuyée au besoin sur une serviette humide.
16. Avec une pince spécifique, ôtez les petites arêtes dans leur totalité.
17. En incisant à la base de la queue, glissez la lame entre la chair et la peau en tenant fermement cette dernière.
18. Vous avez désormais deux filets. Réservez l'arête centrale, la tête et la peau de la daurade pour un futur bouillon ou un fumet.

Recette issue de *Sushi bar* de Hisayuki Takeuchi, Éditions Minerva, 2008

7

8

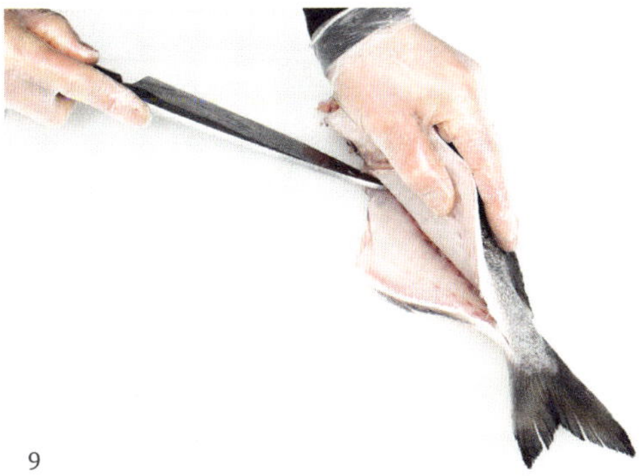

9

10

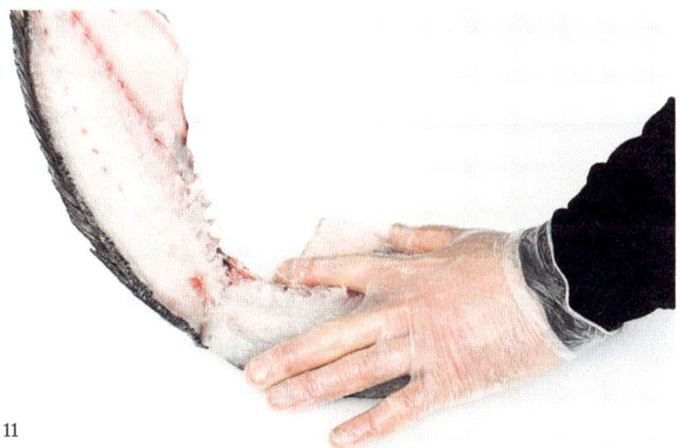

11

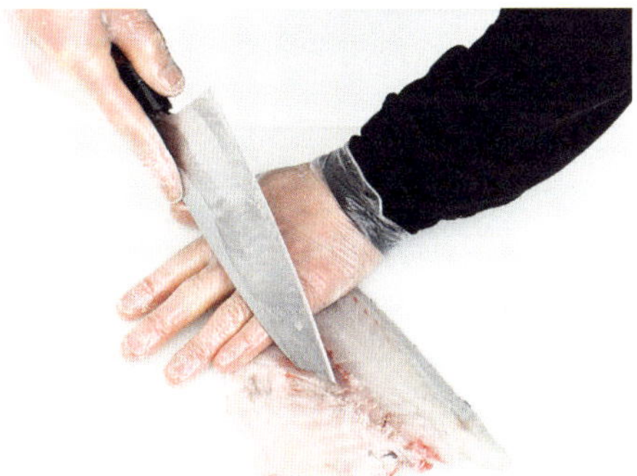

12

13

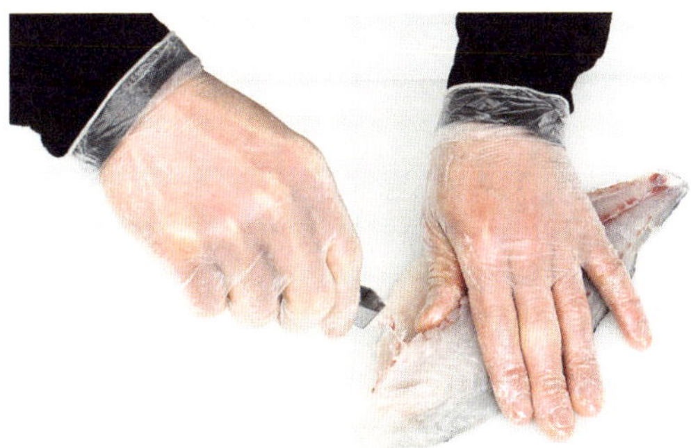

14

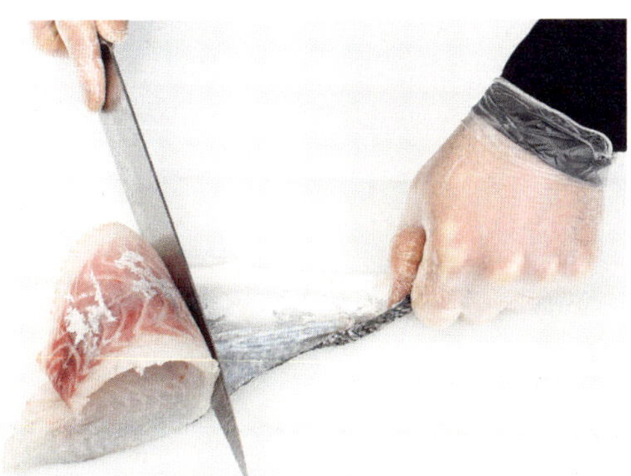

15

16

TEPPANYAKI OU KAISEKI ?

Avant de se lancer à la découverte des restaurants japonais, un petit décryptage est nécessaire pour comprendre qui cuisine quoi.

Restaurant : voilà un mot générique pour des réalités bien différentes… C'est vrai dans tous les pays, peut-être encore davantage au Japon où la spécialisation des adresses autour d'une cuisine ou d'un plat est monnaie courante. Un restaurant pour une spécialité est une équation fréquente. Du plus simple au plus gastronomique, les bars et restaurants à sushis – parfois proposés sur tapis roulant – sont les plus connus hors des frontières de l'archipel. Logiquement, la vocation est clairement indiquée sur la devanture des restaurants : *teppanyaki* pour les maisons expertes en cuisson sur le *teppan*, plaque chauffante lisse en métal, *ramen* pour les comptoirs populaires qui servent les fameuses soupes de nouilles en de multiples recettes, *yakiniku* où l'on s'adonne à la grillade au barbecue, ou encore *yakitori* pour les établissements monomaniaques de la brochette – de poulet le plus souvent. Emblématiques de la culture nippone, les *yatai* sont des échoppes de rue, mobiles, pour de la street food sur le pouce. Extrêmement courus, les *izakaya* ressemblent à des bistrots de quartier, sortes de bars à *tapas* où l'on se régale de plats servis en petites portions accompagnés de bière ou de saké. Pour s'offrir un repas *kaiseki*, succession de multiples plats de saison, direction par exemple les auberges traditionnelles appelées *ryokan* qui, autrefois, hébergeaient les voyageurs de passage. Et si la gastronomie japonaise est plébiscitée pour son esthétique et son raffinement, la cuisine *kaiseki* en est sûrement l'une des illustrations les plus abouties.

“ Un restaurant pour une spécialité est une équation fréquente.”

まるた小屋
フカヒレラーメン

味処
越後屋
越後の酒と肴
3342-0661
Asahi
一番搾り

ACCORDS

LE SAKÉ *à table*

Au jeu des accords avec les mets, le *nihonshu* en japonais ouvre un large champ des possibles, peut-être plus que le vin.

Oubliez l’image du saké vu comme un tord-boyaux servi dans de petits verres coquins ! Le saké n’est pas un digestif puisque ses degrés alcooliques, en moyenne 14 à 16 °, se rapprochent de ceux du vin. L’exercice de l’accord mets-saké est traditionnellement peu courant au Japon car, bien souvent, on buvait le même saké local pendant tout le repas. Sous l’influence occidentale, de plus en plus de restaurants commencent tout de même à le pratiquer, notamment les *izakaya* (l’équivalent du bar à vins ou du bistrot) mais aussi quelques tables étoilées. L’idée ? Ne surtout pas envisager le saké comme un vin : il est cinq fois moins acide, possède davantage de rondeur, n’a pas de tanins et se montre donc plus souple que le vin au jeu des accords avec la cuisine. De nombreux produits difficiles à marier avec le vin sont d’ailleurs bien plus aisés à associer au saké, à l’image des plats vinaigrés ou des asperges portées par une puissante amertume. La boisson nippone s’invite aussi pour le meilleur avec des huîtres, du poisson, du caviar, des fruits comme le melon ou la banane, ainsi que des fromages. Le saké, en plus de l’expression de ses propres vertus, possède la qualité rare d’exhausteur de goût des aliments qu’il accompagne, surtout dans le cadre d’une gastronomie contemporaine qui n’abuse pas des sauces. Les combinaisons d’accords saké-mets sont donc multiples, d’autant qu’on peut aussi jouer sur les températures de service qui changent la perception en bouche. Pour Sylvain Huet, grand spécialiste français du saké, il faut ajuster son niveau d’écoute pour apprécier toute la finesse et la complexité du saké. Pour donner une image, « il y a une différence de volume d’expression entre le vin et le saké. Un grand vin de Bordeaux serait une symphonie alors que le saké serait une musique de chambre, même si c’est un peu caricatural car certains sakés peuvent aussi s’analyser de manière symphonique de même que le vin peut être approché comme une musique de chambre ».

“ Le saké n’est pas un digestif : ses degrés alcooliques sont en moyenne de 14 à 16 °... ”

MANGA
VIN & GASTRONOMIE

> « Destiné à un public non initié, il a immédiatement convaincu les spécialistes, bluffés par sa précision... »

Dans la littérature, le manga est un genre à part, auquel le monde occidental ne s'est intéressé que très tardivement, l'intrigue et les codes culturels n'étant pas forcément destinés à être compris par un public international. Ainsi les mangas culinaires comme *J'aime les sushis* ou encore *Le Gourmet solitaire*, récit de la dégustation de plats des quartiers populaires, sont habituellement tournés vers la cuisine japonaise, à l'instar de *Yakitate !! Ja-pan*, dans lequel le héros possède des mains capables de faire fermenter le pain.

En 2008, le monde de l'œnologie est célébré et décrypté dans le manga *Les Gouttes de Dieu*, publié au préalable en épisodes dans le magazine *Weekly Morning*. Les auteurs, un frère et une sœur réunis sous le pseudonyme de Tadashi Agi, passionnés de vins français, y relatent l'histoire du fils d'un œnologue rivalisant avec son frère adoptif pour recevoir l'héritage, une cave extraordinaire. Destiné à un public non initié, il a immédiatement convaincu les spécialistes, bluffés par sa précision : chaque volume dévoile appellations et techniques de vinification, glossaires à l'appui. Mais ce qui fait son succès, c'est à la fois l'art de parler des vins avec une véritable émotion et une approche poétique qui convainc et séduit aussi bien les spécialistes que les néophytes. D'énigmes en énigmes, les protagonistes dégustent grands vins et jus plus modestes, pour obtenir la révélation de la mystérieuse treizième bouteille. Le secret n'est toujours pas levé dans le manga, mais la série TV adaptée du livre a sacré comme meilleur vin du monde un bordeaux Château le Puy 2003. De quoi faire flamber le prix de la cuvée, sur laquelle les lecteurs se sont précipités.

PARCOURS

Saké Samuraï !

L'expertise du saké n'est pas un monopole japonais. Rencontre avec Sylvain Huet, ambassadeur hors pair et passionné du fameux breuvage issu de la fermentation du riz.

Attribuée par les producteurs de saké eux-mêmes, le titre de Saké Samuraï est une reconnaissance réservée aux plus pertinents et ardents promoteurs de cette boisson singulière. Sylvain Huet est le premier Français à avoir eu cet honneur. Danseur contemporain pendant dix ans, il a découvert le Japon par la pratique de l'aïkido, est tombé amoureux du pays, de sa culture, de sa gastronomie… et du saké. Une passion telle que, depuis plus d'une dizaine d'années, il se consacre pleinement au sujet. Aujourd'hui, son activité se répartit en trois volets. Primo, la formation et l'éducation de professionnels en majorité, cavistes, sommeliers et autres restaurateurs qui fréquentent les bancs de l'Académie du saké, qu'il a créée en 2010. Secundo, il organise de nombreux événements dont l'incontournable Salon du saké, qui a lieu à Paris tous les ans début octobre, et qui accueille aussi bien les particuliers que les professionnels. Tertio, il réalise un travail de consulting entre les associations de producteurs, les producteurs indépendants, les gouvernements locaux, les sociétés d'importation françaises et les restaurateurs. Sa force ? Sa liberté et son objectivité, puisqu'il n'est ni importateur ni distributeur, et qu'il n'est lié par aucun contrat à une quelconque marque. Au-delà de ses connaissances, le rôle de Sylvain Huet pour la promotion du saké en France est essentiel, d'autant que les Japonais en boivent de moins en moins et que seul le marché à l'export progresse.

LES TEMPURA

Bien qu'on l'imagine japonais, le *tempura* aurait été importé au Japon au début du XVIe siècle par des missionnaires jésuites portugais.

Le plat traditionnel portugais dont est inspiré le *tempura* est le *peixinhos da horta*, des morceaux de légumes trempés dans une pâte, à base de farine et d'eau puis frits. Le Japon mettra un bon siècle à s'approprier ce plat que l'on trouvait essentiellement dans les restaurants des ports japonais. Le nom *tempura* est également d'origine portugaise. Il vient du mot *tempero* qui signifie assaisonnement. Un *tempura* fait dans les règles de l'art doit être trempé dans une pâte à frire classique à base de farine, de jaune d'œuf et d'eau glacée (certains chefs utilisent de l'eau gazeuse pour donner un côté encore plus aérien à la pâte). Le bol contenant la pâte doit être conservé dans un saladier de glaçons afin de maintenir celle-ci constamment froide. C'est le choc thermique de la pâte et de l'huile chaude qui confère aux *tempura* leur texture si croustillante. L'huile de sésame régulièrement utilisée au Japon pour cuire les *tempura* n'a pas le temps de pénétrer dans la pâte grâce à cette différence de température. Ce qui de fait rend le tempura très peu gras. De nombreux aliments peuvent être frits en tempura comme des morceaux de citrouille, des haricots verts, des feuilles de shiso, des huîtres, des morceaux de poissons... Une variante du *tempura* est le *kakiage*, des légumes finement hachés ou de petites crevettes mélangées à de la farine, de l'eau et du sel puis frites sous forme de galettes. Traditionnellement, *tempura* et *kakiage* sont servis avec une sauce composée de *dashi*, *mirin* et sauce soja appelée *tentsuyu* à laquelle est souvent ajouté du *daïkon* râpé. Du sel est aussi servi avec les *tempura*. Au Japon, certains chefs proposent des *tempura* que l'on ne soupçonne pas d'avoir été plongés dans l'huile tant ils sont légers, comme le *tempura* de feuille de *shiso* à l'unilatéral recouvert après cuisson d'une généreuse langue d'oursin. C'est à ce genre de fantaisie maitrisée que l'on reconnaît un bon restaurant de *tempura*.

“ Un *tempura* fait dans les règles de l'art doit être trempé dans une pâte à frire classique à base de farine, de jaune d'œuf et d'eau glacée ”

PORTRAIT DE CHEF

JIRO ONO, LE SAMOURAÏ DU SUSHI

IL N'ABDIQUERA que devant l'inéluctable. Jiro Ono du restaurant Sukiyabashi Jiro, du haut de ses 93 printemps, a déjà connu quatre empereurs et chaque jour, de cinq heures à vingt-deux heures, il se consacre à l'essence de sa vie : les sushis. « Il m'arrive d'en rêver la nuit. Je n'ai jamais détesté une seule fois mon travail. J'en suis amoureux », avouait-il dans un documentaire qui lui a été consacré en 2011. Ce pourrait être la devise des *shokunin*, littéralement les artisans au Japon, qui se vouent corps et âme à leur tâche, avec la quête quotidienne de la perfection. Depuis plus de soixante-dix ans, Jiro Ono grimpe la montagne « sans jamais en apercevoir le sommet ». Sans cesse faire mieux, affûter la tradition et la nourrir de créativité, telle est sa philosophie. Ses sushis d'une grande pureté esthétique et gustative en témoignent. Son restaurant est logé dans les entrailles de Ginza, le quartier de Tokyo où se concentre le plus grand nombre de restaurants à sushis. Il est aussi immense en renommée que sa taille est modeste : dix couverts au comptoir. Le menu omakase est jalonné par vingt sushis, façonnés par le maître ou son fils, Yoshikazu. Chaque bouchée est un voyage silencieux d'une jouissance absolue. Le festin ne dure environ que vingt minutes et le souvenir que l'on en garde, une éternité.

—

SUKIYABASHI JIRO ✿✿✿

Les takoyaki

Étendards de la street food japonaise

À l'image du *taco* au Mexique ou des frites en Belgique, le *takoyaki* est un emblème de la cuisine de rue japonaise. Bien qu'originaires d'Osaka, les *takoyaki* sont devenus incontournables dans le Japon tout entier. Ces sphères de pâte à base de bouillon *dashi* (constitué d'algue *kombu* et de flocons de bonite séchée) sont garnies d'un morceau de poulpe. La pâte est cuite à forte température dans un moule en fonte alvéolé. C'est ce qui confère aux *takoyaki* leur forme sphérique et leur vaut leur texture si singulière, croustillante à l'extérieur et moelleuse à l'intérieur. Ils sont vendus dans de petites échoppes et se dégustent surmontés de mayonnaise, de sauce *bulldog* et saupoudrés de poudre d'algue. Faites attention cependant avant de les déguster… ils sont toujours servis brûlants.

Déchiffrer SON MENU

***Zensai, mushimono, yakimono...* Commander dans un restaurant japonais peut s'avérer parfois compliqué et tenir de la loterie.**

Histoire de mettre toutes les chances de son côté, voici une typologie des principales préparations nippones. À commencer par les *zensai*, les amuse-bouche d'avant repas, tels les rouleaux de nori au crabe et omelette, les épinards au yuzu, les brochettes d'œuf de caille et boulettes de poulet... Suivent les équivalents de nos entrées, dont les *aemono* à base de légumes verts cuits à l'eau ou massés au sel et les *sunomono* apparentés, eux, à des salades vinaigrées, réunissant par exemple navets et kakis, poulpe et wakamé... Viennent alors différentes préparations par type de cuisson : les *nimono* ou mijotés, généralement dans un *dashi* ; les *shirumono* ou soupes et bouillons, au *miso* pour les plus simples ; les *mushimono* ou vapeurs, pour le riz gluant, bien sûr, mais aussi les flans salés par exemple ; les *itamemono* ou sautés, presque toujours avec des piments rouges puis de la sauce soja en fin de cuisson ; les *yakimono* ou grillades dont les célèbres yakitoris de poulet ; les *agemono* ou fritures, de daikon, de tofu, de sardines au gingembre... À cet inventaire gourmand, il convient d'ajouter les *gohan* et les *menrui*. Soit, d'un côté, les riz cuits (en boulettes, en sushi, au curry, à l'ail...) et, de l'autre, les nouilles (*soba*, *udon*, *ramen*, *somen*...). Et pour finir ? Place aux *kanmi*, les desserts. Accompagnés le plus souvent d'un thé vert amer, ils sont traditionnellement fourrés d'*anko* (pâte de haricots rouges), voire de *kuri* (châtaignes), tous deux sucrés.

Le mochi

Pâtisserie japonaise au succès international

Que ce soit aux États-Unis, au Royaume-Uni ou en Belgique, fourré de glace ou de crème, le *mochi* fait aujourd'hui des émules bien au-delà de ses frontières japonaises. Dans sa forme originale, ce *wagashi* (dessert traditionnel japonais) est fait à base de riz gluant cuit à la vapeur puis écrasé dans un mortier traditionnel nommé *usu*. Cette manipulation donne une pâte gluante et élastique. Celle-ci peut être alors travaillée de différentes façons. Façonnée en petites boules, laquée d'une sauce soja épaisse et sucrée puis piquée sur une brochette (le *dango*) ou en grosses boules fourrée d'*anko*, une pâte de haricot rouge (le *daifuku*), la pâte à *mochi* peut aussi être taillée en petits pavés (*kirimochi*) puis ajoutée dans des préparations salées comme le bouillon *zoni*, à base de légume et de *miso* blanc (dans l'ouest du pays) ou de sauce soja (dans l'est), traditionnellement dégusté pour le nouvel an japonais.

LA CUISINE NIKKEI

Cette cuisine est véritablement née avec la vague d'immigration de la population japonaise au Pérou à la fin du XIXe siècle, afin de travailler notamment sur la construction des voies de chemin de fer. « Nikkei » (le surnom donné aux Japonais à cette époque) est une abréviation du nom *nikkeijin* qui veut dire « personne issue de la diaspora japonaise ».
C'est une cuisine de métissage qui regroupe des ingrédients, techniques et assaisonnements propres à la fois à la cuisine japonaise et à la cuisine sud-américaine. On y retrouve beaucoup de sauces ou marinades. À titre d'exemple, dans la cuisine nikkei, le poisson est souvent travaillé cru, comme un sashimi ou un *ceviche*, et est assaisonné d'une sauce soja mélangée à un jus d'agrume (sauce *ponzu*). La différence est qu'on y ajoutera un piment sud-américain comme le jalapeño, par exemple.
Bien que, depuis quelques années, on puisse déguster de nombreuses interprétations de cette cuisine, le chef Nobuyuki « Nobu » Matsuhisa en reste la plus claire incarnation. C'est à 24 ans, sur l'invitation d'un riche investisseur, qu'il ouvrira au Pérou le restaurant Matsuei et acquerra les bases de cette cuisine si particulière. Aujourd'hui il est devenu une référence en la matière. Ses restaurants Nobu sont célèbres à travers le monde (notamment à Los Angeles, Londres et Paris). Il y propose des plats comme l'agneau fumé au thé et cuit à la façon *anticucho* ou une sole meunière accompagnée de sauce de chili rouge et *shiso*.

LE MATCH DES CUISSONS

Okonomiyaki VS Gyoza

D'un côté, la pure cuisine traditionnelle japonaise. De l'autre, la cuisine japonaise issue de la gastronomie chinoise. L'*okonomiyaki* est essentiellement apprécié dans le sud-ouest du Japon, région de l'archipel particulièrement riche en spécialités culinaires, et notamment la ville d'Osaka.

L'*okonomiyaki*, galette réalisée à base de pâte d'œuf, de farine de blé et de *dashi* dans laquelle on ajoute du chou blanc, est un plat emblématique d'Osaka. On peut aussi, selon les régions, ajouter du porc, de la seiche, des *udon*… La pâte est ensuite cuite sur un *teppan* (sorte de plancha japonaise), ce qui permet de maîtriser la cuisson. Cette technique lui donne une texture moelleuse à l'intérieur et particulièrement croustillante en surface… un régal ! L'*okonomiyaki* est ensuite recouvert de sauce *bulldog* (à base de vinaigre de malt, de levure et de diverses purées de fruits et légumes), de mayonnaise japonaise, de poudre d'algue et de flocons de *katsuobushi* (bonite séchée).
À l'instar de cette galette divine, de nombreux ingrédients, spécialités, coutumes ou plats japonais trouvent aussi leur origine en Chine : l'utilisation des baguettes, le tofu, les *ramen*, etc.
Les *gyoza*, notamment, ravioles grillées japonaises, sont eux aussi originaires de Chine : ils tiennent leur nom d'une raviole pékinoise appelée *jiaozi*. Leur pâte fine à base de farine de blé est semblable à celle des *xiao long bao* (ravioles de Shanghai cuites à l'étouffée).
Légèrement cuits à la vapeur, les *gyoza* sont grillés, de même que les *sheng jian bao*, autre type de raviole grillée originaire de Shanghai elle aussi.
Contrairement à celle de l'*okonomiyaki*, la cuisson du *gyoza* doit être effectuée à feu très vif dans une poêle. On le fait revenir une première fois pendant 1 minute dans de l'huile de sésame. On ajoute ensuite un peu d'eau, et on cuit à couvert à la vapeur pendant encore 1 minute. On retire ensuite le couvercle, et on continue à faire cuire jusqu'à ce que l'eau s'évapore. Une belle croûte dorée apparaît alors sous les *gyoza*…
Grâce à des assaisonnements à nul autre pareils, le Japon a su, quelle que soit l'origine de ses plats, apporter à sa gastronomie une touche qui n'appartient qu'à lui.

Paroles d'inspecteur

Le goût du wasabi

J'aime le *wasabi*… Entre caresse et paire de claques pour le palais ! Tout est question de dosage. Cela dépend de la compétence du chef qui va en user ou en abuser.

Cultivée au Japon, cette plante vivace de la famille des crucifères (tout comme le raifort et la moutarde) pousse dans des ruisseaux et des zones très humides, souvent en altitude. Son nom pourrait se traduire par « rose trémière de montagne ». Elle présente de grandes feuilles larges et, à la floraison, se coiffe d'un petit chapeau de fleurs blanches. Seul son rhizome est récolté. Voici des millénaires que les Japonais lui prêtent de multiples vertus : bactéricide, elle limite les intoxications alimentaires, mais elle élimine aussi l'odeur désagréable du poisson, car autrefois son transport long et périlleux en diminuait la fraîcheur. Enfin elle est réputée stimuler l'appétit. Dans les restaurants spécialisés dans les sushis que j'explorais durant mon année passée à Tokyo à la recherche des meilleures adresses, j'adorais voir le chef derrière son comptoir boisé attraper le rhizome vert pâle de wasabi, encore mal dégrossi, un brin joufflu, déterré depuis peu dans sa lointaine région natale pour échouer dans cette mégapole afin de satisfaire les clients les plus exigeants. Ensuite le chef se munissait d'une râpe en bois dont l'un des côtés était doté d'un morceau de peau de requin, rugueuse à souhait. D'une main experte, il y écrasait le rhizome pour le métamorphoser en une jolie pâte de couleur céladon. J'adorais le bruit du contact viril entre la racine dure et la peau de poisson. À chaque fois, c'est le requin qui avait le dernier mot… Déposé dans un joli petit récipient, le *wasabi* attendait quelques instants pour se planquer un peu plus tard, de préférence à dose homéopathique pour éviter l'incendie buccal, entre les grains de riz légèrement vinaigré et le poisson sagement reposé. Un petit morceau de maquereau, de bar, ou de thon rouge découpé avec délicatesse grâce à un couteau à la lame parfaitement tranchante et le geste précis du chef. Pour cela, il lui a fallu des années d'observation d'abord en tant que novice, pour devenir maître sushi après des années d'expérience. Après son moulage à la main, le *nigiri* sushi était alors déposé devant le client sur une petite assiette élégante en céramique. Il fallait le déguster immédiatement avant qu'il ne se réchauffe et que l'échange prolongé entre le riz et le poisson ne l'altère définitivement. Manger un sushi préparé longtemps à l'avance, surtout s'il est emprisonné dans un container en plastique, est une hérésie totale… C'est tuer le poisson une seconde fois ! De retour en France, j'ai découvert avec horreur dans certains restaurants, qui n'ont de japonais que le nom,

« J'ai même vu en supermarché du wasabi conditionné en tube… »

des cuisiniers qui sortaient du frigo une barquette en plastique chargée d'une pâte de wasabi à la couleur plus que douteuse. J'ai même vu en supermarché du *wasabi* conditionné en tube... La liste des ingrédients n'avait rien à voir avec le rhizome nippon : sucre, sirop de glucose, maltose, sel, fibre de blé, huile de colza, isothiocyanate d'allyle, gomme de xanthane. Pas très ragoûtant ! Toutefois, je dois confesser une faute professionnelle... un plaisir coupable, heureusement peu fréquent. En dégustant une bonne bière blonde japonaise, il m'arrive d'ouvrir un sachet de petits pois croustillants *made in Japan* assaisonnés au *wasabi*. Leur texture craquante inimitable suivie d'une sensation violente de piquant, me procure un instant jouissif. Ça arrache la bouche ! Certes, ces crackers contiennent majoritairement du petit pois et un peu de poudre de *wasabi*, mais aussi plein de composants chimiques commençant par E ! Pas très glorieux pour un inspecteur du *Guide Michelin*... Mais faute avouée n'est-elle pas à moitié pardonnée ?

« *Wasabi* pourrait se traduire par *rose trémière de montagne* »

ICONIQUE

Les ramen

Plat devenu presque national au Japon, les *ramen* ne sont pourtant pas originaires du Japon.

Ces nouilles sont arrivées sur le territoire japonais au début du XXe siècle. Leur nom viendrait du chinois *la miàn* (nouilles tirées, allongées). Il caractérise leur technique de fabrication, qui consiste à étirer la pâte tout en la saupoudrant de farine afin qu'elle ne colle pas et que le chef puisse la démultiplier et réaliser les nouilles. La pâte à *ramen* est faite à partir de quatre ingrédients : de la farine de blé, de l'eau, du sel et de l'eau Kansui (une eau minérale alcaline, riche en carbonate de sodium et de potassium). C'est cet ingrédient qui confère aux pâtes leur couleur jaune et aide à leur donner une texture ferme. Certains chefs ajoutent de l'œuf dans la pâte pour donner aux nouilles un goût particulier et rendre leur texture un peu plus moelleuse. Les *ramen* sont souvent agrémentés de tranches de porc confites, d'un œuf mollet et d'oignons nouveaux ciselés. Le bouillon qui accompagne les nouilles, quant à lui, peut être à base de sauce soja, d'os de porc, de poissons ou crustacés, ou de *miso*, mais chaque restaurant a également sa recette secrète. À Tokyo par exemple, Yuki Onishi, le chef du premier restaurant de *ramen* étoilé au monde, Tsuta, situé dans le quartier de Sugamo, n'a pas hésité à confectionner un bouillon à base de poulet et de fruits de mer, mais également à ajouter dans ces nouilles une purée de poireau et truffe.

—

TSUTA ❂

Le bento

Au Japon, de nombreux rites et cérémoniaux formels - ou non - sont associés à la nourriture. Le *bento*, boîte compartimentée dans laquelle se placent plusieurs préparations, qui constitue généralement le repas du midi, est un exemple de ce que peut être ce rituel culinaire japonais.

Le *bento* aurait fait une première apparition au XIIe siècle, sous l'ère Kamakura : à cette époque, on cuit et sèche du riz avant de le stocker et de le transporter dans de petits récipients. Au XVIe siècle, des boîtes en bois laqué, comme celles encore utilisées aujourd'hui, sont confectionnées. On mange des *bento* pendant les pique-niques dans les parcs japonais, pour admirer la floraison des *sakura* (cerisiers ornementaux), mais également lors de la cérémonie du thé. De nos jours, le *bento* est constitué en majeure partie de riz, d'environ 30 % de protéines animales, de 20 % de légumes frais et de 10 % de légumes fermentés (*tsukémono*) ou de fruits. Chaque compartiment constituant cette « boîte à déjeuner » doit pouvoir être mangé à la main ou avec des baguettes. Le *bento* peut véritablement devenir une compétition à lui seul. En effet, les écoliers n'ayant pas de cantine, ce sont leurs mères qui préparent leur déjeuner (ce qu'elles font également aussi pour leurs maris). Celles-ci n'hésitent pas à se lever à l'aube afin de confectionner des *bento* rivalisant d'imagination et de technique pour que le déjeuner de leurs enfants soit le plus esthétique et *kawaï* (mignon) possible. Elles n'hésitent pas à utiliser différentes découpes traditionnelles de la cuisine japonaise, comme les décors (*kazari-giri*), dans le but d'agrémenter les boîtes de leurs enfants.

Le *bento* est également un incontournable des voyages en train. S'il n'est pas préparé maison, on trouve dans chaque gare japonaise de nombreuses boutiques qui en proposent à base de viande, de poisson, ou même des versions végétariennes.

5 inventions techniques qui ont bouleversé la cuisine

Que serait un cuisinier au XXIe siècle sans sa Microplane, son rouet japonais, sa maryse, son siphon ou sa sonde à cuisson sous vide ? Bien avant ces inventions plus ou moins récentes, la cuisine a déjà connu une petite révolution, qui a vu de nombreuses inventions bouleverser le quotidien des chefs.

L'autocuiseur
Plus communément appelé cocotte-minute (marque déposée par la société SEB), l'autocuiseur aurait été inventé par Denis Papin (physicien du XVIIe siècle connu pour ses travaux sur la vapeur). À l'époque, cette marmite en fonte transformant les aliments durs en aliments mous était baptisée « digesteur ». Au fil des siècles, le principe va se perfectionner, jusqu'à la présentation au grand public d'un premier modèle dans les années 1920. Mais la vraie cocotte-minute date de 1953 et a été conçue par Frédéric, Henri et Jean Lescure, de la Société d'emboutissage de Bourgogne (SEB). Dès son lancement, en 1954, elle est vendue à 130 000 exemplaires. Aujourd'hui, ce sont des dizaines de millions de cocotte-minutes qui ont été vendues.

Le moulin à légumes
Si le Belge Victor Simon a fait enregistrer le brevet d'invention d'un moulin à légumes, le passe-vite, en 1928, l'histoire retiendra le nom d'un certain Jean Mantelet, un Français. Ce dernier fait enregistrer le brevet du moulin à légumes en 1932 et, face au succès rencontré, crée la société Moulin Légumes, qui deviendra Moulinex. La révolution de son moulin, c'est la vis sans fin qui permet de mouliner sans cesse et rapidement. La forme du moulin, proche d'un saladier sans fond sur lequel on adapte des grilles avec des trous plus ou moins gros, n'a guère changé depuis, et le moulin à légumes reste un ustensile incontournable.

L'ouvre-boîte

On doit à Nicolas Appert (1749-1841) l'appertisation, un procédé de conservation des denrées alimentaires par stérilisation à la chaleur dans des récipients hermétiquement clos. C'est avec des bouteilles, des vases ou des bocaux qu'il va mener ses premières expériences concluantes. La mise en application du procédé sur la base d'une boîte de conserve métallique a en revanche été attribuée à Peter Durand en 1810. Sauf qu'à l'époque, pour ouvrir ladite boîte, il fallait un marteau et un burin. Il faudra attendre 1858 pour découvrir le premier ouvre-boîte, que l'on doit à l'Américain Ezra Warner, qui dépose le brevet d'un outil à poignée muni de deux lames en métal. L'une pour percer le couvercle, l'autre pour le découper.

Le film étirable et le cellophane

Il ne faut pas confondre le film étirable avec le cellophane. L'invention de ce dernier est attribué à un ingénieur suisse, Jacques Edwin Brandenberger, qui, au départ, voulait concevoir une nappe à l'épreuve des taches. En 1908, il eut l'idée d'enduire un tissu d'hydrate de cellulose translucide. C'est d'ailleurs de la contraction des mots *cellulose* et *diaphane* (qui signifie « laisser passer à travers ») qu'est né le mot *cellophane*.

Le film étirable a, quant à lui, été inventé par Ralph Diley aux États-Unis. Destiné dans un premier temps à l'industrie, il est ensuite entré dans toutes les cuisines. Quant au papier aluminium pour un usage ménager, on le doit à la marque Albal, qui l'invente en 1965.

Le fouet métallique

Il faut attendre le XIXe siècle pour que ce fouet fasse son apparition en cuisine. Auparavant, excepté un système de brindilles attachées entre elles pour brasser certaines préparations, les mélanges se pratiquaient dans un premier temps avec les mains et, plus tard, avec des fouets dont les liens n'étaient pas liés entre eux. Le premier créateur reconnu par l'Histoire serait un certain Ralph Collier, dans le Maryland, qui imagina un mélangeur mécanique à pièces rotatives spécifiquement pour les œufs. Le Brittanique E. P. Griffith inventa quant à lui le batteur fixé sur un récipient en 1857. Les améliorations ne cessèrent plus dès lors, jusqu'à la version du mélangeur sur socle, au début du XXe siècle, le modèle électrique pour le grand public et même le KitchenAid, qui voit le jour en 1919.

M

Chine & Taiwan

King Soja

Si le soja est un ingrédient majeur de la cuisine asiatique, son origine reste floue pour la plupart des Occidentaux, qui le voient malgré tout apparaître sous toutes ses formes dans la gastronomie. À l'origine, il y a une plante, une légumineuse présente en Chine et au Japon depuis plus de cinq mille ans et dont le véritable berceau serait la Mandchourie. Au fil des siècles, sa culture s'est étendue dans toute l'Asie, tandis que les préparations culinaires se sont diversifiées : *miso*, sauce de soja, *tempeh*, tofu… Contenues dans des gousses, ses graines sont très nourrissantes : avec 20 % d'huile et 40 % de protéines, elles sont rapidement devenues la clé de l'alimentation asiatique. Ainsi le lait de soja (ou *tonyu*), une fois caillé avec le sel de Nigari, permet de réaliser le tofu. La fermentation du soja a donné naissance au miso, une pâte à la saveur *umami*. Utilisé comme un exhausteur, il parfume aussi bien les soupes que les pâtes ou le tofu. La farine de soja est aussi le secret de fabrication des desserts japonais, comme les *daifuku*. Dès le XIIIe siècle, les Japonais fabriquent de la sauce soja, obtenue en fermentant les grains avec le champignon *koji* puis en laissant cette pâte maturer six mois avant d'en extraire la version liquide. C'est un condiment qu'on retrouve aussi bien dans les restaurants traditionnels de sushis, en quantité modérée pour respecter la saveur du poisson, que pour arroser des plats de viande, comme les fondues *shabu-shabu* ou les *katsu*, lorsque la viande est panée.

ULTRAVIOLET

by Paul Pairet

LA TABLE HORS DES SENTIERS BATTUS

Dîner dans le restaurant du chef français Paul Pairet, Ultraviolet, à Shanghai, est une expérience totalement inédite. Rendez-vous est pris dans le salon d'un autre restaurant du chef, Mr & Mrs Bund, en plein cœur de la ville. Là un apéritif sera offert aux 10 convives de la soirée et leur sera remis un menu dévoilant la vingtaine de plats servis lors de ce repas totalement hors norme. Le voyage quasi initiatique commence lorsque les clients sont conduits en mini bus jusqu'à la destination finale, un restaurant dont l'accès se fait par un parking. À leur l'arrivée au restaurant, les convives passeront par plusieurs sas et couloirs. Tout est fait pour que chacun d'eux soit totalement déboussolé. Lorsqu'ils accèdent enfin au Saint Graal, c'est une salle immaculée dans laquelle se trouve une table rectangulaire de 10 couverts. Dès que les clients sont assis, le spectacle peut commencer. Et celui-ci est véritablement indescriptible. Il fait appel à chacun des sens. Paul Pairet explique que selon lui, il faut être à la fois littéral et primitif, que c'est le conditionnement psychologique le plus important. Il est essentiel pour lui que ses clients s'approprient l'image diffusée dans la salle avant le service de chaque plat, comme les huîtres au thé vert et à l'acide citrique ou les langues d'agneau, car au moment où celui-ci sera servi, un son sera également diffusé et le tout créera l'atmosphère du plat. L'odorat est aussi sollicité, car pour certains plats des senteurs sont diffusées. Et le toucher également, puisqu'il est parfois nécessaire d'utiliser ses doigts. Les convives ressortent de ce restaurant immersif totalement ébahis par une prestation et une mise en scène théâtrale à couper le souffle.

—

ULTRAVIOLET ✿✿✿

HONG KONG

DÎNER À PLUS DE 400 MÈTRES DE HAUTEUR

En Occident, rares sont les tables gastronomiques situées en haut de tours. En Asie, c'est tout le contraire, et la baie de Hong Kong n'échappe pas à la règle.

En bas, les échoppes de rue et les restaurants flottants. En haut, tutoyant le ciel, les restaurants étoilés. Parmi eux, Tenku RyuGin du chef japonais Hidemichi Seki au 101e étage de l'une des nombreuses tours de la ville. La vue est évidemment à couper le souffle, surtout le soir au coucher du soleil. Tenku RyuGin n'est pas un restaurant indépendant, il est la filiale hongkongaise du restaurant Nihonryori RyuGin au Japon, du chef Seiji Yamamoto, d'où la présence d'un chef japonais qui fait venir une partie des ingrédients nécessaires à sa cuisine directement de son pays d'origine et complète ses approvisionnements sur place, de préférence issus de l'agriculture biologique. Fils de restaurateurs, Hidemichi Seki a dans un premier temps travaillé au Japon avec Seiji Yamamoto avant de poursuivre sa formation en Espagne et de participer à l'ouverture du restaurant de Hong Kong. Sous-chef du restaurant en 2012, il en est devenu le chef en 2015. Seuls 48 convives à chaque service peuvent apprécier la vue, mais les plus chanceux sont assurément ceux qui réservent l'un des salons privés avec vue panoramique à 180°, notamment sur le port de Victoria. Tous pourront en revanche apprécier la cuisine du chef, joyeux métissage de spécialités chinoises et japonaises orchestrées autour d'un menu *kaiseki* (succession de plats de saison où qualité des produits et sophistication des techniques culinaires sont à leur paroxysme) composé de 10 à 12 plats. L'huître fumée à la paille garnie de caviar et de gelée d'algues, flan aux œufs servi avec une palourde japonaise, bœuf *wagyu* à la sauce soja *ponzu*, anguille grillée au charbon de bois, riz à la vapeur et petits pois ou sorbet de thé rôti, agrumes et *espuma* au thé et à la noix de coco ne sont qu'un aperçu de ce qui peut être servi dans ce restaurant d'altitude. Il n'y a finalement pas que la vue qui est à couper le souffle.

—

TENKU RYUGIN ✿✿

VICKY LAU,

de la communication graphique au dressage des assiettes

Le destin a parfois le bon goût de bousculer les trajectoires. Il n'était pas vraiment écrit que Vicky Lau serait un jour à la tête d'une brigade, à Hong Kong, et servirait une trentaine de couverts par service. Mais, à y regarder de près, les deux vies de Vicky Lau ne sont pas si éloignées...

Vicky Lau débute sa carrière en tant que designer graphiste aux Etats-Unis, après avoir suivi des cours de graphisme et de communication à l'Université de New York. Fraîchement diplômée, elle travaille au sein de l'agence Green Team avant de rentrer à Hong Kong pour y retrouver ses racines. Dans la suite logique de son parcours, elle ouvre son propre cabinet de design. Mais, de son propre aveu, ses créations ne ressemblaient pas à l'idée du métier qu'elle s'était faite. Passionnée par la cuisine, elle apprend alors, par le plus grand des hasards, qu'il existe à Bangkok une école de cuisine française, Le Cordon bleu. Elle s'y rend avec pour objectif, au départ, de suivre quelques cours pour se perfectionner. Mais elle y restera en fait neuf mois, pour suivre un cursus complet.

De retour à Hong Kong, elle entre, en tant que commis, dans la brigade du Cépage, du chef français Sébastien Lepinoy. Ce sera son unique expérience car, très vite, elle a soif d'entreprendre et d'ouvrir, dans un premier temps, un café. Ce sera finalement un restaurant, le Tate (Dining Room & Bar), qu'elle ouvre en 2012 au cœur de Soho. Très vite, elle mêle ses trois univers dans les assiettes : le design, la cuisine, et cette touche française inspirée par son mentor, le chef Sébastien Lepinoy. Son travail méticuleux, cette volonté de solliciter les cinq sens par un sens aiguisé du dressage et du détail vont amener le Guide Michelin à lui décerner une étoile en 2013. Étoile que Vicky Lau conserve dans sa nouvelle adresse, sur Hollywood Roan, qu'elle inaugure en 2016. Là encore, le design est partout, dans le choix de la vaisselle, des couleurs, du mobilier, et toujours dans l'assiette, à l'instar de ce clin d'œil à la France, le pâté en croûte, composé d'ormeau, de porc, de champignons. Clin d'œil que l'on retrouve aussi dans l'utilisation du vin jaune travaillé en sabayon, servi sur du turbot et une purée d'artichauts, ainsi que dans le pigeon au sang cuit à la vapeur accompagné d'une sauce moutarde. Des plats à savourer avec une carte des vins essentiellement bâtie autour des vignobles français.

—

TATE

CUISINE MACANAISE, *la fusion parfaite*

Pendant les quatre siècles où Macao fut une colonie portugaise, on y élabora une des cuisines fusion les plus parfaites au monde.

Par « perfection », on entend l'intégration harmonieuse de nombreuses influences : non seulement les échanges luso-cantonais, mais aussi les apports des colonies portugaises d'Inde, du Brésil et d'Afrique, sans oublier les ports d'Asie du Sud-Est dont, parfois, les marins portugais ramenaient une épouse. Tout cela a produit, au fil du temps, une cuisine riche, foisonnante, pas toujours facile à analyser, où dominent des épices et des préparations peu répandues dans le reste de la Chine : noix et lait de coco, cannelle, vanille, curry, curcuma, vin rouge ou blanc, morue salée, pommes de terre frites, pâtisseries cuites au four.
Comme au Portugal, poisson et poulet sont marinés et grillés sur les braises. On prépare les crevettes avec ail, persil et vin blanc, et le chou-feuille se déguste en soupe avec des tranches de *chouriço* (*caldo verde*). En ce qui concerne la cuisine macanaise proprement dite, les grandes spécialités sont : le *galinha à africana*, poulet cuit dans une sauce contenant cacahuètes, tomates, piment et noix de coco râpée ; le *minchi*, bœuf ou porc haché sauté avec pommes de terre, oignons et un trait de sauce Worcestershire, le tout servi sur du riz. Le *pork chop bun* est un sandwich moelleux renfermant une côte de porc grillée. Le porc au tamarin et à la pâte de crevette porte à la fois la marque de Goa et de Canton, tandis que le curry de crabe témoigne d'une inspiration malaise et que certains poissons en sauce évoquent le Brésil. Les *pastéis de bacalhau* sont des croquettes de morue que Lisbonne ne désavouerait pas. Un petit dessert après ça ? Peut-être une *serradura* – flan à la vanille recouvert de biscuits écrasés –, une *bebinca de leite* (flan au lait de coco) ou quelques tartelettes aux œufs, étonnant compromis entre les *pastéis de nata* portugais et les *dàn tà* cantonais. Et comme, à Macao, il n'y a pas de taxes sur les vins et les spiritueux, on arrosera tout cela d'un bucelas blanc, d'un dão ou d'un alentejo rouge, et, pour finir, d'un bon porto.

BLÉ AU NORD, RIZ AU SUD

La carte agricole de la Chine, divisée en trois tranches horizontales, ne laisse aucun doute : au nord le blé, au sud le riz. Et, entre les deux, une zone tampon où le riz domine encore. Selon des chercheurs chinois, cela expliquerait la divergence psychologique entre Chinois du Nord et du Sud : au blé, que l'on peut presque cultiver seul, correspondraient l'individualisme et la pensée analytique, et au riz, dont la culture exige l'entraide de toute une communauté, une pensée clanique, solidaire et holistique. Ce sont là les composantes de l'art de vivre taoïste, plutôt associé au Sud, avec l'art du thé et la bonne (enfin, la meilleure) cuisine. Pourtant, il en est de la cuisine chinoise comme du diagramme taoïste *tàijí*, ce disque en mouvement divisé entre noir et blanc, yin et yang, avec un point blanc dans le noir et un point noir dans le blanc : il y a toujours un peu de yin dans le yang et de yang dans le yin, toujours un peu de blé dans le riz et inversement.
Au sud, le riz est partout : non seulement le bol de riz blanc qui accompagne chaque repas, mais aussi le *congee* (soupe de riz) et une immense variété de nouilles de riz de toutes tailles et de toutes formes. Sans être inconnus, les nouilles de blé et le pain cuit à la vapeur n'occupent pas le devant de la scène. Le Nord, pour sa part, s'illustre dans les pâtes levées, les nouilles tirées à la main, les raviolis *jiaozi* et les pains cuits à la vapeur (*bao* et *mantou*), les crêpes de canard pékinois – tout à base de blé, sans oublier les pains cuits au four des provinces musulmanes du Nord-Ouest. Cependant, même au nord, on retrouve le bol de riz sur la table. Rien n'est jamais simple au pays du yin et du yang.

LA CUISINE DU Sichuan

La table sichuanaise bénéficie de la terre généreuse et de la riche biodiversité du pays du Ciel – tel est le surnom de cette grande province du sud-ouest de la Chine.

On ne sait pas trop comment le piment y est venu d'Amérique, par l'intermédiaire de la Turquie ou par voie fluviale, *via* Macao, mais il y a trouvé une seconde patrie, partageant la vedette avec le *huājiāo*, le poivre du Sichuan, petite baie locale qui a la particularité – la vertu, diront les Sichuanais – d'engourdir le palais. Piment et *huājiāo* sont les bases de la qualité *ma la* (piquante et engourdissante) de la cuisine sichuanaise, où il arrive que les ingrédients soient sautés au wok dans des montagnes de piments rouges séchés. Cette nature enflammée ne doit pas faire oublier qu'un repas sichuanais inclut aussi des plats doux pour rafraîchir le palais. L'équilibre des saveurs est aussi important en Sichuan qu'ailleurs en Chine : l'acide, le poivré, le pimenté, le sucré, l'aromatique et le salé doivent être harmonisés. Le *doubanjiang* contribue à cette harmonie. Cette pâte de fèves fermentée, considérée comme l'âme de la cuisine sichuanaise, sert à préparer, entre autres, le *ma po doufu* (tofu en sauce), la sauce *yuxiang* (littéralement « au goût de poisson »), la fondue de Chongqing et de nombreux autres plats locaux.

“ L'équilibre des saveurs est aussi important en Sichuan qu'ailleurs en Chine… ”

La cuisine du Sichuan est très à la mode. Reste à savoir si cette mode lui rend justice : selon Dai Jianjun, restaurateur et activiste de Hangzhou, quand on ne brille pas par le talent culinaire, il est plus facile d'attraper des clients avec des plats « flashy » et pimentés qu'avec les cuissons patientes et les saveurs délicates de la grande tradition. Là réside l'ambiguïté de cette cuisine, ce qui n'empêche pas de grands chefs de lui rendre hommage avec talent comme Chen Kentaro, du Shisen Hanten, à Singapour, Wong Chun Fai, du Qi (Wan Chai), à Hong Kong, ou encore Lin Ju-Wei, le chef de The Guest House, à Taipei, qui sert des mets chinois où les plats Hunan et Sichuan sont transformés en de délicieuses présentations révélant d'incroyables goûts et textures.

—

SHISEN HANTEN ✿✿ / QI ✿ / THE GUEST HOUSE ✿✿

LES 8 GRANDES TRADITIONS CULINAIRES DE CHINE

À l'image de leur vaste territoire, les styles culinaires chinois sont immensément variés et nuancés. Les anciens avaient discerné quatre grands styles : ceux de l'Ouest *(Chuān)*, du Nord *(Lu)*, du Sud *(Yue)* et de l'Est *(Huáiyáng)*, assortis d'un cinquième, la cuisine médicinale, commune à toutes les régions. Plus tard, ils définirent huit grandes traditions, subdivisées en variantes locales.

Cuisine cantonaise ① *yuè cài*

Celle du Guangdong, incluant Canton, delta du fleuve des Perles (Hong Kong, Macao) et Chaoshan. Globalement douce et peu épicée, elle a fait le tour du monde avec la diaspora cantonaise, raison pour laquelle, en Occident, on a tendance à la confondre avec le concept de « cuisine chinoise ». On lui doit les *dim sum*, l'oie rôtie, le *char siu* (poitrine de porc laquée), les sauces à base de fruits de mer, les desserts au lait de bufflonne et surtout l'art du thé (*gong fu cha*), dont Canton et Chaozhou ont toujours été le point névralgique.

Cuisines du Sichuan ② *chuān cài* et du Hunan ③ *xiang cài*

Surnommé « le pays du Ciel » en raison de sa beauté naturelle et de ses excellents produits, le Sichuan a développé une cuisine dite *ma la*, « piquante et anesthésiante », caractères respectifs du piment et du poivre du Sichuan, qui règnent en maîtres avec le *doubanjiang*, condiment à base de fèves fermentées. La cuisine du Hunan lui ressemble, mais elle fait grand usage du porc fumé ou salé et des légumes séchés ou fermentés, ainsi que du piment rouge, qui fait d'elle une cuisine « sèche et épicée » (*gan la*). Si Mao Zedong, natif du Hunan, aimait à dire « Nul homme ne peut faire la révolution s'il n'aime pas le piment », cela n'a rien d'un hasard.

Cuisines de l'Anhui ④ *huī cài* et du Jiāngsū ⑤ *sū cài*

L'Anhui, province mystérieuse, riche en landes et en forêts, a construit sa cuisine simple sur ses produits de cueillette – herbes, légumes, fruits – et son petit gibier. Elle préfère le braisage et le mijotage à la friture et au sauté, et le *doufu* (tofu) y est un ingrédient de premier plan. La cuisine du Jiāngsū lui ressemble, les produits de la mer en plus. Elle se caractérise par des textures tendres et des cuissons lentes qui exaltent les saveurs.

Cuisine du Fujian ⑥ *mǐn cài*

Développée autour de la ville de Fuzhou, la cuisine du Fujian est légère, savoureuse, favorisant *l'umami* (sapidité) par l'usage de bouillons concentrés. Une soupe est servie à chaque repas. Les légumes sauvages – pousses de bambou, champignons… – sont appréciés, ainsi que les poissons de la mer de Chine. Cette tradition a beaucoup influencé les cuisines de Taiwan et celles de la diaspora d'Asie du Sud-Est.

> « Toutes les grandes traditions culinaires chinoises proviennent du sud, et même celle du Shandong, pourtant septentrionale, n'est pas vraiment considérée comme nordique. »

Cuisine du Shandong ⑦ *lǔ cài*

Toutes les grandes traditions culinaires chinoises proviennent du sud, et même celle du Shandong, pourtant septentrionale, n'est pas vraiment considérée comme nordique. Peu connue à l'étranger, elle a influencé beaucoup d'autres cuisines chinoises, et Pékin lui a accordé le statut de gastronomie impériale. La saveur vinaigrée domine, ainsi que les produits de la mer, les cacahuètes et des céréales peu consommées ailleurs : maïs, avoine, orge et millet. À table, le pain cuit à la vapeur est préféré au bol de riz.

Cuisine du Zhejiang ⑧ *zhè cài*

C'est la tradition du Jiangnan, la rive sud du delta du fleuve Yangzi, surnommée « pays de riz et de poisson » en raison de son abondance alimentaire. Liée historiquement à la cuisine impériale de Hangzhou, elle est raffinée, délicate et peu épicée, reposant sur l'équilibre subtil des saveurs et la fraîcheur des ingrédients, arrosée des grands thés verts locaux. Sa palette aromatique repose sur la sauce de soja, le vinaigre de riz, le sucre et l'excellent vin de riz oxydatif de Shaoxing : rien d'autre n'est nécessaire pour exprimer la qualité des produits.

La cuisine DU CHAOSHAN

Pour vivre heureux, vivons cachés : la cuisine du Chaoshan est un secret bien gardé. Théoriquement incluse dans la tradition de la cuisine cantonaise, à laquelle elle ne ressemble pas, elle est peu documentée et rarement étudiée.

Elle est pourtant à l'origine d'un des grands courants de la diaspora culinaire chinoise : le style dit *teochew*, *chaozhou* ou *chiu chow*, présent partout dans le monde et surtout en Asie du Sud-Est. Le désir de garder leurs gourmandises pour eux explique peut-être la discrétion des gens du Chaoshan.

Cette région, dont le nom se compose du *chao* de Chaozhou et du *shan* de Shantou, deux de ses trois villes principales (la troisième étant Jieyang), est située à l'embouchure de trois grands fleuves, à l'est du Guangdong. Culturellement, elle s'apparente au Fujian tout proche, et non au delta du fleuve des Perles. Sa cuisine, aussi, est particulière, à la fois dotée d'une forte identité locale et nourrie d'influences extérieures. C'est, par exemple, une des rares régions de Chine où l'on emploie des herbes telles que le basilic, la menthe et l'aneth. Elle a aussi inventé la fondue de bœuf et la soupe au bœuf (appelée *phò* au Vietnam), la boucherie s'étant développée, au XVe siècle, sous l'influence des bourgeois de Shantou : auparavant, le bovin n'était pas consommé en Chine.

"C'est, par exemple, une des rares régions de Chine où l'on emploie des herbes telles que le basilic, la menthe et l'aneth."

Les produits de la mer occupent une place importante dans cette cuisine. Séchés, ils servent à confectionner les fonds de bouillon réduits en glace qui donnent aux plats une saveur intense. Vessies natatoires de poisson, ormeaux géants, huîtres ou noix de saint-jacques séchées peuvent atteindre des prix exorbitants. La cuisine du poisson frais, des crabes et des crevettes n'est pas en reste. On les consommera le soir, avec un *congee*. Le *congee* est une soupe de riz connue dans toute l'Asie. Seul le Chaoshan, pourtant, l'a élevé au rang d'art gastronomique et de festin nocturne, savouré dans de grands restaurants avec d'innombrables mets d'accompagnement choisis sur un gigantesque buffet : fruits de mer crus ou cuits, poissons salés, viandes braisées, anguilles, légumes... On y trouve, de façon surprenante, du foie gras de tradition chinoise : une race d'oie géante, élevée sur les îlots du delta, se gave naturellement de petits coquillages. Son foie, braisé ou cuit à la vapeur de paille de riz, est une spécialité traditionnelle. Dans ce même delta, on récolte les coques de sang, gorgées d'hémoglobine naturelle. Ces bivalves sanguinolents ne sont pas sans danger, et, bien qu'on les apprécie crus avec ail et coriandre, il est conseillé de les cuire.

Autre monument gustatif du Chaoshan : le thé, préparé selon la technique rituelle du *gong fu cha*, qui a vu le jour dans cette région. Les thés Dan Cong, cultivés sur le mont Wudong, autour de la petite ville de Fenghuang, sont certainement les plus rares, les plus chers et les plus fascinants du monde. Le thé est partout, offert à toute heure, à domicile, en pleine rue, dans les boutiques et en toute occasion. Une plaisanterie locale illustre son omniprésence : *Quel est le style de* gong fu cha *de Fenghuang ? — Il est ainsi : sors dans la rue, et, où que tu tournes la tête, il y a quelqu'un qui te dit : « Tu viens prendre un thé avec moi ? »*

小紅魚
106
紅魚
136
頂大曹白
216
香味牙戓
138
特大紫魚肉
特大旺菜
泰國吊片
本港魷魚
138

BASES

Cuissons

Bien qu'immensément variée, la cuisine chinoise ne nécessite que très peu d'ustensiles. Dans la cuisine d'une famille traditionnelle, vous trouverez une marmite en terre cuite ou en fonte ; un ou deux woks avec couvercle, spatule, louche et passoire en fil de fer ; un autocuiseur à riz, un couperet en acier et sa planche à découper, un ou deux paniers à vapeur en bambou, et c'est tout.

Parfois, une poêle et un mijoteur en porcelaine complètent la panoplie. C'est plus qu'assez pour exécuter les différentes techniques de cuisson, dont voici les principales :

SAUTÉ

Les ingrédients coupés en petits morceaux, souvent avec ail et gingembre comme dans la salade tiède de nouilles aux crevettes, sont remués vivement dans un peu d'huile sur feu très vif. Une liaison à la fécule est parfois faite avant de servir.

FRITURE

L'huile est directement chauffée dans le wok et les ingrédients frits comme les aubergines, les ailes de poulet ou les champignons sont recueillis avec une passoire en fil de fer. L'huile est filtrée dans un récipient jusqu'à sa prochaine utilisation.

VAPEUR

Verser un peu d'eau dans un wok, y ajuster un panier en bambou, poser le plat à cuire sur la grille du panier, couvrir celui-ci et porter l'eau à ébullition. Cette technique de cuisson permet de proposer des galettes *baba* (à la ciboulette et à l'absinthe fraîche), des boulettes aux crevettes et au maïs ou un gâteau de riz noir à l'igname.

BRAISAGE

Les ingrédients cuisent longuement à couvert, sur feu très doux, avec un peu d'eau ou de bouillon à l'instar du poulet aux champignons. Avec sauce de soja, sucre et épices, on parle de « braisage rouge » (*hong shao*).

RÔTISSAGE

La cuisson au four est associée au laquage des volailles et des viandes. Traditionnellement, elle n'est pas réalisée à la maison, mais par les restaurateurs et les traiteurs, seuls équipés de ces grands fours où cuisent les pièces laquées d'un mélange de vinaigre, de vin de riz, de maltose, de sauce de soja et d'épices. Cependant, avec un peu de pratique, on peut réussir à laquer chez soi des travers de porc avec une sauce composée de soja, de vinaigre de prune, du sucre et du *mirin*.

LA GRILLADE

Peu pratiquée dans les foyers. On la voit dans les rues, le soir, pratiquée sur des barbecues au charbon de bois. C'est le repas des chauffeurs de taxi et de tous ceux qui travaillent la nuit.

POCHAGE

Il n'y a pas un mais plusieurs pochages : la méthode « cristal » consiste à plonger brièvement une volaille ou une pièce de viande dans l'eau bouillante d'une marmite. On retire du feu, on laisse reposer une heure et on recommence plusieurs fois l'opération. On peut aussi ne faire bouillir la pièce qu'une fois, couvrir et laisser reposer jusqu'à refroidissement du liquide, ou encore garder le liquide à frémissement doux et prolongé.

DÉCOCTION

C'est la technique du bouillon, longue cuisson à l'eau frémissante. Dans le cas des soupes médicinales, on utilise un pot en porcelaine à double couvercle placé dans un wok couvert.

Le wok

Cette poêle incurvée est l'ustensile fondamental de la cuisine chinoise.

Le wok permet de bouillir, sauter, saisir, frire, braiser, rissoler, faire revenir, cuire à la vapeur et à l'étouffée. Avec un couvercle garni de braises, il sert de four de campagne. On y fait chauffer le lait de soja pour fabriquer le *doufu* (tofu), on y torréfie les feuilles de thé vert après la récolte pour fixer la chlorophylle, et l'on y fait griller des châtaignes que l'on remue avec des billes de charbon.

Il en existe trois types : le wok pékinois, doté d'un manche qui permet de secouer l'ustensile pendant la cuisson sautée, et le wok du Sud ou wok cantonais, équipé de deux poignées, la technique consistant plutôt à remuer les ingrédients avec une spatule métallique. Son matériau de base est l'acier au carbone, mais les woks artisanaux en fer martelé, fabriqués sur commande, sont les plus recherchés. Le troisième type est le wok fixe en fonte. On le voit à la campagne, serti dans une structure en maçonnerie où, parfois, deux ou trois woks sont incrustés au-dessus de foyers à bois ou à charbon. Ce wok est souvent, hormis la bouilloire à thé, le seul ustensile de cuisine d'une maison et couvre tous les besoins de la famille.

Avant usage, le wok doit être patiné : une technique efficace consiste à le chauffer à plusieurs reprises avec du saindoux en le frottant avec une botte de ciboules. Même après cela, le wok ne donnera pas le meilleur de lui-même avant des mois, voire des années d'usage. C'est l'objet que l'on garde précieusement en cas de déménagement, dont on ne se sépare jamais et que l'on lègue à ses enfants. Un wok et son cuisinier sont inséparables.

Qui dit wok dit *wok hei*, « le souffle du wok ». Ce terme, plutôt associé à la cuisine cantonaise, décrit le goût légèrement fumé que donne aux aliments une cuisson sautée dans les règles de l'art : à feu extrêmement vif, voire rougeoyant. La chaleur devient telle que les particules de graisse s'enflamment au-dessus du wok et même à l'intérieur. Cette flamme est le signe d'un cuisinier habile et d'un wok maîtrisé. Pour cette raison, les woks à fond aplati (pour s'adapter aux plaques de cuisson) et à revêtement anti-adhérent sont incapables de produire ce goût. Le fer pur et une flamme vive sont indispensables.

Laqué !

CANARD
LAQUÉ PÉKINOIS

VS

OIE
LAQUÉE CANTONAISE

北京市

广州市

Depuis des siècles, le canard laqué est apprécié au nord et au sud de la Chine, à quelques différences près. Au Sud, on préfère nettement l'oie au canard. Dans certaines rôtisseries cantonaises, des affiches illustrées informent le client pour l'aider à faire la différence entre canard et oie. Au Nord, c'est résolument du canard.

Entre Nord et Sud, le processus de laquage diffère peu. À Pékin, ce sera un canard engraissé de race pékin et à Canton une oie engraissée de race naine cantonaise. L'oiseau, plumé, vidé et lavé, est cousu au croupion, lavé à l'eau (Pékin) ou rempli et frotté d'un mélange de maltose et de vinaigre (Canton). Par une ouverture pratiquée dans le cou, on introduit de l'air comprimé qui fait gonfler la peau et la détache de la chair. L'oiseau est suspendu au moins vingt-quatre heures et, tout en séchant, reçoit à plusieurs reprises un laquage fait de sauce de soja, de maltose, de vin de riz et de cinq-épices (parfois d'un mélange secret). Le rôtissage est toujours pratiqué à la verticale, mais Pékin préfère le four ouvert, qui fait fondre la graisse et donne une peau plus croustillante mais une chair plus sèche, tandis que Canton opte pour le four rotatif fermé : la peau est moins croustillante, mais la chair, nourrie par la graisse, est tendre et savoureuse : la volaille peut être dégustée entière avec délices.

C'est donc la cuisson du palmipède qui sépare Pékin de Canton. Il faut ajouter à cela qu'à Pékin, la tradition de ne servir que la peau, roulée dans de fines crêpes de blé avec du poireau ciselé et une sauce à base de prune ou de haricots fermentés, s'est imposée depuis l'Empire, alors qu'à Canton, l'oie laquée est un *siu mei* (une pièce de rôtisserie) au même titre que le porc *char siu* ou le pigeon laqué. Découpée et servie sur une soupe de nouilles de riz, elle devient *siu e laifen*, spécialité de la ville de Dongguan, réputée pour ses oies grassouillettes.

Si vous tenez à départager les deux écoles, allez à Pékin déguster un canard laqué : le restaurant Da Dong Roast Duck est une institution. À Canton, l'oie est partout, mais Bing Sheng Mansion en concocte une version fameuse. Pour l'auteur de ces lignes, en toute franchise, l'oie cantonaise l'emporte d'une bonne longueur.

—

BING SHENG MANSION ❂

LES BIENFAITS POUR LA SANTÉ DU GINGEMBRE, DE L'AIL ET DES GRAINES DE SÉSAME

La cuisine asiatique n'est jamais très éloignée de sa médecine. Les épices et les herbes, éléments majeurs des recettes, regorgent de vertus en la matière.

Apparu il y a 3 000 ans en Asie, le gingembre a des propriétés quasi magiques : revigorantes, détoxifiantes, reconstituantes, digestives ou antiseptiques... Il soulage même les nausées et le mal des transports. Un concentré de vitalité à lui seul, qui se manifeste aussi auprès des papilles, puisque son goût piquant réveille les sens et le palais. De la famille des zingibéracées (comme le curcuma ou la cardamone), c'est une épice incontournable en cuisine, aussi bien râpée qu'en tronçons, seule en infusion ou en poudre, dans une soupe ou même confite. Épluché et taillé en julienne, le gingembre entre par exemple dans la recette du poulet à la taïwanaise – *san bei ji* – servi avec des oignons verts, de l'ail, des piments rouges frais, de la sauce soja, du vinaigre de riz, du sucre et des feuilles de basilic thaï.
À force de les voir collées sur les nougats chinois ou des pains à hamburger, on en oublierait presque que les graines de sésame sont bien davantage que des décorations. Issues d'une plante oléagineuse de la famille des pédaliacées, elles sont souvent torréfiées, ce qui leur confère une couleur brune et un petit goût de noisette. Dans d'autres contrées, on les réduit en purée, le *tahin*, pour faire du houmous ou du halva. Côté santé, elles sont considérées comme un symbole d'immortalité : en plus de faciliter la digestion, elles auraient des vertus antispasmodiques, apaisantes, diurétiques, antioxydantes et protectrices pour le foie. En Chine, les graines de sésame sont souvent utilisées sous forme d'huile pour la réalisation de sauces, mais entières, elles entrent dans la réalisation du tofu pané. Grillées sans matière grasse, elles servent de panure pour les cubes de tofu précédemment roulés dans de la farine puis des œufs battus avant d'être frits.
Si vous n'aimez pas l'ail, évitez certaines sauces asiatiques. Haché, l'ail dispense ses innombrables vertus contre les maladies : il serait antiseptique, anti-cholestérol, anti-inflammatoire, antioxydant, antiallergique... Son action serait particulièrement reconnue dans la prévention des cancers de l'estomac. L'important serait de le consommer cru, car c'est ainsi qu'il conserve ses vertus santé, en libérant les enzymes concentrées dans son germe. Considéré comme une plante aromatique, l'ail appartient à l'immense famille des oignons, des échalotes ou de la ciboulette, ce qui explique sa proximité avec un autre ingrédient star de la cuisine asiatique, la ciboule (et son léger goût d'ail, justement). À noter qu'en Chine, les habitants sont friands des pousses d'ail qu'ils font sauter avec des lamelles de porc marinées dans de la sauce soja.

Les 5 saveurs
de la cuisine chinoise

Notre notion de saveurs primaires - salé, sucré, amer, acide - est loin d'être partagée par la Terre entière. La Chine, par exemple, identifie cinq saveurs fondamentales liées aux cinq éléments - bois, feu, terre, métal et eau - qui structurent un vaste système philosophique embrassant la médecine, la cuisine et maintes autres disciplines, l'art de vivre chinois étant fait d'éléments interconnectés.

Chacune de ces saveurs (*wei*) est liée à un organe vital et aux méridiens énergétiques qui en dépendent. Elle peut être yin ou yang. L'équilibre alimentaire (et donc la santé) dépend de la gestion de ces saveurs. La diététique chinoise repose donc sur l'énergie et les données sensorielles plutôt que sur la composition chimique des ingrédients. Ainsi, *gan*, la saveur douce ou sucrée, est yang, liée à la rate et à l'élément Terre. La saveur salée (*xian*) est yin, liée au rein et à l'élément Eau. L'amertume, *ku*, est yin, associée au cœur et au Feu ; l'acidité (*suan*) est yin, correspondant au foie et au Bois. Enfin, *xin*, la saveur piquante ou poivrée, est yang, associée au poumon et au Métal. Tout cela produit un fascinant art médicino-culinaire aux implications diététiques profondes et complexes, mais qui ne relègue jamais la gourmandise au second plan.

De façon intéressante, ces cinq saveurs de base sont aussi associées aux cinq grandes cuisines régionales. À la saveur douce correspondent les cuisines peu épicées, voire sucrées, du Sud-Est (cuisines cantonaise et *teochew*, cuisines du Fujian et du delta du fleuve Yangzi) ; à la saveur salée celles du Shandong et du Nord, où l'on consomme beaucoup de produits de la mer et où la fermentation au sel est très pratiquée. La saveur acide est le propre des cuisines du Sud et de la province de Shanxi, où le goût vinaigré prédomine, et la saveur piquante aux cuisines du Sud-Ouest (Sichuan, Hunan), riches en piment et en poivre. La saveur amère n'est liée à aucune région : associée à l'art plurimillénaire de la cuisine médicinale, elle recouvre tout le territoire chinois.

PORTRAIT DE CHEF

KEN CHAN
Le cancre devenu étoilé

En plein cœur de Taipei, la capitale Taiwanaise, au 17e étage du luxueux Palais de Chine Hotel, se trouve Le Palais, le seul restaurant à avoir obtenu 3 étoiles au Guide Michelin en 2018. On doit cette reconnaissance à un chef, Ken Chan. Né à Hong Kong, il s'est installé à Taiwan il y a vingt ans après avoir quitté Macao. Du haut de ses 54 printemps, Ken Chan, qui aime à rappeler qu'il a toujours été un cancre, supervise 2 établissements au sein du Palais de Chine Hotel, La Rôtisserie, qui comme son nom l'indique propose des spécialités préparées au barbecue dans une cuisine ouverte sur la salle, et Le Palais, qui déploie une cuisine de haut vol répartie à la carte en fonction des spécialités maîtrisées par le chef. En premier lieu les *dim sum* – on ne saurait que trop vous conseiller ceux au poulet et ormeaux – ou le feuilleté de radis *daikon*. À suivre, les incontournables du chef comme le bœuf au poivre ou le porc frit au poivre, et les spécialités de la cuisine cantonaise dont le cochon de lait rôti ou le poulet mariné au saké. La cuisine de la mer n'est pas oubliée dans une carte dédiée où se côtoient les ormeaux frais, le homard, le crabe et les crevettes, pas plus que les plats végétariens qui ont toute leur place, à l'instar des épinards braisés à l'ail ou le chou chinois braisé et champignons. Voilà ce qui fait le charme de ce restaurant, outre le décor à la fois chic, moderne et traditionnel, cette capacité à offrir une variété de plats rappelant que la cuisine chinoise est d'une richesse infinie et que l'on peut picorer au gré de ses envies et de son humeur.

—

LE PALAIS ✿✿✿

Le suan mei tang, CORDIAL PÉKINOIS

En été, il fait chaud partout en Chine, mais à Beijing (Pékin) la chaleur peut prendre la densité d'une chape de plomb. Les Pékinois ont trouvé un remède à la touffeur estivale : le *suan mei tang*. Un breuvage traditionnel élaboré et commercialisé par quelques officines de la capitale, mais qu'on trouve aussi en version industrielle. Même en France, vous pouvez le préparer : tous les ingrédients se trouvent dans les épiceries et les pharmacies chinoises. En voici la recette : rincer dans une passoire une poignée de *wu mei* (prunes séchées et fumées), un peu de racine de réglisse hachée, deux poignées de *shan zha* (fruit d'aubépine séché) et une poignée de fleurs d'hibiscus séchées. Un peu d'écorce d'orange séchée peut compléter la recette. Couvrir largement d'eau et laisser tremper 1 heure, porter à ébullition, couvrir et cuire encore 1 heure à frémissement. Ce temps écoulé, ajouter quelques cailloux jaunes de sucre candi chinois (*rock sugar*) et, pour un supplément de luxe et de parfum, une grosse pincée de fleurs d'osmanthus. Retirer du feu, couvrir et laisser reposer 10 minutes, le temps que le sucre fonde. Filtrer, mettre en bouteilles et mettre au réfrigérateur. Servi bien frais, le *suan mei tang* réveille un mort (de chaleur), combat les petits tracas intestinaux et restaure l'énergie des plus fatigués. Mieux encore : il est suave, fruité, légèrement vineux, absolument délicieux.

LA CUISINE DU ZHEJIANG
et le vrai goût des choses

Le Zhejiang, province côtière et montagneuse au sud de Shanghai, possède une des Huit Grandes Traditions culinaires chinoises, qui se découpe elle-même en plusieurs styles culinaires. Le premier est le style de Shaoxing, connu pour ses poissons d'eau douce, ses volailles et son célèbre vin de riz oxydatif (*huangjiu*, « vin jaune »), omniprésent en cuisine et dont le goût rappelle un vieux Jerez très marqué par la noix. Le deuxième, le style de Ningbo, excelle dans les fruits

> " Le haut niveau gastronomique de la tradition de Hangzhou s'explique par l'excellence des produits locaux. "

de mer et la pâtisserie. Enfin, le troisième, et le plus connu, est le style de Hangzhou, qui fut la capitale des Song du Sud (1127-1279). Gratifiée du statut de cuisine impériale, la cuisine du Zhejiang est complexe et éprise de simplicité. Son raffinement et son harmonie gustative ne sont pas sans rappeler la cuisine française classique, mais aussi la cuisine japonaise.

Le haut niveau gastronomique de la tradition de Hangzhou s'explique par l'excellence des produits locaux. Loin des laquages cantonais et des épices du Sichuan, c'est une cuisine douce et subtile qui met en valeur le goût des ingrédients sans les dénaturer : de là le concept de *ben wei* (« le vrai goût des choses »), sur lequel elle s'est construite. Les saveurs sont délicates, contemplatives, sublimées par des cuissons longues, et la palette d'assaisonnement est réduite : sauce de soja, vinaigre, sucre et vin de riz *huangjiu*. Parmi les plats emblématiques figurent le bar à la vapeur de vin, les crevettes sautées aux feuilles fraîches de thé vert, les boulettes de poisson servies dans un bouillon, la carpe en sauce vinaigrée, la soupe de sarcelle, le *babaofan* ou gâteau de riz aux huit trésors, et la pousse de bambou déclinée en d'innombrables recettes. Des produits tels que le jambon sec de Jinhua (que l'on ne mange pas mais qui sert de condiment), le canard séché, la poitrine de porc « en braisage rouge », les crabes

d'eau douce, dits « crabes poilus », le sucre de canne à la fleur d'osmanthus et le thé vert Long Jing jouissent d'un statut d'excellence. Parmi les personnages importants qui représentent la cuisine du Zhejiang, citons l'activiste alimentaire Dai Jianjun, à Hangzhou, qui développe ses recettes à partir d'ouvrages anciens et d'ingrédients 100 % bio achetés à un réseau local de petits producteurs fermiers.

Les dim sum

À propos de *dim sum*, il est bon d'abattre quelques idées reçues. Non, ce ne sont pas « des petites bouchées dans leur panier vapeur ». La cuisson à la vapeur est fréquente, mais non exclusive.

Dim sum signifie, en cantonais, « toucher le cœur », ce qui décrit bien la satisfaction que procurent ces innombrables petits plats bouillis, cuits à la vapeur, frits, braisés, mijotés ou rôtis. Le *dim sum* est un genre culinaire, un principe de repas du delta de la rivière des Perles qui s'est beaucoup exporté, pour le meilleur ou pour le pire. Dans sa région d'origine, il est toujours servi le matin et accompagne le thé, généralement du *pu-er* : son autre nom est *yam tcha*, « boire du thé ».

Le *dim sum* n'est autre que l'art du petit déjeuner festif cantonais, plutôt dévoré le week-end dans de grands restaurants pleins à craquer dès 5 ou 6 heures et où, passé 11 heures, il ne reste souvent plus rien à manger. Les clients prennent place à une table ronde où atterrit immédiatement une grande théière en porcelaine, pièce centrale de la cérémonie. Après avoir commandé des *congees* (soupes de riz) pour toute la tablée, ils se dirigent vers les buffets où s'entassent, sur des petites assiettes, brioches rôties au porc laqué (*char siu bao*), toasts aux crevettes, peau de poisson braisée, pattes de poulet fondantes, riz cuit en feuille de lotus… Liste non close. Les *dim sum* sucrés, en général frits ou cuits au four, sont dégustés au cours du repas et non à la fin : tartelettes feuilletées aux œufs (*dan ta*) et chaussons au durian voisinent avec des pâtisseries ou des fritures salées – flan au navet (*lo bak gou*), croquette de porc au taro ou *won ton* (raviolis aux crevettes) frits. Quant aux *dim sum* vapeur, ils parcourent la salle dans de grands chariots fumants et sont commandés « au doigt tendu » : un de ceci, deux de cela – ravioles aux crevettes et au porc gras (*har gau*), bouchons au porc haché (*siu mai*), rouleaux de pâte de riz fourrés (*cheung fun*), petits tronçons de travers de porc marinés aux haricots noirs, sans oublier le merveilleux *ma lai gao* (« gâteau malais »), génoise d'une légèreté aérienne dont le goût de caramel est relevé d'un soupçon de sauce de soja. Le *dim sum* sait aussi être gastronomique. En témoigne le restaurant Tim Ho Wan, à Hong Kong, qui en propose une vingtaine tous aussi délicieux les uns que les autres.

“ Le *dim sum* n'est autre que l'art du petit déjeuner festif cantonais ”

—

TIM HO WAN ❂

TAI O ET SA PÂTE DE CREVETTE

Village de pêcheurs sur l'île de Lantau, dans les Nouveaux Territoires de Hong Kong, Tai O fut autrefois une communauté de Tankas, peuple marginal de Chine du Sud surnommé « les gitans de la mer ». L'histoire de ce petit port résonne de contrebande, de migrations et même de piraterie. À moitié construit sur un îlot, c'est un site de carte postale dont les maisons sur pilotis (*pang uk)*, les superbes couchers de soleil et les excursions marines pour admirer les dauphins blancs de la mer de Chine renforcent l'attrait touristique. Pourtant, le principal attrait de Tai O, comme il faut s'y attendre, est gastronomique. On y possède depuis des générations le secret de la meilleure pâte de crevette fermentée typique de la cuisine cantonaise. Naguère, son odeur caractéristique flottait dans tout le village. La raison en est que le krill (minuscules crevettes) abonde autour de Tai O de juin à octobre. Sa récolte dans les eaux hongkongaises est désormais interdite, on va donc le pêcher plus loin. Récolté la nuit, quand la masse de petites créatures affleure à la surface de l'eau, le krill est recueilli dans des barils et couvert de sel. Une fermentation de trois à quatre jours s'ensuit, puis les crevettes sont écrasées à la meule de pierre et séchées au soleil pendant un mois. Le résultat de cette fabrication longue et délicate, exigeant un savoir-faire minutieux, est une pâte grisâtre moulée en briques ou vendue en bocaux. C'est un concentré de saveur marine : un peu d'ail sauté au wok, une petite noisette de pâte de crevette et quelques légumes verts, et voilà un festin à savourer sur son bol de riz.

Si la spécialité de Tai O est toujours convoitée, des menaces planent sur elle et sur le village, qui se dépeuple progressivement. Dans les années 1960, on y trouvait dix fabriques de pâte de crevette. Il n'en reste plus que deux : Sing Lee et Cheng Cheung Hing. Même si cet artisanat est désormais inscrit à la liste du patrimoine immatériel hongkongais, son avenir à Tai O reste hypothétique. Raison de plus pour faire provision de ce précieux condiment lors d'une prochaine visite...

LES CUISINES DE LA DIASPORA CHINOISE

L'étude de la diaspora chinoise permet de comprendre pourquoi, en Occident, le concept de cuisine chinoise s'est longtemps confondu avec celui de cuisine cantonaise : l'immense majorité des vagues de migration est issue en effet du sud-est de la Chine.

Dès le Moyen Âge, des communautés de marchands hokkiens, originaires du Fujian, étaient installées en Malaisie, en Indonésie et aux Philippines. De leurs contacts avec les populations locales sont nés des styles culinaires distincts : la cuisine dite *nyonya* ou *peranakan*, encore florissante en Malaisie et à Singapour, est un exemple de ces cuisines fusion où les épices tiennent une place importante.

Moins fusionnelle fut la deuxième phase de cette diaspora, qui ne fut pas marquée par le commerce mais par les troubles politiques. À partir des guerres de l'Opium, au milieu du XIXe siècle, des Cantonais et des Teochew quittèrent le Guangdong pour s'établir en Asie du Sud-Est, en Amérique du Nord et en Europe. Leurs cuisines conservèrent leur caractère d'origine, qui s'exprima dans les diverses Chinatown des États-Unis et du Canada. Partout, elles oscillèrent entre authenticité et adaptation au goût des autochtones. En Amérique naquirent des plats « chinois » (*chop suey*, omelette *foo yung*, porc *moo shu*, poulet du général Tso…) qui n'ont que peu à voir, et parfois rien du tout, avec un modèle asiatique.

Le fait que, depuis longtemps, les restaurants chinois de France soient aussi vietnamiens, cambodgiens ou « thaïlandais » (en réalité laotiens) ne s'explique pas de la même façon : des familles chinoises établies depuis des générations en Asie du Sud-Est ont apporté en France leur bagage de cuisines chinoise et locale. Et quand, dans les années 1970 et 1980, arrivèrent les *boat people*, ces nouveaux apports culinaires se superposèrent aux précédents. À la fin des années 1990, après la rétrocession de Hong Kong à la Chine, l'Angleterre vit débarquer des familles hongkongaises qui ouvrirent de nouveaux restaurants.

Un cas à part : la première cuisine chinoise importée en France, au début du XXe siècle, n'avait rien de cantonais. Les habitants de ce premier Chinatown français, à Paris, dans le quartier des Arts-et-Métiers, venaient de Wenzhou, sur la côte du Zhejiang méridional, car la France y avait une concession. Quand, dans les années 1990 et pour la première fois depuis 1950, les Wenzhou recommencèrent à affluer en France, ils s'installèrent exactement au même endroit.

凱旋酒家
RESTAURANT 凱旋 VICTORIA
RESTAURANT
VICTORIA
CHINOIS ET VIETNAMIEN
CUISINE A LA VAPEUR
SPECIALITES THAILANDAISES CHINOISES - DIM-SUM
SPECIALITES VIETNAMIENNES FONDUE - SOUPE PHO
PHO 88

WON KOW
環球大酒樓
Chinese RESTAURANT
COCKTAILS
球 WON KOW 環
CHINATOWN PARKING
CHINATOWN
WON KOW

潤豐 參茸海味藥材有限公司
123
Run Feng Trading Inc.
121
麗心餅屋
125 Manna House Bakery 125

HISTOIRE

L'ORIGINE DES BAGUETTES

30 % de la population mondiale se nourrit à l'aide de baguettes, et c'est tout un art !

« Les Chinois en utilisent des dizaines de milliards de paires par an. »

En Chine, il faut les tenir par le milieu : trop haut est un signe d'arrogance, trop bas, un manque d'élégance. Mieux vaut, non plus, ne pas se tromper de sens, l'extrémité carrée vers le haut, l'autre arrondie ou pointue servant à saisir les aliments, tous prédécoupés, car « on se met à table pour manger, non pour découper des bêtes ». Plusieurs légendes se disputent la paternité de cet ustensile. Ce serait Yu le Grand, de la dynastie Xia (IIe millénaire av. J.-C.), célèbre pour ses travaux d'irrigation, qui, impatient, saisit deux tiges d'une branche pour attraper les morceaux de viande de son bouillon bouillant. À moins que ça ne soit maître Jiang Ziya (XIe siècle av. J.-C.), qui plongea, lui, dans sa soupe, sur les bons conseils d'un oiseau, deux bâtonnets de bambou qui se mirent à fumer, l'alertant du poison que sa vilaine épouse y avait versé. Enfin la belle et prévenante Daji (XIe siècle av. J.-C.) aurait séduit l'empereur Zhou en goûtant préventivement ses plats à l'aide des baguettes qui retenaient ses cheveux. Quoi qu'il en soit, tout le monde les imita. Les Chinois en utilisent des dizaines de milliards de paires par an. Des baguettes déterrées dans un site de fouille archéologique datant de la dynastie Shang (1600-1046 av. J.-C.) étaient en métal. Le peuple eut surtout recours au bambou – qui se régénère vite – pour leur fabrication. Les nantis en possédaient en bronze, laiton, corail, jade, ivoire, or ou argent. La porcelaine apparut ensuite. Le bois et le plastique sont aujourd'hui les stars du « jetable », qui constitue un problème écologique majeur et un enjeu environnemental pris au sérieux par les autorités.

Tant de riz

L'histoire du riz remonte à 2500 ans avant J.-C. Sa culture se faisait alors principalement en Chine, puis en Inde et au Sri Lanka, avant de migrer progressivement vers l'Europe et l'Amérique.

Polyvalent, il pousse sous différents climats et conditions environnementales. Ce sont elles qui ont donné naissance à autant de variétés. Chaque type de riz possède ainsi ses propres qualités : texture, parfum, saveur... Du côté de l'Asie, on trouve le *basmati*, cultivé au Pakistan, en Inde et dans l'Himalaya, l'Inde produisant près des deux tiers de l'offre mondiale. Son grain long possède un parfum unique, dû à son processus de vieillissement qui dure presque un an après la récolte. On trouve également le riz gluant, un riz rond souvent cuit à la vapeur, différent du riz rond *japonica* dont la texture collante permet de réaliser les sushis. Le riz noir, appelé aussi riz *venére*, est un riz complet cultivé en Chine. Sur les hauts plateaux d'Afrique ou les contreforts de l'Himalaya pousse le riz rouge, un riz complet avec une légère odeur d'avoine lorsqu'il est cru. Il en existe également une variété en Camargue, fruit d'une mutation naturelle et spontanée ayant provoqué la coloration de l'enveloppe des grains. En Italie, le riz *arborio*, destiné au risotto et le carnaroli, aux longs grains bombés. En Espagne, c'est le riz *bomba*, aux grains courts et perlés, dont la forte capacité d'absorption est idéale pour la paella. Le riz complet (ou riz *cargo*) est en réalité un type de grain entier. À peine décortiqué, il conserve la plus grande partie de ses vitamines et est réputé excellent pour la digestion. Sa cuisson, plus longue, exige de le faire tremper au préalable. Enfin le riz long grain, dont le grain blanc allongé ne colle pas permet de préparer salades ou plats de riz épicés et en sauce.

Les poivres dans le monde

Le poivrier *(Piper)* est natif du Kerala dans le sud-ouest de l'Inde. C'est une liane qui pousse sur d'autres arbres et il en existe plusieurs espèces : *Piper nigrum, Piper longum, Piper borbonense.*

Les grains se récoltent à différents stades de maturité : vert, blanc, rouge, noir. La saveur et la puissance en bouche dépendent de la maturité, mais aussi du terroir. On trouve de nombreux poivres en Asie, dont celui de Sarawak, cultivé et récolté entièrement à la main dans le nord de Bornéo. Il est considéré comme un des meilleurs au monde, tout comme celui de Kampot. À la fois doux et aromatique, il pousse au Cambodge et revendique une indication géographique protégée (IGP). Le poivre de Java est étonnant par sa forme allongée qu'on retrouve également au Vietnam (poivre long de Binh Duong). On a coutume de le râper. Sur l'île de Sumatra, le poivre de Lampong est un des plus puissants et sa longueur aromatique est exceptionnelle. Il se rapproche en cela du poivre de Malabar (Kerala), puissant et chaud. Dans cet État indien pousse l'une des plus anciennes variétés. Les grains petits et fripés du poivre Karimundi développent en bouche une saveur piquante très vive. On trouve également de délicieux poivres en Afrique, notamment sur l'île de Madagascar où s'épanouit un poivrier sauvage appelé Voatsyperifery. Ses baies sont cueillies à la main dans la forêt à une vingtaine de mètres du sol. Il est doux, raffiné, avec des notes inattendues d'agrumes et de fleurs. Au Cameroun, sur les pentes volcaniques, le poivre de Penja (IGP) est réputé pour son parfum fruité et ses notes épicées. En Colombie, on cultive le poivre de Putumayo, aux parfums sucrés. De tels poivres ne se cuisinent pas. Pour apprécier toute leur finesse, on les ajoute juste avant la dégustation sur les plats.

M

Singapour

LA CUISINE DE 5 à 500 dollars

Avec ses 5 millions et demi d'habitants, Singapour est une nation d'immigrés : une majorité de Chinois, beaucoup de Malais, pas mal d'Indiens et de nombreuses autres minorités.

Le petit déjeuner singapourien est un exemple de mixité : des toasts beurrés, recouverts d'une confiture à base de sucre de noix de coco appelée *kaya*. On les accompagne d'un œuf mollet cassé dans une soucoupe et de thé bien noir. À Singapour, on mange à toute heure. Des saveurs chinoises devenues spécialités de la ville comme le riz au poulet (*chicken rice*). Le *hawker* (stand de rue) Hong Kong Soya Sauce Chicken Rice & Noodle, qui le prépare à merveille, a d'ailleurs été récompensé d'une étoile Michelin. C'est pourtant une cantine où l'on mange dans des bols en plastique pour quelques dollars. Autre plat national, le *chilli crab* se savoure autant dans les restaurants en front de mer que dans les sous-sols des centres commerciaux où l'on sert des yakitoris japonais, des pizzas italiennes, des *nasi goreng* indonésiens, autant que de la cuisine de bistrot française.

Caractéristiques de Singapour, les *food courts* mélangent aussi les saveurs. La plus ancienne, Lau Pa Sat, propose un large éventail de cuisines asiatiques, du Japon jusqu'au Pakistan en passant par le Vietnam ou la Thaïlande. Propre à la cité-État, la cuisine *peranakan* est celle des descendants de commerçants chinois venus s'installer à Singapour il y a plusieurs siècles. Cette culture très raffinée, mélangeant des influences chinoises, malaises et européennes, empruntées aux colons britanniques, a ses plats emblématiques tel l'étonnant curry de tête de poisson.

Mais c'est en haut des buildings que la gastronomie se livre dans sa plus belle expression, car on retrouve à Singapour quelques-uns des plus grands chefs étoilés du monde : Julien Royer du restaurant Odette, Tetsuya Wakuda au Waku Ghin, ou encore Chen Kentaro au Shisen Hanten.

—

ODETTE ✪✪ / WAKU GHIN ✪✪ / SHISEN HANTEN ✪✪

LA NOIX NOIRE, *du poison au caviar*

Le métissage d'une ancienne immigration chinoise dans la péninsule malaise et des populations locales a donné naissance à la communauté *peranakan*. Très présente à Singapour, elle perpétue sa culture et ses traditions jusque dans sa cuisine aux multiples influences. *Buah keluak* en est l'un des ingrédients phares : cette noix noire, fruit d'un arbre des mangroves d'Asie du Sud-Est, est pourtant très toxique pour l'homme. Il faut donc en éliminer le poison. Lavée puis bouillie, elle est ensuite enterrée avec de la cendre et des feuilles de bananier pendant 40 jours avant de pouvoir être consommée. Après cuisson, sa chair noire développe un goût unique marqué par une forte amertume. Le « caviar *peranakan* » est par exemple associé au poulet pour préparer l'emblématique *ayam buah keluak*.

Paroles d'inspecteur

L'*ayam buah keluak* est mon plat favori de la cuisine peranakan. Avant de manger le poulet, je conseille de prélever directement les graines dans la coquille des noix. Le goût est alors similaire à celui du boudin noir.

Le nasi lemak

Singapour n'est séparé de la Malaisie que par le détroit de Johor. Rien d'étonnant, donc, à ce que la cuisine malaise soit fortement présente dans cet État, à la fois ville et île, grande comme New York, même si d'autres pays ont apporté à Singapour une part de leur patrimoine culinaire.

Parmi les plats qui résument cette diversité culinaire singapourienne, on trouve le *nasi padang*, d'origine indonésienne, du riz accompagné de viande ou de poisson, une sauce et des légumes marinés, la *sup kambing*, à base d'agneau, emprunté à la Thaïlande, ou encore le *nasi lemak*, venu de Malaisie, qui peut se traduire par « riz dans de la crème ». Si le *nasi goreng*, du riz frit accompagné de viande et de légumes, s'apprécie au déjeuner ou au dîner, le *nasi lemak* est plutôt un plat du petit déjeuner.

Servi traditionnellement dans une feuille de bananier, il se compose de riz, d'une sauce pimentée, de concombres, d'anchois secs et de cacahuètes grillées. Parfois, un œuf dur est ajouté sur le dessus. La particularité est le mode de cuisson du riz, rincé à plusieurs reprises avant d'être cuit dans du lait de coco, ce qui lui confère une formidable douceur. On y ajoute des petits morceaux de feuille de pandanus, un arbre entre le palmier et le yucca. À ces ingrédients sont ajoutés un peu de citronnelle, une pointe de sel et du gingembre. Parallèlement, les anchois sont dorés à la poêle dans de l'huile. Lorsqu'ils sont dorés, on agrémente le tout d'oignons émincés, d'ail, de gingembre et de piments secs. L'ensemble est alors mis à cuire de façon à obtenir une sauce. Pour la présentation, rien n'est assemblé : dans une feuille de bananier se juxtaposent la préparation à base d'anchois et le riz, entouré de dés de concombre pour donner un peu de fraîcheur et apaiser la puissance de la sauce aux anchois, des cacahuètes et des œufs durs. S'il est une adresse à Singapour qui propose l'un des meilleurs *nasi lemak* de la ville, c'est assurément le Coconut Club. Comme son nom l'indique, les plats qui y sont servis font la part belle à la noix de coco, uniquement issue de Malaisie.

Le LO HEI

Chance, prospérité, éternelle jeunesse, promotion professionnelle... Ces souhaits se réalisent pour peu que l'on déguste le *lo hei* pendant la période du Nouvel An chinois.

La légende raconte que ce plat de poisson cru se préparait dans les familles de pêcheurs du côté de Canton avec la pêche du septième jour des fêtes célébrant le début de l'année. Au XIXe siècle, les Britanniques s'installent sur l'île de Singapour. À cette époque, de nombreux Chinois partent pour s'installer dans cette colonie gouvernée par la Compagnie des Indes Orientales aux destinées commerciales prometteuses. Certaines familles apportent avec eux la recette du *lo hei*.

En 1964, un quatuor de chefs d'origine chinoise officie à Singapour. Ils décident de mettre leur savoir en commun pour moderniser le *lo hei*. Leur objectif était de remettre la tradition à la mode pour augmenter leur clientèle pendant la période du Nouvel An. Ils imaginent une recette à la fois acide, salée, sucrée et amère, pleine de couleurs et d'arômes se mélangeant avec bonheur.

Les Chinois étant particulièrement superstitieux, les cuisiniers choisissent des ingrédients très symboliques dans la mythologie de l'empire du Milieu. Le nouveau *lo hei* est une réussite absolue. Les chefs deviennent vite « les quatre rois célestes » et en 1974, ils ouvrent un restaurant au dernier étage d'un parking. Plus de quarante ans après, le lieu n'a pas changé d'un iota. En plus de *dim sum* magiques, on peut toujours se régaler du *lo hei*. Dans cette salade, on pose des lamelles de saumon cru et de la méduse sur un mariage d'une douzaine de légumes et de fruits (pamplemousse, taro, prunes, radis vert et blanc, concombre, melon...), le tout relevé d'une sauce à base de sésame, de cannelle, de beurre de cacahuète, de citron, d'huile de tournesol... Et si le *lo hei* reste un plat traditionnel de la cuisine singapourienne, il voyage désormais à travers le monde.

LE KATONG LAKSA

Les Singapouriens ont à disposition tant de cuisines, entre les communautés chinoise, malaise et indienne qui peuplent leur ville, que choisir un plat national parmi cette richesse serait difficile. Pourtant, si une spécialité devait mettre tout le monde d'accord, le *katong laksa* aurait ses chances.

Le *laksa* n'est pas une recette, mais un type de plat : une soupe de nouilles de riz enrichie de lait de coco et garnie de poulet, de poisson ou de crevettes. D'origine chinoise, il s'est développé dans les communautés *peranakan* de Malaisie, d'Indonésie et de Thaïlande du Sud. La version appelée *laksa lemak* est très riche en lait de coco et fortement épicée ; le *katong laksa* est tout simplement le *laksa lemak* du quartier de Katong, à Singapour.

KATONG LAKSA

1. La recette, sans être compliquée, requiert des ingrédients précis. Il faut d'abord du lait de coco frais : pour cela, pressez 2 kg de noix de coco fraîche râpée dans un linge pour en extraire le lait épais. Ensuite, délayez la noix de coco râpée dans 2 l d'eau et extrayez, toujours à travers le linge, le lait de coco liquide. Réservez les deux séparément.

2. Confectionnez un *rempah* - une pâte d'épices - en mixant finement 2 doigts de curcuma frais, 2 noix de *galanga*, une vingtaine de piments rouges séchés et réhydratés, 2 cuillerées à soupe de pâte de crevettes (*belachan*), 7 noix de *kemiri* (à remplacer par des noix de macadamia), 400 g d'échalotes, les cœurs de 6 tiges de citronnelle et 1 cuillerée à soupe de poudre de coriandre. À part, faites tremper 60 g de crevettes séchées pendant une demi-heure, égouttez-les (conservez l'eau) et mixez-les très finement.

3. Chauffez 25 cl d'huile d'arachide dans un wok et faites-y frire le *rempah* pendant environ 45 minutes à feu doux, en remuant de temps en temps. Ajoutez les crevettes séchées et un peu de leur eau de trempage, et continuez la friture patiemment sur feu doux. Quand la pâte est dorée et parfumée, incorporez, cuillerée par cuillerée, la moitié du lait de coco épais, puis ajoutez 4 branches de persicaire (herbe à *laksa*, *rau ram* en vietnamien) et le lait de coco liquide. Laissez mijoter pendant 30 minutes en remuant régulièrement, salez et versez le reste de lait de coco épais. Retirez du feu et versez dans des bols sur les vermicelles de riz cuits. Ajoutez les garnitures : grosses crevettes décortiquées et juste cuites, pousses de soja blanchies, concombre émincé, feuilles de *laksa* finement hachées, pâte de poisson. Servez à part des rondelles de piment frais, même si tout le monde n'en verra pas la nécessité.

Le zi char
là où flambe le wok

À Singapour, le choix est vaste pour savourer la cuisine de rue : *hawker centers* (groupements de restaurants-échoppes), marchés de nuit, restaurants de spécialités (crabe au chili, crabe au poivre, *laksa*) et *kopitiam*, grands cafés organisés autour de comptoirs où l'on dispense le *kopi* (l'excellent café malais) sous toutes ses formes et le petit déjeuner typique : toasts au *kaya* (confiture de noix de coco) et œuf poché.

Telle une poupée russe, le *kopitiam* inclut un autre type de restaurant, le *tze char*, également orthographié *zi char* ou *cze char*. Son nom signifie, en hokkien, « cuire et frire ». On ne saurait mieux décrire la chose. Plus cher que les échoppes du *hawker center*, moins cher qu'un restaurant chinois « en dur », le *zi char* dispense une cuisine *peranakan* (sino-malaise) généreusement servie, exubérante, à grand renfort de woks surchauffés où bondissent nouilles, légumes, poulet, viandes, champignons, poissons et fruits de mer, dans un grésillement de sauce d'huître, de pâte de crevettes, d'ail et de gingembre. C'est là, assurément, que l'on fera la plus belle expérience du *wok hei,* cette fine saveur fumée que communique aux ingrédients un wok chauffé dans les règles de l'art. La diversité des plats est immense, mais il existe des classiques incontournables : poulet sauté à la pâte de crevette, tête de poisson en curry ou cuite à la vapeur, raie frite aux épices, tofu sur plaque chauffante, crabe sauté au piment ou au crabe, nouilles de riz au bœuf ou aux crevettes… Beaucoup de *zi char* ont leurs spécialités maison qu'on vient déguster de loin. Le tout constitue un répertoire culinaire réjouissant, excellente occasion de s'initier aux accents sino-malais d'une cuisine *peranakan* saupoudrée de quelques touches européennes. Tout le charme de Singapour…

« Son nom signifie, en hokkien, " cuire et frire ". On ne saurait mieux décrire la chose. »

Le Hainan CHICKEN RICE

Parmi les immigrants qui peuplèrent Singapour au XIXe siècle, certains venaient de l'île de Hainan, au sud-est des côtes chinoises. Ils apportèrent leur savoir-faire en *Western cooking* (cuisine de type international), appris sur des bateaux où beaucoup avaient été cuisiniers, mais aussi la recette du poulet de Wenchang, variante hainanaise du poulet poché à la cantonaise. Le *Hainan chicken* évolua et se codifia jusqu'à devenir un des plats emblématiques de Singapour. Le meilleur se déguste au restaurant Liao Fan Hong Kong Soya Sauce Chicken Rice & Noodle, à Singapour, mais vous pouvez aussi tenter de le préparer vous-même dans une version simple, comme ici.

HAINAN CHICKEN RICE

1. Prenez un poulet fermier de grande qualité (le poulet jaune des Landes est conseillé), vidé et non bridé ; une grosse main de gingembre pelé à la petite cuillère et coupé en tranches longitudinales ; 1 botte de ciboules lavée et parée, 10 gousses d'ail entières pelées. Hachez les ciboules au couteau, ajoutez un peu d'huile et gardez au frais. Frottez le poulet de sel puis rincez-le abondamment, à l'intérieur et à l'extérieur. Plongez-le dans une marmite d'eau bouillante, où il doit être bien immergé. Laissez bouillir pendant 2 minutes, puis égouttez le poulet et rincez-le de nouveau à l'eau froide. Insérez un peu de gingembre dans la cavité ventrale. Portez de nouveau l'eau à ébullition et plongez-y le poulet. Ajoutez du sel, l'ail et le reste du gingembre. Couvrez et laissez cuire à frémissement (80-90 °C), sans bouillir, pendant 30 minutes. Pendant ce temps, rincez le riz deux fois et égouttez-le dans une passoire. Préparez les assaisonnements : sauce pimentée à l'ail (*chilli garlic sauce*) mélangée avec un peu de sauce de soja, de gingembre et d'échalote râpés et liés avec un peu d'huile, des piments verts frais en rondelles, et quelques tranches de concombre et de tomate. Retirez le poulet du feu et laissez reposer 30 minutes sans soulever le couvercle.

2. Une fois ce temps écoulé, égouttez le poulet et laissez-le reposer sur un plat. Faites cuire le riz à l'étouffée avec le bouillon de cuisson du poulet. Pour servir, découpez le poulet encore chaud et présentez-le recouvert des ciboules à l'huile. Servez avec le riz, les assaisonnements et le bouillon. Ne jetez surtout pas le délicieux bouillon restant : il servira pour un prochain *chicken rice* ou comme fond de volaille d'appoint.

LIAO FAN HONG KONG SOYA SAUCE CHICKEN RICE & NOODLE

Le durian, le fruit qui pue

Son odeur est si puissante qu'à Singapour il est banni des transports en commun et des chambres d'hôtel. Dans la forêt, les animaux sauvages le repèrent à un kilomètre, et ses fleurs sont pollinisées par des chauves-souris.

Le durian, fruit de l'arbre du même nom (*Durio zibethinus*), peut atteindre jusqu'à 5 kilos. Son écorce épaisse et ligneuse, hérissée d'épines dures, renferme une pulpe crémeuse jaune pâle. Dans toute l'Asie du Sud-Est et jusqu'en Chine, il suscite les passions. On le déteste ou on l'adore, mais ceux qui l'aiment en sont littéralement fous. Son odeur est plus ou moins agressive selon les cultivars, dont une trentaine sont comestibles, mais elle n'est jamais anodine. Voici une petite liste non close de ce à quoi on l'a comparé : roquefort, chaussettes sales, térébenthine, charogne, putois, mangue, ananas, amande grillée, caramel, oignon pourri, vin de Jerez, musc, voire pire. Pourtant, l'habitude rend cette odeur plus supportable, et même, à terme, étrangement envoûtante. On s'attache lentement au durian, dont la pulpe doucc et moelleuse se révèle moins repoussante en bouche qu'au nez. Les Thaïlandais l'aiment un peu vert, quand il est croquant et encore peu odorant, mais les Malais et les Singapouriens, qui n'ont peur de rien, aiment leurs durians fondants, faisandés et parfumés à faire tomber les mouches.

Il est intéressant de noter qu'une fois transformé en pâtisserie, en glace et en entremets, le durian est moins agressif qu'à l'état frais et donc apprécié par davantage d'amateurs. Le croissant frit au durian du restaurant Bing Sheng Mansion, à Guangzhou, en Chine, est de nature à convertir bien des récalcitrants : la pâte de durian onctueuse qu'il renferme allie la sensualité d'un fruit exotique aux accents musqués d'un fromage bien fait.

—

BING SHENG MANSION ❂

STREET FOOD

LA CUISINE DE RUE ÉTOILÉE

La diversité des cuisines à Singapour est si riche et exquise que les restaurants gastronomiques ne sont pas les seuls à être récompensés par une ou plusieurs étoiles au Guide Michelin. Restaurants de rue ou stands de cuisine le sont aussi, ce qui a incité Singapour à déposer un dossier pour faire entrer la culture *hawker* (de colporteur) au patrimoine mondial de l'Unesco en 2020.

Hill Street Tai Hwa Pork Noodle et Liao Fan Hong Kong Soya Sauce Chicken Rice & Noodle font partie de ces restaurants de rue bon marché qui illustrent la diversité culinaire de Singapour et la qualité. Le premier a été ouvert dans les années 1930 par Tang Joon Teo, avant de déménager à plusieurs reprises pour occuper en 2005 son emplacement actuel sur Crawford Lane. Véritable kiosque de rue, comme il en existe des milliers à Singapour, il a été récompensé par une étoile Michelin en 2016. Toujours tenu par la même famille, il est surtout célèbre pour son plat de nouilles au vinaigre noir, pâte de piment et viande de porc hachée que l'on dépose sur un plateau en plastique avant de rejoindre une table libre pour se sustenter sur place. Le second, considéré comme le restaurant étoilé le moins cher du monde, est un stand aménagé dans un marché couvert où l'on ne compte pas moins de 700 stands, dont près de 200 consacrés à la cuisine. Il faut s'armer de patience pour emporter son menu concocté par Chan Hon Meng, bientôt 60 ans. Au menu, du poulet laqué – Chan Hon Meng en cuit entre 150 et 180 par jour : poulet bouilli servi avec riz, sauce pimentée et pâte de gingembre ou encore porc fumé. Face à ce succès, le chef a ouvert un autre établissement, le Liao Fan Hawker Chan, où sont servis le rôti de porc et le fameux poulet au riz.

—

HILL STREET TAI HWA PORK NOODLE ✿ / LIAO FAN HONG KONG SOYA SAUCE CHICKEN RICE & NOODLE ✿

STREET PARK
Location no:
D21
CBD
Koi Kei Bakery Macao
60¢
风波庄酒家
Chinese Food
老杨记湖南菜
OLD YANG KEE
금강원
黄耀南药行
SKH 7021X
SHC217G

10 tables insolites à travers le monde

Manger sur un bateau ou dans le métro, avaler son dessert à même la table ou découvrir des produits de la forêt, la gastronomie regorge d'adresses étonnantes par leur lieu ou leur positionnement culinaire.

Da Michele - Naples, Italie
Dans un décor des plus sommaires, on va à l'essentiel puisque ne sont servies que deux pizzas : margherita ou marinara (juste avec de la sauce tomate). En revanche, ce sont tout simplement les meilleures du monde !

Ducasse sur Seine - Paris, France
Il est difficile de dire ce qui, dans ce restaurant sur l'eau, est le plus bluffant. Le repas signé Alain Ducasse, véritable ode à la cuisine parisienne, ou la croisière qui ravit les yeux des convives des plus belles images de monuments et scènes de vie parisiennes.

Koks ❁❁ - Leynavatn, îles Féroé
Au bord du lac Leynar, en plein milieu d'un paysage d'une pureté à couper le souffle, le chef Poul Andrias Ziska travaille des produits féroïens en prenant soin d'utiliser des techniques scandinaves anciennes telles que le séchage, le salage, le fumage ou encore le *ræst* (méthode de fermentation locale totalement inédite).

Sukiyabashi Jiro Honten ❁❁❁ Tokyo, Japon
Qui pourrait imaginer qu'en plein cœur de la station de métro de Ginza à Tokyo, dans une échoppe d'à peine 30 m², se trouvent les meilleurs sushis de la ville ? Manger chez Jiro est une expérience totalement singulière puisqu'en 45 minutes, montre en main, ce restaurant sert un menu permettant de déguster la quintessence de la cuisine japonaise.

Jay Fai ❁ - Bangkok, Thaïlande
On vient chez Jay Fai, icône incontournable de la street food thaïlandaise, autant pour son omelette au crabe mémorable que pour son look de cuisinière totalement improbable et son show culinaire remarquable dû à son maniement de la poêle qui ravit autant les yeux que les papilles.

Le fumoir traditionnel devant le restaurant Koks

Fäviken Magasinet ✿✿ - Järpen, Suède
Arriver jusqu'à Fäviken est déjà une expérience en soi. Perdu au milieu de nulle part dans un chalet, entre peaux de bête et bois brut, le chef Magnus Nilsson prépare une cuisine totalement locavore aux techniques étonnantes (fermentations, vieillissement de feuilles).

Ultraviolet ✿✿✿ - Shanghai
Que ce soit la cuisine du chef Paul Pairet ou la mise en scène immersive faite de projections vidéo sur les murs de la salle, mais aussi sur l'immense table d'hôtes du dîner, tout dans ce restaurant est fait pour vous transporter dans un univers absolument hors du commun.

D.O.M. ✿✿ - São Paulo, Brésil
La plupart des ingrédients utilisés par le chef Alex Atala sont totalement inédits, puisque celui-ci a pour garde-manger la forêt amazonienne. *Sauva* (grosse fourmi d'Amazonie) ou encore boisson à base de feuilles de yucca garnissent les tables de ce restaurant à São Paulo.

Alinea ✿✿✿ - Chicago, États-Unis
Véritable artiste, le chef Grant Achatz propose une cuisine qui bouscule tous les codes. Le chef dresse le dessert à même la table. Autre originalité, les ballons composant la décoration sont, quant à eux, comestibles.

The Mayfair Chippy
Londres, Angleterre
Envie d'un *fish and chips* d'exception ? C'est en plein cœur du quartier de Mayfair, à Londres, qu'il se trouve ! Dans ce restaurant aux allures de pub anglais version beau quartier, est servi un *fish and chips* inoubliable accompagné d'une sélection de sauces maison, d'une purée de petits pois et de frites croustillantes à souhait.

M

Thaïlande

BOUDDHISME
et alimentation

Que les choses soient claires : les 250 000 moines bouddhistes et les 100 000 novices que compte la Thaïlande ne mangent pas de *buddha bowls*, plats colorés, vitaminés et furieusement à la mode dans nos contrées, qui se composent en général de céréales et de légumineuses, de légumes et de graines ou d'oléagineux concassés. Même si ces moines possèdent effectivement un bol – cela fait partie des rares choses qui leur appartiennent –, ce dernier sert à recueillir quotidiennement, pour se nourrir, les offrandes de la population. Caractéristique du bouddhisme, le précepte de non-violence interdit aux *bhikkhu* de produire eux-mêmes leur nourriture, car jardiner ou cuisiner les expose à détruire des êtres vivants. Si certaines viandes sont rigoureusement bannies de leur régime (chair humaine (!), animaux nobles tels que l'éléphant, le cheval, le tigre... et animaux impurs comme la hyène, le serpent...), les moines ne sont pas stricto sensu végétariens. Comme pour le reste de la population thaïlandaise, à 95 % bouddhiste, le régime alimentaire ne relève pas d'un dogme. Riz sauté aux légumes, *pad thaï* et curry au tofu, salade de papaye verte ou soupe de nouilles (*kwaityao*) sont des plats végé traditionnels. Mais, très pratiquants dans leur vie quotidienne – méditation, pratique du *tham boun* (faire le bien), fêtes de temple, aumône, etc. –, les Thaïlandais se nourrissent surtout d'une grande largeur d'esprit. Ainsi, des chaînes de restauration rapide cohabitent avec une prolifique et succulente cuisine de rue – Jay-Fai, à Bangkok, et son omelette farcie au crabe – et de nombreux restaurants, des plus simples aux plus distingués, comme Suan Thip, au nord de Bangkok, dont la cheffe, Tante Banyen, femme très simple de 62 ans, ne sait ni lire ni écrire. La recette de ses fameux *miang kum gleeb bua* (*lotus wrap*) n'est que dans sa mémoire. Et elle n'a pas de successeur... Comme Bouddha.

—

JAY-FAI ✪ / SUAN THIP ✪

LA STREET FOOD
à Bangkok

À Bangkok, de jour comme de nuit, ils vous saisissent les narines. Les parfums de soupe de poulet au lait de coco, de poisson séché ou de curry vert, les odeurs de crevettes sautées et de *dim sum*, la fraîcheur des mangues, les piments francs et les innombrables herbes... Pour la diversité de ses produits ainsi que pour son raffinement, la cuisine thaïe est l'une des plus savoureuses d'Asie.

Ici, pas de repas à heure fixe trois fois par jour. Les Thaïlandais honorent leur cuisine quand bon leur semble en s'adonnant au *kin len* (littéralement «manger et se promener»), flânerie réjouissante aux allures de perpétuel grignotage. Le repas est réparti sur toute la journée et est souvent pris à l'extérieur, grâce à une cuisine de rue extrêmement vive et prolifique. Il est ainsi culturellement accepté d'acheter des plats sur les stands de street food plutôt que de cuisiner soi-même.

Dans cette gigantesque mégapole de 19 millions d'habitants comme dans d'autres villes thaïlandaises, chaque quartier compte plusieurs marchés, ouverts jour et nuit. Les marmites chauffent 24 heures sur 24 dans les allées encombrées de scooters et de piétons. Au choix, on trouve des marchés alimentaires pour faire ses courses ainsi que des *food markets*, de grands espaces couverts regroupant des stands de cuisine de rue servant une salade de papaye fraîche à l'assaisonnement vif (citronnelle, piment thaï, citron vert), une soupe poulet-coco douce et généreuse, des currys, des *pad thaïs*... On mange aussi bien, voire mieux, dans ces marchés que dans certains restaurants établis. Mieux, on y goûte les plats quotidiens des Thaïlandais, comme le *dumpling* (boulettes vapeur à la viande ou aux légumes), l'omelette aux huîtres, les *tod mun* (gâteaux de poisson servis avec une sauce aux cacahuètes), les soupes de nouilles et autres salades... Si la journée commence souvent par du salé – des *dim sum* au petit déjeuner (raviolis vapeur) –, les Thaïlandais ont aussi un culte du sucré assez inédit en Asie. Les desserts sont des déclinaisons infinies de noix de coco sous toutes ses formes (du lait à la pulpe en passant par la crème), assortie de sucre de palme, de farine de riz ou d'œuf. L'incontournable riz gluant à la mangue est une gâterie représentative et hautement addictive de ces douceurs sucrées.

Les échoppes des rues de Bangkok peuvent même abriter de véritables cordons-bleus qui s'ignorent. C'est le cas de Jay Fai, 72 ans. Ses grosses lunettes vissées sur les yeux, elle régale les clients locaux depuis des années avec ses omelettes farcies au crabe, ses currys de crabe et ses porridges de riz secs. Quand le Michelin a décerné une étoile à son établissement (la seule accordée à un stand de street food en Thaïlande), à la sortie du Guide sur la Thaïlande en 2017, elle a vu la file d'attente de son échoppe se garnir aussi de touristes. Une gratification inattendue pour celle qui fait vivre la tradition familiale en poursuivant la cuisine que faisait déjà son père il y a soixante-dix ans.

“ Le repas est réparti sur toute la journée et est souvent pris à l'extérieur, grâce à une cuisine de rue extrêmement vive et prolifique. ”

ส.เป๋งง้วน 源
ไฟเขียว เยาวราช
FAI-KIAW YAO WA-RAT
ไฟเขียว เยาวราช
082-3591023

รังนก
100-200
燕窩
หูฉลาม
300-500
魚翅

PRODUIT

LE CHOCOLAT THAÏLANDAIS

Les artisans chocolatiers, toujours à la recherche de provenances et de plantations rares, devraient commencer à s'intéresser à une nouvelle production en Thaïlande, celle du cacao. Dans cette partie du globe, la production de cacao est dominée par l'Indonésie, loin devant la Malaisie, la Papouasie-Nouvelle-Guinée, l'Inde et les Philippines. Depuis le début du XXIe siècle, deux gouvernements, ceux du Vietnam et de la Thaïlande, ont mis en place des programmes pour stimuler la production de cacao, notamment par la plantation de milliers d'hectares. En Thaïlande, la région de Chiang Mai, dans le nord du pays, s'est spécialisée dans les pépinières grâce au docteur Sanh La-Ongsri, qui a fondé Mark Rin Chocolate. Ses travaux l'ont mené à croiser un clone de la famille des *trinitarios* (variété de cacaoyer), le ICS1, avec un *trinitario* philippin pour donner naissance à un cacaoyer qui puisse s'adapter aux conditions climatiques. Les agriculteurs désireux de se lancer dans cette production achètent les plants, et Mark Rin transforme la matière première. La société a d'ailleurs présenté ses cacaos au Salon du chocolat à Paris en 2018. D'autres intervenants se sont imposés sur ce marché émergent, comme Kad Kokoa, fondé par Paniti et Nuttaya, qui se fournissent en fèves bio à Mae Taeng, un des districts de Chiang Mai. Engagés dans une démarche *bean to bar* (de la fève à la tablette), ils ont reçu pour une tablette l'International Chocolate Award de bronze en 2018 pour la zone Asie-Pacifique. Enfin, à Bangkok, il est important de faire une halte au Paradai, une boutique de chocolat et *coffee shop* qui fabrique sur place et propose différents chocolats issus de fèves thaïlandaises.

L'ART DU BOUILLON

Les bonnes soupes commencent toujours par un bon bouillon. Il est la base sur laquelle elles s'appuient ; un monument de clarté qui concentre la quintessence des saveurs des ingrédients.

Élément fondamental de la cuisine thaïlandaise, on le retrouve partout: en tant que plat à part entière, sain et léger, comme base culinaire pour l'élaboration d'un plat plus complexe ou d'une sauce, ou encore comme un exhausseur de goût naturel.
Une soupe et un bol de riz constituent bien souvent un repas à part entière en Thaïlande. Le bouillon classique qui est à l'origine de la soupe se compose toujours d'eau bouillante, de sel, de poivre, d'ail, d'échalotes, de racines de coriandre et de morceaux de viande, le tout porté à ébullition puis mijoté à feu doux. À partir de là, toutes les recettes sont envisageables. Ajoutez du *galanga* (une racine cousine du gingembre), de la citronnelle, des feuilles de bergamote, des piments frais écrasés, de la sauce de poisson et du jus de citron, et vous obtiendrez le bouillon de base pour la soupe *tom yam*. Du lait de coco et du poulet, et vous aurez la fameuse soupe *tom kha kai*.
À Bangkok, on fait la queue devant les échoppes de cuisine de rue pour déguster les meilleurs bouillons traditionnels : chez Guay Jub Ouan Pochana (Bib gourmand au Michelin), on sert depuis cinquante ans le fameux *guay jub* (soupe de nouilles de riz enroulées sur elles-mêmes) et son bouillon, aromatique et poivré, dans lequel baigne une poitrine de porc légèrement croustillante. Chez Hia Wan Khao Tom Pla (Bib gourmand), on se précipite aussi pour engloutir un bol de soupe au riz avec des fruits de mer.

« Une soupe et un bol de riz constituent bien souvent un repas à part entière en Thaïlande. »

Chang
BEER

Curry

ROUGE VS VERT

Comme dans tous les restaurants de cuisine thaïlandaise, chez Bo.Lan à Bangkok, le curry (*geng* en thaï), est à la base de beaucoup de plats, même si les chefs de ce restaurant, Duangporn Songvisava (Bo) et Dylan Jones (Lan), ont à cœur d'habiller d'un voile de modernité des recettes ancestrales. La pâte de curry est une accumulation de parfums, une alchimie incroyable d'épices séchées (cumin, macis, girofle, coriandre, cardamome, cannelle, poivre, muscade) mêlée à des piments (vert, rouge, mauve... qui donnent la couleur au curry) et des ingrédients aromatiques frais comme le *galanga*, la citronnelle, le *combawa*, la racine de coriandre, le curcuma, le *grachai*, les échalotes rouges et l'ail... sans oublier la pincée de sel, la pointe de pâte de crevette et l'once de poisson fermenté. Il y a autant de recettes de curry que de cuisiniers et d'occasions de manger, de la plus populaire à la plus raffinée. Dans le mortier, les ingrédients sont passés au pilon dans un ordre précis : du plus dur et sec au plus humide et sucré. Le curry n'est réussi que si la hiérarchie des saveurs a été respectée. Autant dire que la performance requiert des années d'expérience. Sa force est variable en fonction du choix du piment (vert ou rouge, long ou court, frais ou séché...). Le vert est toujours plus intense que le rouge, sachant qu'à la fin, l'ajout de lait de coco adoucit la force du piment. In fine, au-delà des couleurs, c'est une affaire de goûts et de parfums.

—

BO.LAN

La coriandre & la citronnelle, PILIERS DE LA CUISINE THAÏE

Pas de soupe, de bouillon ni de curry sans ces herbes typiques qui font la fraîcheur de cette gastronomie relevée.

Ces ingrédients sont largement utilisés par une nouvelle génération de chefs thaïlandais qui réinterprètent et modernisent leur cuisine tout en respectant ses éléments traditionnels, à l'instar de la cheffe Sujira « Aom » Pongmorn, du restaurant Saawaan, ou Chumpol Chaengprai, du restaurant R-Haan, également étoilé.
La citronnelle est certes connue pour éloigner les moustiques, mais c'est aussi une graminée à la richesse aromatique imparable : on utilise parfois ses longues feuilles coupantes, même si sa tige (plus précisément, son bulbe) est plus intéressante. Sa forme incite à la couper en petits tronçons et, pour qu'elle exhale vraiment ses arômes proches du citron, on la prépare surtout en infusion, dans des soupes ou des bouillons (bas de tiges et feuilles). Dans les currys, marinades et salades, on la pilera au mortier pour qu'elle soit plus digeste, son enveloppe étant trop dure sous la dent. Cette plante est un ingrédient indispensable de la célèbre soupe de poulet au lait de coco (*tom kha kai*) et de la soupe de crevettes aigre piquante (*tom yam gung*).

La coriandre (aussi appelée persil chinois) est souvent utilisée crue comme garniture sur de nombreux plats thaïlandais. Jetée au dernier moment sur un bouillon fumant, elle parfume des soupes comme la *tom yam* aux crevettes. Écrasées et réduites en pâte, ses tiges (*kan pak chi*) et ses racines (*rak pak chi*) fraîches entrent dans la composition de nombreux currys et marinades. Surnommée « herbe à punaise » par les Grecs anciens à cause de l'odeur de ses fleurs, la coriandre est aussi une herbe médicinale aux multiples vertus (améliore la digestion, apaise les crampes et les nerfs, éloigne l'inflammation). Ses parfums apportent aux plats une fraîcheur et une saveur verte et piquante.

—

SAAWAAN ✿ / R-HAAN ✿

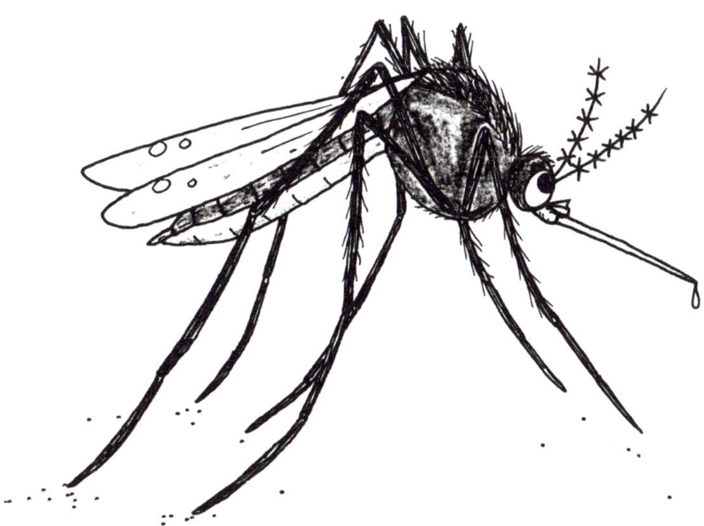

On connaît la délicieuse fleur de sel de Guérande, très appréciée des chefs pour sa texture craquante d'une grande finesse, mais aussi, dit-on, son léger parfum de violette. L'île d'Ibiza, dans les Baléares, produit une autre fleur de sel issue du parc naturel de Ses Salines, classé au patrimoine de l'Unesco.

Les sels à travers le monde

Au nord de l'Europe, sur l'île d'Anglesey, au pays de Galles, l'eau de l'Atlantique est filtrée avant d'être chauffée puis placée dans des réservoirs afin qu'elle cristallise et donne naissance à d'étonnants flocons. Plus loin de nous, en Iran, le sel se pare de reflets bleutés. Riche en sylvinite (chlorure de potassium), le sel bleu de Perse est prélevé dans les mines de Semnan, au nord du pays. Sel de gemme, il est non iodé et ses gros cristaux se râpent au-dessus de l'assiette.

À Hawaii, le sel est noir car obtenu par ajout de roche de lave dans l'eau de mer. Le sel de l'Himalaya népalais est violacé : il contient du sulfite de fer et du magnésium. Il développe une puissante odeur de soufre. Dans l'Himalaya toujours, la région du Cachemire plus précisément, le sel rose est extrait à la main et transporté à dos de yak. Il est considéré comme le plus pur au monde, à moins que ce ne soit celui récolté sur les bords du lac Assal à Djibouti. Ce sel de gemme a aussi la particularité de se présenter en fines billes parfaitement rondes qui se récoltent sur les rives.

En Australie, les hommes prélèvent un sel de rivière à la texture légère qui se présente sous forme de paillettes. Unique, le sel de Maras, au Pérou, est issu dc sources naturellement salées. Il se récolte dans des bassins en escaliers à flanc de montagne à 3 500 mètres d'altitude. On trouve aussi un sel à haute altitude (4 000 mètres) en Bolivie, dans le plus grand désert du monde, où les hommes le prélèvent depuis deux mille ans.

Les sucres à travers le monde

Pour sucrer votre café ou vos desserts, le choix est loin de se limiter à la betterave ou à la canne à sucre.

La canne à elle seule, selon la façon dont elle est travaillée, donne des sucres aussi différents que la cassonade, également appelée sucre roux, peu raffinée, contenant encore un peu de mélasse, ou le galabé, sur l'île de la Réunion, un sucre de canne complet, consommé autrefois comme une confiserie et cuit au feu de bois. Il se présente en lingots et est très apprécié des grands chefs. La texture humide est caractéristique du *muscovado*, produit aux Philippines et sur l'île Maurice. Il développe un goût d'épices, de réglisse, de caramel. Sur l'île Maurice toujours, la transformation de la canne à sucre donne des sucres incroyablement divers : le *demerara* fin ou sec, le *golden semoule*, le sucre mélassé, le granulé café... Contenant plus ou moins de mélasse, aux grains fins et mous, presque noirs ou au contraire aux cristaux clairs, larges, secs et fluides, chaque sucre a des arômes particuliers et trouve des utilisations bien spécifiques en cuisine.

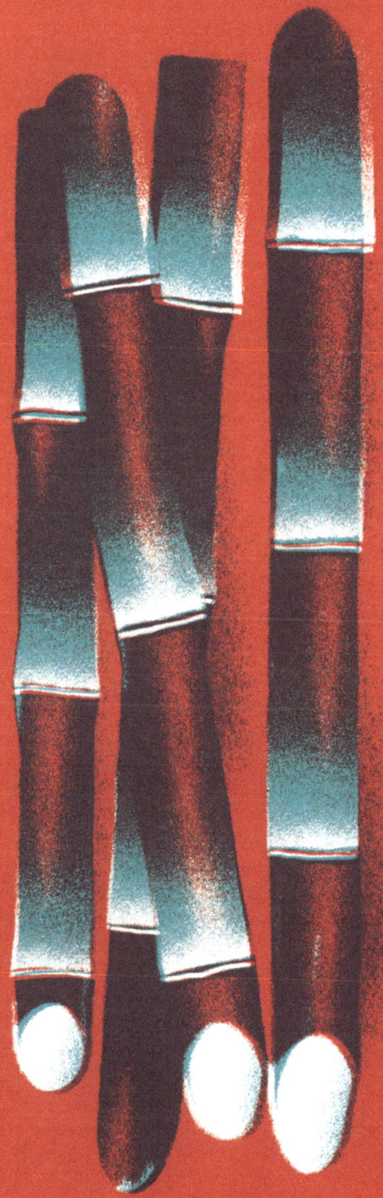

Au Brésil, le *rapadura*, sucre de canne non raffiné, est solide. On le broie ou on le râpe, d'où son nom. Ce même sucre est appelé *jaggery* ou *gur* en Asie du Sud, *chancaca* en Amérique latine... Au sud-ouest du Japon, l'archipel Amami produit un sucre issu de jus de canne pressée à froid, cuit au feu de bois et cristallisé au soleil. Il se présente sous la forme de morceaux irréguliers ou en poudre. Ses arômes sont ceux du cacao et de la réglisse.

Au Cambodge, on trouve du sucre de palme. Le sucre de bouleau est fabriqué avec l'écorce de l'arbre. Au Canada, on produit un sucre d'érable. Enfin le sucre de coco est issu de la sève des fleurs du cocotier. Il est produit en Inde, en Amérique du Sud et dans le Pacifique.

M

Corée du Sud

회 간장

LE PLAT NATIONAL

Le kimchi

Dégusté quasiment à tous les repas par les Coréens, le *kimchi* est à la fois une tradition et un monument ; un musée lui est même dédié à Séoul.

Composé d'un légume, traditionnellement du chou, mariné dans de la saumure et relevé d'épices, il se prépare selon un rituel nommé *gimjang*. Chaque printemps, les Coréens se procurent crevettes, anchois et autres produits de la mer qu'ils placent dans la saumure à fermenter. En été, ils achètent du sel de mer pour la saumure et à la fin de la saison, les piments rouges sont séchés puis réduits en poudre. À l'automne, chacun prépare d'importantes quantités de *kimchi* pour le partager tout au long de l'hiver avec le reste de la famille. La recette originale consiste à détacher puis saler les feuilles du chou avant de les couvrir d'un mélange de piment rouge, d'ail, de gingembre, de sucre et d'une sauce de poisson associés à de petits légumes. Autrefois l'ensemble était ensuite stocké plusieurs jours dans les *jangdok*, de larges pots en terre, désormais remplacés par des bocaux aux formats plus adaptés à la vie moderne et aux familles réduites. On compte plus de 160 recettes de *kimchi*, mais c'est le *baechu kimchi* qui est le plus répandu à travers le monde, apprécié aussi bien pour sa saveur que pour ses bienfaits pour la santé, liés autant aux ingrédients qu'au processus de fermentation. Plus celle-ci est longue, plus l'acide lactique va intensifier la saveur inédite du *kimchi*. Si le plat se répand dans le monde occidental, les Coréens veillent à conserver cette tradition, estompée ces dernières années au profit d'un *kimchi* chinois industriel conservé au réfrigérateur.

“ On compte plus de 160 recettes de kimchi... ”

Les étonnantes MANIÈRES DE TABLE EN CORÉE

Selon le confucianisme, chaque Coréen doit respecter ses aînés ce qui se manifeste à table par un certain nombre de règles.

Elles impliquent de ne pas prendre ses baguettes ou sa cuillère avant qu'une personne plus âgée ne l'ait fait. Les aînés ou les supérieurs dans la hiérarchie sociale sont toujours servis en premier. Lorsqu'une personne plus âgée a fini de manger, la bienséance veut que les plus jeunes s'arrêtent également. Il est particulièrement impoli de faire du bruit en mangeant et il est préférable de manger en silence. Les plats étant souvent communs, il n'est pas convenable de farfouiller avec ses baguettes, ni de porter un bol à sa bouche. On utilise donc une cuillère pour manger le riz ainsi que la soupe sur laquelle il est particulièrement inconvenant de souffler pour la refroidir. On ne doit saisir les aliments que d'une seule main l'autre pouvant servir à masquer la bouche qui mâche. Lorsqu'on ne les utilise pas, les baguettes et la cuillère doivent reposer sur la table et jamais dans le bol de riz, car cela rappelle un rite funéraire. Pour les boissons et en particulier l'alcool, il n'est pas convenable de refuser la proposition d'un aîné. On ne se sert jamais soi-même mais on remplit le verre de son voisin de table qui, à son tour, en fera de même avec son voisin. Lorsque l'on tend un verre, on utilise les deux mains. De même on s'empare du verre offert avec les deux mains en posant la main sous le verre ou sous le coude du bras opposé.

“ On ne doit saisir les aliments que d'une seule main l'autre pouvant servir à masquer la bouche qui mâche. ”

Tous fous du soju !

Dans la famille des alcools de riz, il n'y a pas que le saké ! Mieux, le *soju* coréen est l'un des spiritueux les plus vendus au monde, particulièrement sur son marché domestique, mais aussi en Chine et au Japon. Il est traditionnellement distillé à partir de riz, mais les producteurs peuvent aussi utiliser du blé, de l'orge, de la pomme de terre, de la patate douce ou du tapioca, et ajouter du sucre pendant le processus de fabrication afin de lui apporter un peu de douceur. Titrant en général 20 % vol, cet alcool clair est servi frais sous forme de shots. Le *soju* est la boisson la plus consommée dans son pays d'origine : il arrose notamment les emblématiques barbecues. À noter qu'il se décline en de multiples versions et que les marques les plus célèbres n'hésitent pas à l'aromatiser à la pêche ou encore au citron.

« le soju coréen est l'un des spiritueux les plus vendus au monde »

INDISPENSABLE

LE BOL DE RIZ CORÉEN

En Corée comme ailleurs en Asie orientale, le riz est l'étoffe de la vie. Le mot *ssal* désigne le riz cru, la céréale. Cuit, le riz change de nom et devient *bap*. Ce nom, loin de se limiter au simple riz cuit (*ssalbap*), recouvre une infinité de préparations : *bibimbap*, mélange de riz, de viande, de légumes et de *gochujang*, cuit dans un bol en pierre (*dolsot*) au fond duquel se forme une croûte délicieuse (*nurungji*) ; *bokkeum-bap* (riz sauté), *gimbap* (riz aux légumes enveloppé dans une feuille d'algue), *jumeok-bap* (boulettes de riz), et tant d'autres. Avant de confectionner un *bap*, on commence par choisir son riz : *bakmi*, riz à grain rond blanchi ; *hyunmi*, riz complet, ou *bundomi*, riz semi-complet. *Bal-a hyunmi* est un riz complet partiellement germé, variété délicate mais chère, et *chapssal* est le riz gluant, ingrédient de nombreux desserts et entremets. *Yasaeng chapssal* est un mélange de riz sauvage et de riz brun complet cultivés ensemble dans la même rizière, et *heukmi chapssal* est le riz noir. Pour varier les textures et les saveurs, les Coréens aiment mélanger les riz entre eux ou avec d'autres céréales, voire des légumineuses : orge, millet, sarrasin, sorgho, maïs, haricots. Chaque mélange a son nom, terminé en *bap*. Il serait étonnant que la cuisine coréenne contemporaine, d'une grande vitalité, ne rende pas hommage au riz. Yim Jung-sik, chef du restaurant Jungsik à Séoul, ose le *gimbap* de thon roulé avec du riz à la truffe noire alors que le chef Kim Byeong-Jin, du restaurant Gaon, s'inspire de la cuisine de l'ère Joseon (1392-1910). Le riz brut est décortiqué et poli sur place pour favoriser la fraîcheur du goût. Le menu d'été lui donne la vedette : accompagné d'une soupe et de *banchan* (petits plats), il est mêlé d'algues et recouvert d'une salade d'oursin et d'oignon vert.

—

JUNGSIK ✿✿ / GAON ✿✿✿

VIANDE À FEU

BULGOGI LE BARBECUE CORÉEN

Tout est paradoxal au pays du Matin calme. La haute technologie côtoie les coutumes séculaires et la gastronomie coréenne n'échappe pas à ce précepte. La tradition s'oppose à la mondialisation. Le *bulgogi*, signifiant littéralement « viande à feu », est sans doute le plat emblématique d'une cuisine partie à la conquête de la planète à l'instar de la pizza, des sushis ou des hamburgers. Dans un pays où l'on ne s'invite pas ou très peu dans le cadre familial, le *bulgogi*, des lamelles de viande de bœuf ou de porc marinées dans de la sauce soja, de l'huile de sésame, du *mirin*, agrémentées d'ail, de gingembre et de poire *nashi* en compote, est une occasion de commensalité entre amis ou collègues. Dans le reste du monde, il a été adopté par les Coréens qui ont quitté leur pays, et l'on trouve aujourd'hui ces barbecues et le cérémonial qui va avec aux quatre coins de la planète.

Le bibimbap

symbole du yin et du yang

Le *bibimbap* est un plat de riz cuit à la vapeur auquel on ajoute des légumes et de la viande. Ce plat serait apparu dans les temples lors des cérémonies ancestrales, au cours desquelles les restes de nourriture auraient été mélangés avant d'être consommés. Sur le papier, le *bibimbap* est simple. Il se compose d'aliments yin comme la courgette, les racines de campanule, une variété de fougère comestible, du varech, et d'aliments yang à l'instar de la viande de bœuf, la pâte de piment, le sucre ou le vert d'oignon… Sauf que le mode de préparation d'un aliment peut modifier sa nature. À titre d'exemple, la friture est yang alors que la cuisson à la vapeur ou à l'eau est yin. Or dans le *bibimbap*, les deux modes de cuisson sont utilisés. Viande et légumes sont frits, donc yang, mais posés sur un lit de riz cuit à la vapeur, donc yin. Aussi le *bibimbap* est-il un parfait équilibre entre les énergies.

LA VOGUE DE *la cuisine fusion*

Tradition et innovation ont toujours été des notions peu conflictuelles dans les cuisines asiatiques. Là réside certainement un des secrets de leur vitalité : réinterpréter un classique, c'est aussi le respecter.

Toutefois, l'engouement, ces derniers temps en Corée, pour une forme de cuisine fusion n'a pas entièrement réussi à convaincre le public. Certains, en effet, y ont vu une belle image qui ne recouvrirait pas grand-chose de concret. En un mot, une démarche superficielle, à l'image de la réputation que tend à susciter, dans le monde entier, toute cuisine fusion d'inspiration récente.

Il ne manque pourtant pas de cuisiniers en Corée pour démentir cette réputation au moyen d'une recherche en profondeur. Kang Min Goo, chef du restaurant Mingles, à Séoul, peut être cité en exemple. « Mélanger harmonieusement des éléments contrastants », ainsi résume-t-il sa démarche. Bien qu'il revendique des influences japonaises, espagnoles et françaises, Min Goo ne cherche pas à fusionner pour l'amour de la fusion, mais à présenter des recettes

> **“ Mélanger harmonieusement des éléments contrastants ”**

et des produits traditionnels sous un aspect nouveau. Ainsi, il prépare lui-même ses *jang*, les trois sauces de base de la cuisine coréenne (*gochujang, doenjang, ganjang*) et en fait son dessert signature : une crème glacée relevée de piment rouge, de crème brûlée au *doenjang* et de noix de pécan à la sauce de soja. Confrontés à ces saveurs étonnantes mais synergiques, même les récalcitrants applaudissent. Le foie gras, mariné dans le *maesil-ju* (vin de prune) et le *doenjang*, est enveloppé de *kimchi* ou d'algues avant d'être cuit au torchon. Et quel autre amuse-bouche illustrerait mieux la fusion que cette algue frite garnie de sauce aux tripes d'ormeau, de purée de mangue, d'œufs de saumon et de poudre de truffe ? Quand une telle chose arrive à table, on cesse d'analyser : on savoure.

—

MINGLES ✿✿

mingles

SÉOUL

LE MARCHÉ *de* MANGWON

Situé non loin de la rivière Han, ce marché traditionnel paysan est un des lieux de cuisine populaire de la capitale coréenne.

On y trouve aussi des fruits et des légumes vendus par les producteurs eux-mêmes. Si le marché est ouvert toute la journée, il s'anime particulièrement à l'heure des repas. De longues queues se forment devant certains stands, comme ceux proposant des *jokbal*, pieds de cochon à la sauce soja et aux épices. Ils cuisent des heures dans un bouillon parfumé au gingembre, à l'ail, au vin de riz… avant d'être tranchés finement et servis avec des crudités et différentes sauces. Le *jokbal* est en général proposé en deux versions : très relevée ou plus douce. On déguste aussi sur ce marché de délicieux *kalguksu*, nouilles réalisées avec de la farine de riz, élaborées à la main et servies dans un bouillon, surmontées de légumes, ou encore un bol de *janchiguksu*, de fines nouilles de blé servies dans un bouillon léger d'anchois et parfois d'algues, toujours surmontées de légumes. On peut aussi goûter toutes sortes de fritures ainsi que des *mayak kimbap*, rouleaux de riz aux algues, un genre de sushi coréen, des raviolis et des galettes, comme les *bindaetteok*, aux haricots mungo. Certains producteurs fabriquent eux-mêmes leur tofu, dont la saveur unique est totalement différente de tout ce qu'on peut trouver dans les supermarchés.

Le doenjang

Si le *gochujang* est une création purement coréenne, le *doenjang* est apparenté à d'autres condiments asiatiques.

Comme le *doubanjiang* chinois et le *miso* japonais, il est à base de soja fermenté, d'eau et de sel. Sa fabrication, remontant au moins à la période des Trois Royaumes de Corée (Ier siècle av. J.-C.-VIIe siècle de notre ère), est un processus complexe qui commence par la confection d'une brique sèche de soja (*meju*) que l'on fait sécher à l'air libre pour déclencher une fermentation interne. Au bout de quelque temps, les *meju* bien secs sont mis en saumure dans de grandes jarres (*jangdok*) avec du charbon et du piment, ajoutés pour leurs vertus antiseptiques, mais aussi pour chasser les mauvais esprits. Encore une période de fermentation, et le *meju* est écrasé : le *doenjang* en constitue la partie solide, et la partie liquide devient de la sauce de soja (*ganjang*). Le *doenjang*, utilisé pur, relève les légumes et les salades, lie et aromatise les soupes. Mélangé à du *gochujang* avec de l'ail et de l'huile de sésame, il prend le nom de *ssamjang*. Du riz, un peu de *ssamjang*, le tout enroulé dans une feuille de laitue : c'est le *ssambap*, casse-croûte sur le pouce ou accompagnement végétal de plats plus consistants.

Le gochujang

Les Coréens sont passés maîtres dans l'art de la fermentation alimentaire, et si le *kimchi* a acquis une renommée internationale, le *gochujang* est une autre de leurs grandes réussites.

Avec le *ganjang* (sauce de soja) et le *doenjang* (pâte de soja fermentée), il fait partie des trois condiments de base de la cuisine coréenne.
C'est sous la dynastie Joseon, dès le XVIe siècle, que l'on a commencé à préparer le *gochujang* en mélangeant piments, riz gluant et haricots de soja. Il semble toutefois que les premiers *gochujang* de l'histoire aient contenu du poivre noir et non du piment. Ces ingrédients sont réunis avec du miel, du *meju* (soja fermenté), du germe de blé et du sel dans de grandes jarres appelées *jangdok*. Le tout fermente pendant des mois, voire des années. La saveur du *gochujang* dépendra du temps de fermentation et de la qualité de ses ingrédients.
Il peut se marier à d'autres condiments pour en créer de nouveaux : avec vinaigre, sésame et sucre, il devient *chogochujang* et accompagne poissons et fruits de mer crus (*hoe*). Avec du *doenjang*, ail, oignon, sucre de canne et huile de sésame, il devient *ssamjang* et accompagne les viandes grillées. Il mérite aussi d'être apprécié pour lui-même : complexe et aromatique, piquant sans excès et non sans douceur, c'est un condiment tout-terrain qu'on ajoute aux marinades des viandes et des poissons et qui transfigure les plats sautés, grillés ou mijotés.

Ces erreurs en cuisine qui ont parfois du bon

Du kouign-amann au gâteau manqué, en passant par les Bêtises de Cambrai, les erreurs en cuisine sont parfois créatrices et conduisent à un mot savant, la sérendipité, ou quand le génie surgit du hasard, en l'occurrence une maladresse ou un oubli.

Avec les sœurs Tatin, cuisinières de Lamotte-Beuvron, l'étourderie atteint la taille de la lune si l'on se fie aux histoires que l'on raconte : l'une d'elles aurait carrément oublié de garnir le moule de pâte avant de dresser les pommes ! La tête de linotte n'en est pas moins une cuisinière capable d'improviser. Plutôt que de refaire la tarte, elle pose la pâte sur les pommes. Dans le four, dans une sorte de cuisson à l'étouffée, les fruits confisent avec le sucre et le beurre. Ce retournement de situation se révèle un coup de maître pâtissier.

L'invention du vol-au-vent est tout aussi burlesque. Elle se déroule dans les cuisines d'Antonin Carême. L'un de ses mitrons aurait oublié de piquer la pâte feuilletée avant de l'enfourner. Elle s'est mise à gonfler déraisonnablement pendant la cuisson. Accourant auprès du maître, le marmiton, non sans un certain sens de la poésie, aurait crié : « Elle vole au vent ! » L'art consiste à s'approprier les erreurs des autres. Un jour, Gaston Gérard, maire de Dijon, invite à sa table le critique culinaire Curnonsky. En cuisine, sa femme, Reine Geneviève Bourgogne, fait tomber un pot de paprika dans la cocotte où un poulet mijote. Pour corriger sa bévue, elle ajoute du vin blanc, du comté et de la crème fraîche. Bien lui en a pris, Curnonsky adore et le plat passe à la postérité sous le nom de poulet Gaston Gérard. Oubliée, la cuisinière ingénieuse !

Tendre vers le zéro déchet

Le Guide Michelin France a décerné pour la première fois en 2019 un Prix de la gastronomie durable. Une évidence aujourd'hui pour le récipiendaire de cette distinction, Christopher Coutanceau, et pour de nombreux chefs.

Des entreprises se sont créées pour aider les cuisiniers

« On parle beaucoup de légumes de saison, de viande, la mer est un petit peu méconnue, il faut agir. On a besoin de se battre tous ensemble. » Venu chercher son Prix de la gastronomie durable, le Rochelais Christopher Coutanceau a exhorté ses pairs à le suivre. Sur sa carte, il multiplie les recettes « zéro déchet ». Et il n'est pas le seul. « Nous utilisons les restes de légumes fermentés déshydratés pour nos assaisonnements sous forme de poudres », explique Sang-Hoon Degeimbre (L'Air du Temps) en Belgique dans *Le Livre blanc de la gastronomie responsable*. « On invente des recettes nouvelles pour utiliser les produits en entier », ajoute Mauro Colagreco au Mirazur, à Menton. Des entreprises se sont créées pour aider les cuisiniers. Ainsi, Moulinot, à Paris, collecte les déchets et les valorise sous plusieurs formes : compost, lombricompost, énergie (gaz et électricité), digestat (engrais). Les restaurants citadins peuvent s'équiper d'un composteur d'intérieur, ce que fait le chef Alexandre Mazzia à Marseille avec son maraîcher Jean-Baptiste Anfosso. À la campagne, c'est encore plus simple. Christophe Hay de La Maison d'à côté, à Montlivault a installé trois composteurs de 1 000 litres et met à disposition des caisses de livraison pour ses petits producteurs afin de limiter cagettes, cartons et autres polystyrènes. Autre action possible : pratiquer le *doggy bag* sans attendre l'amendement voté en 2018 qui le rendra obligatoire à partir du 1er juillet 2021. La lutte antigaspi est l'affaire de tous.

—

CHRISTOPHER COUTANCEAU ✿✿ / L'AIR DU TEMPS ✿✿ / MIRAZUR ✿✿✿ / AM ✿✿ / LA MAISON D'À CÔTÉ ✿✿

Table

France

Italie

Espagne et Portugal

Royaume-Uni

Reste de l'Europe

États-Unis

Brésil

Japon

Chine et Taiwan

Singapour

Thaïlande

Corée du Sud

Index des restaurants cités

Les restaurants cités sont issus de la sélection 2019 du Guide MICHELIN

France

1 ÉTOILE

2 ÉTOILES

3 ÉTOILES

Italie

1 ÉTOILE

2 ÉTOILES

3 ÉTOILES

Espagne-Portugal

1 ÉTOILE

2 ÉTOILES

3 ÉTOILES

Royaume-uni

Angleterre

1 ÉTOILE

Les contributeurs

Philippe Toinard
Rédacteur en chef des revues *180°C* et *12°5*, il collabore également à *Fou de cuisine*, *Fou de pâtisserie* et au *Guide Lebey*. Inlassable reporter, il ne conçoit son métier de journaliste gastronomique qu'à travers des déplacements partout en France : chez un éleveur de brebis, chez un vigneron ou un producteur de pommes de terre sur une île, au large de la Bretagne. Homme de télévision et de radio, il est aussi l'auteur d'une trentaine de livres sur la cuisine et le vin, dont un certain nombre aux éditions de La Martinière.

Stéphane Méjanès
Après avoir longtemps chroniqué les stars de la balle jaune ou de la main au panier à *L'Équipe*, Stéphane Méjanès est tombé dans la casserole après une rencontre improbable avec de grands chefs dans une forêt laponne. Depuis 2012, il raconte la gastronomie, de la terre à la table. Il a reçu la Plume d'Or 2019 et le prix Amunategui-Curnonsky 2018.

Emmanuelle Jary
Après des études d'ethnologie de la cuisine et un mémoire sur le restaurant parisien Lucas Carton, Emmanuelle Jary est devenue journaliste pour la presse écrite. En 2016, elle a créé le programme de vidéos *C'est meilleur quand c'est bon*, à voir sur www.cestmeilleurquandcestbon.com.

Keda Black
Auteur de nombreux livres, Keda Black écrit sur ce qui se mange et se boit depuis une quinzaine d'années. Son but est d'aider chacun, cordon-bleu ou pas, à inscrire une cuisine simple et délicieuse dans son quotidien. Elle collabore aussi à plusieurs revues, dans lesquelles elle partage ses connaissances sur les produits, mais aussi des recettes ou des bonnes adresses.

Annabelle Schachmes
Passionnée de cuisine, elle commence sa carrière de journaliste en écrivant pour des publications comme *Vanity Fair* et *Vogue US*. Elle est aujourd'hui chroniqueuse radio et travaille également à l'élaboration d'ouvrages culinaires de chefs, de pâtissiers et de cuisine du monde.

Aymone Vigiere d'Anval
Journaliste vin et dégustatrice depuis bientôt vingt ans, Aymone Vigiere d'Anval parcourt toujours les vignobles et aime les vins élaborés avec âme. Elle travaille essentiellement pour *Saveurs*, *12°5* et *180°C*. Elle s'est lancée en 2019 dans un nouveau projet : Un moulin en Touraine, futur lieu d'accueil et d'événements autour du vin et de l'art de vivre.

Sophie Brissaud
Journaliste, Sophie Brissaud est aussi auteur et photographe, avec un penchant pour l'ethnologie culinaire, les cuisines anciennes et modestes. Créatrice et auteur, entre autres, de la série documentaire *Le bonheur est dans l'assiette* (première saison, 2012) et de *Terroirs* (2017), sur les races fermières autochtones, Sophie s'intéresse également aux Grands Crus classés, aux thés de Chine et aux vins nature.

Jean-Paul Frétillet
Ingénieur agricole de formation, Jean-Paul Frétillet devient journaliste dans la presse agroalimentaire. Auteur culinaire, il rencontre Jean-Pierre Coffe en 1998 et collabore avec lui à France Inter, dans l'émission *Ça se bouffe pas, ça se mange*. Il balade aujourd'hui sa plume à la rencontre des saveurs pour décrypter le contenu de nos assiettes.

Valérie Bouvart
Après de nombreuses années au sein de rédactions de presse news magazine, Valérie Bouvart est aujourd'hui journaliste indépendante. Recettes, reportages, portraits de cuisiniers (-ères), de producteurs(-trices) et d'agriculteurs(-trices), Valérie raconte tout ce qui a du goût, et tous ceux et toutes celles qui ont le bon goût de bien le faire.

Marie Létang
Journaliste free lance, Marie Létang a collaboré au *Figaro*, à *Madame Figaro*, *Vogue*, *Sport & Style* et *Air France Madame*. Elle réalise désormais des reportages de voyages pour *Le Figaro Magazine*, tout en parcourant le monde en quête d'émotions gastronomiques.

Pierrick Jégu

Carnet en main, Pierrick Jégu file où le mène le vent de la bonne cuisine, des produits d'exception et du vin bio nature. Pour raconter, il laisse filer sa plume sur les pages de *180°C*, *La Revue du vin de France*, *12°5*, *Saveurs*, *YAM* ou *L'Express*. Il est aussi l'auteur de plusieurs ouvrages, dont *Traité de Jajalogie*, aux éditions Thermostat 6.

Charlotte Langrand

Après avoir suivi l'actualité parisienne pour *Le Journal du dimanche* et *Elle à Paris*, elle se spécialise dans le journalisme culinaire. Elle est, depuis les années 2000, journaliste au *Journal du dimanche*. Également créatrice du site Kitchentheorie.com, elle portraitise les chefs et les acteurs de la food, chronique les restaurants et suit les tendances de la cuisine.

Jérôme Berger

Formé à la cuisine par « papa », Jérôme arpente très tôt les marchés et le carrelage de la cuisine familiale. Une passion naît. Son diplôme de l'Edhec n'y changera rien, chroniqueur gastronomique il sera. Depuis plus de quinze ans, il enchaîne les commerces de bouche, s'attable au restaurant et mitonne à domicile pour madame.

Jean-Sébastien Petitdemange

Journaliste spécialisé dans le voyage, le patrimoine, la gastronomie, Jean-Sébastien collabore depuis trente ans dans l'édition de guides de voyages. Il est aussi chroniqueur sur RTL depuis vingt-cinq ans, ainsi que pour de nombreuses émissions de France Télévisions, et collabore également à la revue *180°C*. Parallèlement, il est président des Gastronomades d'Angoulême.

Justeciel

Studio de conception graphique spécialisé dans l'édition, Justeciel est composé de Sandrine et Benjamin Heuzé. Ensemble ils s'amusent à créer des ambiances et à organiser des espaces à différentes échelles. Inspiré par les rencontres, les voyages et la gastronomie, Justeciel participe à la création de beaux-livres aux éditions de La Martinière depuis plus de quinze ans.

Laetitia Real-Moretto

Éditrice et iconographe indépendante depuis une quinzaine d'années, Laetitia a été, dans une vie précédente, photographe pour la presse. Elle travaille aujourd'hui pour différentes maisons d'édition, à qui elle propose aussi parfois ses propres projets en tant que directrice d'ouvrage. Elle aime la marche, les icônes et les cow-boys.

Miguel Bustos

Miguel Bustos se décrit lui-même comme un infographiste expérimenté devenu illustrateur. Né en 1984 à La Sénia, en Espagne, il met une corde de plus à son arc en participant à un atelier d'impression sérigraphique au Centre universitaire de design et d'art de Barcelone (EINA). Il est aussi l'auteur de bandes dessinées, qu'il qualifie lui-même de « très mauvaises », publiées sous le nom de *Humor se scribe con lápiz*.

Arnaud Boutin

Arnaud Boutin est un dessinateur qui nourrit son univers de personnages inspirés du quotidien et de situations plus folles les unes que les autres. Il travaille pour l'édition jeunesse et adulte et pour la presse, et a publié de nombreux livres en tant qu'illustrateur et auteur.

Alex Viougeas

Après avoir œuvré plusieurs années dans l'édition jeunesse, Alex Viougeas fonde en 2015 *La Bonne Adresse* avec Marlène Scharr. Au sein de ce collectif, il aime se coiffer de différentes casquettes, à la fois designer graphique, typographe et illustrateur.

Marie-Laure Bayle

Marie-Laure Bayle est correctrice, secrétaire de rédaction pour la revue *180°C* et autrice. Elle a notamment publié *Ma mère ne m'a rien appris en cuisine* aux éditions Larousse (2017).

Juliette Einhorn

Correctrice, Juliette Einhorn joue les intermédiaires entre auteurs et lecteurs : elle bichonne le texte, veille à sa cohérence et à son habillage (titres, chapôs), s'assure que les phrases sont fluides et agréables à lire, vérifie chaque information et traque les fautes. Elle est aussi auteur et critique littéraire et enseigne dans une école de journalisme.

M
Comme Merci !

M le grand livre, c'est avant tout une aventure humaine !

Michelin Travel Partner remercie toute l'équipe des Éditions de La Martinière qui a adhéré au projet avec enthousiasme et donné vie à ce livre. Merci en particulier à Laure Aline, brillante cheffe d'orchestre de l'ouvrage, et à Séverin Cassan pour son soutien à cette coédition.

Les Éditions de La Martinière remercient toute l'équipe Michelin Travel Partner pour cette coédition fructueuse, à la fois riche et plaisante. Une construction éditoriale digne d'une superproduction ! Nous remercions tout particulièrement Frédéric Hosteins pour son audace, Luc Decoudin et Arthur Thouret pour leur endurance et leurs remarques pertinentes, ainsi que Philippe Orain pour son soutien sans faille à ce projet.

Un grand M de la part de Michelin Travel Partner et les Éditions de La Martinière

Sur un projet d'une telle ampleur, nous remercions Philippe Toinard, directeur de la rédaction hors pair, qui a magistralement orchestré le travail de composition. Merci à tous les rédacteurs d'avoir apporté leurs connaissances sur des sujets aussi pointus. Merci à Laetitia Réal-Moretto pour son œil photographique et la qualité de son travail d'iconographe. Merci à Marie-Laure Bayle et Juliette Einhorn pour leur regard aiguisé et minutieux sur les textes en matière d'orthographe, de grammaire et de typographie.

Merci à Benjamin Heuzé de Juste Ciel, pierre angulaire de ce projet de taille, pour son travail exceptionnel. Merci d'avoir géré de main de maître la création artistique de ce beau-livre en agençant avec talent textes, photographies et illustrations.

Merci à Arnaud Boutin, Miguel Bustos et Alex Viougeas pour ces illustrations géniales qui apportent un supplément d'âme à ce livre ambitieux.

Merci à tous les photographes qui ont participé à la réussite de ce livre.

Merci à Jeanne Castoriano et Céline Grauby pour leur aide sur le plan éditorial, iconographique et administratif. Merci d'avoir joué le jeu.

Les remerciements de Philippe Toinard

Je ne sais pas si je dois remercier ou réprimander Laure Aline, ma responsable éditoriale aux Éditions de La Martinière, de m'avoir proposé la direction de la rédaction de ce splendide ouvrage alors que j'étais déjà chargé de l'écriture de deux autres livres pour cette belle maison d'édition. J'ai accepté, et je ne te remercierai jamais assez de cette confiance renouvelée qui donne naissance depuis quelques mois à de beaux livres sur lesquels je suis fier d'apposer mon nom. Tout ceci, c'est grâce à toi... donc un immense merci.

Merci à toutes les équipes de chez Michelin Travel Partner, Luc Decoudin et Arthur Thouret en tête, mes deux contacts au quotidien. Le rythme de relecture, correction, validation était effréné, mais par votre réactivité et votre enthousiasme, vous avez contribué à faire de ce projet un livre très abouti que vous avez porté de bout en bout. Une pensée particulière pour Philippe Orain, Élisabeth Boucher-Anselin et pour Gwendal Poullennec, directeur international des Guides Michelin, qui a suivi la progression de cet ouvrage.

Merci à la bande des 13 : Charlotte Langrand, Keda Black, Sophie Brissaud, Jean-Sébastien Petitdemange, Stéphane Méjanès, Pierrick Jégu, Aymone Vigière d'Anval, Annabelle Schachmes, Jean-Paul Frétillet, Valérie Bouvart, Jérôme Berger, Emmanuelle Jary et Marie Létang. Vous avez, par votre culture, vos connaissances, vos envies, votre enthousiasme, grandement contribué à la rédaction de ce livre et vous avez su l'enrichir. Merci d'avoir spontanément accepté de participer à cette aventure, de vous être impliqués en fonction du temps que vous aviez, d'avoir respecté les délais même s'ils étaient courts. Je me doutais que vous aviez du talent, j'en ai maintenant la confirmation. Bravo et merci.

Félicitations nourries pour les créatifs, les illustrateurs, les iconographes, les correcteurs. Vous aussi, vous avez formé une sacrée bande pour nous accompagner et mettre nos textes en valeur. Une pensée particulière pour le chef de bande, Benjamin Heuzé, de Juste Ciel... quel talent, quelle abnégation. Tu as abattu un travail titanesque en t'entourant de professionnels aguerris. Qu'ils soient ici remerciés. Une autre pensée pour Laetitia Réal-Moretto et sa recherche iconographique. Compte tenu de la diversité des sujets, il fallait avoir le coup d'œil ! Enfin, comment oublier celles qui passent derrière nous pour traquer la virgule en trop, la majuscule, la dénomination, l'orthographe, les tournures grammaticales. Marie-Laure Bayle, Juliette Einhorn, il ne fallait rien laisser passer, et ce, dans plusieurs langues, vous avez été parfaites.

De douces pensées particulières pour mes enfants, Énora et Lancelot, qui ont toujours respecté mes plages de travail à condition que l'on puisse quand même aller à la plage... en fin de journée. Enfin, merci à ceux qui m'entourent, me comprennent et me soutiennent. Ils et elles se reconnaîtront. Vous m'êtes précieux !

Crédits iconographiques

Illustrations

Arnaud Boutin ◇ Couverture , 7, 12, 13, 17, 18, 20, 33, 34, 39, 40, 41, 44, 45, 58, 64, 70, 78, 88, 93, 97, 108, 110, 114, 115, 127, 131, 133, 139, 142, 146, 159, 174, 179, 185, 188, 189, 195, 199, 200, 203, 212, 217, 219, 224, 226, 233, 243, 251, 254, 271, 274, 282, 285, 290, 298, 305, 330, 335, 337, 343, 349, 351, 357, 361, 366, plat 4.

Miguel Bustos ◇ 36, 94, 95, 100, 102, 116, 117, 130, 151, 154, 165, 173, 178, 187, 197, 208, 213, 222, 223, 230, 234, 239, 241, 247, 252, 261, 272, 273, 276, 295, 301, 307, 318, 319, 322, 342, 365, 374, 380, 381

Alex Viougeas ◇ 90, 91, 124, 125, 156, 157, 182, 183, 214, 215, 248, 249, 268, 269, 302, 303, 332, 333, 347, 358, 359, 372, 373

Justeciel ◇ 20, 30, 52, 62, 63, 81, 98, 99, 108, 111, 118, 121, 134, 143, 148, 149, 155, 176, 198, 229, 237, 245, 259, 263, 266, 280, 297, 314, 315, 321, 356

Photographies

FRANCE ◇ 8-11 : © Michelin ; 19 : © Louis Laurent Grandadam ; 21 : © Louis Laurent Grandadam ; 22 : © Marie Pierre Morel ; 23 : © Thaï Toutain ; 24 : © Louis Laurent Grandadam ; 25 : © Louis Laurent Grandadam ; 26 : © Matthieu Cellard ; 27 : © Guillaume Czerw ; 28-29 : © Philippe Barret ; 32 : © DeAgostini/Getty Images ; 34 : © Matthieu Cellard ; 35 : © Le Meurice ; 38 (de gauche à droite et de haut en bas) : © Marie Pierre Morel ; © Louis Laurent Grandadam ; © In Pictures Ltd./Corbis via Getty Images ; © Louis Laurent Grandadam ; 42 : © Jean-François Mallet/hemis.fr ; 43 (de gauche à droite) : © Bertrand Rieger/hemis.fr ; © nito100/Getty Images/iStockphoto ; © Jean-Claude Amiel/hemis.fr ; 47 : © Patrice Hauser/hemis.fr ; 49 : © Owen Franken/Corbis via Getty Images; 50 : © Stéphane de Bourgies ; 51 : © Guillaume Czerw (gauche) ; © Bernhard Winkelmann (droite) 53 : © Robert DOISNEAU/Gamma-Rapho/Getty Images (droite) ; 55 : © Matthieu Cellard ; 57 : © Matthieu Cellard ; 59 : © Matthieu Cellard ; 60 : © Jean-Daniel Sudres/hemis.fr (gauche, au milieu en haut, au milieu en bas) ; © 4kodiak/Getty Images/iStockphoto ; 61 : © Jean-François Mallet/hemis.fr ; 64 : © Louis Laurent Grandadam ; 65 : © Marie-France Nélaton (haut) ; © Thomas Dhellemmes (bas) ; 66 : © Louis Laurent Grandadam ; 67 : © Louis Laurent Grandadam ; 68 : © Anne-Emmanuelle THION ; 69 : © Jack Nisberg/Roger-Viollet ; 71 : © Maurice Rougemont/Gamma-Rapho via Getty Images ; 73 (de gauche à droite et de haut en bas) : © Neal Lankester/Alamy/hemis.fr ; © Jean-François Mallet/hemis.fr ; © René Mattes/hemis.fr ; © Felix Choo/Alamy/Hemis ; © Jean-François Mallet/hemis.fr ; 74 : © Maurice Rougemont/Gamma-Rapho via Getty Images ; 75: © Leo-Paul Ridet/Contour by Getty Images ; 77: © BM Dijon ; 78 (de gauche à droite et de haut en bas) : © Laetitia Réal-Moretto ; © Ludovic Maisant/hemis.fr ; © Gil Giuglio/hemis.fr ; © Jean-Daniel Sudres/hemis.fr ; 80 : © Laetitia Réal-Moretto ; 83 : © Matthieu Cellard ; 84 : © Stockfood/hemis.fr (en haut à gauche) ; © Jean-François Mallet/hemis.fr (au milieu en bas et en haut à droite) ; 85 : © Jean-Daniel Sudres/hemis.fr ; BNF ; 86 : © DirkRietschel/Getty Images/iStockphoto ; 87 : © Club Tyrosémiophile de France (www.club-tyrosemiophile.fr) ; 89 : © Louis Laurent Grandadam.

ITALIE ◇ 96 : © Jean-Daniel Sudres/hemis.fr ; 98 : © Louis Laurent Grandadam ; 101 : © Lucio Elio ; 103 : © Archives Alinari, Florence, Dist. RMN-Grand Palais/Mauro Magliani ; 105 : © Davide Zanin/Getty Images/iStockphoto 107 : ©badmanproduction/Getty Images/iStockphoto 109 : © Jean-Claude Amiel ; 112 : © Mauritius/hemis.fr ; 115 : © Jean-Claude Amiel ; 116 : © Louis Laurent Grandadam ; 119 : © Jean-Claude Amiel ; 120 : © heinstirred/Getty Images/iStockphoto (gauche) ; © Brambilla Serrani (droite) ; 122 : © Quanthem/Getty Images/iStockphoto ; 123 : © Jean-Claude Amiel.

ESPAGNE-PORTUGAL ◇ 128 : © Louis Laurent Grandadam ; 129 : © Camille Moirenc/hemis.fr ; 131 : © Sean3810/Getty Images/iStockphoto ; © Antiga Confeitaria de Belém, Lda. ; 132 : © OksanaKiian/Getty Images/iStockphoto ; 135 : © rusm/Getty Images/iStockphoto (gauche) ; © Louis Laurent Grandadam (en haut, à droite) ; © LuisPortugal/Getty Images/iStockphoto (en bas, à droite) ; 136 : © Albert Font (à gauche et en haut à droite) ; © Jean-Daniel Sudres/hemis.fr (en bas, à droite) ; 137 : © Albert Font ; 138 : © Bertrand Gardel/hemis.fr (gauche) ; © Louis Laurent Grandadam (droite) ; 140 : © ilbusca/Getty Images/iStockphoto (gauche) ; © Jean-François Mallet (droite) ; 141 : © Louis Laurent Grandadam (haut) ; © FrankvandenBergh/Getty Images/iStockphoto (bas) ; 144 : © Stephane Cardinale/Corbis via Getty Images ; 145 : © Europa Press/Europa Press via Getty Images ; 146 : © Jean-François Mallet (droite) ; 147 : © José Luis López de Zubiría ; 148 : © JavierGil1000/Getty Images/iStockphoto (haut) ; © ANNECORDON/Getty Images/iStockphoto (bas) ; 150 : © Oscar Gonzalez/wenn.com ; © Louis Laurent Grandadam (droite) ; 152 : © ELENAPHOTOS/Getty Images/iStockphoto ; © Carte Blanche - IS/hemis.fr ; 153 : © Gil Giuglio/hemis.fr.

ROYAUME-UNI ◇ 161 : © fotoVoyager/Getty Images/iStockphoto (haut) ; © holgs/Getty Images/iStockphoto (en bas à gauche) ; © BrasilNut1/Getty Images/iStockphoto (en bas à droite) ; 162 : © StockFood/hemis.fr (gauche) ; © Gannet77/Getty Images/iStockphoto (droite) ; 163 : © Barry McCall ; 164 : © John Frumm/hemis.fr (gauche) ; © Patrice Hauser/hemis.fr (droite) ; 166 : © Chris Strickland/Getty Images/iStockphoto ; 167 : © Terence Patrick/CBS via Getty Images ; 168 : © Louis Laurent Grandadam (gauche) ; © Topical Press Agency/Getty Images ; 169 : © John Warburton-Lee/hemis.fr ; 170 : © Flpa/hemis.fr ; 171 : © Louis Laurent Grandadam ; 172 : © Louis Laurent Grandadam ; 175 : © lucentius/Getty Images/iStockphoto ; 177 : © Louis Laurent Grandadam ; © Leisa Tyler/Alamy/Hemis ; 179 : © Alina555/Getty Images/iStockphoto ; 181 : © Jean-Daniel Sudres/hemis.fr. ; 183 : © Peyo.

RESTE DE L'EUROPE ◇ 186 : © Jean-Pierre Degas/hemis.fr ; 188 : © Maxim Sergeenkov / Alamy / Hemis 190 : © Jacques Sierpinski/hemis.fr 191 : © Patrice Hauser/hemis.fr ; 192 : © Veronique Hoegger ; 193 : © Hannelore Foerster/Getty Images ; 194 : © Imagno/Getty Images (haut) ; © Jon Arnold Images/hemis.fr (en bas à gauche) ; Camera Press/hemis.fr (en bas à droite) ; 195 : © imageBROKER/hemis.fr ; 196 : © Andre Poling/ullstein bild via Getty Images ; 199 : © Frites Atelier ; 201 : ©SarapulSar38/Getty Images/iStockphoto (haut) ; ©taikrixel/Getty Images/iStockphoto (bas) ; 202 : © Marie Pierre Morel ; 203 : © North Sea Chefs ; 204 : © Ludovic Maisant/hemis.fr ; 205 : © Jean-Claude Amiel (en haut à gauche) ; © Jean-Daniel Sudres/hemis.fr (en haut à droite) ; Image Source/hemis.fr (bas) ; 206 : © Mlenny/Getty Images/iStockphoto (haut) ; © Ludovic Maisant/hemis.fr (bas) ; 207 : © Yadid Levy/Alamy/hemis.fr ; 209 : © badahos/Getty Images/iStockphoto ; 210 : © Per-Anders Jörgensen (gauche); © Mathias Nordgren (droite) ; 211 : © Tuukka Koski ; 212 : © Per Kvalvik.

ÉTATS-UNIS ◇ 218 : © Louis Laurent Grandadam ; 220 : © Carrie Solomon ; 221 : © Jean-François Mallet/hemis.fr ; 224 : © martiapunts/Getty Images/iStockphoto ; 225 : © Patrice Hauser/hemis.fr (haut et milieu) ; © Ludovic Maisant/hemis.fr (bas) ; 226 : © sandoclr/Getty Images/iStockphoto (haut) ; © Louis Laurent Grandadam (bas) ; 227 : ©Anita Sagastegui/Getty Images/iStockphoto (en haut à gauche) ; © Maica/Getty Images/iStockphoto (en haut à droite) ; © Juanmonino/Getty Images/iStockphoto (en bas à gauche) ; Louis Laurent Grandadam (en bas à droite) ; 228 : © Francesco Tonelli ; 229: © Image Source/hemis.fr ; © Blend Images/hemis.fr ; 231: © ©diane39/Getty Images/iStockphoto ; 232 : © OlegAlbinsky/Getty Images/iStockphoto ; 235 : © Louis Laurent Grandadam ; 236: © traveler1116/Getty Images/iStockphoto ; 238 : © Sylvain Cordier hemis.fr (gauche) ; Alaska Stock/hemis.fr (droite) ; 240 : Daniel Zuchnik/Getty Images for NYCWFF/AFP ; 241: © Ron and Patty Thomas/Getty Images/iStockphoto ; 242: © Westend 61 / hemis.fr (gauche) ; © Camera Press/hemis.fr (droite) ; 243 : © andipantz/Getty Images/iStockphoto ; 244 : © Louis Laurent Grandadam (en bas à gauche et en haut au milieu) ; © Stockfood/hemis.fr (droite) ; 245 : © Jean-François Mallet/hemis.fr ; 246 : © Taco Maria (haut et milieu) ; © Jean-Claude Amiel/hemis.fr (bas).

BRÉSIL ◇ 253 : © Ingolf Pompe/hemis.fr (gauche) ; Jean Heintz/hemis.fr (droite) ; 255 : © Andrea Pistolesi/hemis.fr ; 257 : © Camera Press/hemis.fr ; 258 : © Jon Arnold Images/ hemis.fr (gauche) ; © Tina-Fields/Getty Images/iStockphoto (droite) ; 262 : © Bertrand Gardel/hemis.fr (haut) ; © Aconchego Carioca (en bas à gauche) ; © Stevens Frémont (en bas à droite) ; 263 : © Guillaume Czerw ; 264 : © Thomas Bowles/Alamy/Hemis ; 265 : © Mocoto ; 267 : © Christian Heeb/hemis.fr (haut et milieu); © luoman/Getty Images/iStockphoto (en bas à gauche) ; © Arnaud Spâni/hemis.fr.

JAPON ◇ 274 : © Jean-François Mallet/hemis.fr ; 275 : © lucentius/Getty Images/iStockphoto ; 277 : © Louis Laurent Grandadam (en haut à gauche, en haut à droite, en bas à gauche) ; © dan_prat/Getty Images/iStockphoto (en bas à droite) ; 278 : © Louis Laurent Grandadam (gauche) ; © Jean-Claude Amiel/hemis.fr (droite) ; 279 : © coward_lion/Getty Images/iStockphoto ; 280 : © Aflo / hemis.fr ; 281 : © Jean-François Mallet/hemis.fr (gauche et milieu) ; © Louis Laurent Grandadam (droite) ; 283 : Jean Heintz/hemis.fr (en haut à gauche) ; © Jean-François Mallet/hemis.fr (en haut à droite) ; Didier ZYLBERYNG/hemis.fr (bas) ; 284 : © Jean-François Mallet/hemis.fr ; 285 : © Aflo / hemis.fr ; 286-287 : © Patrick Aufauvre ; 288 : © Andrea Pistolesi/hemis.fr ; 289 : © aon168/Getty Images/iStockphoto (en haut à gauche) ; © Jean-François Mallet/hemis.fr (en haut à droite) ; © Patrice Hauser/hemis.fr (en bas à gauche) ; © Camille Moirenc/hemis.fr (milieu) ; © lechatnoir/Getty Images/iStockphoto (en bas à droite) ; 291 : © KAMI NO SHIZUKU © 2005 Tadashi Agi and Shu Okimoto/Kodansha Ltd ; 292 : © MATTHIEU ZELLWEGER/AFP/Getty Images (gauche) ; © Jean-François Mallet/hemis.fr (en haut à droite) ; © Louis Laurent Grandadam (bas) ; 293 : © RocksterWho/Getty Images/iStockphoto ; 294 : © Prod DB © Preferred Content - Sundial Pictures (haut) ; © Jon Arnold Images/hemis.fr (bas) ; 296 : © TheCrimsonMonkey/Getty Images/iStockphoto (haut) ; © Jeremy Sutton-Hibbert/Alamy/Hemis (bas) ; 299 : Emilio SUETONE/hemis.fr ; Franck GUIZIOU/hemis.fr ; Blend Images/hemis.fr ; 300 : © kumikomini/Getty Images/iStockphoto (gauche) ; © Tuckraider/Getty Images/iStockphoto (droite).

CHINE-TAIWAN ◇ 306 : © Louis Laurent Grandadam ; 308 : © Qilai Shen/In Pictures Ltd./Corbis via Getty Images ; 309 : © zhuyufang/Getty Images/iStockphoto ; 310 : © May Tse/South China Morning Post via Getty Images ; 311 : © Matejay/Getty Images/iStockphoto (gauche) ; © shunjian123/Getty Images/iStockphoto (droite) ; 312 : © Tao Images/hemis.fr ; 313 : © Tuul et Bruno Morandi/hemis.fr (en haut à gauche) ; ©holgs/Getty Images/iStockphoto (en haut à droite) ; © yanmiao/Getty Images/iStockphoto (bas) ; 314: © redteaGetty Images/iStockphoto ; 317 : © Sophie Brissaud sauf © Jon Arnold Images/hemis.fr (en bas à gauche) ; 320: © ©MediaProduction/Getty Images/iStockphoto ; 323: © Louis Laurent Grandadam (haut) ; © pidjoe/Getty Images/iStockphoto (bas) ; 324: © SAM YEH/AFP/Getty Images (gauche) ; DR (droite) ; 325: © René Mattes/hemis.fr (haut) ; © Ludovic Maisant/hemis.fr (bas) ; 326: © Shaiith/Getty Images/iStockphoto; kjekol/Fotosearch LBRF/age fotostock (bas) ; 327: © Travel and Still life photography/Getty Images/iStockphoto (haut) ; Islemount Images/Alamy/Hemis (bas) ; 328: © Adam Calaitzis/Getty Images/iStockphoto ; 329: © René Mattes/hemis.fr (en haut à gauche) ; © stevegeer/Getty Images/iStockphoto (en haut à droite) ; © NicolasMcComber/Getty Images/iStockphoto (bas) ; 331: Robert Harding/hemis.fr.

SINGAPOUR ◇ 336 : © Jon Hicks/Flirt/Photononstop ; 338 : © PixHound/Getty Images/iStockphoto (haut) ; © yu liang wong/Alamy/Hemis (bas) ; 339 : © Jon Arnold Images/hemis.fr (haut) ; © wanessa-p/Getty Images/iStockphoto (bas) ; 340 : © JensenChua/Getty Images/iStockphoto (haut) ; © ZambeziShark/Getty Images/iStockphoto (bas) ; 341 : © leungchopan/Getty Images/iStockphoto ; 343 : © justhavealook/Getty Images/iStockphoto ; 344: © CnOra/Getty Images/iStockphoto ; 345 : © jo yt/Getty Images/iStockphoto ; 346 : © Claes Bech-Poulsen (gauche) ; © DR (droite) ; 347 : © DR.

THAÏLANDE ◇ 350 : © gh19/Getty Images/iStockphoto ; 353 : © aluxum/Getty Images/iStockphoto (haut) ; © Christoph Sator/picture alliance via Getty Images (milieu) ; © Andrea Pistolesi/hemis.fr (en bas à gauche et en bas à droite) ; 354 : © Kad Kokoa ; 355 : © Louis Laurent Grandadam.

CORÉE DU SUD ◇ 362 : © Jean-François Mallet/hemis.fr ; 363 : © Jean-François Mallet/hemis.fr ; 364 : © Kosamtu/Getty Images/iStockphoto (gauche) ; © Ran Kyu Park/Getty Images/iStockphoto (droite) ; 366 : © Paul_Brighton/Getty Images/iStockphoto ; 367 : © Jean-François Mallet/hemis.fr (gauche) ; © ittipon2002/Getty Images/iStockphoto (droite) ; 368 : © Mingles ; 369 : © Mingles ; 370 : © Ibrahim Hazm Amran sauf © Jean-François Mallet/hemis.fr (en haut à droite) ; 371 : © sfe-co2/Getty Images/iStockphoto (en haut à gauche) ; © VDCM image/Getty Images/iStockphoto (en bas à gauche) ; © yanggiri/Getty Images/iStockphoto (droite).

Photogravure : Chromostyle

MIXTE
Papier issu de sources responsables
FSC® C112556

Achevé d'imprimer en septembre 2019 sur les presses de DZS Grafik d.o.o
Dépôt légal : novembre 2019 - Imprimé en Slovénie